Inhaltsverzeichnis

Ortsverzeichnis

A - Z

Anreise

Vorarlberg ist auf allen Wegen und mit allen Verkehrsmitteln sehr gut erreichbar.

Per Bahn und Fernbus

Von Deutschland aus ist Vorarlberg über Lindau und Bregenz erreichbar. Die nächstgelegenen Autoreisezugstationen sind München und Lörrach.

Aus der Schweiz kommend erreicht man Vorarlberg mit EC- und IC-Zügen auf der Strecke Zürich – St. Gallen – Bregenz oder über Zürich – Sargans – Feldkirch.

Aus ganz Europa stehen Bregenz, Dornbirn, Feldkirch und Bludenz auf den Haltestellen der Fernbuslinien.

Mit dem Auto

Von Norden aus kommt man über die A96 (München-Lindau/Bodensee) und von Westen über die Schweizer Autobahnen Zürich – St. Gallen – St. Margrethen und über Zürich – Walensee – Sargans nach Vorarlberg. Aus dem Süden kommend, erreicht man Vorarlberg über Como – San Bernardino – Chur und über den Reschenpass sowie die Brenner-Autobahn Innsbruck – Landeck – Arlberg-Straßentunnel oder -Passstraße.

Mit dem Flugzeug

Europäische Verbindungen findet man über den Bodensee-Airport in Friedrichshafen (35 km), den People's Business Airport St. Gallen-Altenrhein (20 km) sowie den Allgäu-Airport in Memmingen (77 km).

Einreise

Österreich ist Teil der EU und des Schengenabkommens. Bürger der EU und der Schweiz können sich mit Personalausweis und oder Reisepass bis zu drei Monate problemlos in Österreich aufhalten.

Blumenwiese bei Raggal im Großen Walsertal
(Bild wikipedia, Böhringer Friedrich CC BY-SA 2.5)

Auf dem Weg zum Formarinsee
(Bild Christian Häuser, Alpenregion Bludenz Tourismus GmbH)

Reiseführer Vorarlberg

Vorarlberg-Bodensee

Altach, Bildstein, Bregenz, Buch, Dornbirn, Dreiklanggemeinden (Düns, Dünserberg, Schnifis), Eichenberg, [illegible] Frastanz, Fraxern, Fußach, Gaißau, Göfis, Götzis, Hard, Höchst, Hohenems, Hohenweiler, Hörbranz, Kennelbach, Klaus, Koblach, Langen, Laterns, Lauterach, Lochau, Lustenau, Mäder, Meiningen, Möggers, Nenzing-Gurtis, Rankweil, Röns, Röthis, Schlins, Übersaxen, Viktorsberg, Weiler, Wolfurt, Zwischenwasser

Alpenregion Bludenz

Bludenz, Nüziders
Biosphärenpark Großes Walsertal: Blons, Fontanella-Faschina, Raggal-Marul, Sonntag-Buchboden, St. Gerold, Thüringerberg.
Klostertal: Dalaas/Wald am Arlberg, Innerbraz, Klösterle Langen am Arlberg, Stuben am Arlberg
Brandnertal: Brand, Bürs, Bürserberg

Bregenzerwald

Alberschwende, Andelsbuch, Au, Bezau, Bizau, Damüls, Doren, Egg/Schetteregg, Hittisau, Krumbach, Langenegg, Lingenau, Mellau, Reuthe, Riefensberg, Schnepfau, Schoppernau, Schröcken, Schwarzenberg, Sibratsgfäll, Sulzberg, Warth

Ausflugsziele

Naturparkregion Lechtal, Balderschwang, Fürstentum Liechtenstein

Inhaltsverzeichnis/Ortsverzeichnis

Hubert Hunscheidt, Ernst Engels, Kirsten Posautz

Reiseführer Vorarlberg

erschienen im:
Reise-Idee Verlag Roland Dreyer
Klostersteige 15, D-87435 Kempten
Tel.: +49 (0)8 31/9 90 78 15 oder 5 40 64 33
Fax: +49 (0)32 12/1 41 04 63
Mobil: +49 (0)179/7 07 64 29
Internet: www.reise-idee.de
E-Mail: redaktion@reise-idee.de

Redaktionelle Leitung, Koordination und Gesamtkonzept der Reihe Reiseführer im Reise-Idee Verlag: Roland Dreyer

Gestaltung, Layout und Umbruch: Bernd Helmbrecht, Claus Helmbrecht

Gesamtherstellung:
Holzer Druck und Medien GmbH + Co. KG, D-88171 Weiler im Allgäu

ISBN 978-3-934739-53-6
Printed in Germany, Sommer 2017
1. Auflage

Die Autoren

Hubert Hunscheidt
Ernst Engels
Kirsten Posautz

Feiertage

1. Januar Neujahr
6. Januar Heilige Drei Könige
Mitte März St. Josef
März/April Ostern
1. Mai Staatsfeiertag
Mai/Juni Christi Himmelfahrt, Pfingsten, Fronleichnam
15. August Maria Himmelfahrt
26. Oktober Nationalfeiertag
1. November Allerheiligen
8. Dezember Mariä Empfängnis
25. Dezember Weihnachten
26. Dezember Stephanitag
31. Dezember Silvester

Notrufe

Feuerwehr	Tel. 122
Polizei	Tel. 133
Rettung	Tel. 144
Euronotruf	Tel. 112

Pannenhilfen

Die Pannenhilfe des ÖAMTC ist über die Nothilfe 120 erreichbar. Der ÖAMTC ist mit einer Betriebsstelle in Dornbirn unter der Tel. +43 (0)5572 23232 sowie in Hard unter der Tel. +43 (0)5574 761950 erreichbar.

Tourismusverband

Vorarlberg Tourismus GmbH
Poststr. 11
A-6850 Dornbirn
Tel. +43 (0)5572 27 70 330

Verkehrsbestimmungen

Für Autobahnen besteht eine Vignettenpflicht. Die Vignetten können bei Tankstellen, Raststätten und Automobilclubs erworben werden.

Die Höchstgeschwindigkeit liegt innerorts bei 50 km/h, auf Landstraßen 100 km/h und auf Autobahnen 130 km/h.

Die Promillegrenze beträgt 0,1 ‰ für Fahranfänger und 0,5 ‰ für alle anderen Fahrer.

Eine wetterabhängige Winterreifenpflicht gilt vom 1. November bis zum 15. April jeden Jahres.

Wo gibt´s was – kurz gefasst

Tipps und Orientierungshilfen

Sehenswürdigkeiten Vorarlberg-Bodensee

Bildstein

Maria Bildstein

Weithin sichtbar steht Vorarlbergs bedeutendster Barockbau in Bildstein. Die Wallfahrtskirche Mariä Heimsuchung (1663-70 erbaut) bietet neben der beeindruckenden Architektur eine herrliche Aussicht. Maria Bildstein, Dorf 84, A-6858 Bildstein, Tel. +43 (0)5572 58 367, pfarramt@maria-bildstein.at, www.maria-bildstein.at (siehe Seite 68)

Bregenz

Galerie Art House

Die historische Fassade eines denkmalgeschützten Bürgerhauses birgt die Galerie Art House, in der überwiegend Werke zeitgenössische Klassischer Moderne zu finden sind. Galerie Art House, Römerstr. 11, A-6900 Bregenz, Tel. +43 (0)5574 45 192, arthouse.alber@gmail.com, www.arthouse.at (siehe Seite 106)

Dornbirn

Dornbirner Seilbahn

Der Hausberg von Dornbirn bietet neben familienfreundlichen Wanderwegen auch ein Panoramarestaurant, in dem die Gäste nicht nur kulinarisch verwöhnt werden, sondern auch einen einmaligen Blick auf die Stadt und den Bodensee genießen können. Dornbirner Seilbahn GmbH, Gütlestr. 6, A-6850 Dornbirn, Tel. +43 (0)5572 22 140, karren@dornbirn.at, www.karren.at (siehe Seite 149)

Mohrenbrauerei

Bier nach eigenem Geschmack erschaffen, Malz schroten, einmaischen, läutern und kochen und das Selbstgebraute verkosten – Interessierte brauen in der Creative Brauerei der Mohren Biererlebniswelt unter fachkundiger Anleitung ihr eigens Bier. Mohrenbrauerei Vertriebs KG, Dr.-Waibel-Straße 2, A-6850 Dornbirn, Tel. +43 (0)5572 37 77 200, erlebniswelt@mohrenbrauerei.at, www.mohrenbrauerei.at (siehe Seite 142)

Feldkirch

Motorradmuseum Feldkirch

Hier taucht man in die technische Vergangenheit der Zweiräder ein mit Schwerpunkt Puch und bestaunt etwa 100 Fahrzeuge. Vom Hochrad aus dem Jahr 1857 bis zum Ende der Zweiradproduktion der Puchwerke in Graz 1987. Verein Motorradmusem, Bifangstr. 39^a, A-6800 Feldkirch, Tel. +43 (0)5522 41 682 oder Tel. +43 (0)664 73 05 44 27 Elmar Wehinger, www.puch-museum.jimdo.com (siehe Seite 184)

Schattenburgmuseum

Die Schattenburg, die hoch über Feldkirch thront, beherbergt ein sehenswertes Museum und eine der bedeutendsten, historischen Waffensammlungen Österreichs. Schattenburgmuseum, Heimatpflege- und Museumsverein Feldkirch, Burggasse 1, A-6800 Feldkirch, Tel. +43 (0)5522 71 982, Fax +43 (0)5522 71 98 210, besuch.museum@schattenburg.at, www.schattenburg.at (siehe Seite 182)

Lochau

Canyoning Team Vorarlberg

Die faszinierenden Schluchten Vorarlbergs sind die idealen Reviere für das Canyoning und während einer Raftingtour entdeckt man die schöne Flusslandschaft der Bregenzerache. Aber auch mit dem SUP auf dem Bodensee entdeckt man den größten Binnensee Europas mit anderen Augen. Canyoning Team Vorarlberg, Merbodgasse 9, A-6900 Bregenz, Tel. +43 (0)5574 54 024, office@canyoning-team.com, www.canyoning-team.com und Ländle SUP, Wellenau 1/10, A-6900 Lochau, Tel. +43 (0)664 73 88 30 29, info@laendle-sup.at, www.laendle-sup.at (siehe Seite 118)

Sehenswürdigkeiten Bregenzerwald

Bezau

Wälderbähnle Bregenzerwald

Nicht nur Eisenbahnfreunde werden beim Anblick der historischen Loks schwach, wenn sie im Rhythmus der alten Zeit durch das wildromantische Tal der Bregenzerach schnaufen. Wälderbähnle Bregenzerwald Betriebs GmbH, Bahnhof 147, A-6870 Bezau, Tel. +43 (0)5514 3174, Fax +43 (0)5514 61 924, info@waelderbaehnle.at, www.waelderbaehnle.at (siehe Seite 348)

Egg-Schetteregg

Metzler naturhautnah

Natur hautnah erleben ist das Konzept von Metzler naturhautnah. Hier kann man einen Blick in die moderne Landwirtschaft werfen. Ein moderner Kuh-Laufstall und das Ziegen-Tollhaus kann besichtigt werden oder man erfährt viel Wissenswertes über die Kühl- und Wärmetechnik auf Hightech-Niveau. Eine lohnenswerte Besichtigung ist nach Voranmeldung möglich. Metzler naturhautnah, Bruggan 1025, A-6863 Egg, Tel. +43 (0)5512 30 44, metzler@molkeprodukte.at, www.molkeprodukte.at (siehe Seite 370)

Riefensberg

Juppenwerkstatt Riefensberg

In dem ehemaligen Wirtschaftsteil des Gasthaus´ Krone in Riefensberg ist die Juppenwerkstatt untergebracht. Hier lockt eine umfangreiche Sammlung Tracheninteressierte an und das Gebäude übt durch architektonische Glanzpunkte eine besondere Anziehung auf

Architekturliebhaber aus. Juppenwerkstatt Riefensberg, Dorf 52, A-6943 Riefensberg, Tel. +43 (0)5513 83 56 15, info@juppenwerkstatt.at, www.juppenwerkstatt.at (siehe Seite 408)

Kunst und Kultur Vorarlberg-Bodensee

Bildstein

Maria Bildstein

Aus der Mitte des 17. Jh. stammt die Wallfahrtskirche Maria Bildstein. Sie nimmt als Vorarlbergs bedeutendster Barockbau eine Sonderstellung unter den kirchlichen Gebäuden des Landes ein. Maria Bildstein, Dorf 84, A-6858 Bildstein, Tel. +43 (0)5572 58 367, pfarramt@maria-bildstein.at, www.maria-bildstein.at (siehe Seite 68)

Bregenz

Galerie Art House

Zeitgenössische Kunst und Kunstschaffende vor allem aus der Bodenseeregion sind in der Galerie Art House vertreten, die auch immer wieder durch die Präsenz internationaler Maler und Bildhauer auf sich aufmerksam macht. Galerie Art House, Römerstr. 11, A-6900 Bregenz, Tel. +43 (0)5574 45 192, arthouse.alber@gmail.com, www.arthouse.at (siehe Seite 106)

Vorarlberger Landestheater

Eine wesentliche Rolle im Kulturgeschehen in der Vorarlberger Landeshauptstadt spielt das Vorarlberger Landestheater, Seestr. 2, A-6900 Bregenz, Tel. +43 (0)5574 42 870 600, info@landestheater.org, www.landestheater.org (siehe Seite 100)

Symphonieorchester Vorarlberg

Musikalische Vielfalt in Vollendung präsentiert das Symphonieorchester Vorarlberg, das sich in den vergangenen Jahren weit über die Region hinaus einen Namen erarbeitet hat. Symphonieorchester Vorarlberg, Römerstr. 15, A-6900 Bregenz, Tel. +43 (0)5574 43 447, office@sov.at, www.symphonieorchester-vorarlberg.at (siehe Seite 98)

Vorarlberg Museum

Ein Museum mit dem Anspruch, sich in einem lebendigen neuen Erscheinungsbild zu präsentieren, ist das Vorarlberg Museum, das die Archäologie, Geschichte, Kunstgeschichte und Volkskunde des Bundeslandes in einer Sammlung von über 160.000 Objekten vorstellt. Vorarlberg Museum, Kornmarktplatz 1, A-6900 Bregenz, Tel. +43 (0)5574 46 050, info@vorarlbergmuseum.at, www.vorarlbergmuseum.at (siehe Seite 96)

Vorarlberger Landesbibliothek

Universalwissenschaftliche Studienbibliothek und Landeskundliche Sammlung, Öffnungszeit: Mo – Fr 09.00 – 18.30 Uhr, Sommer bis 17.00 Uhr, Sa 09.00 – 13.00Uhr (siehe Seite 94)

Zisterzienserabtei Wettingen-Mehrerau

Die geschichtsträchtige Zisterzienserabtei Wettingen-Mehrerau erlebt man mit viel Wissenswertem bei einer Führung, die für Gruppenreisende angeboten wird. Zisterzienserabtei Wettingen-Mehrerau, Mehrerauerstr. 66, A-6900 Bregenz, Tel. +43 (0)5574 71 461, Fax +43 (0)5574 71 46 117, kloster.info@mehrerau.at, www.mehrerau.at (siehe Seite 102)

Dornbirn

Stadtmuseum Dornbirn

Lebendig präsentiert sich die mehr als 1000 Jahre währende Geschichte der Stadt Dornbirn im Stadtmuseum Dornbirn, Marktplatz 11, A-6850 Dornbirn, Tel. +43 (0)5572 33 077, info@stadtmuseum.dornbirn.at, www.stadtmuseum.dornbirn.at (siehe Seite 140)

Feldkirch

Schattenburgmuseum

In einer der besterhaltenen Burganlagen Europas, der Schattenburg in Feldkirch, finden sich in den historischen Burgräumen zahlreiche Exponate über das Leben der Menschen in früheren Zeiten sowie eine weithin bekannte Waffensammlung. Schattenburgmuseum, Heimatpflege- und Museumsverein Feldkirch, Burggasse 1, A-6800 Feldkirch, Tel. +43 (0)5522 71 982, Fax +43 (0)5522 71 98 210, besuch.museum@schattenburg.at, www.schattenburg.at (siehe Seite 182)

Hard

Textildruckmusem Mittelweiherburg

Die Geschichte Vorarlbergs ist eng mit der Entwicklung des Textildruckes in Hard verbunden. Anschaulich wird dies im Textildruckmuseum dargestellt. Textildruckmusem Mittelweiherburg, Mittelweiherburg 3, A-6971 Hard, Postanschrift: Marktstr. 18, A-6971 Hard, Tel. +43 (0)5574 69 76 29, textildruckmuseum@hard.at, www.hard.at/de/textildruckmuseum-mittelweiherburg/ (siehe Seite 206)

Kunst und Kultur Bregenzerwald

Riefensberg

Juppenwerkstatt Riefensberg

Über die wertvolle Frauentracht des Bregenzerwaldes, der Juppe, kann man sich in der Juppenwerkstatt Riefensberg umfassend informieren. Eine umfangreiche Trachtensammlung wird durch Werkräume ergänzt, in denen auch heute noch an alten Maschinen und Gerätschaften gearbeitet wird. Juppenwerkstatt Riefensberg, Dorf 52, A-6943 Riefensberg, Tel. +43 (0)5513 83 56 15, info@juppenwerkstatt.at, www.juppenwerkstatt.at (siehe Seite 408)

Finanzgeschäfte

Raiffeisenbank in Bregenz

Individuelle Vermögensberatung ist das

Kerngeschäft im Private Banking der Raiffeisenbank in Bregenz, Kornmarktstraße 14, A-6900 Bregenz, Tel. +43 5574 513-230, Fax +43 5574 513-288, privatebanking@raiba.at, www.rib-privatebanking.at (siehe Seite 54)

Einkaufen Vorarlberg-Bodensee

Bregenz

INTEGRA Siebensachen

Im Kaufhaus Siebensachen am Bregenzer Kornmarkt und in der Mariahilfstraße werden die Besucher von einem breiten Sortiment überrascht, das viel Praktisches oder Nützliches, Originelles oder Regionales zu bieten hat. INTEGRA Siebensachen, Kornmarktstraße 18, 6900 Bregenz, Tel. +43(0)664 884 668 819 – Siebensachen Mariahilf, Mariahilfstraße 45, 6900 Bregenz, Tel. +43(0)664 884 668 10, office@integra.or.at, www.integra.or.at (siehe Seite 264)

Ölmühle Bregenz

Hochwertige, kaltgepresste Öle werden in der Ölmühle Bregenz erzeugt und neben 23 verschiedenen Ölsorten erhalten die Kunden Naturkosmetik, natürliche Kerne, Samen und Nüsse sowie Brotaufstriche und Mehle. Die Ölmühle Bregenz ist freitags von 8 bis 18 Uhr, samstags von 8 bis 13 Uhr geöffnet und nach telefonischer Verarbeitung. auf den Wochenmärkten in Dornbirn, Rankweil, Wolfurt, und Lautrach vertreten. Ölmühle Bregenz, Fischanger 80, A-6932 Langen, Tel. +43 (0)644 20 66 836, +43 (0)699 12 26 05 82 , info@oelmuehle-bregenz.at, www.oelmuehle-bregenz.at (siehe Seite 107)

Raiffeisenbank Bregenz

Im RiBshop der Raiffeisenbank in Bregenz sind hochwertige Einrichtungsgegenstände und edle Geschenkideen zu finden. Raiffeisenbank in Bregenz, Kornmarktstraße 14, A-6900 Bregenz, Tel. +43 5574 513-230, Fax +43 5574 513-288, privatebanking@raiba.at, www.rib-privatebanking.at (siehe Seite 54)

Dornbirn

Mohrenbrauerei

Kulinarische Köstllichkeiten rund um das Bier wie Biersenf, Bockbierbrand oder herbsüsse Bierpralinen finden sich im s'Lädele in der Mohren Biererlebniswelt. Mohrenbrauerei Vertriebs KG, Dr.-Waibel-Straße 2, A-6850 Dornbirn, Tel. +43 (0)5572 37 77 200, erlebniswelt@mohrenbrauerei.at, www.mohrenbrauerei.at (siehe Seite 142)

Eichenberg

Alma Bergsennerei Lutzenreute

Zu den besten Käsen der Welt gehört der Bergkäse aus der Alma Bergsennerei Lutzenreute, Lutzenreute 23, 6911 Eichenberg, Tel +43 (0)5573 83380, kundenservice@alma.at, www.alma.at (siehe Seite 165)

Alma Bergsennerei Hinteregg

Vorarlberger Emmentaler ist die Spezialität der Alma Bergsennerei Hinteregg, die für Interessierte auch Führungen veranstaltet. Alma Bergsennerei Hinteregg, Hinteregg 49, 6911 Eichenberg, Tel. + 43 5574 45472, kundenservice@alma.at, www.alma.at (siehe Seite 165)

Höchst

Blaha-Hof

Naturbelassene Lebensmittel aus der eigenen Landwirtschaft sind im Hofladen erhältlich. Blaha-Hof, Bonigstr. 19, A-6973 Höchst, Tel. +43 (0)5578 72 551, blaha-hof@aon.net (siehe Seite 211)

Fenkart Schokoladengenuss

Nach einer Führung durch die Schokoladenmanufaktur möchte man die süßen Verführungen kosten und seinen Lieben daheim eine Kostprobe gönnen. Dies ist möglich bei Fenkart Schokoladengenuss, Familie Fenkart KG, Schlossplatz 10, A-6845 Hohenems, Tel. +43 (0)5576 72 356, Fax +43 (0)5576 72 35 66, info@schokoladengenuss.at, www.schokoladengenuss.at (siehe Seite 220)

Langen

Ölmühle Bregenz

Hochwertige, kaltgepresste Öle werden in der Ölmühle Bregenz erzeugt und neben 23 verschiedenen Ölsorten erhalten die Kunden Naturkosmetik, natürliche Kerne, Samen und Nüsse sowie Brotaufstriche und Mehle. Die Ölmühle Bregenz ist freitags von 8 bis 18 Uhr, samstags von 8 bis 13 Uhr und nach telefonischer Voranmeldung geöffnet. Außerdem ist sie auf den Wochenmärkten in Dornbirn, Rankweil, Wolfurt, und Lautrach vertreten. Ölmühle Bregenz, Fischanger 80, A-6932 Langen, Tel. +43 (0)644 20 66 836, +43 (0)699 12 26 05 82 , info@oelmuehle-bregenz.at, www.oelmuehle-bregenz.at (siehe Seite 107)

Einkaufen Bregenzerwald

Andelsbuch

Andelsbucher Sennerei

Bergkäse, Rahmemmentaler, Brauerei- und Rässkäse sind nur einige Spezialiäten, die die Andelsbucher Sennerei zu bieten hat. Andelsbucher Sennerei, Hof 366, A-6866 Andelsbuch, Tel. +43 (0)5512 2507, kaese@sennerei-andelsbuch.at, www.sennerei-andelsbuch.at (siehe Seite 338)

Bregenzerwälder Käsehaus

Über 80 Käsesorten stehen im Bregenzerwälder Käsehaus zur Verfügung, die auch über einen Onlineshop erhältlich sind. Bregenzerwälder Käsehaus, Hof 144, A-6866 Andelsbuch, Tel. +43 (0)5512 26 346, info@kaesehaus.com, www.kaesehaus.com (siehe Seite 340)

Bezau

Bergbauernhofes Fegg

Handgeschöpfter Bergkäse und köstliche Sennbutter gibt es auf der Alpe Seefluh des Bergbauernhofes Fegg, Fegg 561, A-6870 Bezau, Tel. +43 (0)664 39 59 700, L_Meusburger@hotmail.com (siehe Seite 353)

waelderspielzeug

Spielzeug, das Kinderaugen zum Leuchten bringt und das nachhaltig aus Holz aus dem Bregenzerwald hergestellt wird, findet man im Verkaufslokal von waelderspielzeug, Bahnhof 148, A-6870 Bezau, Tel +43 (0)5514 21 31, hemma.metzler@waelderspielzeug.at, www.waelderspielzeug.at (siehe Seite 354)

Damüls

Sport Madlener

Einen einzigartigen Service bietet der Skischukauf bei Sport Madlener: Hier wird nicht nur verkauft, sondern individuell angepaßt, sodaß auch Problemfüsse das passende Schuhwerk finden. Sport Madlener, Uga 66, A-6884 Damüls, Tel. +43 (0)5510 391, Fax +43 (0)5510 651, info@sport-madlener.at, www.sport-madlener.at (siehe Seite 364)

Egg-Schetteregg

Metzler naturhautnah

Im Hofladen von Metzler naturhautnah wird man mit Spezialitäten für die Haut und den Gaumen verwöhnt: Kosmetikpräparate aus Molke sind hier ebenso zu finden wie feine Käsespezialitäten aus der wertvollen Ziegen- oder Kuh-Heumilch. Regionale Köstlichkeiten runden das Angebot ab. Metzler naturhautnah, Bruggan 1025, A-6863 Egg, Tel. +43 (0)5512 30 44, metzler@molkeprodukte.at, www.molkeprodukte.at (siehe Seite 370)

Sutterlüty Ländlemarkt

Regional präsentiert sich das Angebot in demim Sutterlüty Ländlemarkt, der größten Wert auf nachhaltig erzeugte Lebensmittel legt und als Weltmeister immit dem weltweit größten Sortiment an regionalen Lebensmitteln größten Angebot regionaler Produkte giltbesticht. Sutterlüty LändlemarktLändlemarkt, Zentrale, Mühle 534, A-6863 Egg, Tel. +43 (0)5512 2266-0, Fax +43 (0)5512 22 66 182, info@Sutterluety.atkundenservice@sutterluety.at, www.sutterluety.at (siehe Seite 56)

Brauerei Egg

Die Brauerei Egg ist die kleinste Privatbrauerei in Vorarlberg. Als verlässlicher und guter Partner ist sie mit ihren Bierspezialitäten seit Jahren in der Region verankert. Brauerei Egg, Simma, Kohler GesmbH & Co KG, Gerbe 500, 6863 Egg, Tel. +43 (0)5512 2201, Fax +43 (0)5512 2201-10, brauerei@brauerei-egg.at, www.brauerei-egg.agt (siehe Umschlagseite 3)

Hittisau

Sennerei Hittisau

Köstlichen Bergkäse, Emmentaler und

Sennbutter aus reiner Heumilch gibt es in der Sennerei Hittisau, Platz 90, A-6952 Hittisau, Tel +43 (0)5513 29 110, sennerei@hittisau.at, www.sennerei-hittisau.at (siehe Seite ...)

Langenegg

Sennerei Langenegg

Vom Langenegger Dorfkäse bis hin zu Berg- und Chilikäse reicht das Angebot der Sennerei, die auch vorzügliche Sennereibutter anbietet. Sennerei Langenegg, Berkmann 116, A-6941 Langenegg, Tel. +43 (0)5513 6190, Fax +43 (0)5513 61 904, verkaufen@kaeserei.com, www.kaeserei.com (siehe Seite 384)

Lingenau

Sennerei Lingenau

Aromatischer Emmentaler und feinster Bergkäse sowie naturbelassene Butter aus Heumilch sind in der Sennerei Lingenau erhältlich. Sennerei Lingenau, Hof 28, A-6951 Lingenau, Tel. +43 (0)5513 2716, info@sennerei-lingenau.at, www.sennerei-lingenau.at (siehe Seite 388)

Riefensberg

Sennereigenossenschaft Riefensberg

Da die kleine Sennereigenossenschaft im vorderen Bregenzerwald keinen Direktverkauf hat, vermarktet man den Bergkäse und die Sennereibutter in Riefensberg über das Adeg Beer Lebensmittelgeschäft, das Bartle" üser Wirtshus sowie die Tankstelle Schindele. Sennereigenossenschaft Riefensberg, Dorf 61, A-6943 Riefensberg, Tel +43 (0)5513 8281, info@sennerei-riefensberg.at, www.sennerei-riefensberg.at (siehe Seite 410)

Schnepfau

Alma Bergsennerei Schnepfau

Mit kleinem, aber feinem Sennereiladen ausgestattet und einem Käseautomaten, an dem man sich auch außerhalb der Geschäftszeiten mit Käseköstlichkeiten eindecken kann, gibt es in der Alma Bergsennerei Schnepfau, Kirchdorf 123, A-6882 Schnepfau, Tel. +43(0) 5518 2820, kundenservice@alma.at, www.alma.at (siehe Seite 418)

Schoppernau

Bergkäserei Schoppernau

Feinster Bergkäse, Reibekäse, Sennereibutter, Butterschmalz, Topfen und viele weitere regionale Spezialitäten sind in der Bergkäserei Schoppernau erhältlich. Auch rund um die Uhr liefert ein Käseautomat die köstlichen Spezialitäten, wenn man es nicht mehr rechtzeitig zu den Ladenöffnungszeiten geschafft hat. Bergkäserei Schoppernau, Unterdorf 248, A-6886 Schoppernau, Tel +43 (0)5515 30151, info@bergkaeserei.at, www.bergkaeserei.at (siehe Seite 420)

Sibratsgfäll

Dorfsennerei Sibratsgfäll

Reine Heumilch ist die Voraussetzung für die erstklassigen und fein schmeckenden Käsespezialitäten aus der Dorfsennerei Sibratsgfäll. Dorfsennerei Sibratsgfäll, Dorf 132, A-6952 Sibratsgfäll, Tel. +43 (0)5513/2442, Fax +43 (0)5513 20650, info@sennerei-sibra.at, www.sennerei-sibra.at (siehe Seite 432)

Freizeit und Sport Vorarlberg-Bodensee

Bregenz

Pfänderbahn

In nur sechs Minuten schweben die Kabinen der Pfänder-Panoramabahn auf eine Höhe von 1064 m ü. M. und bieten einmalige Ausblicke auf den Bodensee und eine unvergleichliche Aussicht auf das Dreiländereck Schweiz-Deutschland-Österreich. Pfänderbahn AG, Steinbruchgasse 4, A-6900 Bregenz, Tel. +43 (0)5574 42 16 00, Fax +43 (0)5574 42 16 04, office@pfaenderbahn.at, www.pfaenderbahn.at (siehe Seite 104)

Franz bewegt

Fitness für Körper und Geist. Hoch hinaus um einfach zu entspannen, die Seele baumeln lassen und neue Kräfte tanken. Mit Franz, dem Vorarlberger Personaltrainer und Wanderführer gelingt dieses Vorhaben. Franz Ressmann, Personal Trainer / Wanderführer, Max-Haller-Str. 2, A-6900 Bregenz, Tel. +43 699 19 47 48 00, office@franzbewegt.at, www.franzbewegt.at (siehe Seite 120)

INTEGRA Fahrradservice

Im Fahrradservice der INTEGRA in der Vorklostergasse 51 in Bregenz werden Fahrräder gereinigt, inspiziert und repariert. Ebenfalls wird ein Verleih von Herren-, Damen- und Jugendrädern sowie E-Bikes inkl. Zubehör angeboten. INTEGRA Fahrradservice: Tel. +43(0)664 8558211, INTEGRA Fahrradverleih: Tel. +43(0)664 887 850 16 oder fahrradverleih@integra.or.at, office@integra.or.at, www.integra.or.at (siehe Seite 264)

Dornbirn

K1 Kletterhalle Dornbirn

Die zentral gelegene Kletterhalle in Dornbirn bietet jede Menge Kletterspaß. K1 Kletterhalle Dornbirn Betriebs GmbH, Bildgasse 10, A-6850 Dornbirn, Tel. +43 (0)5572 39 48 10, Fax +43 (0)5572 39 48 109, info@k1-dornbirn.at, www.k1-dornbirn.at (siehe Seite 146)

Outdoor Ebniterleben

Hochseilgarten, Schluchten-Fox-Parcours sowie geführte Wanderungen und Canyoning sind nur einige wenige genannte Einrichtungen der Outdoor Ebniterleben. Outdoor Ebniterleben, Kehlerstr. 71, A-6850 Dornbirn, Tel. +43 (0)664 18 76 687, outdoor@

ebniterleben.at, www.ebniterleben.at (siehe Seite 148)

Hans Hammerer Reisebegleitung

Eine nicht alltägliche Reisebegleitung bietet Kommerzialrat Professor Hans Hammerer mit seinen informativ und musikalisch geführten Touren durch das „Ländle". Kommerzialrat Professor Hans Hammerer, Paracelsusweg 9, A-6850 Dornbirn, Tel +43 (0)664 33 71 262, hans.hammerer@gsund.com, www.gsund.com (siehe Seite 330)

Lochau

Canyoning Team Vorarlberg

Atemberaubende Canyoning-Touren, Rafting auf der Bregenzerache oder SUP-Paddeln auf dem Bodensee. Das Canyoning Team und Ländle SUP bieten jede Menge Spaß und action. Canyoning Team Vorarlberg, Merbodgasse 9, A-6900 Bregenz, Tel. +43 (0)5574 54 024, office@canyoning-team.com, www.canyoning-team.com und Ländle SUP, Wellenau 1/10, A-6900 Lochau, Tel. +43 (0)664 73 88 30 29, info@laendle-sup.at, www.laendle-sup.at (siehe Seite 116)

Sentido Seehotel Am Kaiserstrand****

Von April bis Oktober wird der Schiffsanlegesteg „Am Kaiserstrand" von der Bodenseeschifffahrt – Vorarlberg Lines und der Hohentwiel angesteuert. Im Sommer finden Rundfahrten durch die Bregenzer Bucht, eine Dreiländerfahrt und die Überfahrt zu den Bregenzer Festspielen statt. Sentido Seehotel Am Kaiserstrand****, Am Kaiserstrand 1, A-6911 Lochau am Bodensee, Tel. +43 (0)5574 58 111, info@seehotel-kaiserstrand.at, www.seehotel-kaiserstrand.at (siehe Seite 240)

Weiler

Alpinschule Bergaufbergab

Mit der Alpinschule Bergaufbergab ist man in den Bergen oder Schluchten Vorarlbergs bestens beraten: Ausgebildete und erfahrene Bergführer, Sportkletterlehrer und Canyoning-Guides begleiten kleinere Gruppen bei abenteuerlichen Touren. Alpinschule Bergaufbergab, Eduard Kumaropulos, Im Winkel 2, A-6837 Weiler, Tel. +43 (0)664 51 19 003, office@bergaufbergab.com, www.bergaufbergab.com (siehe Seite 147)

Freizeit und Sport Alpenregion Bludenz

Brandnertal

Landal Brandnertal

Skipisten und Panoramaloipe, Bikepark und herrliche Wanderrouten durch die Bergwelt finden sich direkt in den Ferienparks von Landal Brandnertal und Chalet Matin. Landal Brandnertal, Tschengla 3, A-6707 Bürserberg, Tel. +43 (0)5552 62 76 6, Fax +43 (0)5552 62 76 61 00. info@landal.com, www.landal.at/brandnertal (siehe Seite 312)

Freizeit und Sport Bregenzerwald

Alberschwende

Handwerkholz, Anton Bereuter

Freizeit- und Sportrodel fertigt der Tischlermeister, Anton Bereuter, in Albertschwende an, die unter dem Label „Ländlerodel" in seinem Handwerksbetrieb, über einen Onlineshop und zahlreichen Verkaufsstellen in Vorarlberg verkauft werden. Handwerkholz, Anton Bereuter, Achrain 65A, A-6861 Alberschwende, Tel. +43 (0)5579 34 88, anton.bereuter@handwerkholz.at, www.handwerkholz.at (siehe Seite 324)

Bezau

Flugschule Bregenzerwald

Sich frei wie ein Vogel fühlt man sich bei einem Tamdemflug mit dem Gleitschirm und einem erfahrenen Piloten in der Flugschule Bregenzerwald, Wilbinger 483, A-6870 Bezau, Tel. +43 (0)5514 31 77, info@gleitschirmschule.at, www.gleitschirmschule.at (siehe Seite 350)

Seilbahn Bezau

Komfortabel befördert die Seilbahn Bezau Wanderer und Skiläufer, Paragleiter und Naturfreunde in die Höhe. Seilbahn Bezau GmbH & Co.KG, Obere 394, A-6840 Bezau, Tel. +43 (0)5514 2254, Fax +43 (0)5514 22 544, hallo@seilbahn-bezau.at, www.seilbahn-bezau.at (siehe Seite 352)

Wälderbähnle Bregenzerwald

Die fünf Kilometer zwischen Bezau und Schwarzenberg kommen einer Reise in die Vergangenheit gleich. Wälderbähnle Bregenzerwald Betriebs GmbH, Bahnhof 147, A-6870 Bezau, Tel. +43 (0)5514 3174, Fax +43 (0)5514 61 924, info@waelderbaehnle.at, www.waelderbaehnle.at (siehe Seite 348)

Damüls

Damülser Seilbahnen

Den Bergsommer genießen – das Skigebiet erleben. Das größte Skigebiet des Bregenzerwaldes hat für jeden das passende zu bieten. Damülser Seilbahnen GmbH & Co KG, Uga 74, A-6884 Damüls, Tel. +43 (0)5510 600, office@seilbahnendamuels.at, www.damuels-mellau.at (siehe Seite 362)

Sport Madlener

Wer keine Lust hat, sperrige Ski oder Snowboards mit in den Urlaub zu nehmen, kann sich die neuesten Modelle und servicegepflegtes Wintersportgerät direkt am Urlaubsort ausleihen: Sport Madlener, Uga 66, A-6884 Damüls, Tel. +43 (0)5510 391, Fax +43 (0)5510 651, info@sport-madlener.at, www.sport-madlener.at (siehe Seite 364)

Egg-Schetteregg

Landbus Bregenzerwald

Mit einem Streckennetz von etwa

758,2 km und 402 Haltestellen sowie halbstündlichen Verbindungen auf den Hauptachsen bietet der Landbus Bregenzerwald Bewohnern und Gästen des Bregenzerwaldes eine neue Qualität an Mobilität. Landbus Bregenzerwald, Impulszentrum 1135, A-6863 Egg, Tel. +43 (0)5512 26 00 014, landbus@bregenzerwald.at, www.landbus-bregenzerwald.at (siehe Seite 52)

Mellau

Panorama Mellaubahn

Im Sommer in begehrte Wandergebiete und zu Mountainbike-Trails und während des Winters in die schönsten Skigebiete befördert die Panorama Mellaubahn ihre Gäste. Bergbahnen Mellau GmbH & Co. KG, Hinterbündt 380, A-6881 Mellau, Tel +43 (0)5518 22 22, info@mellau-damuels.at, www.mellau-damuels.at (siehe Seite 396)

Alphof Rossstelle

Ob Ski alpin, Langlauf oder Winterwandern, ob Wandern, Bergsteigen oder einfach nur in der klaren Bergluft ein Spaziergang – der Alphof Rossstelle ist der geeignete Ausgangspunkt für Aktivurlauber. Alphof Rossstelle, Achsiedlung 372, A6881-Mellau, Tel. +43 (0)5518 2310, info@alphofrossstelle.at, www.alphofrossstelle.at (siehe Seite 400)

Schnepfau

Aktiv-Zentrum Bregenzerwald

Vom größten Hochseilgarten über Wasser Vorarlbergs, Rafting bis zu Höhlenwanderungen, Canyoning und Schneeschuhwandern im Winter reicht das vielfältige Angebot für aktive Naturfreunde, die das Besondere inmitten der Bergwelt des Bregenzerwaldes suchen. Aktiv-Zentrum Bregenzerwald, Neugut 43, A-6882 Schnepfau, Tel. +43 (0)676 78 37 878, info@aktiv-zentrum.at, www.aktiv-zentrum.at , Alpine-Passion, Gehren 3, A-6767 Warth, Tel. +43(0)664 94 00 515, info@alpine-passion.at, www.alpine-passion.at (siehe Seite 416)

Freizeit und Sport
Ausflugsziele

Naturpark Lechtal

Der Lech, der lezte Wildfluss der Lechalpen. Gänzlich unberührt sucht er sich seinen Weg und prägt Land und Leute – auf dem Lechweg ist es möglich den Fluss auf seiner Reise von der Quelle bis zum Lechfall in Füssen zu begleiten. Lechtal Tourismus, Untergiblen 23, A-6652 Elbigenalp, Tel. +43 (0)5634 5315, Fax +43 (0)5634 5316, info@lechtal.at, www.lechtal.at (siehe Seite 446)

Skigebiet Balderschwang - Willkommen im Schnee

Jedes Jahr um die Mitte Dezember herum lässt die zauberhafte Landschaft rund um Balderschwang die Herzen von Wintersportfreunden höher schlagen. Dann nämlich wurden hier die Abfahrten für ein Ski- und Snowboardvergnügen par excellence mit weitläufigen Beschneiungsanlagen und professioneller Pistenpflege bereits hergerichtet. Bergbahn- und Skilift Balderschwang Betriebs-GmbH & Co.KG, Haus Nr. 84, D-87538 Balderschwang, Tel. +49 (0)8328 1001, Fax +49 (0)8328 1058, info@skigebiet-balderschwang.de, www.skigebiet-balderschwang.de (siehe Seite 462)

Mittagbahn

Die moderne Doppelsesselbahn bringt Natur- und Sportfreunde in kurzer Zeit auf eine Höhe von 1450 m ü. M. Schon während der Fahrt genießen die Gäste einen beeindruckenden Blick auf die Bergwelt und das Allgäuer Voralpenland. Mittagbahn, Mittagstr. 30, D-87509 Immenstadt, Tel. +49 (0)8323 6159, info@mittagbahn.de (siehe Seite 446)

Naturpark Nagelfluhkette

Die Nagelfluhkette zieht sich als verbindendes Element vom Allgäu bis in den Vorderen Bregenzerwald. Kaum ein Wanderer kann sich der atemberaubenden Landschaft des Naturparks Nagelfluhkette entziehen. Naturpark Nagelfluhkette, Seestr. 10, D-87509 Immenstadt bzw. Platz 370, A-6952 Hittisau, info@naturpark-nagelfluhkette.eu, www.nagelfluhkette.info (siehe Seite 464)

Hochgratbahn

Hinauf ins Wanderparadies. Die Bahn ist im Sommer täglich von 8.45 bis 17.00 Uhr in Betrieb. Ab Juli werden jeden Dienstags bei trockener Witterung Sonnenuntergangsfahrten bis 22.00 Uhr angeboten, ein ganz besonderes Erlebnis. Hochgratbahn, D-87534 Oberstaufen-Steibis, Tel. +49 (0)8386 82 22, Fax +49 (0)8386 85 54, info@hochgratbahn.de, www.hochgratbahn.de (siehe Seite 468)

Erlebnisbad Aquaria

Mit einer vulminanten Wasserlandschaft und einem Innen- und Außen-Saunabereich hat das Erlebnisbad Aquaria sich weit über die Region hinaus einen Namen gemacht. Erlebnisbad Aquaria Betriebs GmbH, Alpenstraße 5, D-87534 Oberstaufen, Tel. +49 (0)8386 931314 Fax +49 (0)8386 931340, info@aquaria.de, www.aquaria.de (siehe Seite 470)

Der Säntis – 2.502 Meter pure Faszination

Vom Säntis reicht der Blick über sechs Länder. Genauso grenzenlos sind die Möglichkeiten, die Säntis und Schwägalp bieten – das ganze Jahr und bei jedem Wetter. Vor einer der schönsten Naturkulissen Europas erwarten den Besucher echte Erlebnisse über dem Alltag. Zehn wunderbare Minuten dauert die unvergessliche Fahrt mit der Schwebebahn auf den Gipfel des Säntis. In den wettergeschützten Aussichtshallen, auf den grossen Sonnenterrassen und bequemen Gipfelwegen treffen sich Menschen aus aller Welt. Zwei grosse Panorama-Restaurants, Shops und Ausstellungen empfangen die Besucher mit typisch Appenzeller Gastfreundschaft. Herzlich Willkomm! Säntis-Schwebebahn, Hotel, Gastronomie, Events, CH-9107 Schwägalp, Tel. +41 71 365 65 65, kontakt@saentisbahn.ch, www.saentisbahn.ch (siehe Seite 478)

Essen und Trinken Vorarlberg-Bodensee

Bildstein

Gasthof Kreuz

Traditionelle österreichische Gerichte sind auf der Speisekarte des Gasthof Kreuz zu finden, deren Genuss von einem einmaligen Ausblick begleitet wird. Gasthof Kreuz, Dorf 72, A-6658 Bildstein, Tel. +43 (0)5572 58370, gasthof-kreuz@gmx.at (siehe Seite 72)

Bregenz

Burgrestaurant Gebhardsberg

Regionale Küche, hochwertig umgesetzt und begleitet von den edelsten Tropfen, die Österreichs Winzer zu bieten haben, präsentieren sich die Leckereien des Burgrestaurant Gebhardsberg, Gebhardsberg 1, A-6900 Bregenz, Tel. +43 (0)5574 42 515, gebhardsberg@greber.cc, www.greber.cc (siehe Seite 112)

Hotel Messmer

Vorwiegend Vorarlberger Spezialitäten und Bodenseefische die mit edlen Tropfen serviert werden, genießt man im Hotel Messmer, Kornmarktstr. 16, A-6900 Bregenz, Tel. +43 (0)5574 42 356, Fax +43 (0)5574 42 35 66, office@hotel-messmer.at, www.hotel-messmer.at (siehe Seite 110)

Hotel & Stadtgasthaus Weisses Kreuz

Römerstraße 5, A-6900 Bregenz, Tel. +43 (0)5574 49880, www.hotelweisseskreuz.at (siehe Seite 108)

Goldener Hirschen

Kirchstraße 8, A-6900 Bregenz, Tel. +43 (0)5574 42815, www.hotelweisseskreuz.at (siehe Seite 108)

Café Leutbühel

Im GWL am Leutbühel 2, A-6900 Bregenz, Tel. +43 (0)5574 42612, www.hotelweisseskreuz.at (siehe Seite 108)

Weinstube Kinz

Kirchstraße 9, A-6900 Bregenz, Tel +43 (0)5574 4988100, www.hotelweisseskreuz.at (siehe Seite 108)

Kesselhaus Bar & Restaurant

Mediterrane Einflüsse bestimmen die Küche im Bregenzer Kesselhaus, das neben Pizzen erlesene Köstlichkeiten zu Mittag oder als Abendmenü anbietet. Kesselhaus Bar & Restaurant, Mariahilfstr. 29, A-6900 Bregenz, Tel. +43 (0)5574 21 507, office@kesselhausbregenz.at, www.kesselhausbregenz.at (siehe Seite 114)

Raiffeisenbank Bregenz

Das RiBcafe im altehrwürdigen Gewölbe am Kornmarkt ist beliebter Treffpunkt mitten im Herzen der Stadt. Raiffeisenbank in Bregenz, Kornmarktstraße 14, A-6900 Bregenz, Tel. +43 5574 513-230, Fax +43 5574 513-288, privatebanking@raiba.at, www.rib-privatebanking.at (siehe Seite 54)

Dornbirn

Ammenegger Stuba

Eine reichhaltige und abwechslungsreiche Speisekarte mit edlen Genüssen aus der Region hält die Ammenegger Stuba, Ammenegg 1, A-6850 Dornbirn, Tel. +43 (0)5572 39 82 03, ammenegger.stuba@vol.at, www.ammenegger-stuba.at für ihre Gäste bereit. (siehe Seite 144)

Hotel Alpenrose

Kulinarische Köstlichkeiten mit einer außergewöhnlichen Aussicht genießen die Gäste im Restaurant des Hotel Alpenrose, Ebnit 4, A-6850 Dornbirn, Tel.+43 (0) 5576 42 997, info@alpenrose-ebnit.com, www.alpenrose-ebnit.com (siehe Seite 148)

Dünserberg

Dünser Älpele

Regionale Köstlichkeiten, die mit leidenschaftlicher Gastfreundschaft serviert und mit einer atemberaubenden Aussicht genossen werden können – dafür steht das Dünser Älpele, Haus Nr. 79, A-6822 Dünserberg, Tel. +43 (0)664 14 11 842, florian.burtscher@hotmail.com, www.dünser-älpele.at (siehe Seite 158)

Feldkirch

Braugaststätte Rössle Park

Herzhafte, österreichische Küche, die von den feinen Bierspezialitäten der Braugaststätte begleitet werden, genießt der Gast in der heimeligen Atmosphäre der Braugaststätte Rössle Park, Rösslepark 1, A-6800 Feldkirch, Tel. +43 (0)5522 76 543, info@roesslepark.at, www.roesslepark.at (siehe Seite 188)

Höchst

Blaha-Hof

Bodenständige Küche, gepaart mit ehrlicher Gastfreundschaft in gemütlicher Atmosphäre erwartet die Gäste im Blaha-Hof-Stüble. Blaha-Hof, Bonigstr. 19, A-6973 Höchst, Tel. +43 (0)5578 72 551, blaha-hof@aon.net (siehe Seite 211)

Seerestaurant Glashaus

Gemütliches Ambiente direkt am See und eine feine Küche, die für ihre Pizzen ebenso gelobt wird, wie für die fangfrischen Bodenseefische bietet das Seerestaurant Glashaus, Am See 1, A-6973 Höchst, Tel. +43 (0)5578 72 590, glashaus@ggassner.at, www.seerestaurant-glashaus.at (siehe Seite 210)

Hohenems

Restaurant s'Witzigmann

Für Festtagsmenüs empfiehlt sich die Küche des s'Witzigmanns ebenso wie für den preiswerten Mittagstisch, an dem der Gast auch eine ausreichende Auswahl an veganen und vegetarischen Speisen findet. Restaurant s'Witzigmann, Nibelungenstr. 13, A-6845 Hohenems, Tel. +43 (0)5576 73 039, restaurant@witzigmann.net, www.witzigmann.net (siehe Seite 218)

Fenkart Schokoladengenuss

Mit täglich frischen, hausgemachten Produkten lädt das gemütliche Kaffeehaus im Herzen von Hohenems seine Gäste zum Verweilen ein. Fenkart Schokoladengenuss, Familie Fenkart KG, Schlossplatz 10, A-6845 Hohenems, Tel. +43 (0)5576 72 356, Fax +43 (0)5576 72 35 66, info@schokoladengenuss.at, www.schokoladengenuss.at (siehe Seite 220)

Lochau

Gasthaus Seibl

Gutbürgerlich ist die Küche, gigantisch der Ausblick auf den Bodensee aus dem Gasthaus Seibl, Pfänder Oberhaggen, A-6911 Lochau, Tel. +43 (0)5574 43 340, gasthaus.seibl@gmx.at, www.gasthausseibl.at (siehe Seite 244)

Sentido Seehotel Am Kaiserstrand****

Regionale Spezialitäten und exquisite internationale Gerichte serviert das Seehotel direkt am Bodenseeufer und der Gast genießt das Ambiente des Hauses ebenso, wie den einmaligen Ausblick auf den See und die Berge in der Ferne. Sentido Seehotel Am Kaiserstrand****, Am Kaiserstrand 1, A-6911 Lochau am Bodensee, Tel. +43 (0)5574 58 111, info@seehotel-kaiserstrand.at, www.seehotel-kaiserstrand.at (siehe Seite 240)

Restaurant Mangold

Anspruchsvolle Genießer finden im Restaurant Mangold eine herzhafte österreichische Küche, die modern und leicht umgesetzt und mit mediterranen Elementen kombiniert wird. Restaurant Mangold KG, Pfänderstr. 3, A-6911 Lochau, Tel +43 (0)5574 42 431, office@restaurant-mangold.at, www.restaurant-mangold.at (siehe Seite 242)

Lustenau

Wok Teppanyaki Restaurant

Asiatische Köstlichkeiten aus dem Wok und vom Grill genießen die Gäste des Wok Teppanyaki in Lustenau, wo sie in stilgerechtem, chinesischem Ambiente verwöhnt werden. Wok Teppanyaki Restaurant, Hohenemser Str. 22, A-6890 Lustenau, Tel. +43 (0)5577 84 488, wok-restaurant@aon.at, www.wok-lustenau.at (siehe Seite 248)

Röthis

Weinlokal Rebberg

Die Küche des Weinlokals Rebberg präsentiert sich mit klassischer, österreichischer Kochkunst, die durch saisonale und regionale Zutaten ihre besondere Würze erhält. Abgerundet wird die Kulinarik durch eine ausgezeichnete Weinauswahl hochklassiger österreichischer Winzer. Weinlokal Rebberg, Walgaustr. 41, A-6832 Röthis, Tel. +43 (0)5522 44 668, rebberg@rebberg.at, www.rebberg.at (siehe Seite 257)

Essen und Trinken Alpenregion Bludenz

Brandnertal

Café-Restaurant Mühlebach

Mit regionalen und internationalen Spezialitäten und erfrischenden sowie erlesenen Getränken wird man mitten in Brand verwöhnt: Café-Restaurant Mühlebach, Mühledörfle 31, A-6708 Brand, Tel. +43 (0)5559 22 582, info@muehlebach.at, www.muehlebach.at (siehe Seite 311)

Biosphärenpark Großes Walsertal

Propstei St. Gerold

Für das leibliche Wohl in der Propstei St. Gerold sorgt die Klosterküche mit regionalen und Saisonalen Köstlichkeiten. Propstei St. Gerold, St. Gerold 29, A-6722 St. Gerold, Tel. +43 (0)5550 2121, Fax +43 (0)5550 21 21 19, propstei@probstei-stgerold.at, www.propstei-stgerold.at (siehe Seite 290)

Essen und Trinken Bregenzerwald

Andelsbuch

Bregenzerwälder Käsehaus

Käseköstlichkeiten wie die Käserahmsuppe sowie Käse- und Spinatknödel stehen auf der Speisekarte des Bregenzerwälder Käsehauses ebenso wie viele regionale Spezialitäten. Bregenzerwälder Käsehaus, Hof 144, A-6866 Andelsbuch, Tel. +43 (0)5512 26 346, info@kaesehaus.com, www.kaesehaus.com (siehe Seite 340)

Au

Erlebnisgasthof Ur-Alp

Weit über die Region hinaus bekannt ist der Erlebnisgasthof Ur-Alp in Au. Köstlichkeiten aus heimischer Landwirtschaft, die saisonal zusammengestellt werden, bilden das Angebot im Restaurant. Erlebnisgasthof Ur-Alp, Bundesstr. 533, A-6883 Au, Tel. +43 (0)5515 25 192, info@ur-alp.at, www.ur-alp.at (siehe Seite 342)

Egg-Schetteregg

Sutterlüty Ländlemarkt

Für Menschen, die in der Mittagspause wenig Zeit haben, werden in den Gastronomiebetrieben von Sutterlüty täglich frische, und aus regionalen Zutaten köstliche Mittagessen Mittagsmenüs zubereitet. Sutterlüty Ländlemarkt, Zentrale, Mühle 534, A-6863 Egg, Tel. +43 (0)5512 2266-0, Fax +43 (0)5512 22 66 182, infokundenservice@sSutterluety.at, www.sutterluety.at (siehe Seite 56)

Hittisau

Hotel Gasthof Krone

Regional und saisonal wird in der

Krone gekocht und Erzeuger, die man kennt und mit denen man spricht, liefern die Lebensmittel, aus denen kreativ und fachkundig die feinen Speisen gezaubert werden. Hotel Gasthof Krone, A-6952 Hittisau, Tel. +43 (0)5513 6201, Fax +43 (0)5513 62 01 16, gasthof@krone-hittisau.at, www.krone-hittisau.at (siehe Seite 378)

Landhotel Hirschen

Frisch und saisonal, mit vielen Zutaten aus der Region wird im Landhotel Hirschen gekocht. Landhotel Hirschen, Platz 187, A-6852 Hittisau, Tel. +43 (0)5513 2320, info@landhotel-hirschen.at, www.landhotel-hirschen.at (siehe Seite 380)

Lingenau

Vitalhotel Quellengarten

Kulinarische Köstlichkeiten, die mit gesunden und natürlichen Produkten der Umgebung zubereitet werden, findet man im Vitalhotel Quellengarten, A-6951 Lingenau, Tel. +43 (0)5513 64610, quelle@bregenzerwaldhotels.at, www.bregenzerwaldhotels.at (siehe Seite 391)

Mellau

Sonne Lifestyle Resort

Die Küche des Vier-Sterne-Superior-Hotels in Mellau kreiert alpine Spezialitäten auf neue Art und verbindet Regionalität und Internationalität; natürlich mit Rücksicht auf Allergien und Unverträglichkeiten. Sonne Lifestyle Resort, Übermellen 65, A-6881 Mellau, Tel. +43 (0)5518 20 10 00, Fax +43 (0)5518 20 10 070, info@sonnemellau.com, www.sonnemellau.com (siehe Seite 398)

Alphof Rossstelle

Ob zur Brotzeit oder zu einem deftigen Mittagsmenü wartet das SB-Restaurant im Alphof Rossstelle auf hungrige und durstige Wanderer oder Skifahrer. Alphof Rossstelle, Achsiedlung 372, A-6881Mellau, Tel. +43 (0)5518 2310, info@alphofrossstelle.at, www.alphofrossstelle.at (siehe Seite 400)

Reuthe

Gesundhotel Bad Reuthe

Frisch präsentiert sich die Küche im Gesundhotel Bad Reuthe. Saisonal und mit regionalen Zutaten werden die Gäste verwöhnt. Gesundhotel Bad Reuthe, A-6870 Reuthe, Tel. +43 (0)5514 22 650, Fax +43 (0)5514 22 65 100, office@badreuthe.at, www.badreuthe.at (siehe Seite 404)

Riefensberg

Bartle - üser Wirtshus

Mit hausgemachtem Kuchen, frischem Kaffee und Köstlichkeiten aus Küche und Keller werden die Gäste inmitten von Riefensberg verwöhnt.
Bartle - üser Wirtshus, Dorf 60, A-6943 Riefensberg, Tel. +43 (0) 681 81 33 05 81, bartle@bartle.at, www.bartle.at (siehe Seite 411)

Schoppernau

Schrannenhof Gasthaus-Pension-Café

Regionale, bodenständige Küche, die in den gemütlich gestalteten Innenräumen und auf den herrlich sonnigen Gästeterrassen serviert wird, findet man im Schrannenhof, Gasthaus-Pension-Café, Niederau 343, A-6886 Schoppernau, Tel. +43 (0)5515 2162 Fax +43 (0)5515 21 64, info@schrannenhof.at, www.schrannenhof at (siehe Seite 422)

Schwarzenberg

Hotel Berghof Fetz

Von einer Vesper über ein Menü am Mittag oder Abend bis hin zu Kaffee und hausgemachten Kuchen reicht das Angebot des Hotel Berghof Fetz, Bödele 574, A-6850 Schwarzenberg, Tel. +43 (0)5572 77 400, info@berghoffetz.at, www.berghoffetz.at (siehe Seite 426)

Gasthaus Alte Mühle

Das Haubenlokal Gasthaus Alte Mühle in Schwarzenberg hat sich mit seiner kreativen und innovativen Kochkunst bei der auf regionale Zutaten und saisonale Zusammenstellung der Speisen gesetzt wird, einen festen Platz in der gastronomischen Landkarte des Bregenzerwaldes erkocht. Gasthaus Alte Mühle, Dorn 138, A-6867 Schwarzenberg, Tel. +43 (0)5512 3780, Fax +43 (0)5512 2511, office@alte-muehle.cc, www.alte-muehle.cc (siehe Seite 428)

Sulzberg

Wellnesshotel Linde

Einem reichhaltigen Frühstücksbuffet folgt am Mittag ein kleines Buffet und am Abend das feine Genießermenü – die Gäste lassen sich gerne kulinarisch verwöhnen im Wellnesslhotel Linde, A-6934 Sulzberg, Tel. +43 (0)5516 20 250, linde@bregenzerwaldhotels.at, www.bregenzerwaldhotels.at (siehe Seite 437)

Terrassen-Restaurant Alpenblick

Die Küche Österreichs, so wie man sie mag, findet man, garniert mit einem grandiosen Ausblick in Sulzberg. Terrassen-Restaurant Alpenblick, Dorf 12, A-6934 Sulzberg, Tel. +43 (0)5516 2217, gasthof@alpenblick.co.at, www.alpenblick.co.at (siehe Seite 438)

Gartenterrassen Vorarlberg-Bodensee

Bildstein

Gasthof Kreuz

In der Ortsmitte von Bildstein, neben der Wallfahrtskirche, bietet die Terrasse des Gasthof Kreuz einen entspannente Aussicht. Gasthof Kreuz, Dorf 72, A-6658 Bildstein, Tel. +43 (0)5572 58370, gasthof-kreuz@gmx.at (siehe Seite 72)

Bregenz

Hotel Messmer

Während der Sommerzeit wird man in einem gemütlichen Gastgarten inmitten der Bregenzer Fußgängerzone mit allerlei Köstlichkeiten aus Küche und Keller verwöhnt. Hotel Messmer, Kornmarktstr. 16, A-6900 Bregenz, Tel. +43 (0)5574 42 356, Fax +43 (0)5574 42 35 66, office@hotel-messmer.at, www.hotel-messmer.at (siehe Seite 110)

Burgrestaurant Gebhardsberg

Von der Terrasse des Burgrestaurant Gebhardsberg genießen die Gäste einen unvergleichlichen Blick auf das Rheintal und den Bodensee, während die Köstlichkeiten den Gaumen verwöhnen. Burgrestaurant Gebhardsberg, Gebhardsberg 1, A-6900 Bregenz, Tel +43 (0)5574 42 515, gebhardsberg@greber.cc, www.greber.cc (siehe Seite 112)

Restaurant „Goldener Hirschen

Im gemütlichen Gastgarten im Innenhof des Restaurant „Goldener Hirschen", dem ältesten Wirtshaus in Bregenz, wird österreichische Hausmannskost vom Feinsten serviert: Klassiker wie Vorarlberger Käsknöpfle und Tafelspitz stehen ebenso auf der Karte wie vegetarische Gerichte und original zubereitete Mehlspeisen. Goldener Hirschen, Kirchstraße 8, A-6900 Bregenz , Tel. +43 (0)5574 42815, www.hotelweisseskreuz.at (siehe Seite 109)

Kesselhaus Bar & Restaurant

Während des Sommers ist der Besuch der Gartenterrasse des Bregenzer Kesselhauses empfehlenswert, ist dies doch der richtige Ort, um open air die Köstlichkeiten aus Küche und Keller oder eine Erfrischung für Zwischendurch zu genießen. Kesselhaus Bar & Restaurant, Mariahilfstr. 29, A-6900 Bregenz, Tel. +43 (0)5574 21 507, office@kesselhausbregenz.at, www.kesselhausbregenz.at (siehe Seite 114)

Dornbirn

Ammenegger Stuba

Einen bezaubernden Ausblick ins Tal genießen die Gäste der Ammenegger Stuba, während sie sich die Erfrischungen und Köstlichkeiten aus der Küche des Hauses schmecken lassen. Ammenegger Stuba, Ammenegg 1, A-6850 Dornbirn, Tel. +43 (0)5572 39 82 03, ammenegger.stuba@vol.at, www.ammenegger-stuba.at (siehe Seite 144)

Hotel Alpenrose

Bei schönem Wetter bietet die Gartenterrasse des Hotel Alpenrose eine grandiose Aussicht auf die Stadt Dornbirn und den Bodensee, während die Gäste mit den Köstlichkeiten aus Küche und Keller verwöhnt werden. Hotel Alpenrose, Ebnit 4, A-6850 Dornbirn, Tel. +43 (0) 5576 42 997, info@alpenrose-ebnit.com, www.alpenrose-ebnit.com (siehe Seite 148)

Düns

Dünser Älpele

Auf der Gartenterrasse des Dünser Älpele in einer Höhe von 1500 Metern wird man mit kulinarischen Köstlichkeiten und einer prachtvollen Aussicht in den Walgau verwöhnt. Dünser Älpele, Haus Nr. 79, A-6822 Dünserberg, Tel. +43 (0)664 14 11 842, florian.burtscher@hotmail.com, www.dünser-älpele.at (siehe Seite 158)

Untere Illschluchtenge, Feldkirch
(Bild wikipedia, Böhringer CC BY-SA 3.0)

Feldkirch

Braugaststätte Rössle Park

Direkt unter der Schattenburg liegt der Gastgarten der Braugaststätte Rössle Park, in dem die Gäste mit der feinen Küche und den Bierspezialitäten der Braugaststätte verwöhnt werden. Braugaststätte Rössle Park, Rösslepark 1, A-6800 Feldkirch, Tel. +43 (0)5522 76 543, info@roesslepark.at, www.roesslepark.at (siehe Seite 188)

Hotel Garni Noval

Die Lounge im Hotel Garni Noval bietet Zugang zu der Terrasse des Hauses, auf der die Gäste entspannende Stunden unter einem Kiwibaum verbringen können. Hotel Garni Noval, Franz-Heim Gasse 1, A-6800 Feldkirch, Tel. +43 (0)5522 22 888, info@hotel-noval.at, www.hotel-noval.at (siehe Seite 186)

Hohenems

Restaurant s'Witzigmann

Entspannende Stunden erlebt man beim Genuss der feinen Speisen und Getränke auf der Gartenterrasse des s'Witzigmann, auf der auch Erfrischungen und Kaffee sowie Kuchen serviert werden. Restaurant s'Witzigmann, Nibelungenstr. 13, A-6845 Hohenems, Tel. +43 (0)5576 73 039, restaurant@witzigmann.net, www.witzigmann.net (siehe Seite 218)

Fenkart Schokoladengenuss

Bei schönem Wetter kann man sich die Köstlichkeiten des gemütlichen Cafés in einem Gastgarten schmecken lassen und sich eine kleine Auszeit aus dem Alltag gönnen. Fenkart Schokoladengenuss, Familie Fenkart KG, Schlossplatz 10, A-6845 Hohenems, Tel. +43 (0)5576 72 356, Fax +43 (0)5576 72 35 66, info@schokoladengenuss.at, www.schokoladengenuss.at (siehe Seite 220)

Lochau

Gasthaus Seibl

Bei schönem Wetter wird man auf der Terrasse des Gasthaus Seibl mit Hausmannskost verwöhnt, während man einen herrlichen Ausblick auf die Bregenzer Bucht, das Rheintal und den Bodensee genießt. Gasthaus Seibl, Pfänder Oberhaggen, A-6911 Lochau, Tel. +43 (0)5574 43 340, gasthaus.seibl@gmx.at, www.gasthausseibl.at (siehe Seite 244)

Sentido Seehotel Am Kaiserstrand****

Ein großer Garten, herrliche Terrassen und ein Badehaus direkt am See – bei schönem Wetter findet jeder Gast im Seehotel einen Platz, an dem er sich verwöhnen lassen kann und den Ausblick auf den Bodensee genießt. Sentido Seehotel Am Kaiserstrand****, Am Kaiserstrand 1, A-6911 Lochau am Bodensee, Tel. +43 (0)5574 58 111, info@seehotel-kaiserstrand.at, www.seehotel-kaiserstrand.at (siehe Seite 240)

Restaurant Mangold

Während der Sommermonate werden die edlen Speisen und Getränke gerne im romantisch überwachsenen Innenhof des Restaurant Mangold serviert. Restaurant Mangold KG, Pfänderstr. 3, A-6911 Lochau, Tel +43 (0)5574 42 431, office@restaurant-mangold.at, www.restaurant-mangold.at (siehe Seite 242)

Röthis

Weinlokal Rebberg

Während der warmen Jahreszeit genießen die Gäste des Weinlokal Rebberg die edlen Speisen und feinen Weine des Hauses auf der ruhigen und schattigen Gartenterrasse. Weinlokal Rebberg, Walgaustr. 41, A-6832 Röthis, Tel. +43 (0)5522 44 668, rebberg@rebberg.at, www.rebberg.at (siehe Seite 257)

Gartenterrassen Alpenregion Bludenz

Brandnertal

Café-Restaurant Mühlebach

Der Lieblingsplatz vieler Einheimischer und Gäste ist – Sommer wie Winter – die Sonnenterrasse vom Mühlebach. Café-Restaurant Mühlebach, Mühledörfle 31, A-6708 Brand, Tel. +43 (0)5559 22 582, info@muehlebach.at, www.muehlebach.at (siehe Seite 311)

Landal Brandnertal

Von der sonnigen Terrasse des Parkrestaurant im Landal Brandnertal genießen die Gäste neben den kulinarischen Köstlichkeiten auch herrliche Ausblicke auf die Bergwelt. Landal Brandnertal, Tschengla 3, A-6707 Bürserberg, Tel. +43 (0)5552 62 76 6, Fax +43 (0)5552 62 76 61 00. info@landal.com, www.landal.at/brandnertal (siehe Seite 312)

Gartenterrassen Bregenzerwald

Au

Erlebnisgasthof Ur-Alp

Die Bergwelt vor Augen und inmitten der Natur des Bregenzerwaldes schmeckt das Essen unter freiem Himmel oder der Nachmittagskaffee mit einem hausgemachten Kuchen am besten. Erlebnisgasthof Ur-Alp, Bundesstr. 533, A-6883 Au, Tel. +43 (0)5515 25 192, info@ur-alp.at, www.ur-alp.at (siehe Seite 343)

Schoppernau

Schrannenhof Gasthaus-Pension-Café

Während des Sommers oder ganz idyllisch an warmen Wintertagen ist der Genuß von Speisen und Getränken auf den Sonnenterrassen des Schrannenhofes ein ganz besonderes Erlebnis.Schrannenhof, Gasthaus-Pension-Café, Niederau 343, A-6886 Schoppernau,Tel. +43 (0)5515 2162, Fax +43 (0)5515 21 64, info@schrannenhof.at, www.schrannenhof at (siehe Seite 422)

Sulzberg

Terrassen-Restaurant Alpenblick

Weit schweift der Blick in den Bregenzerwald bis hin zu den Allgäuer und Schweizer Bergen, wenn man sich auf der Terrasse des Alpenblick mit kulinarischen Köstlichkeiten verwöhnen lässt. Terrassen-Restaurant Alpenblick, Dorf 12, A-6934 Sulzberg, Tel. +43 (0)5516 2217, gasthof@alpenblick.co.at, www.alpenblick.co.at (siehe Seite 438)

Veranstaltungen Alpenregion Bludenz

Brandnertal

Café-Restaurant Mühlebach

Musik von Jazz über Blues bis hin zu Rock, Pop und aktuellen Charts – Party oder Live-Musik: Café-Restaurant Mühlebach, Mühledörfle 31, A-6708 Brand, Tel. +43 (0)5559 22 582, info@muehlebach.at, www.muehlebach.at (siehe Seite 311)

Wallfahrtskirche Maria Bildstein
(Bild Gemeinde Bildstein)

Übernachten Vorarlberg-Bodensee

Bildstein

Gasthof Kreuz

Gemütlich eingerichtete Gästezimmer mit einem atemberaubenden Ausblick auf den Bodensee, die Schweizer Berge oder den Bregenzerwald hält der Gasthof Kreuz für seine Gäste bereit. Gasthof Kreuz, Dorf 72, A-6658 Bildstein, Tel. +43 (0)5572 58370, gasthof-kreuz@gmx.at (siehe Seite 72)

Mesmerhaus

Eine Auszeit mit fantastischen Ausblicken nimmt man im Mesmerhaus in Bildstein. Hinter historischer Fassade überrascht das Ambiente und der Komfort der Wohnungen. Mesmerhaus, Dorf 77, A-6858 Bildstein, Tel. +43 (0)664 40 91 911, info@mesmerhaus.at, www.mesmerhaus.at (siehe Seite 70)

Bregenz

Hotel Messmer

Hinter historischer Fassade überraschen die freundlich und geschmackvoll eingerichteten Gästezimmer des Hauses, die mit allem Komfort ausgestattet sind. Hotel Messmer, Kornmarktstr. 16, A-6900 Bregenz, Tel. +43 (0)5574 42 356, Fax +43 (0)5574 42 35 66, office@hotel-messmer.at, www.hotel-messmer.at (siehe Seite 110)

Martinsturm, Bregenz
(Bild wikipedia, Böhringer CC BY-SA 3.0)

Hotel Weisses Kreuz

Modernen Wohnkomfort gepaart mit historischem Ambiente genießen (Kurz-)Urlauber und Geschäftsreisende in den 44 Zimmern des Hotel Weisses Kreuz, welches sich als ältester noch erhaltener Hotelbetrieb in Bregenz bezeichnen kann. Hotel Weisses Kreuz, Römerstraße 5, A-6900 Bregenz, Tel. +43 (0)5574 49880, www.hotelweisseskreuz.at (siehe Seite 108)

Dornbirn

Hotel Alpenrose

Für eine Auszeit in dem Bergdorf Ebnit steht das Hotel Alpenrose als komfortables und ästhetisch vollendetes Haus Gästen zur Verfügung. Hotel Alpenrose, Ebnit 4, A-6850 Dornbirn, Tel. +43 (0) 5576 42 997, info@alpenrose-ebnit.com, www.alpenrose-ebnit.com (siehe Seite 148)

Feldkirch

Hotel Garni Noval

In edlem Ambiente und mit allem Komfort ausgestattet sind die Gästezimmer, aus denen man einen herrlichen Blick in die Schweizer Berge genießt. Hotel Garni Noval, Franz-Heim Gasse 1, A-6800 Feldkirch, Tel. +43 (0)5522 22 888, info@hotel-noval.at, www.hotel-noval.at (siehe Seite 186)

Lochau

Sentido Seehotel Am Kaiserstrand****

Ein dezentes Farbkonzept und Komfort auf höchstem Niveau versprechen die Zimmer und Suiten im Sentido Seehotel Am Kaiserstrand****, Am Kaiserstrand 1, A-6911 Lochau am Bodensee, Tel. +43 (0)5574 58 111, info@seehotel-kaiserstrand.at, www.seehotel-kaiserstrand.at (siehe Seite 240)

Übernachten Alpenregion Bludenz

Brandnertal

Alpenlodge Brand – Hotel Garni

Komfortabel und gemütlich eingerichtete Studios und Familien-Suiten im modern-alpenländischen Flair bietet die *Alpenlodge Brand* – Hotel Garni, Gufer 92, A-6708 Brand, Tel. +43 (0)676 3263212, info@alpenlodge-brand.at, www.alpenlodge-brand.at (siehe Seite 310)

Landal Brandnertal

Komfortabel und gemütlich eingerichtete Ferienwohnungen in mehreren Chalets, von denen man herrliche Ausblicke auf das Tal und in die nahen Berge genießt bieten sich im Landal Brandnertal und Chalet Matin. Landal Brandnertal, Tschengla 3, A-6707 Bürserberg, Tel. +43 (0)5552 62 76 6, Fax +43 (0)5552 62 76 61 00. info@landal.com, www.landal.at/brandnertal (siehe Seite 312)

Biosphärenpark Großes Walsertal

Propstei St. Gerold

Umgeben von historischen Mauern und gediegen eingerichtet präsentieren sich die Gästezimmer und Lager in der Propstei St. Gerold, St. Gerold 29, A-6722 St. Gerold, Tel. +43 (0)5550 2121, Fax +43 (0)5550 21 21 19, propstei@probstei-stgerold.at, www.propstei-stgerold.at (siehe Seite 290)

Übernachten Bregenzerwald

Bezau

Bergbauernhof Fegg

Eine Ferienwohnung für bis zu sechs Personen mit einem einmaligen Ausblick auf die Täler und Bergwelten des Bregenzerwaldes bietet der Bergbauernhof Fegg, Fegg 561, A-6870 Bezau, Tel. +43 (0)664 39 59 700, L_Meusburger@hotmail.com (siehe Seite 353)

Hittisau

Hotel Gasthof Krone

Handwerkskunst und massive Möbel bestimmen das Ambiente in den so komfortabel und gemütlich wie elegant und raffiniert eingerichteten Zimmern des Hotel Gasthofs Krone. Hotel Gasthof Krone, A-6952 Hittisau, Tel. +43 (0)5513 6201, Fax +43 (0)5513 62 01 16, gasthof@krone-hittisau.at, www.krone-hittisau.at (siehe Seite 378)

Landhotel Hirschen

Für Gäste, die das Besondere suchen, ist das Landhotel Hirschen genau dir richtige Adresse. Landhotel Hirschen, Platz 187, A-6852 Hittisau, Tel. +43 (0)5513 2320, info@landhotel-hirschen.at, www.landhotel-hirschen.at (siehe Seite 380)

Lingenau

Vitalhotel Quellengarten

Modern eingerichtete Gästezimmer mit Terrassen und Balkonen erwartet die Gäste des Vitalhotel Quellengarten, A-6951 Lingenau, Tel. +43 (0)5513 64610, quelle@bregenzerwaldhotels.at, www.bregenzerwaldhotels.at (siehe Seite 391)

Mellau

Sonne Lifestyle Resort

Österreichische Gemütlichkeit und moderne Gradlinigkeit vereinen sich im Interieur des Vier-Sterne-Superior-Hotels, dem Erwachsenen-Hotel, Sonne Lifestyle Resort, Übermellen 65, A-6881 Mellau, Tel. +43 (0)5518 20 10 00, Fax +43 (0)5518 20 10 070, info@sonnemellau.com, www.sonnemellau.com (siehe Seite 398)

Alphof Rossstelle

Übernachtungskomfort für zwei bis vier Personen sowie Mehrbettzimmer für Gruppenreisende stehen im Alphof Rossstelle zur Verfügung. Alphof Rossstelle, Achsiedlung 372, A-6881Mellau, Tel. +43 (0)5518 2310, info@alphofrossstelle.at, www.alphofrossstelle.at (siehe Seite 400)

Reuthe

Gesundhotel Bad Reuthe

Gesundheit und Wellness stehen im Vordergrund des Hauses in Bad Reuthe. Komfortabel eingerichtete Gästezimmer und eine großzügige Wellnessabteilung sorgen für entspannende Stunden im Gesundhotel Bad Reuthe, A-6870 Reuthe, Tel. +43 (0)5514 22 650, Fax +43 (0)5514 22 65 100, office@badreuthe.at, www.badreuthe.at (siehe Seite 404)

Schoppernau

Schrannenhof, Gasthaus-Pension-Café

Gemütlich und mit allem Komfort ausgestattet sind die Gästezimmer und Apartments im Schrannenhof und seinen Dependancen, die in unmittelbarer Nähe zu Skipisten und Wanderwegen liegen. Schrannenhof, Gasthaus-Pension-Café, Niederau 343, A-6886 Schoppernau,Tel. +43 (0)5515 2162, Fax +43 (0)5515 21 64, info@schrannenhof.at, www. schrannenhof at (siehe Seite 422)

Hotel Elisabeth

Das 3-Sterne-Hotel Elisabeth inmitten des Ortes bietet Übernachtungskomfort für Einzelreisende und Gruppen. Der großzügige Wellness-Bereich lädt zu enspannenden und wohltuenden Stunden ein. Hotel Elisabeth, Niederau 343, A-6886 Schoppernau, Tel +43 (0)5515 2370, info@elisabeth-hotel.at, www. elisabeth-hotel.at (siehe Seite 423)

Schwarzenberg

Hotel Berghof Fetz

Neben der angenehmen Atmosphäre und dem Komfort in den Gästezimmern wird der Gast im Hotel Berghof Fetz mit einem atemberaubenden Panoramablick auf den Bregenzerwald verwöhnt. Hotel Berghof Fetz, Bödele 574, A-6850 Schwarzenberg, Tel. +43 (0)5572 77 400, info@ berghoffetz.at, www.berghoffetz.at (siehe Seite 426)

Sulzberg

Wellnesshotel Linde

Die Höhenlage sorgt für einmalige Panoramablicke aus den großzügig und gemütlich eingerichteten Gästezimmern des Wellnesshotel Linde, A-6934 Sulzberg, Tel. +43 (0)5516 20 250, linde@bregenzerwaldhotels.at, www.bregenzerwaldhotels.at (siehe Seite 437)

Tagungsmöglichkeiten Vorarlberg-Bodensee

Bildstein

Maria Bildstein

Der bewirtschaftete Pfarr- und Pilgersaal der Wallfahrtskirche Maria Bildstein kann für kirchliche Anlässe, Tagungen, Seminare und Vorträge gebucht werden und umrahmt jede Veranstaltung mit seinem Ambiente. Maria Bildstein, Dorf 84, A-6858 Bildstein, Tel. +43 (0)5572 58 367, pfarramt@maria-bildstein.at, www. maria-bildstein.at (siehe Seite 68)

Bregenz

Burgrestaurant Gebhardsberg

Unvergessliche Stunden erleben die Gäste einer geschäftlichen oder privaten Veranstaltung auf der Burg. Das historische Ambiente, die traumhaften Ausblicke auf das Rheintal und den Bodensee sowie die Köstlichkeiten, die aus Küche und Keller serviert werden, bieten einen einmaligen Rahmen für jedes Fest. Burgrestaurant Gebhardsberg, Gebhardsberg 1, A-6900 Bregenz, Tel. +43 (0)5574 42 515, gebhardsberg@greber.cc, www.greber.cc (siehe Seite 112)

Hotel Messmer

Für Gruppen und Unternehmen bis zu 50 Personen finden im Hotel Messmer ansprechende Räumlichkeiten für Tagungen und Seminare. Eine besondere Location ist der Wintergarten, in dem bis zu 150 Personen Platz finden. Hotel Messmer, Kornmarktstr. 16, A-6900 Bregenz, Tel. +43 (0)5574 42 356, Fax +43 (0)5574 42 35 66, office@hotel-messmer.at, www.hotel-messmer.at (siehe Seite 110)

Kesselhaus Bar & Restaurant

Für private oder geschäftliche Anlässe bietet das Bregenzer Kesselhaus einen geeigneten Rahmen. Die Atmosphäre des Hauses, das Gute aus Küche und Keller und die professionelle Gastfreundschaft der Betreiber bilden den Rahmen für eine gelungene Veranstaltung. Kesselhaus Bar & Restaurant, Mariahilfstr. 29, A-6900 Bregenz, Tel. +43 (0)5574 21 507, office@kesselhausbregenz.at, www.kesselhausbregenz.at (siehe Seite 114)

Raiffeisenbank Bregenz

Hochkarätige Veranstaltungen in Club-Atmosphäre finden im RiBforum über den Dächern Bregenz statt. Raiffeisenbank in Bregenz, Kornmarktstraße 14, A-6900 Bregenz, Tel. +43 5574 513-230, Fax +43 5574 513-288, private-banking@raiba.at, www.rib-private-banking.at (siehe Seite 54)

Dornbirn

Ammenegger Stuba

Für die private Feier sowie für das Firmenevent ist der Ammenegger Stadl die passende Location, die, begleitet von den Leckereien aus der Küche, den passenden Rahmen für jede Veranstaltung liefert. Ammenegger Stuba, Ammenegg 1, A-6850 Dornbirn, Tel. +43 (0)5572 39 82 03, ammenegger.stuba@vol.at, www.ammenegger-stuba.at (siehe Seite 144)

Mohrenbrauerei

Zwei Tagungsräume in der Mohren Biererlebniswelt birten Platz für bis zu 100 Personen und den idealen Rahmen für Firmenevents und -veranstaltungen. Mohrenbrauerei Vertriebs KG, Dr.-Waibel-Straße 2, A-6850 Dornbirn, Tel. +43 (0)5572 37 77 200, erlebniswelt@mohrenbrauerei.at, www.mohrenbrauerei.at (siehe Seite 142)

Feldkirch

Hotel Garni Noval

Für bis zu 20 Personen steht im Hotel Garni Noval ein Seminarraum zur Verfügung, der mit seiner professionellen Ausstattung für eine erfolgreiche Veranstaltung sorgt. Hotel Garni Noval, Franz-Heim Gasse 1, A-6800 Feldkirch, Tel. +43 (0)5522 22 888, info@hotel-noval.at, www.hotel-noval.at (siehe Seite 186)

Höchst

Seerestaurant Glashaus

Für geschäftliche Tagungen wie für Familienfeiern bietet die Atmosphäre im Seerestaurant Glashaus den passenden Rahmen, der von der feinen Küche des Hauses unterstrichen wird. Seerestaurant Glashaus, Am See 1, A-6973 Höchst, Tel. +43 (0)5578 72 590, glashaus@ggassner.at, www.seerestaurant-glashaus.at (siehe Seite 210)

Hohenems

Restaurant s'Witzigmann

Über 150 Personen finden im s'Witzigmann Platz, die die angenehme Atmosphäre des Hauses für die Familienfeier ebenso zu schätzen wissen wie für einen Firmenevent. Restaurant s'Witzigmann, Nibelungenstr. 13, A-6845 Hohenems, Tel. +43 (0)5576 73 039, restaurant@witzigmann.net, www.witzigmann.net (siehe Seite 218)

Lochau

Sentido Seehotel Am Kaiserstrand****

Über sechs klimatisierte und lichtdurchflutete Tagungsräume verfügt das Seehotel, die bis zu 170 Personen Platz bieten. Ausgestattet mit modernster Tagungstechnik und begleitet von einem kulinarischen Rahmenprogramm, wird jede Veranstaltung zu einem unvergesslichen Erlebnis. Sentido Seehotel Am Kaiserstrand****, Am Kaiserstrand 1, A-6911 Lochau am Bodensee, Tel. +43 (0)5574 58 111, info@seehotel-kaiserstrand.at, www.seehotel-kaiserstrand.at (siehe Seite 240)

Tagungsmöglichkeiten Alpenregion Bludenz

Biosphärenpark Großes Walsertal

Propstei St. Gerold

Mehrere Vortrags- und Seminarräume stehen in der Propstei St. Gerold für die unterschiedlichsten Veranstaltungen und Events zur Verfügung. Propstei St. Gerold, St. Gerold 29, A-6722 St. Gerold, Tel. +43 (0)5550 2121, Fax +43 (0)5550 21 21 19, propstei@probstei-stgerold.at, www.propstei-stgerold.at (siehe Seite 290)

Tagungsmöglichkeiten Bregenzerwald

Hittisau

Hotel Gasthof Krone

Für bis zu 25 Personen bieten die Seminarräume im Gasthof Krone Platz. Die helle und freundliche Einrichtung wird durch den professionellen Service des Hauses ebenso umrahmt wie durch kleine Erfrischungen zwischendurch und das große Abschlussessen. Hotel Gasthof Krone, A-6952 Hittisau, Tel. +43 (0)5513 6201, Fax

+43 (0)5513 62 01 16, gasthof@krone-hittisau.at, www.krone-hittisau.at (siehe Seite 378)

Mellau

Sonne Lifestyle Resort

Für jeden privaten wie auch geschäftlichen Event findet man im 4-Sterne Superior Hotel in Mellau die passenden Räumlichkeiten, die sich modern, offen und lichtdurchflutet präsentieren. Sonne Lifestyle Resort, Übermellen 65, A-6881 Mellau, Tel. +43 (0)5518 20 10 00, Fax +43 (0)5518 20 10 070, info@sonnemellau.com, www.sonnemellau.com (siehe Seite 398)

Schwarzenberg

Hotel Berghof Fetz

Eine private Feierlichkeit oder das Firmenevent ist in den Räumlichkeiten des Hotel Berghof Fetz bestens aufgehoben, um unvergessliche Stunden zu erleben. Hotel Berghof Fetz, Bödele 574, A-6850 Schwarzenberg, Tel. +43 (0)5572 77 400, info@berghoffetz.at, www.berghoffetz.at (siehe Seite 426)

Bildungseinrichtungen Vorarlberg-Bodensee

Bregenz

Vorarlberger Landestheater

Theaterkunst von klassisch bis modern im Vorarlberger Landestheater, Seestr. 2, A-6900 Bregenz, Tel. +43 (0)5574 42 870 600, info@landestheater.org, www.landestheater.org (siehe Seite 100)

Vorarlberg Museum

Bereits 1857 wurde der Vorarlberger Museumsverein gegründet. Ziel war und ist noch heute, die Zeugnisse der Kultur und Kunst des Landes Vorarlberg zu sammeln. Diese werden bewahrt, erforscht und der Öffentlichkeit im Vorarlberg Museum zugänglich gemacht, das sich seit dem Jahr 2013 in seinen neuen, unkonventionellen Räumlichkeiten am Bodenseeufer präsentiert.
Vorarlberg Museum, Kornmarktplatz 1, A-6900 Bregenz, Tel. +43 (0)5574 46 050, info@vorarlbergmuseum.at, www.vorarlbergmuseum.at (siehe Seite 96)

Zisterzienserabtei Wettingen-Mehrerau

Das „Collegium Bernardi" ist ein katholisches, privates Gymnasium für Jungen und Mädchen in der Zisterzienserabtei Wettingen-Mehrerau, in dem ein von christlichen Werten getragenes Zusammenleben gelehrt wird.
Zisterzienserabtei Wettingen-Mehrerau, Mehrerauerstr. 66, A-6900 Bregenz, Tel. +43 (0)5574 71 438, Fax +43 (0)5574 71 438 94, sekretariat@mehrerau.at www.collegium-bernardi.at (siehe Seite 102)

Dornbirn

Stadtmuseum Dornbirn

Das internationale Textilmusterarchiv im Stadtmuseum Dornbirn umfasst eine Sammlung von über 300.000 Objekten. Wissenschaftlich Arbeitenden bietet sich eine moderne Infrastruktur: Fachbibliothek, Lesesaal, Internetzugang sowie eine interaktive Datenbank ermöglichen den Zugang zu einer Fülle von Informationen. Stadtmuseum Dornbirn, Marktplatz 11, A-6850 Dornbirn, Tel. +43 (0)5572 33 077, info@stadtmuseum.dornbirn.at, www.stadtmuseum.dornbirn.at (siehe Seite 140)

Frastanz

Buddhistisches Kloster Tashi Rabten

Einblick in Meditation und Buddhismus durch Führungen, Diskussionen, Seminare und Mitleben im Kloster sind möglich im Buddhistischen Kloster Tashi Rabten, Im Buchholz 26, A-6820 Frastanz, Tel. +43 (0)720 510 880, info@rabten.at, www.rabten.at (siehe Seite 194)

Hard

Textildruckmusem Mittelweiherburg

Kinder und Jugendliche entdecken im Textildruckmuseum neben der Mittelweiherburg die Geschichte des Textildruckes in Hard und lernen mit praktischen Übungen das Handwerk kennen. Textildruckmusem Mittelweiherburg, Mittelweiherburg 3, A-6971 Hard, Postanschrift: Marktstr. 18, A-6971 Hard, Tel. +43 (0)5574 69 76 29, textildruckmuseum@hard.at, www.hard.at/de/textildruckmuseum-mittelweiherburg/ (siehe Seite 206)

Bildungseinrichtungen Bregenzerwald

Schoppernau

Bergkäserei Schoppernau

Bei einem Besuch der Schau- und Erlebnissennerei in der Bergkäserei, in dem man den Weg der Milch von der Milchkanne bis zum Bergkäse verfolgen. Bergkäserei Schoppernau, Unterdorf 248, A-6886 Schoppernau, Tel +43 (0)5515 30151, info@bergkaeserei.at, www.bergkaeserei.at (siehe Seite 420)

Wellness Vorarlberg-Bodensee

Bregenz

Hotel Messmer

Eine Sauna und einen Ruheraum zur Entspannung hält das Hotel Messmer für seine Übernachtungsgäste bereit. Hotel Messmer, Kornmarktstr. 16, A-6900 Bregenz, Tel. +43 (0)5574 42 356, Fax +43 (0)5574 42 35 66, office@hotel-messmer.at, www.hotel-messmer.at (siehe Seite 110)

Lochau

Sentido Seehotel Am Kaiserstrand****

In der großen Wellnessoase ist eine Saunalandschaft neben Innenpool, SPA-Lounge und Ruhebereichen eingerichtet. Massagen und Kosmetikbehandlungen runden das Angebot ab. Sentido Seehotel Am Kaiserstrand****, Am Kaiserstrand 1, A-6911 Lochau am Bodensee, Tel. +43 (0)5574 58 111, info@seehotel-kaiserstrand.at, www.seehotel-kaiserstrand.at (siehe Seite 240)

Wellness Alpenregion Bludenz

Brandnertal

Alpenlodge Brand – Hotel Garni

Ein Wellnessbereich, der für entspannende Stunden sorgt, steht den Gästen der Alpenlodge Brand zur Verfügung. *Alpenlodge Brand* – Hotel Garni, Gufer 92, A-6708 Brand, Tel. +43 (0)676 3263212, info@alpenlodge-brand.at, www.alpenlodge-brand.at (siehe Seite 310)

Landal Brandnertal

Über Hallenschwimmbad, Sauna und Relaxraum verfügt das Chalet Brandnertal und bietet seinen Gästen damit entspannende Stunden. Landal Brandnertal, Tschengla 3, A-6707 Bürserberg, Tel. +43 (0)5552 62 76 6, Fax +43 (0)5552 62 76 61 00, info@landal.com, www.landal.at/brandnertal (siehe Seite 312)

Wellness Bregenzerwald

Lingenau

Vitalhotel Quellengarten

Im Quellenbad, Gartenpool und einer Saunalandschaft mit großem Fitness-Center können es sich die Gäste des Vitalhotel Quellengarten so richtig gut gehen lassen. Vitalhotel Quellengarten, A-6951 Lingenau, Tel. +43 (0)5513 64610, quelle@bregenzerwaldhotels.at, www.bregenzerwaldhotels.at (siehe Seite 391)

Reuthe

Gesundhotel Bad Reuthe

Modernes Design, viel Holz und Glas sorgen für eine freundliche Atmosphäre in der Wellnessabteilung des Gesundhotel Bad Reuthe, A-6870 Reuthe, Tel. +43 (0)5514 22 650, Fax +43 (0)5514 22 65 100, office@badreuthe.at, www.badreuthe.at (siehe Seite 404)

Sulzberg

Wellnesshotel Linde

Sunset-SPA mit Wellnessbad, Sauna und beheizter Whirlpool steht den Gästen des Wellnesshotel Linde, A-6934 Sulzberg, Tel. +43 (0)5516 20 250, linde@bregenzerwaldhotels.at, www.bregenzerwaldhotels.at (siehe Seite 437)

TOP-Ziele

Canyoning Team Vorarlberg
Bregenz, siehe Seite 116

Tashi Rabten, Frastanz
siehe Seite 194

Handwerkholz Bereuter
Alberschwende, siehe Seite 324

Flugschule Bregenzerwald
Alberschwende, siehe Seite 350

Aktiv-Zentrum Bregenzerwald
Schnepfau, siehe Seite 416

Lechquellengebirge
(Bild wikipedia, Böhringer Friedrich CC BY-SA 2.5)

TOP-Ziele

Säntis Schwebebahn, Schwägalp
siehe Seite 478

Aquaria, Oberstaufen
siehe Seite 470

Hochgratbahn, Oberstaufen
siehe Seite 468

Pfänderbahn, Bregenz
siehe Seite 104

Museum der Mohren Biererlebniswelt, Dornbin, siehe Seite 142

Die Reihenfolge stellt keine Bewertung dar!

Immer gut unterwegs

Landbus Bregenzerwald

Mit kaum einem anderen Omnibussystem im ländlichen Raum ist das Angebot des Landbus Bregenzerwald vergleichbar: Halbstündliche Verbindungen auf den Hauptachsen werden mit großer Unterstützung durch die Gemeinden ermöglicht, bieten aber den Bewohnern und Besuchern des Bregenzerwaldes eine neue Qualität der Mobilität. Gleichzeitig leistet der Öffentliche Personennahverkehr damit einen wichtigen Beitrag zur Reduktion umweltbelastender Einflüsse des Individualverkehrs.

Betreiberin des Öffentlichen Personennahverkehrs ist die Regionalentwicklung Bregenzerwald GmbH (REGIO), die die Fahrpläne festlegt, Fahrtaufträge erteilt und die gesamte Abrechnung und Abwicklung des Förderwesens regelt. So ist der Landbus Bregenzerwald mit einem jährlichen Umsatz von rund 10 Mio. EUR. ein wichtiger Wirtschaftsfaktor für die Region und bietet etwa 100 Arbeitsplätze.

Der Landbus Bregenzerwald bedient ein Streckennetz mit einer Länge von 758,2 km auf einer regionalen Fläche von rund 592 km² mit 402 Haltestellen. Im Jahr werden hier etwa 14,8 Mio Fahrgäste befördert.

Das ÖPNV-Versorgungsgebiet reicht von Warth an der Landesgrenze zu Tirol über den Mittel- und Vorderwald bis nach Dornbirn und Bregenz. Zusätzlich wird eine Linie bis nach Oberstaufen in Deutschland bedient.

Seit 2008 fungiert das

Siehe auch Käsestraße Bregenzerwald Seite 326

REGIO-Büro als Busauskunft und Ausgabestelle der Jahreskarten.
Freie Fahrt auf den Buslinien des Landbus Bregenzerwald genießen mit wenigen Einschränkungen die Besitzer der Bregenzerwald Gäste-Card bis Bregenz, Dornbirn und Lech sowie mit der Linie 98 von Hittisau nach Balderschwang und mit dem Landbus Großes Walsertal im Bereich Faschina, Fontanella, Sonntag, Raggal, Marul, St. Gerold, Blons und Buchboden.
Fahrpläne für den Bregenzerwald sind in den Tourismusbüros oder direkt bei den Busfahrerinnen und -fahrern erhältlich. Außerdem im Netz unter: www.vmobil.at und gratis als App zum Download „CleVVVer mobil".

Landbus/REGIO Bregenzerwald

Impulszentrum 1135, A-6863 Egg
Tel. +43 (0)55 12-2 60 00 14
landbus@regiobregenzerwald.at
www.landbusbregenzerwald.at

Impuls für die Stadt – als Bankhaus und Begegnungsstätte

Raiffeisenbank in Bregenz

Schon im 18. Jahrhundert tummelten sich allerlei Menschen auf dem Bregenzer Kornmarkt. Kaufleute und Mehlhändler trafen im Herzen der Stadt aufeinander. Heute erstrahlt der Platz als modernes Zentrum der Landeshauptstadt – Begegnungsstätte der Menschen ist er geblieben. Mitten am Kornmarkt liegt auch die Raiffeisenbank in Bregenz, kurz RiB. Wie Finanzgeschäfte, Vermögensanlage und ein innerstädtisches Miteinander zusammenpassen, zeigt die Genossenschaftsbank dort vor. Kompetente Finanzdienstleistungen für die Kunden, Offenheit für alle Besucher – die RiB lebt beides mit ihrem innovativen Konzept am Kornmarkt.

Das Bankhaus als spannender Treffpunkt

Das Giebelkreuz steht in Bregenz für mehr als eine Bank. Unter dem Dach der Raiffeisenbank treffen sich heute Bregenzer und Besucher der Stadt. Ein feiner Kaffee oder ein köstliches Glas Wein – im ehrwürdigen Gewölbe des Bankhauses und unter freiem Himmel am Kornmarkt hat sich das RiBcafe zu einem beliebten Treffpunkt der Stadt entwickelt.

Über den Dächern wurde mit dem RiBforum ein weiterer Raum für Begegnungen geschaffen. Ob Fachvorträge, Unternehmertreffs, Seminare, Workshops oder Feiern, hier finden interessante und hochkarätige Veranstaltungen statt.

Und wer etwas Außergewöhnliches mitnehmen möchte, ist im RiBshop genau richtig: Hochwertiges Interieur und erlesene Geschenkideen gibt es in der edlen Boutique des Bankhauses zu entdecken.

Private Banking – die regionale Genossenschaftsbank versteht ebenso die Betreuung von anspruchsvollen Individualkunden

Auf den ersten Blick klingen Themen wie „Genossenschaftsbank und Private Banking", „niedrige Zinsniveaus und vernünftige Geldanlagen" oder „Sicherheit im Bankensektor" nach Widersprüchen. Das Private Banking Team der RiB hat sich jedoch auf genau solche Herausforderungen spezialisiert. Unter Einsatz eines großzügigen Zeitinvestments werden für komplexe individuelle Kundenanforderungen maßgeschneiderte Lösungen ausgearbeitet. Ein starkes internationales Netzwerk ist hierbei, um den Herausforderungen der modernen Welt zu begegnen, eine Selbstverständlichkeit. Für Interessierte werden sowohl Informationsgespräche als auch objektive Überprüfungen bestehender Veranlagungen angeboten. Die Hausphilosophie Unabhängigkeit wahren, Verantwortung übernehmen und transparent zusammenarbeiten ist dabei die Grundlage des langjährigen Erfolges.

Raiffeisenbank in Bregenz Private Banking

Kornmarktstr. 14, A 6900 Bregenz
Tel. +43 5574 513-230
Fax +43 5574 513-288
privatebanking@raiba.at
www.rib-privatebanking.at

Auf der Suche nach „B'sundrigem"

Sutterlüty Ländlemarkt

Es war ein „b'sundriges" Jahr, das Jahr 1952. Aus der Warenversorgung einer Großküche in einem Sägewerk entstand ein regionales Imperium, das heute 23 Märkte in Vorarlberg und der Bodenseeregion betreibt. Doch das ist noch nichts Besonderes. „B'sundrig", wie man in Vorarlberg sagt, ist die Güte und Qualität der Lebensmittel, die das Familienunternehmen seinen Kunden täglich frisch anbietet.

Bei Sutterlüty, der Supermarktkette, ist manches anders und vieles einzigartig. Über 1.500 Bauern, Partnerbetriebe und Lieferanten aus Vorarlberg und der Bodenseeregion versorgen das Unternehmen und deren Kunden mit etwa über 3.000 regionalen Produkten. In den Geschäftsräumen bieten großzügig dimensionierte Bedienungstheken, eine ansprechende und appetitanregende Warenpräsentation, gepaart mit freundlichen und hervorragend ausgebildeten Mitarbeitern dem Kunden ein wahres Einkaufsvergnügen. Und die Gewissheit, vom Fleisch über Obst und Gemüse, bis hin zum fangfrischen Fisch nur das Beste aus der Region zu bekommen. Der Ländlemarkt ist nicht umsonst Weltmeister in Sachen Regionalität.

Sutterlüty bietet das weltweit größte Sortiment an regionalen Produkten und wurde mehrfach dafür ausgezeichnet, u.a. mit dem „Goldenen Merkur" für den besten Lebensmittelmarkt Österreichs und dem „Lukullus" für die beste Fleischtheke Österreichs.

Doch die Verantwortung des Unternehmens liegt nicht nur in Stärkung der Region und nachhaltig produzierten Lebensmitteln wie dem Anbau von Obst und Gemüse und in der Tierhaltung, sondern auch in ökologischen Aspekten beim Ausbau ihrer Ladengeschäfte.

Gusto – Köstlichkeiten aus der Küche
Leichte, regionale Kochkunst zeichnet die Gastronomiebetriebe von Sutterlüty aus. Täglich frisch zubereitete Mittagsmenüs warten auf hungrige Gäste, deren Gaumen mit einer kreativen Vielfalt verwöhnt werden. Das ist der ideale Treffpunkt für alle, die in der Mittagspause wenig Zeit haben und auf warme Küche nicht verzichten wollen.
Offene Küchen gewähren Einblick in die Zubereitung und das ansprechende Ambiente gibt den Restaurants eine freundliche Note.

Sutterlüty Handels GmbH
Zentrale, Mühle 534, A-6863 Egg
Tel. +43 (0)5512 2266-0, Fax +43 (0)5512 22 66 182
kundenservice@sutterluety.at www.sutterluety.at

Blick vom Dünserberg Richtung Montafon
(Bild wikipedia, Böhringer Friedrich CC BY-SA 2.5)

Vorarlberg-Bodensee

Vorarlberg-Bodensee

Im Vierländereck zwischen dem Bodensee und den Bergen begegnen sich Kultur und Natur auf höchstem Niveau. Die weltoffene, moderne Region, die bereits seit 500 v. Chr. besiedelt ist, zählt zu den schönsten Landschaften Europas. Der Bodensee, der sich bei Bregenz an die Berge schmiegt, ist für seine Trinkwasserqualität und das ausgeglichene, mediterrane Klima bekannt.

Hier konnte sich ein lebendiger Wirtschafts- und Kulturraum entwickeln. Erinnerungen an den Wohlstand, der bereits in den vergangenen Jahrhunderten Einzug hielt, sind die prachtvollen Villen der Textilbarone in Dornbirn. Doch das Land am See hat auch Dichter und Denker inspiriert. Auf der größten Seebühne der Welt finden jedes Jahr die Bregenzer Festspiele mit spektakulären Aufführungen statt. Eine stattliche Anzahl von Museen für vielfältige Ansprüche runden das kulturelle Angebot der Region ab.

Neben den Städten Bregenz, Dornbirn, Hohenems und Feldkirch bilden kleinere Städte und Gemeinden die Region Bodensee-Vorarlberg, die zum Bundesland Vorarlberg gehört, dessen Landeshauptstadt Bregenz ist.

Der Hafen von Bregenz
(Bild Bodensee-Vorarlberg Tourismus GmbH)

Sehenswürdigkeiten

Vor allem in den Altstädten von Feldkirch, Bludenz und Bregenz finden sich zahlreiche Gebäude, die auf der Liste denkmalgeschützter Objekte stehen und Geschichten aus vergangenen Jahrhunderten ebenso erzählen, wie die zahlreichen Museen. Kleine Wallfahrtsorte legen Zeugnis für die Gläubigkeit der Menschen ab und sind heute beliebte Ausflugsziele. So ist die Wallfahrtskirche Maria Bildstein in der gleichnamige Gemeinde ebenso einen Besuch Wert wie die Basilika in Rankweil.

Resultierend aus der historischen Architektur in Vorarlberg etablierte sich eine Architekturszene, die heute als „Neue Vorarlberger Bauschule" gilt. Europaweit ist sie Vorreiter für die neue Alpenarchitektur, die heute in dem Bregenzerwälder Haus und Montafoner Haus zu sehen ist.

Kulinarische Leckereien

Kulinarisch hat die Region einiges zu bieten. Durch die Almwirtschaft, die in den Bergen betrieben wird, gibt es würzige Bergkäsevariationen, die z.B. als Käsesuppe oder -knödel auf den Tischen landen. Die regionaltypische Spezialität, der Vorarlberger Riebel, ist eine Süßspeise, die aus Schmalz, Grieß und Milch hergestellt wird. Auch fangfrische Fische aus dem Bodensee oder Wild aus den heimischen Wäldern werden in den Gastronomiebetrieben der Region serviert.

Freizeit und Sport

Die Natur mit ihren majestätischen Bergen, mit sanften Hügeln und dem Ufer des Bodensees bieten eine abwechslungsreiche Ferienlandschaft, in der zahlreiche Freizeitangebote genutzt werden können. Während des

Blick vom Pfänder auf Bregenz
(Bild Curt Huber, Pfänderbahn AG)

Sommers locken die Berge zu Wanderungen und Mountainbike-Touren. Bergklettern ist auf dem Zimba, dem bekanntesten Kletterberg im Montafon mit seinen 2.643 m ü.M. möglich. Die Form des Berges, die an ein Horn erinnert, wird auch das „Vorarlberger Matterhorn" genannt. Der höchste Gipfel ist der Piz Buin mit 3.312 m ü.M. in der Silvretta. Im Montafon entdeckt man auch die größten Gletscher Vorarlbergs.

Während des Winters gelten die Skigebiete von Dornbirn als schneesicher und bieten Skifahrern abwechslungsreiche Tage auf den Pisten und Loipen. Auf dem Bodensee lassen sich alle möglichen Wassersportaktivitäten ausüben, während man am Ufer spazieren oder genüsslich Radfahren kann.

Spektakuläre Naturschauspiele bieten sich im Rheindelta, dem größten Feuchtgebiet am Bodensee. Es zählt zu den bedeutendsten Brut- und Rastgebieten für Vögel. Auch das von Dornbirn aus erreichbare Ebniter Tal im Bergdorf Ebnit überrascht mit vielfältigen Schluchten und dem Staufensee-Stausee.

Wirtschaft und Infrastruktur

Wirtschaftlich zählt Vorarlberg zu den am stärksten industrialisierten Bundesländern Österreichs. Vor allem die feinmechanische und Elekroindustrie konnten sich hier mit namhaften weltbekannten Unternehmen etablieren. Bedingt durch die günstige Verkehrslage zählen auch zahlreiche ausländische Großkonzerne mit Produktionsanlagen dazu, die attraktive Arbeitsplätze bieten.

Verkehrswege

Die Region Bodensee-Vorarlberg ist auf allen Verkehrswegen günstig zu erreichen. Die nächstgelegenen Flughäfen sind St. Gallen-Altenrhein, der Bodensee-Airport Friedrichshafen sowie der Allgäu-Airport Memminngen und Flughafen München.

Die Bahnhöfe der Region sind aus Österreich über Innsbruck, den Arlberg und Innsbruck, den Arlberg und Feldkirch erreichbar, aus Deutschland über Stuttgart und München nach Lindau und Bregenz sowie aus der Schweiz über Zürich nach St. Gallen und Bregenz und über Sargans nach Feldkirch.

Die Anreise mit dem Auto erfolgt aus Deutschland über Stuttgart, Ulm oder München nach Lindau, aus der Schweiz über St. Gallen und St. Margarethen sowie Walensee und Sargans oder aus Österreich über Innsbruck, Landeck und den Arlberg-Straßentunnel oder -Pass.

Die Region Bodensee-Vorarlberg ist auf allen Verkehrswegen und aus allen Himmelsrichtungen gut erreichbar. Das öffentliche Verkehrsnetz innerhalb der Region ist bestens ausgebaut.

Regional ist die Anbindung durch die Vorarlberg- und Arlbergbahn sowie durch Land-, Stadt- und Ortsbus-Systeme im Verkehrsverbund Vorarlberg gewährleistet. Darüber hinaus sorgt die Vorarlberg Lines mit ihren Bodenseeschiffen für die Beförderung auf dem See.

Wichtige Adressen und Telefonnummern

Bodensee-Vorarlberg Tourismus GmbH
Postfach 9, A-6901 Bregenz
Tel. +43 (0)5574 43 44 30
Fax +43 (0)5574 43 44 34
office@bodensee-vorarlberg.com
www.bodensee-vorarlberg.com

Segeln auf dem Bodensee
(Bild Petra Rainer)

Bild Vorarlberg Lines

Altach

Direkt an der Grenze zur Schweiz

Direkt an der Grenze zur Schweiz liegt die Gemeinde im Bezirk Feldkirch auf einer Höhe von 412 m ü. M. Über 6.500 Einwohnern zählt der Ort, der mit einer Einwohnerdichte von 1.200 Einwohnern pro km? die am dichtesten besiedelte Gemeinde Vorarlbergs darstellt.

Kurzer Blick ins Geschichtsbuch

Der Regentschaft der Habsburger folgte das Besitztum Bayerns von 1805 bis 1814, bevor es wieder zu Österreich kam. Altach gehört seit des Gründung des Vorarlberger Landtages 1861 diesem Bundesland an.

Sehenswürdigkeiten

Die Pfarrkirche Altach wurde 1823 bis 1825 erbaut und die dreimanualige Orgel, die 1972 durch die Rieger Orgelbau geschaffen wurde, erklingt seit 2011 regelmäßig in den Konzerten der Altacher Orgelsoireen.

Freizeit und Sport

Altach verfügt über eine Vielzahl öffentlicher Sport- und Freizeitanlagen wie einen Fitnessparcours in den Rheinauen, einem Soccer- und Beachvolleyballplatz sowie einer Bocciabahn und einem Skatepark.

Wichtige Adressen und Telefonnummern

Gemeinde Altach
Berkmannweg 2, A-6844 Altach
Tel. +43 (0)5576 71 780
Fax +43 (0)5576 71 78 57
gemeinde@altach.at
www.altach.at

Altach
(Bild Wikipedia CCBY2.5 Böhringer Friedrich)

Bildstein

Ein Ort mit Aussicht

Einen prächtigen Blick genießt man von Bildstein, das auf einer Höhe zwischen 435 und 973 m ü. M. liegt. Der Ort zählt nicht nur wegen der Wallfahrtskirche Maria Bildstein zu einem der schönsten Dörfer Vorarlbergs, sondern auch wegen den Aussichten, die man von hier oben genießen kann. Zur einen Seite schweift der Blick auf den Bodensee, zur anderen Seite liegen der Bregenzerwald und die Schweizer Berge dem Betrachter zu Füssen. Das beschauliche Dorf zählt etwa 760 Einwohner.

Kurzer Blick ins Geschichtsbuch

Erstmals urkundlich erwähnt wurde Bildstein im Jahr 1379, das die Habsburger wechselnd von Tirol und dem früheren Vorderösterreich mit Sitz in Freiburg im Breisgau regierten. Seit 1790 ist Bildstein eine eigene Pfarrei und das Dorf gehört seit 1861, der Gründung des Vorarlberger Landtages, diesem Bundesland an.

Sehenswürdigkeiten

Wallfahrtskirche Maria Bildstein

Neben der weit über die Region hinaus bekannten Wallfahrtskirche Maria Bildstein ist das Naturschutzgebiet Far-

Blick auf's Rheintal
(Bilder Gemeinde Bildstein)

Dorfkern Bildstein

nacher Moos sehenswert. Hier, zwischen den Gemeinden Bildstein und Alberschwende, konnte eine einmalige Naturlandschaft mit Borstgrasrasen, Feuchtwiesen und Hochmoor erhalten werden. Eine Fauna und Flora mit zum Teil vom Aussterben bedrohten Tier- und Pflanzenarten macht das Naturschutzgebiet einzigartig in seiner Form.

Freizeit und Sport

Bildstein ist ein idealer Ort zum Wandern. Das gut beschilderte Wanderwegenetz für familienfreundliche Ausflüge führt immer wieder an Aussichtsplätze, die zum Verweilen einladen.

Tipp: Der im Dorfzentrum beginnende Waldlehrpfad führt in den Rickenbacher Tobel und in die Parzelle Baumgarten. Entlang des Weges informieren 25 Tafeln über heimische Baum- und Straucharten.

Wichtige Adressen und Telefonnummern

Gemeinde Bildstein
Dorf 83
A-6558 Bildstein
Tel. +43 (0)5572 58 384
Fax +43 (0)5572 41 600
gemeinde@bildstein.cnv.at
www.gemeinde-bildstein.at

Bodensee im Abendlicht

Ein Wallfahrtsort mit paradiesischer Aussicht

Maria Bildstein

Hoch über dem Rheintal erhebt sich die weithin sichtbare Wallfahrtskirche Mariä Heimsuchung. Der bedeutendste Vorarlberger Barockbau geht auf einen Bildstock der Muttergottes aus dem 14. Jh. zurück, der am Säumerweg von Wolfurt in den Bregenzerwald stand.

Die Marienerscheinungen im Jahre 1629 wurden zum Anlass, für das Marienbild eine Kapelle zu bauen. In den Folgejahren wurde der Andrang der Pilger so groß, dass man sich entschloss, eine Wallfahrtskirche zu erbauen. So kamen die Pläne von dem Bregenzer Baumeister Michael Kuen im Jahre 1663 zur Umsetzung.

Bis Anfang des 18. Jh. erhielt das frühbarocke Bauwerk sein heutiges Erscheinungsbild. Seit der Renovierung 2017 befindet sich das verehrte Gnadenbild wieder in der Apsis, auf einer Stele, in Einheit mit dem Tabernakel. Auf der linken Seite ist die Pietà aus dem 17. Jh. zu sehen, rechts der neu geschaffene Taufstein. Altar und Ambo bestehen aus dunklem Kalkstein wie der Boden und sind ins Zentrum gerückt. Besonders kostbar ist die Kassettendecke mit den eingefügten Bildern aus dem Leben Mariens. Die vorhandenen Seitenaltäre

und der Hochaltar stammen aus der alten Kirche in Vandans (Montafon). Die Fensterglasbilder (1941 erstellt) nehmen Bezug auf die Marienverehrung in Bildstein und von bekannten Heiligen.

Ein besonderes Charakteristikum der Wallfahrtskirche sind die frühbarocken 14 Kreuzwegstationen, die in die Außenmauern eingelassen sind. Ursprünglich beteten die Wallfahrer um die Kirche herum den Kreuzweg, um dann als 15. Station den Auferstandenen in der Hl. Messe zu erleben.

Rund um die Wallfahrtskirche, von der man einen unvergleichlichen Ausblick genießt, ist ein „Mariengarten" angelegt, mit allerlei Blumen, Kräutern und Sträuchern, die auf die Gottesmutter Bezug nehmen und eine heilende Wirkung versprechen.

Nahe der Wallfahrtskirche – einen Gehweg von 5 Minuten – steht zum Gedenken an die Marienerscheinung aus dem Jahre 1629 eine kleine Kapelle, die oft besucht wird. Sie wurde im Jahr 2016 renoviert.

Der Pfarr- und Pilgersaal von Maria Bildstein, etwa 150 m oberhalb der Kirche, bietet einen außergewöhnlichen Rahmen für Wallfahrtsgruppen, kirchliche Anlässe, Seminare und Vorträge. Reisegesellschaften und Pilgergruppen sind an diesem wunderschönen Ort Bildstein immer willkommen und bekommen gern eine Führung in der Wallfahrtskirche und dürfen sich an einer ausgezeichneten Gastronomie im Ort erfreuen.

Maria Bildstein

Dorf 84, A-6858 Bildstein
Tel. +43 (0)5572 58 367
pfarramt@maria-bildstein.at
www.maria-bildstein.at

Eine Auszeit mit Aussicht im Baudenkmal

Mesmerhaus in Bildstein

Individualisten, die hohe Ansprüche an die Urlaubsarchitektur stellen, sind hier bestens aufgehoben. Das neue, innovative touristische Angebot steckt hinter der Fassade eines 150 Jahre alten Rheintalhauses, das von den Inhabern, Evi und Jürgen Haller, aufwändig renoviert wurde.

Außen wurde das denkmalgeschützte Haus mit der Schindelfassade kaum verändert. Innen hingegen hat ein neues Zeitalter begonnen. Hier setzen gebürstete Eichenböden, modernes Lichtdesign mit indirekter Beleuchtung, italienische Designerstücke sowie Schreinermöbel aus der Region die besonderen Akzente, die von der grandiosen Aussicht, die man aus dem Haus

genießt noch hervorgehoben werden. Diese Urlaubsdestination, deren Konzept schon mehrfach ausgezeichnet wurde, eignet sich für alle Arten einer Auszeit, für ein Leben abseits der alltäglichen Hektik, um wieder zur Ruhe und zu sich selbst zu finden.

Mesmerhaus
Dorf 77
A-6858 Bildstein
Tel. +43 (0)664 40 91 911
info@mesmerhaus.at
www.mesmerhaus.at

Bodenständig und traditionell mit Ausblick

Gasthof Kreuz in Bildstein

An einem der schönsten Aussichtspunkte Vorarlbergs mit einem einmaligen Blick auf den Bodensee, die Schweizer Berge und den Bregenzerwald liegt die kleine Gemeinde Bildstein mit ihrer frühbarocken Wallfahrtskirche aus dem 17. Jh.

Direkt im Dorfzentrum neben der Kirche bietet der Gasthof Kreuz neben kulinarischen Genüssen einmalige Übernachtungsmöglichkeiten. Einmalig, weil der Blick, den der Gast aus dem seit 200 Jahren bestehenden Gasthaus genießt, unvergesslich ist. In der gemütlichen Gaststube serviert man traditionell österreichische Gerichte, die mit viel Liebe gekocht werden. Das Rindsgulasch findet sich ebenso wie das Wiener Schnitzel; ein Rindfleischsalat mit Kernöl oder eine deftige Schlachtpartie runden das kulinarische Angebot ab.

Serviert werden dem Gast saisonale Gerichte mit modernen Einflüssen bei den veganen Speisen für den Liebhaber fleischloser Gerichte.

Während der Sommerzeit genießen die Gäste Speisen

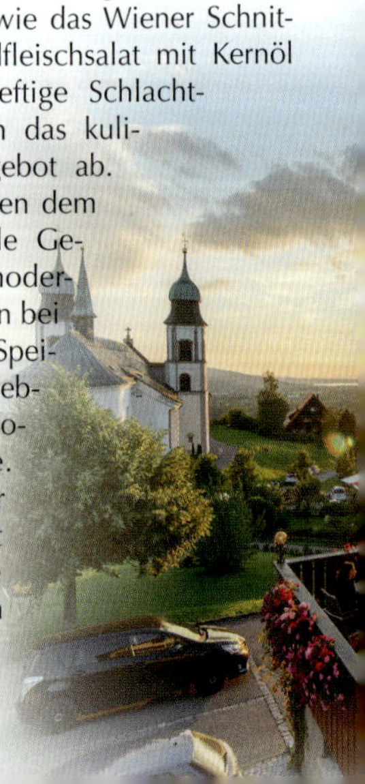

und Getränke auf der Sonnenterrasse und werden mit dem traumhaft schönen Ausblick verwöhnt. Sobald es kalt wird, heizen die Wirtsleute den Kachelofen ein, der der Gaststube eine unvergleichliche wohlige Atmosphäre verleiht.

Der Gasthof Kreuz ist eine traditionelle Dorfwirtschaft. Hier kommen auch die Einheimischen zusammen und mit den auswärtigen Gästen in Kontakt. Das einmal im Jahr stattfindende Weinfest ist eine Veranstaltung, bei der das dörfliche Miteinander zelebriert wird.

Wohl dem, der sich in eines der gemütlich eingerichteten Gästezimmer des Hauses einquartiert hat, um gleich vor Ort eine Übernachtung einzulegen.

Gasthof Kreuz

Dorf 72
A-6858 Bildstein
Tel. +43 (0)5572 58370
gasthof-kreuz@gmx.at

Bregenz

Das „Mehr“ am See

Die Stadt Bregenz (rund 28.000 Einwohner) am südöstlichen Bodensee nahe der Grenze zu Deutschland ist die Landeshauptstadt des österreichischen Bundeslandes Vorarlberg. Bregenz ist nach Dornbirn und Feldkirch die drittgrößte Stadt Vorarlbergs. Sie ist vor allem wegen der berühmten Bregenzer Festspiele, die zahlreiche Besucher aus aller Welt anziehen, weithin bekannt. Hier finden Einwohner und Besucher alles, was das Leben lebenswert macht: ein schöner, großer See, Berge, unzählige Freizeitmöglichkeiten, ein reichhaltiges Kulturprogramm, vielfältige Bildungseinrichtungen und zahlreiche Arbeitsplätze in einer dynamischen Wirtschaftsregion.

Bregenz wird geprägt durch kulturelle Vielfalt und Gastlichkeit. Zahlreiche Unterkünfte vom Sternehotel bis zum Privatzimmer und ein facettenreiches gastronomisches Angebot warten auf die Gäste der Stadt. Viele attraktive Boutiquen und Geschäfte locken zu einem gemütlichen Einkaufsbummel. Bregenz ist idealer Ausgangspunkt für reizvolle Ausflüge auf dem Bodensee, nach Deutschland, in die Schweizer Bergwelt, in das Rheintal oder in die waldreiche Landschaft des Bregenzerwaldes.

Die Stadt mit den vier Ortsteilen Vorkloster, Stadt, Rieden und Fluh liegt in 400 Metern Höhe direkt am Bodensee. Bregenz verfügt über einen wichtigen österreichischen Bodenseehafen und ist ein Eisenbahnknotenpunkt. Durch den Zubringer zur Rheintal/Walgau Autobahn A 14, die Bregenz durch den Pfändertunnel östlich um-

Blick auf Bregenz
(Bild Wikipedia CCBY2.5, Andreas Praefke)

Die Ortsteile von Bregenz
(Bild Wikipedia CCBY3.0, Hans Bischof)

fährt, ist die Stadt mit dem Fernstraßennetz vor allem nach Deutschland durch die A 96 von München verbunden. Seit 1927 führt die Pfänderbahn auf den Bregenzer Hausberg Pfänder (1064 m), der eine überwältigende Aussicht auf Berge und See bietet.

Kurzer Blick ins Geschichtsbuch

Archäologische Funde am Fuße des Gebhardsbergs belegen erste Siedlungen im heutigen Bregenz in der Frühbronzezeit ca. 1500 v. Chr. Zur Zeit der Kelten ab 500 v. Chr. siedelte der Stamm der Brigantier in der Region und befestigte Bregenz stark. Im Jahre 15 v. Chr. wurde das Vorarlberger Gebiet von den Römern erobert. Sie errichteten die Stadt Brigantium mit Forum, Tempeln und Markthallen. Aus dieser Zeit sind zahlreiche archäologische Reste wie Mosaike erhalten geblieben. Brigantium hatte auch große militärische und strategische Bedeutung. Hier hatte die römische Bodenseeflotte ihren Sitz und eine Straße verband die Siedlung mit dem heutigen Kempten und Augsburg. Nach der Römerzeit besiedelten Alemannen ab dem Jahre 470 die Region.

Im Mittelalter wurde die günstig gelegene Oberstadt durch Stadtmauern befestigt, die auch heute noch zum großen Teil erhalten sind. Im 13. Jahrhundert erfolgte die Stadterweiterung Bergabwärts Richtung See. 1330 erteilte Kaiser Ludwig der Bayer der Stadt Bregenz das Marktrecht. Durch die bedeutende Lage war Bregenz oft Schauplatz von kriegerischen Auseinandersetzungen in den Appenzellerkriegen im 15. Jahrhundert und im 30-jährigen Krieg. Im Lauf der Jahrhunderte hatte Bregenz wechselnde Besitzer wie das Fürstenhaus Habsburg, die Grafen von Montfort,

Martinsturm
(Bild Curt Huber, Bregenz Tourismus Stadtmarketing)

das Erzherzogtum Österreich und das Königreich Bayern.

Seit dem Wiener Kongress 1814 gehörte Bregenz zum Kaiserreich Österreich. Im 19. Jahrhundert entwickelte sich die Stadt und die Verkehrswege wurden ausgebaut. 1918 wurde Vorarlberg ein Bundesland der Republik Österreich mit Landesregierung in Bregenz.

Sehenswürdigkeiten

Oberstadt

Bregenz bietet eine Fülle von Sehenswürdigkeiten mit historischen Bauten und moderner Architektur. Unbedingt empfehlenswert ist die Teilnahme an einer Stadtführung, Termine unter www.bregenz.travel
Besonders die alte Oberstadt mit gut erhaltenen Gebäuden lohnt ein Rundgang. Sie ist von der Innenstadt zu Fuß über einen steilen Stadtsteig zu erreichen und ist weit entfernt vom hektischen Treiben am See und in den Einkaufsstraßen. Bereits beim Eintritt durch das historische Stadttor lässt man die moderne Welt hinter sich.

Martinsturm

Das bedeutendste Gebäude der Stadtmauer ist der Martinsturm, ein ehemaliger Getreidespeicher in der Nordostecke der Ringmauer, das Wahrzeichen von Bregenz.

Im Jahre 1601 wurde der Speicher zum Turm erhöht mit Loggia und je drei Bogenarkaden auf Säulen. Er wird gekrönt von einer hohen geschwungenen Zwiebelhaube, eine große Holzkuppel, die den Martinsturm zum ersten charakteristischen Barockbauwerk im Bodenseeraum macht. Von der Fenstergalerie hat man einen malerischen Blick über die Oberstadt, Bregenz, den Bodensee, den Pfänder und die Schweizer Berge. Bis vor wenigen Jahren wohnte dort über Jahrhunderte der Turmwächter, der die Stadt vor allem bei Feuer warnte.

Das hohe Erdgeschoss ist ein Kapellenraum aus dem 14. und 15. Jahrhundert, der mit prächtigen gotischen Fresken geschmückt ist. Die Seitenaltäre, die barocke Madonna und der die lebensgroße Holzfigur des Hl. Martin mit Bettler sind äußerst sehenswert.
Heute ist im restaurierten Martinsturm in der Martinsgasse 3 auch eine stadtgeschichtliche Ausstellung untergebracht (von Ostern bis Ende Oktober geöffnet), die neben der in den ursprünglichen Zustand versetzte Türmerwohnung Eckpunkte der Entwicklung von Bregenz zeigt mit Weinbau, Holzhandel, Kornmarkt, Eisenbahnbau und Fremdenverkehr. Öffnungszeiten unter Tel. +43 (0)5574 4101561 oder www.martinsturmbregenz.at

Altes Rathaus

Das beeindruckende Alte Rathaus in der Oberstadt aus dem Jahre 1662 ist der größte Fachwerkbau der Stadt und diente vom 17. bis zum 19. Jahrhundert als Rathaus.

Das alte Rathaus
(Bild Wikipedia CCBY3.0, Böhringer Friedrich)

Postamt Bregenz

Der mächtige Bau des Postamtes nahe dem Bodenseeufer in unmittelbarer Nachbarschaft von Kunsthaus und Landestheater stammt aus der k. u. k.-Zeit und ist ein Beispiel für Ringstraßen-Architektur außerhalb Wiens. Im kaiserlichen Kurort Bad Ischl findet den Zwillingsbau des Postamtes. Eine sehenswerte Ausstellung des bekannten Schweizer Architekten Peter Zumthor ist unter anderem im Postamt untergebracht.

Grünes Haus

Das Gebäude in der Montfortstraße wurde 1925/26 errichtet. Der Architekt Willibald Braun verwendete für den repräsentativen Bau vereinfachte klassizistische Elemente, aber auch Arkaden und Erkertürmchen. Das Grüne Haus ist heute Sitz des Umweltinstitutes.

Wirtshaus am See

Das Sporthaus des Verkehrsvereins im Landhausstil am Seeufer aus dem Jahre 1906 mit angeschlossener Gaststätte war früher beliebter Treffpunkt der Gesellschaft.

Gebhardsberg

Gebhardsberg
(Bild Wikipedia CCBY3.0, Böhringer Friedrich)

Lohnend ist ein Besuch der Ruine Gebhardsberg der ehemaligen Festung Hohenbregenz mit sehenswerter Barockkapelle und prachtvoller Aussicht auf Rheintal und Bodensee. Sie ist Ausgangspunkt für mehrere Naturlehrpfade.

Hauptpostamt
(Bild Wikipedia CCBY3.0, Plani)

Kloster Riedenburg
(Bild Wikipedia CCBY3.0, Böhringer Friedrich)

Landesbibliothek

Die Vorarlberger Landesbibliothek ist im ehemaligen Kloster des Gallusstiftes untergebracht (siehe Seite 94).

Kirchen und Klöster

Das Stadtbild von Bregenz wird unter anderem auch von den zahlreichen Kirchen aus der Barockzeit im 17. und 18. Jahrhundert geprägt.

Kloster Mehrerau

Das Kloster Mehrerau ist eines der bedeutendsten Zisterzienserklöster im Bodenseeraum (siehe Seite 102).

Kloster Riedenburg

Die Klosterkirche in der Arlbergstrasse wurde von 1862 bis 1865 erbaut. Auf dem Klostergelände befindet sich heute das private Mädchen-Gymnasium des katholischen Schwesternordens Sacré-Coeur.

Kloster Marienberg

Das unter Denkmalschutz stehende Kloster Marienberg in der 1877 erbauten Villa Raczynski liegt am Nordwesthang des Gebhardsberges in der Schlossbergstrasse in einer gepflegten Parkanlage. Die Villa beherbergt ein Dominikanerinnenkloster und mehrere Schulen.

Kloster Thalbach

Die Klostergemeinschaft am Fuß des Gebhardsberges wurde 1436 gegründet und hat eine bewegte Geschichte hinter sich. Es wurde von Franziskanerinnen und später von Benediktinerinnen geführt. 1983 wurde das Kloster von der Geistlichen Familie „Das Werk“ übernommen. Bemerkenswert ist die wertvolle Marienstatue in der Klosterkirche von 1609.

Stadtpfarrkirche St. Gallus

Die unter Denkmalschutz stehende Pfarrkirche St. Gallus, am Kirchplatz auf einem vorchristlichen Kultplatz wurde nach einem Brand der ursprünglich romanischen Kirche im Jahre 1477 im gotischen Stil erbaut. Sie wurde im 17. und 18. Jahrhundert mehrfach im barocken Stil von den berühmten Kirchenbaumeistern aus dem Bregenzerwald und Bregenz umgebaut.

Der beeindruckende Bau mit Chorgestühl von Johann Joseph Christian und Silberaltar und wertvollen Fresken ist einen Besuch wert.

Pfarrkirche Mariahilf

Die Mariahilf Kirche im Stadtteil Rieden-Vorkloster aus den Jahren 1925 bis 1937 imponiert mit einem pagodenförmigen Turm.

Herz-Jesu-Kirche

In den Jahren 1905 bis 1908 wurde die Herz-Jesu-Kirche am Kolpingplatz im neugotischen Stil errichtet. Die beiden Kirchtürme der dreischiffigen Basilika erreichen eine Höhe von 62 Metern. Der Hochaltar und die vier Seitenaltäre sind mit Reliefs und Plastiken aus dem Leben Jesu reich geschmückt.

Evangelische Kirche

Die neugotische Evangelische Kirche in der Cosmus-Jenny-Strasse wurde 1862 bis 1864 erbaut. Sie war 1904

das erste Gotteshaus in Österreich, die elektrisch beleuchtet und beheizt war.

Seekapelle

Anlässlich des Sieges über die Appenzeller 1407 wurde 1445 die Seekapelle in der Rathausstrasse gebaut. 1698/99 wurde sie im Barockstil umgebaut. Sie ist dem Hl. Georg und der Muttergottes geweiht. Sehenswert ist der Renaissance-Hochaltar von 1615 aus der ehemaligen Schlosskapelle Hofen in Lochau.

Nepomukkapelle

Die Nepomukkapelle am Kornmarktplatz, die 1757 vom Theologen Franz Wilhelm Haas nach einer Lebensrettung aus dem Bodensee gestiftet wurde, ist ein barocker Zentralbau mit reich geschmücktem Hochaltar und Rokokomalereien.

Museen

vorarlberg museum

vorarlberg museum
(Bild Hanspeter Schiess)

Das neue vorarlberg museum am Kornmarktplatz liegt zwischen See und Innenstadt (siehe Seite 96).

Kunsthaus Bregenz

Das 1997 eröffnete Kunsthaus Bregenz des mit dem Mies-van-der-Rohe-Preis ausgezeichneten Architekten Peter Zumthor in der Nähe des vorarlberg museum gehört zu den wichtigsten Museen für zeitgenössische Kunst in Europa. Hier wurden unter anderem Werke von Roy Lichtenstein und Jeff Koons gezeigt.

Künstlerhaus Bregenz

Das Künstlerhaus im Palais Thurn und Taxis in der Gallusstrasse zeigt in wechselnden Ausstellungen zeitgenössische Werke österreichischer und internationaler Künstler.

Magazin 4 (Bregenzer Kunstverein)

Im Magazin 4 in einer alten Fabrik in der Bergmannstrasse werden vor allem Werke von modernen Nachwuchskünstlern gezeigt.

Kunsthaus Bregenz
(Bild Wikipedia CCBY3.0, Böhringer Friedrich)

Oberstadt Bregenz
(Bild Wikipedia CCBY2.5, Böhringer Friedrich)

Freizeit und Sport

Bregenz und die Umgebung mit dem Bodensee und der nahen vielfältigen Gebirgslandschaft bieten eine Fülle von Möglichkeiten der Freizeitgestaltung und der sportlichen Betätigung. Ob Wandern oder Radfahren, Segeln, Baden oder ein Schiffsausflug, hier kommt jeder Geschmack zu seinem Recht.

Pfänder

Die einzigartig schöne Lage von Bregenz mit der Verbindung von See und Bergen erlebt man besonders intensiv auf dem Hausberg der Bregenzer, dem 1064 Meter hohen Pfänder, der eine grandiose Aussicht auf den Bodensee und zahlreiche Alpengipfel bietet. Im Winter ist der Pfänder als kleines Rodel- und Skigebiet bei den Bregenzern beliebt.

Pfänderbahn

Seit 1927 überwindet eine Luftseilbahn als willkommene Aufstiegshilfe in nur sechs Minuten die 600 Meter Höhenunterschied von Bregenz zum Gipfel, wo eine Reihe von Gasthöfen und Jausenstationen rund um die Bergstation die zahlreichen Besucher erwartet.

Alpenwildpark Pfänder

Nahe der Bergstation können die Besucher in einer halbstündigen Rundwanderung durch den Alpenwildpark Tiere der Bergwelt aus der Nähe kennen lernen. Vor allem Kinder sind begeistert von den Zwergziegen, Hasen und Hängebauchschweinen, die gleich am Anfang des Rundganges zu bewundern sind. Weiter geht es zu den Steinböcken, Wildschweinen. Vorbei an den Mufflons und Rothirschen gelangt man zum letzten Gehege mit den Murmeltieren, die in ihrem Höhlensystem von Mitte Oktober bis Mitte März ihren Winterschlaf halten. Infos unter www.pfaender.at

Wandern

Der Höhenrücken des Pfänders ist ein ideales Wandergebiet mit gut ausgeschilderten Wanderrouten. Angemessene Bekleidung und festes Schuhwerk sind im teils steilen Gelände dringend empfohlen.

Besonders beliebt ist die Käse-Wanderung in rund 4 Stunden von der Bergstation über Moosegg, Käse-Lehrpfad, Trögen, Hochberg, Schüssellehen, Lutzenreute, Eichenberg-Dorf zurück zum Pfänder. Der aussichtsreiche Höhenweg bietet neben dem Lehrpfad die Gelegenheit, eine Sennerei zu besuchen (auf Anfrage möglich) und zahlreiche zünftige Einkehrmöglichkeiten.

Sehr zu empfehlen ist auch der herrliche Höhenwanderweg über Möggers nach Scheidegg (D) in rund 3,5 Stunden Gehzeit.

Besonders schöne Ausblicke bietet die Drei-Eintausender-Bergwanderung, ein Rundweg von 5 Stunden. Route: Bergstation – Pfänderspitze (1064 m) – Hub – Hirschberg (1095 m) – Richtung Jungholz – Trögen – Hochberg (1069 m) – Schüssellehen – Letze – Höhenweg – Bergstation.

Für Wanderungen hinunter nach Bregenz stehen verschiedene Routen zur Verfügung: Über das „Geschlief" in 1,5 Std., über Fluh und Oberstadt in 1,5 Std., über Hintermoos, Altreute, Klausmühle und den See entlang in 2 Std. oder über Moos, Juggen, Hof, Klausmühle den See entlang in 3 Std.

Seepromenade
(Bild Wikipedia CCBY2.0, Kiefer)

Radfahren

Auch bei Radfahrern sind die Wege auf dem Pfänder beliebt. Gegen einen kleinen Aufpreis kann das Rad in der Pfänderbahn mitgenommen werden.

Besonders attraktiv für Radfahrer ist die abwechslungsreiche Tour rund um den Bodensee mit einer Gesamtlänge von 268 km mit erstklassig angelegten, meist flachen Radwegen. Auch kürzere Teilabschnitte der Route mit Ausgangspunkt versprechen traumhaftes Fahrrad-vergnügen. An der Seepromenade steht Bregenzer Gästen ein Fahrradverleih zur Verfügung.

Freizeit am See

In den Sommermonaten bieten sich in den Freibädern und an den Stränden unweit vom Bregenzer Zentrum herrliche Möglichkeiten für ungetrübtes Badevergnügen.

Militärbad Bregenz

Das ehemalige Militärschwimmbad „Mili" direkt an der Pipeline besitzt bei den Bregenzern Kultstatus. Das gemütliche Traditionsbad, ein historischer Holzpfahlbau von 1825, ist einen Besuch wert. Das kleine Bad bietet neben der prächtigen Aussicht auf die Bregenzer Bucht ausreichend Liegeflächen, ein Sprungbrett und die Möglichkeit, Tischtennis oder Wasserball zu spielen.

Strandbad

Das Bregenzer Strandbad am Strandweg in traumhafter Lage am See mit 400 Meter Bodenseeufer verfügt über weitläufige Liegewiesen, mehrere Badestege, zwei Badeflöße im See, drei beheizte Sport- und Kinderbecken Rutsche, mehrere Spielplätze, Beachvolleyball, Kletterwand, Tischtennis, Selbstbedienungsrestaurant und vieles mehr. Infos unter www.stadtwerke-bregenz.at

Hallenbad

Im Winter sehr beliebt ist das Bregenzer Hallenbad neben dem Strandbad. Es verfügt neben den Sportbecken über einen erholsamen Wellnessbereich mit finnischen Saunen, Dampfbädern und Whirlpool.

Bodenseeschifffahrt

Ein beschaulicher Ausflugstag auf einem Schiff der Weißen Bodenseeflotte gehört zum Standardprogramm eines Bregenzer Feriengastes. Mit dem Schiff lassen sich am schönsten die interessanten Ziele am See wie Lindau, Konstanz oder die Insel Mainau erreichen.

Neben dem täglichen Kursverkehr sind Rundfahrten wie die Rundfahrt in der Bregenzer Bucht oder die große Dreiländer-Panoramafahrt sehr beliebt.

Militärbad
(Bild Wikipedia CCBY3.0, Böhringer Friedrich)

Veranstaltungen

Bregenz ist ein wichtiges kulturelles Zentrum im Bodenseeraum. Eine Fülle von hochwertigen Veranstaltungen prägt das jährliche Kulturprogramm.

Bregenzer Festspiele

Jedes Jahr im Juli und August besuchen rund 200.000 Menschen die weltbekannten Bregenzer Festspiele, ein international ausgezeichnetes Kulturfestival der Superlative. Neben den hochkarätigen Opernaufführungen auf der Seebühne mit spektakulären Bühnenbildern, mit 7000 Plätzen die größte Freilichtbühne der Welt, gibt es ein vielfältiges Programm mit Orchesterkonzerten und weiteren Opern- und Theaterproduktionen im angrenzenden Festspielhaus und vieles mehr.

Tag der Wiener Symphoniker

Im Juli findet der beliebte Tag der Wiener Symphoniker in der Innenstadt, am Kornmarktplatz und im vorarlberg museum statt. Die Mitglieder des Orchesters erfreuen das Publikum in unterschiedlichen Besetzungen mit Musik von der Klassik bis zur Blasmusik.

Bregenzer Meisterkonzerte

Neben der Konzertreihe des Vorarlberger Symphonieorchesters bietet das Programm der Bregenzer Meis-

Seebühne
(Bild Wikipedia CCBY3.0, E4024)

Festspielhaus
(Bild Wikipedia CCBY2.0, Matze Trier)

terkonzerte von Oktober bis Mai erstklassige Darbietungen von weltberühmten Künstlern und internationalen Orchestern.

Musik und Kulinarisches

Besondere Genüsse erwartet die Besucher der Langen Nacht der Musik Ende Mai, beim traditionellen Anton-Schneider-Straßenfest im Juli und beim mehrtägigen Bregenzer Hafengenuss Ende August mit vielfältigen kulinarischen und musikalischen Programmen.

Bregenzer Frühling

Der Bregenzer Frühling im Festspielhaus von März bis Mai gehört zu den wichtigsten Tanzfestivals in Österreich. Stars der Ballettszene und spektakuläre Uraufführungen begeistern Freunde anspruchsvoller Tanzaufführungen von nah und fern. Infos unter www.bregenzerfruehling.at

Vorarlberger Landestheater

Das Vorarlberger Landestheater im Theater am Kornmarkt bietet ein abwechslungsreiches Programm (siehe Seite 100).

Theater Kosmos

Das Theater Kosmos in der Mariahilfstraße mit einem Programm jenseits bekannter Pfade ist ein Geheimtipp für junge Autorinnen und Autoren sowie für Besucher, die an modernem Theater interessiert sind. Infos unter www.theaterkosmos.at

Weihnachtsmarkt in der Oberstadt
(Bild Wikipedia CCBY3.0, Böhringer Friedrich)

Märkte

Ein wesentliches Element des Bregenzer Stadtlebens sind die Wochenmärkte mit vielfältigen Angeboten an regionalen Erzeugnissen von hoher Qualität. Die Dienstags- und Freitagsmärkte sowie der Vorklostermarkt am Donnerstag und Bauernmarkt am Freitag sind beliebte Treffpunkte für Gäste, Bregenzerinnen und Bregenzer.

Weinmärkte

An drei Tagen im Mai errichten Weinbauern aus dem Dorf Gamlitz in der Steiermark am Sparkassenplatz ein kleines Weindorf mit kulinarischen Spezialitäten, Weinen und Musik.

Im Juni findet auf dem Leutbühel der Markt „Wein am See" statt. Internationale Hersteller und Winzer aus Österreich und vom Bodensee präsentieren ihre Weine und Spirituosen.

An einem Samstag im Oktober können die Besucher auf dem Leutbühel Produkte von Top-Weinhändlern aus Bregenz und der Region probieren und käuflich erwerben.

Italienische Märkte

Jeweils mehrere Tage Ende März und Ende September kann man auf dem Leutbühel Köstlichkeiten aus 10 Regionen Italiens genießen. Die angebotenen Delikatessen und Spezialitäten reichen von feinen Trüffeln aus Umbrien, pikante Salami aus Kalabrien, Oliven aus Apulien und vielem mehr.

An 3 Tagen im Juli präsentiert die italienische Region Piemont das Beste aus der Küche der Region wie Hartkäse und Nudeln.

Kunsthandwerkermarkt

Ende April zeigen eine Reihe von Kunsthandwerkern am Bregenzer Hafen ihre Waren wie Töpferwaren, Schmuck, Porzellan und vieles mehr.

Züg & Sacha

An einem Samstag im Mai finden Besucher auf dem beliebten Markt in der Kornmarktstraßeein vielfältiges Angebot an regionalen Spezialitäten, Kunsthandwerk und Krimskrams.

Fahrradmarkt

Der beliebte Markt für neue Top-Fahrradmodelle, Fahrradzubehör und gebrauchte Räder findet an einem Samstag im April auf dem Leutbühel statt.

Weihnachtsmärkte

Von Mitte November bis Weihnachten erwarten im Herzen von Bregenz auf dem Kornmarktplatz im stimmungsvollen Ambiente über 40 Weihnachtshütten mit Glühwein, Leckereien, Weihnachtsgeschenken, Christbaumschmuck und Kunsthandwerk auf die zahlreichen Besucher. Der von einer Gemeinde aus dem Bregenzerwald gespendete große Christbaum und die Krippe in der Nepomukkapelle lässt Kinderaugen leuchten. Chorgesang und Konzerte auf der Weihnachtsbühne sorgen zusätzlich für festliche Stimmung.

An drei Adventssamstagen lockt der Kunst- und Handwerkermarkt auf dem Martinsplatz im zauberhaften Ambiente der Bregenzer Oberstadt mit Köstlichkeiten und einem festlichen Programm die begeisterten Besucher.

Sportveranstaltungen

Zu den Höhepunkten im sportlichen Jahresprogramm in Bregenz zählt die Ost-West-Regatta auf dem Bodensee Ende Juli mit rund 250 Schiffen auf der Strecke von oder nach Konstanz.

Der jährliche Marathon der 3 Länder am Bodensee findet im Oktober in Bregenz statt. Die zahlreichen Teilnehmer absolvieren die von Zuschauern gesäumte Strecke größtenteils am See entlang durch alle drei Bodensee-Anrainerstaaten mit Ziel in Bregenz.

3-Länder-Marathon
(Bild Wikipedia CCBY3.0, Baukken77)

Standort Bregenz

Die Metropole am Bodensee

Die Vorarlberger Landeshauptstadt Bregenz ist eine lebendige Wirtschafts- und Kulturmetropole in hervorragender Lage am Ufer des Bodensees. Die Stadt verfügt über ein breites Angebot an Wohnraum, Arbeitsplätzen, Bildungsstätten, Freizeiteinrichtungen, kulturellen Veranstaltungen und attraktiven Einkaufsmöglichkeiten.

Die grenznahe Lage von Bregenz, das rund 5 km vom deutschen Bundesland Bayern und rund 41 km vom Schweizer Kanton St. Gallen entfernt ist, sowie die einzigartige Nähe zu See und Berg zeichnet Bregenz als attraktives Zentrum für Bürger, Wirtschaftsunternehmen und Besucher aus. Bregenz als österreichische Stadt liegt mitten in Zentraleuropa. Eine Zugfahrt nach Paris dauert etwa so lange wie nach Wien.

Verkehr

Bregenz ist ein wichtiger Verkehrsknotenpunkt im nördlichen Rheintal. Durch den Autobahnzubringer „Citytunnel" ist Bregenz mit der Autobahn A 14, die das Stadtgebiet durch den Pfändertunnel östlich umgeht, direkt verbunden. Die A14 geht Richtung München in die deutsche Autobahn A 96 über. In südlicher Richtung wird sie als Rheintal/Walgau Autobahn weitergeführt. Die wichtigsten Landesstraßen L 190 (Vorarlberger

Bregenzer Hafen
(Bild Wikipedia CCBY3.0, Böhringer Friedrich)

Straße) und L 202 (Schweizer Straße), die Bregenz mit Deutschland und der Schweiz verbinden, treffen in Bregenz aufeinander. Die nächsten Flughäfen sind der 24 km entfernte Flughafen St. Gallen - Altenrhein und der Bodensee – Airport im 32 km entfernten Friedrichshafen. Durch die Lage zwischen Bodensee und Pfändermassiv sind die Hauptverkehrsverbindungen Nadelöhre, was oft zu größeren Staubildungen im Stadtgebiet führt.

Bregenz verfügt über drei Bahnhöfe bzw. Haltestellen. Die Bahnhöfe Bregenz Hafen und Riedenburg dienen dem Regionalverkehr im Rahmen der S-Bahn Vorarlberg. Im Bahnhof Bregenz treffen InterCity-Züge aus Wien sowie EuroCity-Züge der Linie Zürich-München ein. Vom Bahnhofsvorplatz verkehren Buslinien des Regionalverkehrs Richtung Unterland, Bregenzerwald und ins Leiblachtal. Fünf Buslinien der Bregenzer Stadtwerke verbinden die wichtigsten Stadtgebiete.

Der Bregenzer Hafen gehört zu den bedeutendsten Anlagestellen am Bodensee.

Wirtschaft

In Bregenz sind über 1500 Betriebe ansässig mit über 17.000 Beschäftigten und über 500 Ausbildungsstellen. Im 19. und 20. Jahrhundert erlebte die Stadt eine bedeutende wirtschaftliche Entwicklung hauptsächlich durch die Nahrungs- und Genussmittelindustrie, Feinmechanik und Textilwirtschaft. Auch der Tourismus wurde ein wichtiger Erwerbszweig.

Aufbauend auf der Tradition als Handels- und Kulturstadt gehören heute in Bregenz der Dienstleistungssektor, Handel, Kreativwirtschaft, Tourismus sowie Kongress- und Freizeitwirtschaft zu den wichtigsten wirtschaftlichen Wachstumsfeldern.

Die hervorragende Lage in der grenznahen Bodenseeregion mit hoher

Lebensqualität begünstigt den Zuzug qualifizierter Mitarbeiter und die zukünftige Entwicklung der Unternehmen in Bregenz.

Die bestehenden Unternehmen werden in Bregenz durch den „Wirtschaftsservice“ von Bregenz Tourismus & Stadtmarketing unterstützt und die Ansiedlung von weiteren Betrieben intensiv gefördert. Die Unternehmen werden beraten bei der Suche nach Immobilien und Grundstücken, der Akquise von Fördermitteln und vielem mehr.

Die Interessengemeinschaft WIGEM (Wirtschaftsgemeinschaft Bregenz) mit über 200 Partnerbetrieben unterstützt zusätzlich die Bregenzer Unternehmen mit zukunftsorientierter Beratung.

Für Bregenz als energieeffiziente Stadt steht der bewusste Umgang mit Energieressourcen mit gezielten Maßnahmen im Mittelpunkt. Dies hilft den Unternehmen bei Einsparungen von Energiekosten und bringt Vorteile im Wettbewerb.

Bildung

Bregenz ist ein wichtiges Bildungszentrum in Vorarlberg mit über 9000 Schülern, davon über 2000 an allgemeinbildenden höheren Schulen sowie fast 5000 an berufsbildenden höheren Schulen. Neben 14 Kindergärten verfügt die Stadt über sechs städtische Volkschulen, eine private Volksschule, eine sonderpädagogische Schule, drei städtische Mittel-

Naturdenkmal Sandplatte
(Bild Wikipedia CCBY3.0, Böhringer Friedrich)

schulen, vier Gymnasien sowie zwei berufsbildende mittlere Schulen, die an der privaten Wirtschafts-fachschule Marienberg untergebracht sind. Die drei Landesberufsschulen werden parallel zur Lehrausbildung absolviert.

Zu den berufsbildenden höheren Schulen in der Stadt gehören die Bundeshandelsakademie und Bundeshandelsschule Bregenz, die Höhere technische Bundeslehr- und Versuchsanstalt, die privaten Höheren Lehranstalten für wirtschaftliche Berufe in Marienberg und Riedenburg sowie die Schule für allgemeine Gesundheits- und Krankenpflege.

Weitere Bildungseinrichtungen sind die Volkshochschule Bregenz mit über 500 Kursen jährlich und die Musikschule Bregenz mit dem Haupt-

gebäude in der Villa Liebenstein mit rund 1300 Musikschülern.

Lebensqualität

Der hohe Wohn- und Freizeitwert ist ein wesentlicher Faktor für die Zufriedenheit der Bregenzer Bürger. Hier sind die angenehmen Seiten des Lebens in einer Kleinstadt mitten im Grünen mit kurzen Wegen mit den attraktiven kulturellen Angeboten einer großen Stadt verbunden. Die zahlreichen Freizeitmöglichkeiten am See und in den Bergen sind ein weiterer Pluspunkt.

Die Modernisierung des städtischen Erscheinungsbildes im Interesse der Stadt und ihrer Bürger findet ihren Ausdruck im Umbau der Seepromenade und des Hafenbereichs und der Umgestaltung des Kornmarktplatzes mit dem Vorarlberger Landesmuseum.

Das verkehrsfreie Bregenzer Stadtzentrum bietet mit attraktiven Geschäften und einem vielfältigen Angebot ungetrübtes Shopping-Vergnügen. Hier findet man das höchstdekorierte Käsefeinkostgeschäft Europas, eines der besten Kaffeehäuser Vorarlbergs, einen international bekannten Büchsenmacher, Spezialitätengeschäfte aller Art sowie zahlreiche Boutiquen.

Eine Reihe von Gasthäusern mit einem breiten gastronomischen Angebot laden zum Verweilen ein.

Wichtige Adressen und Telefonnummern

Landeshauptstadt Bregenz
Rathaus, Belruptstraße 1
A-6900 Bregenz
Tel. +43 (0)5574 410 0
Fax +43 (0)5574 410 500
buergerservice@bregenz.at
www.bregenz.at

Bregenz
Tourismus & Stadtmarketing GmbH
Rathausstraße 35[a]
A-6900 Bregenz
Tel. +43 (0)5574 4959 0
Fax +43 (0)5574 4959 59
tourismus@bregenz.at
www.bregenz.travel

Bodensee-Vorarlberg Tourismus
Postfach 9
A-6901 Bregenz
Tel. +43 (0)5574 43443 0
Fax +43 (0)5574 43443 4
office@bodensee-vorarlberg.com
www.bodensee-vorarlberg.com

Aktuelles Wissen hinter historischen Mauern

Vorarlberger Landesbibliothek

Die Errichtung des Schlösschens Babenwohl der Grafen von Bregenz geht auf das 14. Jh. zurück. Von 1907 bis 1916 wurde auf dem Anwesen das Benediktinerkloster St. Gallusstift erbaut. Zusammen mit einem rechtwinklig angelegten Bibliothekstrakt, in dem jetzt die wertvollsten Bücher aufbewahrt werden, bildet dieses sehenswerte, historische Gebäudeensemble den würdigen Rahmen für die Landesbibliothek von Vorarlberg, die erst 1986 dort eingezogen ist.

War der ursprüngliche Gedanke um 1904 zur Gründung der Landesbibliothek nur die Archivierung der Vorarlbergensien, also des landeskundlichen Schrifttums, so hat sich die Bibliothek heute auch insbesondere zu einer universalwissenschaftlichen Studienbibliothek des Bundeslandes Vorarlberg entwickelt. Damit gilt sie als Hauptbibliothek für alle Bildungseinrichtungen. Dies unterscheidet sie auch von den anderen Landesbibliotheken Österreichs, was sich durch das umfängliche Literaturangebot äußert: Die Literatur- und Mediensammlung des Hauses umfasst ein kontinuierlich wachsendes Angebot an E-Books, E-Journals und Datenbanken, die größtenteils auch von Zuhause aus nutzbar sind. Die Vorarlberger Landesbibliothek ist eine öffentliche Bibliothek und steht allen Interessierten im Bodenseeraum offen. Zum einen haben die Besucher die Möglichkeit, in einem der Lesesäle zu recherchieren und zu arbeiten. 71 Benut-

zerarbeitsplätze finden sich hier, von denen 19 mit Computern ausgestattet sind. Andererseits können Bücher auch entlehnt werden. Darüber hinaus erfolgt der Zugriff über Internet auf Bestandsnachweise und elektronische Medien mittels einer gemeinsamen Suchmaschine für die einzelnen Kataloge.
In Kooperation mit dem Vorarlberger Landesschulrat veranstaltet die Vorarlberger Landesbibliothek teilnahmepflichtige Workshops für Maturanten. Die sog. „Teaching Library" vermittelt jährlich etwa 1500 bis 2000 Schülern Hilfestellung bei der Themenrecherche, Literatursuche mit Katalog und Suchmaschine sowie eine Einführung in die Medien- und Informationskompetenz. Daneben nutzen Auszubildende und Berufstätige das Angebot der VLB zur berufsbegleitenden Weiterbildung.
Der eindrucksvolle Kuppelsaal als Teil der Freihandaufstellung der Bibliothek ist auch ein beliebter Ort, in dem Konzerte veranstaltet, Lesungen und Vorträge gehalten werden. Führungen im Rahmen der allgemeinen Öffnungszeiten können aus Rücksichtnahme auf den Bibliotheksbetrieb nur nach Anmeldung und Planung stattfinden, vermitteln dafür aber Informationen über historische Entwicklungen und Hintergründe, die Aufgaben, Leistungen und Angebote der Bibliothek, bieten Einblicke in die sonst nicht zugängliche Stiftsbibliothek und das Schlösschen Babenwohl sowie eine Einführung in die Benutzung der Suchmaschine und die Literatur-Recherche.

Fotos: Gerhard Kresser / VLB

Vorarlberger Landesbibliothek
Fluher Str. 4, A-6900 Bregenz
Tel. +43 (0)5574 511 44100
Fax +43 (0)5574 511 44095
info.vlb@vorarlberg.at

Lebendige Vielfalt der Kunst- und Kulturgeschichte

vorarlberg museum

Auf das Jahr 1857 geht die Gründung des vorarlberg museums zurück. Ziel des Hauses war von Anbeginn, die Zeugnisse der Kultur und Kunst des Bundeslandes zu sammeln. Sie sollten bewahrt und erforscht sowie der Öffentlichkeit zugänglich gemacht werden. Schwerpunkte der Sammlung sind auch heute noch die Archäologie, Geschichte, Kunstgeschichte und Volkskunde Vorarlbergs. Mit einer doppelt so großen Ausstellungsfläche konnte das heutige Gebäude 2013 eröffnet werden.

„Hier geht es zu wie in einem Bienenstock...", stellte eine Besucherin fest. Dieses Zitat bringt die Lebendigkeit des Hauses zum Ausdruck. Mit dem ursprünglichen Museumscharakter hat man bewusst gebrochen, schließlich sollte das vorarlberg museum ein Ort sein, an dem historische und aktuelle Themen unkonventionell und in einer neuen, frischen Form präsentiert werden.

Dazu trägt die Architektur des Hauses in nicht unerheblichem Maße bei: Aus den Fenstern genießt der Besucher einen einmaligen Ausblick auf den Bodensee. Natürliche Materialien, die beim Bau verwendet wurden, schufen eine Atmosphäre, in denen sich die Menschen wohlfühlen. Ein Café im Erdgeschoss, in dem man sich auf eine Erfrischung und das anregende Gespräch mit Freunden trifft, unterstreicht den Charakter des andersartigen Museums.

Die Sammlung im vorarlberg museum umfasst etwa 160.000 Objekte, die archäologische Artefakte ebenso beinhalten wie sakrale und profane Kunst von der Frühzeit bis zur Gegenwart. Volkskundliche Objekte, eine Sammlung der Künstlerin Angelika Kauffmann sowie Ausstellungsstücke, die historisch von Bedeutung sind, ge-

hören zu dem reichhaltigen und vielfältigen Fundus, den es in dem Museum am See zu entdecken gibt. Die ständigen Sammlungen im Hause werden durch wechselnde ergänzt, die zeitgenössische Kunst jeder Couleur anbieten.

Konzerte, Führungen und Ferienprogramme runden das Angebot ab, das für eine lebendige Museumskultur steht.

vorarlberg museum

Kornmarktplatz 1
A-6900 Bregenz
Tel. +43 (0)5574 46 050
info@vorarlbergmuseum.at
www.vorarlbergmuseum.at

Fotos Ausstellung: Markus Tretter
Foto Museum: Hanspeter Schiess

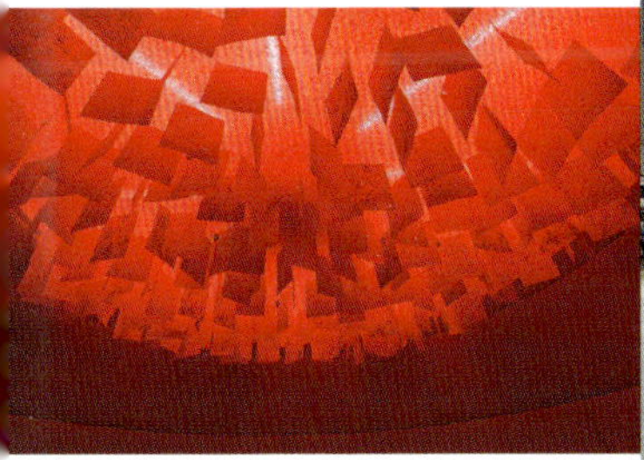

Beglückende musikalische Höchstleistungen

Symphonieorchester Vorarlberg

Das legendäre Vorarlberger Funkorchester kann man als den Vorläufer des heutigen Symphonieorchesters Vorarlberg bezeichnen. Von 1945 bis 1959 versorgte es die kulturell ausgehungerte Bevölkerung nach dem Krieg mit musikalischen Darbietungen. Erst 25 Jahre nach dessen Schließung, gründete der Bregenzerwälder Dirigent Christoph Eberle 1984 das Symphonieorchester, dessen Chef er wurde. Unter dessen Leitung konnte sich das Ensemble von 1988 bis 2005 überregional etablieren.

Mit viel Engagement hat der heutige Geschäftsführer Thomas Heißbauer eine unübersehbare Aufbruchstimmung initiiert und die Aktivitäten in der Musikvermittlung mit gelungenen Pilotprojekten forciert.

Seit 2005 ist der international gefragte Südafrikaner Gérard Korsten Chef am Pult. Eckdaten seiner Karriere bezeichnen den Geiger als Konzertmeister der Camerata Salzburg und als Assistent von Sándor Vegh sowie die spätere Arbeit als Konzertmeister des Chamber Orchestra of Europe. Darüber hinaus war er künstlerischer Leiter des Teatro Lirico in Cagliari (Sardinien) und Music Director der London Mozart Players. Der Dirigent hat die Klangqualität des Orchesters in den vergangenen Jahren maßgeblich geformt. Er hebt die außerordentliche Konzentration seiner etwa 100 Musikerinnen und Musiker hervor, die er für die Entwicklung eines eigenen, hochwertigen Stils lobt. Heimspielstätten des Symphonieorchester Vorarlberg sind neben dem Festspielhaus Bregenz, mit dem das Symphonieorchester eine enge Zusammenarbeit pflegt, das im Jahr 2015 neu erbaute Montforthaus in Feldkirch, wo höchst erfolgreiche Abonnementzyklen veranstaltet werden. Durch die Kooperation mit dem Vorarlberger Landestheater konnte sich das Orchester auch im Musiktheater etablieren.

Die Erfolgsbilanz der vergangenen Jahre betrifft vor allem die Auftritte bei den Bregenzer Festspielen, in deren Rahmen das Symphonieorchester Vorarlberg in einer hinreißenden Produktion von Mozarts „Cosi fan tutte“ mit dem neuen Opernstudio und im traditionellen Orchesterkonzert unter der Leitung des Chefdirigenten überzeugte. Auch ein Gastspiel auf der EXPO in Mailand ist zu erwähnen, in welchem dem exzellenten Klangkörper des Orchesters höchstes Lob entgegen gebracht worden ist sowie den Geburtstagskonzerten im Jahr 2015, die anlässlich des 30-jährigen Bestehens des Symphonieorchester Vorarlberg im Festspielhaus Bregenz und im Montforthaus Feldkirch veranstaltet wurden und das Publikum sowie die Presse zu wahren Beifallsstürmen hinriss.

Symphonieorchester
Vorarlberg
+43 (0)5574 43447
www.sov.at

Eine der kulturellen Säulen in der Bodenseeregion

Vorarlberger Landestheater

Ein aus dem Jahr 1838 stammendes Kornhaus am Kornmarkt in Bregenz ist Sitz des Vorarlberger Landestheaters.
Das Haus bietet mit 500 Plätzen im Großen Haus und 60 Plätzen im Kleinen Haus sowie dem T-Café jährlich rund 20 Theaterpremieren. Zahlreiche Auftragswerke, Erst- und Uraufführungen sowie interdisziplinäre künstlerische Zusammenarbeiten haben das Haus weit über die Bodenseeregion hinaus bekannt gemacht.
Das Repertoire setzt bewusst auf traditionelle und zeitgenössische Theaterkunst. Für die Gäste ist das Vorarlberger Landestheater ein Ort der Phantasie, der Geschichten und Emotionen, dessen vielfältiges Sprech- Musik- und Jugendtheaterprogramm

Fotos (3): Anja Köhler

die Kulturregion wesentlich bereichert. Somit spielt das Vorarlberger Landestheater in Bregenz eine tragende Rolle im Kulturgeschehen der Vorarlberger Landeshauptstadt.

Vorarlberger Landestheater

Seestr. 2, A-6900 Bregenz
Tel. +43 (0)5574 42 870 600
info@landestheater.org
www.landestheater.org

Zukunftsorientiert und lebendig

Zisterzienserabtei Wettingen-Mehrerau

Kaum eine andere Region ist so von Klöstern geprägt wie die Umgebung um den Bodensee. Heute ist eine der bedeutendsten Kulturstätten Vorarlbergs die Zisterzienserabtei Wettingen-Mehrerau. Deren Gründung geht auf eine Einsiedelei in Andelbuch zurück, doch schon im frühen 11. Jh. fand der Umzug der damaligen Benediktinermönche ans Bodenseeufer in Bregenz statt. Nach einer wechselvollen Geschichte kauften die Zisterziensermönche am 8. Juni 1854 die Territorialabtei. Aufgrund des wirtschaftlichen Aufschwungs konnte im Jahr 1919 die Wallfahrtskirche Birnau und das nahegelegene Schloss Maurach erworben werden, die bis heute als Prioriat betrieben werden. Anfang des 20. Jh. richtete das Kloster Mehrerau im Santorium Mehrerau ein Belegspital ein und gründete das Collegium Bernardi, ein Gymnasium mit Internat. Heute präsentiert sich das Kloster als modernes Haus: Im Collegium Bernardi ist ein privates Gymnasium für Jungen und Mädchen, das sich für eine ganzheitliche Bildung einsetzt. Darüber hinaus wird das Sanatorium Mehrerau zu einem Hospiz ausgebaut und in der Tischlerei hat man sich auf den Möbel- und Innenausbau spezialisiert.

In einer gemütlichen und angenehmen Atmosphäre präsentiert sich der „Neue Klosterkeller", in der Zisterzienserabtei der als Heurigengaststätte geführt wird und in dem Gäste mit Gutem aus Küche und Keller verwöhnt werden. Der ehemalige Mostkeller des Klosters kann nach einer Renovierung für Events gemietet werden und steht für private und geschäftliche Feierlichkeiten zur Verfügung.

Wallfahrtskirche Birnau

Eine Auszeit nehmen

Der „Mönch auf Zeit" kann aktiv am Klosterleben teilnehmen. Er wohnt in sauberen und funktionalen Gästezimmern und ist eingeladen, mit den Mönchen zu arbeiten, zu beten und sich auszutauschen, um wieder in Einklang mit sich selbst zu kommen.

Entdeckungsreise durch das Kloster

Reisegruppen bietet man in der Zisterzienserabtei die Möglichkeit einer Führung durch das Kloster, bei der es viel Interessantes zu entdecken und zu erfahren gibt. So wird der Besucher auch in die Barockbibliothek geführt, in der historische Bestände seit Anfang des 19. Jh. sorgsam gehütet werden. So stammen 225 wertvolle Exemplare der Inkunabeln aus dem 16. Jahrhundert.

Zisterzienserabtei Wettingen-Mehrerau

Mehrerauerstr. 66, A-6900 Bregenz
Tel. +43 (0)5574 71 461
Fax +43 (0)5574 71 46 117
kloster.info@mehrerau.at
www.mehrerau.at
www.collegium-bernardi.at
sekretariat@mehrerau.at

Schwebend hoch über dem Bodensee

Pfänderbahn

Nur fünf Gehminuten vom Bregenzer Schiffshafen entfernt und in fußläufiger Entfernung vom Hauptbahnhof findet sich die Talstation der Pfänderbahn, die mit ausreichend Parkplätzen bestückt ist. Dort empfängt den Gast ein Museum, das ihm die Entstehungsgeschichte der Bahn näher bringt.

Leise schwebend bis auf 1064 m ü.M.

Moderne, komfortable Panoramakabinen, in denen bis zu 80 Personen Platz finden, bringen die Gäste bequem auf den Pfänder.
Durch die niveaugleichen Ein- und Ausstiege sind die Kabinen leicht und barrierefrei erreichbar; weit herunter gezogene Fenster eröffnen auch Kleinkindern und Rollstuhlfahrern die faszinierenden Ausblicke auf den Bodensee, während die Gondel in nur sechs Minuten den schönsten Aussichtspunkt am Bodensee erklimmt.

Bergerlebnisse der besonderen Art

Oben angekommen wird man von einem einzigartigen Ausblick über den Bodensee, das Rheintal und 240 Alpengipfel der Schweiz, Lichtensteins, Österreichs und des Allgäus überwältigt. Zwei Aussichtskanzeln erleichtern die Orientierung: Die eine präsentiert das Bergpanorama aus den 1930er Jahren und die andere

bietet ein fotografisches Porträt des Bodenseeufers.

Auf einem 30 Minuten dauernden Rundwanderweg lernt man die Natur des Pfänders kennen und beobachtet Hirsche, Steinböcke, Mufflons, Wildschweine und Murmeltiere im Alpenwildpark. Wanderer finden auf dem Gipfel des Berges über dem Bodensee weitläufige Wegenetze. Auf bestens beschilderten Wanderwegen lassen sich gemütliche Spaziergänge ebenso machen wie anspruchsvolle Wanderungen; und Radfahrer kommen auf gut befestigten Wegen mit verschiedenen Schwierigkeitsgraden auf ihre Kosten. Direkt an der Bergstation finden die kleinen Fahrgäste einen Spielplatz, auf dem sie sich vergnügen können.

Kulinarischer Gipfelsturm

Für Speis und Trank steht auf dem Pfänder das „Restaurant Berghaus Pfänder" in der Sommersaison von Mai bis September zur Verfügung. Das rustikal eingerichtete Aussichtsrestaurant hat auch eine Terrasse, die bei schönem Wetter gerne genutzt wird. Nur 10 Gehminuten unterhalb der Bergstation lädt während der Wintersaison von September bis Mai das aus dem Jahr 1911 stammende „Gasthaus Pfänderdohle" zur gemütlichen Einkehr ein.

Pfänderbahn AG

Steinbruchgasse 4, A-6900 Bregenz
Tel. +43 (0)5574 42 16 00
Fax +43 (0)5574 42 16 04
office@pfaenderbahn.at
www.pfaenderbahn.at

Moderne Kunst hinter historischer Fassade

Galerie Art House

In einem denkmalgeschützten Bürgerhaus präsentiert sich heute zeitgenössische Kunst in Vollendung. Herbert Alber, der seit Mitte der achtziger Jahre die Galerie Art House in der Bregenzer Römerstraße führt, ist ein Klassiker unter den Galerien, wenn es um den Kunsthandel geht. Ausgestellt werden bei ihm überwiegend Werke zeitgenössischer Klassischer Moderne und es gibt wohl kaum einen Künstler aus Vorarlberg, der nicht schon in der Galerie Art House vertreten war.
Doch neben den Kunstschaffenden aus der Bodenseeregion überrascht die Galerie immer wieder mit internationalen Malern und Bildhauern.
Im Lauf der Jahrzehnte entstand eine umfangreiche Sammlung, die historische Künstler wie A. Kauffmann und klassische Künstler wie Rudolf Wacker enthält.

Galerie
Art House
Römerstr. 11
A-6900 Bregenz
Telefon:
+43 (0)5574 45 192
arthouse.alber@gmail.com
www.arthouse.at

Kaltgepresst und vital

Ölmühle Bregenz

Um die wertvollen Inhaltsstoffe von Samen, Kernen und Nüssen zu erhalten, sollten diese für die Herstellung hochwertiger Öle mit einer Temperatur weit unter 37° C gepresst werden. In der Ölmühle Bregenz ist eine wassergekühlte Mühle im Einsatz, die diese Voraussetzungen erfüllt und die Früchte in Rohkostqualität presst. So bleiben die wertvollen Inhaltsstoffe erhalten. In liebevoller Handarbeit werden hier nur Ölsaaten und Nüsse in bester und ausgesuchter biologischer Qualität verarbeitet.

Zum gesundheitlichen Wohl der Menschen tragen kaltgepresste Öle einen hohen Anteil bei: Wohlgeschmack, Heilkräfte und gesundheitlich positive Wirkung versprechen die kaltgepressten Öle, die in Langen bei Bregenz von der Familie Netzer hergestellt werden.

So zeigt sich das Aprikosenkernöl, um nur eines von vielen zu nennen, als hochwertiges Pflanzenöl, das die Lebensfreude weckt. Doch neben dem erwähnten Aprikosenkernöl stellt die Manufaktur weitere 23 Öle her wie Borretsch- oder Erdnussöl, Hanfsamen- und Haselnussöl, Leinsamenöl sowie Kokosnuss- und Mandelöl u.v.m. Und zu allen Sorten erfährt der Besucher der Ölmühle Bregenz viel Informatives rund um die Öle, deren Verwendung in Küche und Haushalt, bei der Körperpflege sowie über die gesundheitliche Wirkung der Inhaltsstoffe.
Bestellung und Abholung der Öle sind auch in Bregenz möglich: Tel +43 (0)699 12 26 05 82 oder man stattet dem Online-Shop einen Besuch ab.

Ölmühle Bregenz

Fischanger 80
A-6932 Langen
Tel. +43 (0)644 20 66 836
info@oelmuehle-bregenz.at
www.oelmuehle-bregenz.at

Wo kann man seit Jahrhunderten Leidenschaft für regionale Produkte & gastliche Tradition erleben?

In den Betrieben der Familie Kinz im Herzen von Bregenz wird dies spürbar:

Uriges Ambiente und österreichische Hausmannskost vom Feinsten: Dafür steht das älteste Wirtshaus in Bregenz, das Restaurant „Goldener Hirschen" in der Kirchstraße, das von der Familie Kinz geführt wird. Andrea Kinz, Tochter eines steirischen Weinbauers, ist Wirtin aus Leidenschaft und legt Wert auf Qualitätsprodukte. Der traditionell servierte Tafelspitz, die Vorarlberger Käsknöpfle und vegetarische Gerichte wie „Bantels gebackener Camembert" und „Kärntner Kasnudln" und die frischen Mariellenknödel sind echte österreichische Schmankerln. Das hauseigene Hirschenbier rundet das kulinarische Angebot ab.

Neben dem gemütlichen Gastraum zum Schlemmen und Plaudern stehen für Familienfeste und Firmenfeiern der „Hirschen-Saal" und die „Stüberl" im 1. Stock zur Verfügung. Im Sommer lädt der große gemütliche Gastgarten im Innenhof zum Verweilen ein.

Die Region schmecken

Dies ist die Devise von Haubenkoch Harald Fink, der für die kulinarische Qualität aller Kinz-Betriebe zuständig ist.

Einen Hauch von Nostalgie erleben im vielfach ausgezeichnete Restaurant Stadtgasthaus in der Römerstrasse. „Wie in der guten alten Zeit" ist die Zusammenarbeit mit Bauern rund um den Bodensee Garant für frische saisonale Gerichte auf höchstem Niveau.

In allen Betrieben zeigt sich die Vielfalt der österreichischen Winzer und der Weingüter am Bodensee. Der beste Platz für eine spannende Weinreise ist die Weinstube Kinz. Hinter historischer Fassade in der Kirchstrasse trifft man sich heute wie schon 1880 schnell

„auf a Achterl“ und bleibt doch häufig länger, weil es so gemütlich ist. In lockerer Atmosphere verkostet man wahre Schmankerln wie die Produkte der steirischen Schinkenmanufaktur Vulcano.
„Schnell, frisch, gut“ lautet das Motto im modern eingerichteten Café Restaurant Leutbühel in der Bregenzer Fußgängerzone. Abwechslungsreiche Mittagsgerichte, vegane und vegetarische Gerichte, hausgemachte Kuchen, Strudel und Torten.

Modernen Wohnkomfort gepaart mit historischem Ambiente!

Das Erwartet die Gäste im traditionsreichen Hotel Weisses Kreuz, dem ältesten Hotel der Festspielstadt.
Die 44 Zimmern bieten Urlaubern und Geschäftsreisenden alles, was das Herz begehrt: individuell regelbare Klimaanlage, hochwertigen Bio-Federkern-Matratzen in Überlänge, kostenfreies WLAN, Espressomaschine & Wasserkocher, Zimmersafe in Laptopgröße. Zum Abschalten lädt die „Orchideen-Sauna“ im Haus ein.
Zum Ausklang des Tages trifft man sich in Bregenz auf einen Drink in der hoteleigenen „Kreuzbar“.

Kontaktdaten:

+43 (0)5574 49880
hotelweisseskreuz@kinz.at
www.hotelweisseskreuz.at

Hotel Weisses Kreuz

Römerstr. 5, A-6900 Bregenz

Stadtgasthaus

Römerstr. 5, A-6900 Bregenz
Mo. bis Fr. 12 bis 14 und 18 bis 22

Goldener Hirschen

Kirchstr. 8, A-6900 Bregenz
Täglich ab 11 Uhr, Di. Ruhetag

Café Leutbühel

im GWL am Leutbühel 2
A-6900 Bregenz
Mo. bis Fr. 9 bis 18 Uhr, Sa. 9 bis 17 Uhr

Weinstube Kinz

Kirchstr. 9, A-6900 Bregenz
Mo. bis Fr. 17 bis 23 Uhr,
feiertags geschlossen

Historische Gastlichkeit mit vier Sternen

Hotel Messmer

Herzliche Gastfreundschaft inmitten von Bregenz erwartet die Gäste im Hotel Messmer. Das am Kornmarkt inmitten der Fußgängerzone gelegene Haus ist so zentral gelegen, dass die meisten Sehenswürdigkeiten der Stadt in fußläufiger Entfernung erreichbar sind.

Das Hotel Messmer ist das älteste Hotel in Bregenz. Bereits seit 400 Jahren werden hier Gäste bewirtet, unter denen sich einige bekannte Namen finden wie Alois Negrelli, der Planer des Suez-Kanals um 1829/32. Aber auch viele Berühmtheiten aus Theater und Oper empfanden die Nähe zu den Festspielen als wohltuend und ließen es sich gutgehen.

Die Gästezimmer und Appartements sind komfortabel ausgestattet und versprühen modernen Charme, der hinter den historischen Fassaden als wohltuend und gemütlich empfunden wird. Auf die Übernachtungsgäste wartet am Morgen ein reichhaltiges und vielfältiges Frühstücksbuffet, an dem sie sich für den kommenden Urlaubs- oder Arbeitstag stärken können. Der Wellnessbereich des Hauses mit Sauna und Entspannungsraum rundet den Service für die Gäste ab.

Diese angenehme Atmosphäre ist auch ideal für Tagungen und Seminare, für das das Haus die beste Ausstattung bereithält. Mehrere lichtdurchflutete Seminarräume in gediegener Einrichtung eignen sich für Gruppen und Unternehmen bis zu 50 Personen. Für Feierlichkeiten und Firmenpräsentationen ist der Wintergarten eine Location, die – mit eigener Tanzfläche ausgestattet – für ein unvergessliches Ambiente sorgt.

Das Restaurant des „Messmers" wartet mit angenehmen Räumlichkeiten auf, in denen die Gäste mit vorwiegend regionaler Küche verwöhnt werden. Vorarlberger Spezialitäten und Bodenseefische, die das Küchenteam kreativ zusammengestellt hat, schmecken zusammen mit den edlen Tropfen die gereicht werden, besonders gut, werden doch nur frische Zutaten für die Köstlichkeiten verarbeitet.

Auch für private Feierlichkeiten und Hochzeiten sind die Räumlichkeiten mit ihrem gediegenen Ambiente und der kulinarischen Vielfalt die richtige Adresse. Dabei werden die Veranstalter durch das zuvorkommende und gastfreundliche Team im Hotel Messmer tatkräftig bei der Planung unterstützt.

Hotel Messmer
Kornmarktstr. 16
A-6900 Bregenz
Tel. +43 (0)5574 42 356
Fax +43 (0)5574 42 35 66
office@hotel-messmer.at
www.hotel-messmer.at

Hier liegt Bregenz und der Bodensee zu Füßen

Burgrestaurant Gebhardsberg

Atemberaubend kann man den Blick nennen, der sich einem vom Burgrestaurant Gebhardsberg bietet. Weit schweift das Auge über das Rheintal und den Bodensee bis hin zu den Bergen in der Schweiz.

Hier oben kann man das Leben genießen, vor allem dann, wenn man sich von der Atmosphäre des einzigartigen Burgrestaurants umschmeicheln lässt und das Speisen- und Getränkeangebot sich zu einem wahren Freudenfest für Auge und Gaumen gestaltet. Der mediterrane Einfluss wurde schon im 17. Jh. auf die Burg getragen und die frischen Produkte regionaler Herkunft machen die Speisen hier so wertvoll. Ein lohnenswerter Abstecher ist der Besuch des Weinkellers, der im ältesten Teil des Schlosses „Hohen Bregenz“ untergebracht ist. Mehr als 100 verschiedene Weine aus den be-

sten Weingütern Österreichs und der Region Bodensee-Alpenrhein können hier verkostet werden.
Wie es sich für ein Schloss gehört, sind auch die Räumlichkeiten fürstlich: Vom Monfortsaal, der den beeindruckenden Rahmen für ein rauschendes Fest bildet, bis hin zum Turmzimmer und Burgstüble in deren gediegenem, historischem Ambiente man sich die Köstlichkeiten aus Küche und Keller schmecken lässt.
Ein Besuch in unserer wunderschönen Kirche mit dem Heiligen Gebhard lohnt sich immer.

Burgrestaurant Gebhardsberg

Gebhardsberg 1, A-6900 Bregenz
Tel. +43 (0)5574 42 515
gebhardsberg@greber.cc
www.greber.cc

Genießen in gemütlichem Industrieflair

Kesselhaus Bar & Restaurant

Wo einst eine der großen Textilspinnereien Vorarlbergs arbeitete, ist das Flair des aufstrebenden Industriezeitalters um die Jahrhundertwende noch zu spüren. Im alten Heizhaus der Spinnerei Schoeller, dem Kesselhaus, das zu einem Gastronomiebetrieb der besonderen Art umgestaltet wurde, lässt es sich heute gemütlich speisen und genießen.

Regional und frisch muss es sein

Die Gastgeber Christiano und Angelika De Brito, denen in den sozialen Netzwerken ein toller Service und eine herzliche Gastfreundschaft nachgesagt wird, legen Wert auf eine frische Küche, in denen mediterrane Einflüsse gekonnt zur Geltung kommen. Ob saftig, krosse Pizzen in verschiedenen Kreationen, der abwechslungsreich zusammengestellte Mittagstisch oder das Menü am Abend, das man im Kreis von Freunden genießt – stets begegnen einem frische und qualitativ hochwertige Produkte, die vorwiegend von regionalen Erzeugern stammen.

Genüsse aus der Cocktail-Lounge

Auch bei den Getränken in der Bar des Hauses achtet man auf die Frische bei der Zubereitung von Drinks. Aromen, Konzentrate und Farbstoffe haben in der Bar des Kesselhauses nichts zu suchen, da die Gäste sich an den natürlichen Aromen der Cocktails ebenso erfreuen sollen wie an einer kleinen, aber erlesenen Weinkarte.

Café, Galerie oder Sonnengarten?

Zu einer Kaffeespezialität mit Kuchen oder einem leckeren Eis als Erfrischung am Nachmittag trifft man sich im Kesselhaus oder bei schöner Witterung auf der sonnigen Gartenterrasse. Dort genießt man die Stunden, während das Leben auf den Straßen vorbei flaniert. Hoch oben im Kesselhaus steht die

Galerie für Events und Gesellschaften zur Verfügung. Abseits und doch mitten drin fällt der Blick auf das Geschehen in den Gasträumen unter einem. Ob Geburtstagsfeier, Candlelight-Dinner oder mit Freunden an der Bar – die Galerie bietet eine geeignete Location, um für einige entspannende Stunden vom Alltag abzuschalten.

Hier ist immer etwas los

Im Kesselhaus Bregenz ist ständig etwas los. Einem Jazzkonzert kann man hier ebenso lauschen, wie einer Rock'n Roll-Veranstaltung, Weine von ausgesuchten Winzern degustieren oder den Tango erlernen. Nicht zu vergessen ist die Cocktail-Masterclass. Der Mini-Cocktail-Wettbewerb ist ein passender Event für das Team-Building bei Firmenfeier oder einem Junggesellen-Abschied. Während des Mini-Cocktail-Wettbewerbes, der auch einzeln oder als Kurs-Serie im Herbst und Frühling im Rahmen der Volkshochschule buchbar ist, lernen die Teilnehmer viel Wissenswertes über die Zusammenstellung von Cocktails und können mit viel Action ihre Cocktails shaken.

Kesselhaus Bar & Restaurant

Mariahilfstr. 29, A-6900 Bregenz
Tel. +43 (0)5574 21 507
office@kesselhausbregenz.at
www.kesselhausbregenz.at

Dort, wo das Abenteuer ruft

Canyoning Team und Stand Up Paddeln in Vorarlberg

Canyoningtouren in Vorarlberg

Die Natur bietet den schönsten Spielplatz für abenteuerlustige Menschen. Die Urgewalten erlebt man hautnah beim Canyoning durch die faszinierenden Schluchten Vorarlbergs. Die Kraft des Wassers inmitten der Gesteinsformationen, die sich im Lauf der Jahrtausende gebildet haben, nutzt der Canyoning-Sportler in seinem Neoprenanzug durch springen, klettern und rutschen. Abseilen in tosenden Wasserfällen, Sprünge in kristallklare Gumpen – die sportliche Bewegung inmitten der abenteuerlichen Schluchten fordert Mut und Forschergeist.Die Touren, die das Canyoning-Team Vorarlberg bietet, werden von erfahrenen Guides begleitet, die für den respektvollen Umgang mit der Natur und für die Sicherheit der Teilnehmer sorgen.

RaftingTouren und Kanu Touren auf der Bregenzerache

Ob die Bregenzer Ache im großen Raftboot oder im 2-Mann-Schlauchkanadier befahren, bietet sie spritzige Wellen und ruhige Passagen somit ein ideales Revier für Boots- und Hobbysportler. Hinter jeder Flussbiegung wartet ein neuer faszinierender Ausblick.

TREK Raft Tour

Bei dieser Tour wandern wir gemeinsam die alte Bahntrasse von Kennelbach bis zum Campingplatz Doren

entlang einer fantastischen Flusslandschaft, wo wir das Gefühl bekommen, uns in der kanadischen Wildnis zu befinden. Mit diesen Ein-Mann-Booten befahren wir anschließend das Wildwasser der Bregenzer Ache (WWW II bis IV), wo uns Katarakte den nötigen Kick verschaffen, gleichzeitig durchqueren wir ein Natura 2000 Gebiet das einzigartig ist in Vorarlberg. Die Bregenzer Ache mit ihrer Flusslandschaft zieht einen jeden in ihren Bann. Hinter jeder Flussbiegung

erwartet Sie ein neuer faszinierender Ausblick, diesen Spaß werden Sie lange in Erinnerung behalten.

SUP – Stand Up Paddeln

Wer etwas Spezielles möchte, kann eine SUP-Tour auf der Bregenzer Ache buchen. Mit Helm, Schwimmweste und Neoprenanzug ausgestattet, befahren die Paddler eine 10 km lange Flussstrecke. Das Meistern von Stromschnellen und Katarakten kennzeichnen diese abenteuerliche Tour. Für den, der es etwas ruhiger angehen lassen möchte, bietet sich die perfekte Location am Kaiserstrand in

Lochau an. Ländle SUP hält Kurse auf dem Bodensee ab, den Newcomern werden somit die nötigen Kenntnisse vermittelt. Diese können dann im Einzelkampf oder in der Gruppe in Form einer Firmenveranstaltung erprobt werden. Die zertifizierten SUP-Instruktoren sorgen für die Sicherheit, wenn der Sportler bei den atemberaubenden Sonnenuntergangstouren mit anschließender kulinarischer Verpflegung am See paddelt. Zusätzlich können bei der Verleihstation Boards ausgeliehen werden.

Canyoning Team Vorarlberg

Merbodgasse 9
A-6900 Bregenz
Tel. +43 (0) 664 22 07 927
office@canyoning-team.com
www.canyoning-team.com

Ländle SUP

Wellenau 1/10, A-6900 Lochau
Tel. +43 (0)664 73 88 30 29
info@laendle-sup.at
www.laendle-sup.at

Fitness für Körper und Geist

Unbesorgt im Einklang mit der Natur wandern, immer nur an den nächsten Schritt denken, die Seele baumeln lassen und neue Kräfte tanken. Mit Franz, dem Vorarlberger Personaltrainer und Wanderführer gelingt dieses Vorhaben. Seit vielen Jahren führt er Wandergruppen durch die heimische Bergwelt. Das Wanderprogramm ist abwechslungsreich und neben einigen „Klassikern" gibt es jedes Jahr neue Ziele. Von einfach bis anspruchsvoll, von wenigen Tagen, bis zu mehreren Wochen, viele außergewöhnliche Wanderungen hat Franz jedes Jahr im Programm.

Neben den Wanderungen vor der „Haustüre" nehmen seine Gäste auch Wege in Angriff, die nicht nur alpin, sondern auch kulturell hochinteressant sind. Küstenwanderung in Cornwall, durch die Naturparks im spanischen Andalusien, in vier Wochen von Bregenz nach Rom, oder von Dubrovnik – der dalmatinischen Küste entlang bis nach Triest. Sogar von Bregenz bis nach Istanbul hat er eine Gruppe in sieben Wochen bereits geführt.

Die Sicherheit steht für Franz an erster Stelle und seine Touren sind bis ins Detail geplant und organisiert.

So können seine Gäste den ganzen Tag unbeschwert erleben. Kleine Gruppen, optimal vorbereitet sind weitere Pluspunkte. Beim Wandern entdeckt man nicht nur die Natur und erlebt sie ganz bewusst. Die Wanderer entdecken auch sich selbst aufs Neue. Es entstehen neue An- und Einsichten und je länger eine Wanderung geht, desto positiver ist die Veränderung. Die Teilnehmer tanken neue Energie, kommen geistig erholt und körperlich fitter zurück.
Während der Wintermonate führt Franz seine Gruppen mit Schneeschuhen auf leisen Sohlen durch die verschneite Winterwelt. Schneeschuhwandern übt einen besonderen Reiz aus, ist Balsam für die Seele und gleichzeitig ein hervorragendes Fitnesstraining für den Körper. Das Programm reicht hier von der romantischen Vollmondwanderung über Halbtages- und Tageswanderungen bis hin zu mehrtägigen Wanderungen.

Franz bewegt

Franz Ressmann
Personal Trainer/Wanderführer
Max-Haller-Str. 2
A-6900 Bregenz
Tel +43 699 19 47 48 00
office@franzbewegt.at
www.franzbewegt.at
www.facebook.com/franz.ressmann

Buch

Der Eingang in den Bregenzerwald

Den Bregenzerwald im Rücken und die Landeshauptstadt Bregenz mit dem Bodensee zu Füßen liegt die Gemeinde Buch auf einer Höhe von 725 m ü. M. Rund 620 Einwohner zählt der Ort, von dem man einen einmalig schönen Blick ins Tal genießt. Ländlich ist es hier und neben der Ruhe bietet die Natur alle Voraussetzungen für erholsame und entspannende Tage in Buch.

Kurzer Blick ins Geschichtsbuch

Erstmals urkundlich erwähnt wurde der Ort im Jahr 1335, als er gemeinsam mit Bildstein die Gemeinde Steußberg bildete. Vor dem Jahr 1805 regierten die Habsburger die Region, während es von 1805 bis 1814 vom Königreich Bayern verwaltet wurde. Ab 1814 gehörte Vorarlberg schließlich wieder zu Österreich und seit 1861 ist Buch eine Gemeinde des Landes.

Sehenswürdigkeiten

Besonders sehenswert ist die Pfarrkirche St. Peter und Paul, deren Gründung auf das Jahr 1484 zurückgeht, als hier noch eine kleine Kapelle stand. Im Lauf der Jahrhunderte entstand das heutige Gotteshaus, das sich in einer angenehm schlichten Innenausstattung präsentiert und würdig auf einer Anhöhe inmitten des Dorfzentrums steht.

Kulturelles

Eine ganz besondere Stärke der Gemeinde sind die zahlreichen Ortsvereine. Diese prägen das kulturelle Leben im Ort positiv. Ein Musikverein mit rund 50 aktiven Bläserinnen und Bläsern, eine aktive Ortsfeuerwehr und zahlreiche weitere Vereine sorgen für zahlreiche Veranstaltungen. Der Krippenbauverein organisiert jedes Jahr um die Weihnachtszeit eine Ausstellung von Weihnachts-krippen. Das Theater in Buch (TiB) präsentiert

Mehrzweickhaus Gemeinde Buch
(Bild Gemeinde Buch)

alljährlich ein ausgezeichnetes Programm.

Zu einem Magneten wird sich in Buch auch die im Jahr 2016 neu erbaute Gastronomie im Mehrzweckgebäude entwickeln. In einem ansprechenden Interieur und mit einer ganz fantastischen Aussicht auf den Bodensee werden hier die Gäste gastronomisch verwöhnt. Dieser einmalige Rahmen wird zukünftig zu einer Adresse für private Feierlichkeiten werden, wenn für Hochzeiten die Trauung in der Pfarrkirche und die Festlichkeiten im modernst ausgestatteten Saal in dem neuen Gebäude mit seinem herausragenden Ambiente geplant sind.

Freizeit und Sport

Die Ruhe in der Natur rund um Buch ist das Markenzeichen der Gemeinde. Vielseitige Landschaftsbilder wie die fast unberührte Bregenzerachschlucht, die weite Sicht vom Dorfzentrum über den Bodensee und der Blick auf die Höhen des Bregenzerwaldes sind zu jeder Jahreszeit ein Genuss und die Gäste zu vielfältigen Aktivitäten einlädt.

Während der warmen Jahreszeit bieten die Wälder rund um Buch erholsame Stunden bei Spaziergängen, Wanderungen und Fahrradtouren. Im Winter, wenn sich das Land in seiner weißen Pracht zeigt, tummeln sich die Skifahrer an den familienfreundlichen Liftanlagen des Dorfes.

Orts- und Infrastruktur

Land- und Forstwirtschaft bilden in Buch zusammen mit einigen Gewerbebetrieben die größten Dienstgeber.

Den jüngsten Einwohnern der Gemeinde sind im Ort über einen Kindergarten bis hin zur Volksschule alle Einrichtungen geboten.

Wichtige Adressen und Telefonnummern

Gemeinde Buch
Heimen 67, A-6960 Buch
Tel. +43 (0)5579 82 120
Fax +43 (0)5579 82 124
gemeindeamt@buch.cnv.at
www.gemeinde-buch.at

Dornbirn

Lebendige Stadt im Herzen Vorarlbergs

Die Stadt Dornbirn im Rheintal ist mit rund 48.000 Einwohnern die bevölkerungsreichste Stadt in Vorarlberg. Dornbirn liegt auf 437 Metern Höhe und ist das Tor zum Bregenzerwald am westlichen Rand der Ostalpen. Dornbirn wird geprägt durch die malerischen Gärten und den Fluss Dornbirner Ach, der die Zuflüsse aus dem Vorderen Bregenzerwald vereinigt und mitten durch die Stadt fließt. Sie ist ein wichtiger Wirtschaftsstandort und beliebtes Einkaufszentrum. Durch die rasche Entwicklung der Textilindustrie Ende des 19. Jahrhunderts entwickelte sich Dornbirn bald zur größten Stadt im Rheintal.

Das Kerngebiet der Stadt mit dem größten Bevölkerungsanteil findet man im Nordwesten des Gemeindegebiets. Zahlreiche Bergparzellen an den Berghängen wie Watzenegg, Kehlegg, Winsau und Heilgereuthe gehören zur Gemeinde. Sie sind wegen der aussichtsreichen Hanglage bevorzugte Wohngebiete mit hohen Grundstückspreisen. Die wichtigste Bergparzelle ist das Walserdorf Ebnit, das 1932 eingemeindet wurde und heute ein sehr beliebtes Ausflugsziel ist.

Das zentral gelegene Dornbirn mit seinen hervorragenden Ausflugsmöglichkeiten zu den reizvollen Zielen im Bregenzerwald, in Liechtenstein, der Schweiz und am Bodensee ist nicht nur bei der Bevölkerung, sondern auch bei Touristen sehr beliebt. Die Hotels, Gasthöfe und Pensionen der Stadt beherbergen über 120.000 Gäste pro Jahr. Die Gäste schätzen die attraktiven Freizeitmöglichkeiten, die kulturellen Angebote, die gastronomische Vielfalt und die zahlreichen Boutiquen und Geschäfte der Innenstadt, die zu einem genussvollen Einkaufsbummel einladen.

Marktplatz
(Bild wikipedia, Böhringer Friedrich CC BY-SA 2.5)

Kurzer Blick ins Geschichtsbuch

Archäologische Funde auf dem Gemeindegebiet belegen die Anwesenheit von Menschen schon in der Stein- und Bronzezeit sowie von Römern und Alemannen, die im 6. Jahrhundert im Stadtgebiet Siedlungsspuren hinterlassen haben.

Urkundlich erwähnt wurde das Dornbirner Gebiet im Jahre 895 in einer St. Gallischen Urkunde. Während des Mittelalters wurde die Region vom Kloster St. Gallen, den Grafen von Montfort und dem Habsburger Reich beherrscht. Das älteste noch erhaltene Gebäude Dornbirns, das Schlossguggerhaus, stammt aus dem Jahre 1294. Seit dem Ende des 14. Jahrhunderts erwarben die Emser Grafen große Teile Dornbirns. Im Jahr 1771 gelang es der Bevölkerung, sämtlichen Grund und Boden, den die hoch verschuldeten Grafen von Ems in Dornbirn besaßen, zu kaufen, um sich von deren Einfluss zu befreien. Dieses bedeutende Ereignis in der Stadtgeschichte wird als der „Loskauf von Ems“ bezeichnet.

1793 erhielt Dornbirn das Marktrecht. Zur Zeit Napoleons gehörte Dornbirn zu Bayern. Seit 1814 gehörte Dornbirn zu Österreich. Durch den Bau der Eisenbahnlinie im 19. Jahrhundert und die Entwicklung der Textilindustrie erlebte Dornbirn einen wirtschaftlichen Aufschwung. 1901 wurde Dornbirn zur Stadt erhoben.

Sehenswürdigkeiten

In Dornbirn findet man nicht nur sehenswerte historische Gebäude sondern auch Beispiele faszinierender moderner Architektur. Das Stadtbild ist vom Baustil des 19. und 20. Jahrhunderts geprägt. Vor allem Bauten aus den 1980er Jahren der „Neuen Vorarlberger Bauschule“ erregten in der Fachwelt internationale Aufmerksamkeit. Die Kirche Maria, Königin des Friedens im Ortsteil Watzenegg aus dem Jahre 1986 ist ein gutes Beispiel dieser Vorarlberger Holzbauweise.

Marktplatz
(Bild Dietmar Walser, Archiv Vorarlberg Tourismus)

Neben den Pfarrkirchen in den Stadtbezirken sind auch die gut erhaltenen Gebäude aus drei Jahrhunderten rund um den Marktplatz der Innenstadt mit dem Wahrzeichen Dornbirns, dem „Roten Haus", dem Johann-Luger-Haus und der St. Martinskirche architektonisch interessant.

Panoramahaus

Beim 49 Meter hohen 13-stöckigen Panoramahaus des österreichischen Architekten Bernhard Bügelmayer, das 2005 fertig gestellt wurde, ist der elliptische Bau von einer gebogenen Glasfassade umschlossen, was den Besuchern einen umfassenden Panoramablick auf Stadt, Bodensee und Berge ermöglicht. Das Haus in der Nähe des Messeparks, in dem ein Hotel und ein Wellnessbetrieb untergebracht sind, ist das höchste gewerblich genutzte Gebäude Vorarlbergs.

LifeCycleTower

Der im Herbst 2012 eröffnete 27 Meter hohe „LifeCycleTower one" ist das erste achtstöckige Holz-Hybrid-Gebäude der Welt. Es wurde nach den Grundsätzen höchster Energie- und Ressourceneffizienz in Systembauweise mit vielen vorgefertigten Mo-

LifeCycleTower
(Bild wikipedia, Asurnipal_CC_BY_SA-3.0)

dulen gebaut. Das Haus zieht viele interessierte Besucher und Fachleute aus ganz Europa an. 2013 wurde es mit dem Vorarlberger Holzbaupreis in der Kategorie innovative Holzanwendung ausgezeichnet.

Stadtpfarrkirche St. Martin

St. Martin (Bild wikipedia, Böhringer F. CC BY-SA 2.5)

Die Wurzeln der Stadtpfarrkirche St. Martin reichen bis ins 12. Jahrhundert. Die heutige Kirche wurde 1839-1840 vom Staatsbaumeister Martin Ritter von Klink erbaut, der klassizistische und historische Stilelemente verwandte. Besucher sind beim Betreten der Kirche beeindruckt von dem Fresko „Die 4 letzten Dinge" des heimischem Künstlers Josef Huber aus dem Jahre 1923 an der Eingangswand über den drei Portalen, das von weiteren prächtigen Fresken umrahmt wird. Im Innern der Kirche findet man sehenswerte Fresken aus dem 19. Jahrhundert. Der Volksaltar und der Taufstein wurden 1969 vom Bildhauer Herbert Albrecht geschaffen. Die Orgel von 1927-28 ist die größte Vorarlbergs.

Der freistehende Kirchturm beherbergt insgesamt sechs Glocken, darunter zwei historische Bronzeglocken aus den Jahren 1548 und 1731.

Johann-Luger-Haus

Das unter Denkmalschutz stehende imposante Johann-Luger-Haus, umgebaut und neu gestaltet in den Jahren 1901-1902, ist das meistfotografierte Gebäude am Marktplatz. Es wurde mit einer Vermischung von Jugendstil und Nationalromantik gestaltet.

Johann-Luger-Haus (Bild wikipedia, Böhringer F. CC BY-SA 2.5)

Das Rote Haus

Das so genannte Rote Haus (heute ein Restaurant) aus dem Jahre 1639 gilt als Wahrzeichen der Stadt. Das architektonisch reich gegliederte, farbenfroh gestaltete Haus ist eines der letzten barocken Rheintalhäuser in Vorarlberg. Es ist mit antikem Hausrat, echten Öfen sowie weiteren heimatkundlichen und kunsthandwerklichen Antiquitäten ausgestattet.

Museen

inatura – Erlebnis Naturschau

Die „inatura" im Stadtgarten ist als Erlebnisausstellung ein reizvolles Ausflugsziel für die ganze Familie. Das weithin bekannte naturkundliche, naturgeschichtliche, interaktive Museum mit kindgerechter Präsentation (Anfassen und Ausprobieren erwünscht) ist auf einem ehemaligen Werksgelände mit interessanter historischer Industriearchitektur untergebracht. Infos unter www.inatura.at

Stadtmuseum Dornbirn

Ein über 200 Jahre altes Patrizierhaus am Marktplatz beherbergt das Stadtmuseum, in dem man viel Wissenswertes über die Geschichte von Dornbirn und dessen Bewohnerinnen und Bewohner der Stadt erfahren kann. Auf drei Stockwerken präsentiert die Dauerausstellung Objekte aus dem Alltag, Stadtansichten, frühe Fotografien, Handwerkliches und Objekte der seinerzeit blühenden Textilindustrie Dornbirns. Hierzu gehört ein internationales Textil-musterarchiv mit über 300.000 Objekten.

Sonderausstellungen zu volkskundlichen Themen ergänzen die sehenswerten Präsentationen des Museums. Im „Haus der Geschichte" finden heimatkundliche Interessierte und Wissenschaftler hervorragende Arbeitsbedingungen mit Fachbibliothek, Lesesaal und einer interaktiven

inatura
(Bild Petra Rainer, Vorarlberg-Bodensee Tourismus)

Datenbank mit reichhaltigen Informationen.

Das Museum ist von Dienstag bis Sonntag von 10 bis 12 Uhr und von 14 bis 17 Uhr geöffnet. Infos unter Tel. +43 (0)5572 33077 oder www.stadtmuseum.dornbirn.at

Rolls-Royce Museum

Im äußerst sehenswerten größten Rolls-Royce Museum der Welt im Gütle 11a, das ein Privatsammler eingerichtet hat, kann man rund 70 historische Rolls-Royce Fahrzeuge bewundern wie den Paradewagen von Queen Mum und viele mehr. Infos unter www.rolls-royce-museum.at

(Bild Petra Rainer, Vorarlberg-Bodensee Tourismus)

FLATZ Museum

Das FLATZ Museum in der Marktstraße ist dem Werk des für seine provokanten Aktionen bekannten Dornbirner Künstlers Wolfgang Flatz gewidmet. Mit zwei mal jährlich wechselnden von internationalen Gastkuratoren konzipierten Ausstellungen internationaler Kunst-schaffender wird eine Auseinandersetzung mit aktuellen künstlerischen Entwicklungen ermöglicht. Infos unter www.flatzmuseum.at

Kunstraum Dornbirn

In einer ehemaligen Werkshalle von 30 Metern Länge und 14 Metern Breite im Stadtgarten sind von April bis November Ausstellungen zeitgenössischer Künstler mit dem thematischen Schwerpunkt Kunst und Natur zu besichtigen, die vom „Kunstraum Dornbirn" geplant und durchgeführt werden. Infos unter www.kunstraum-dornbirn.at

Christbaumschmuck Museum

Das Dornbirner Christbaumschmuck Museum in der Montfortstraße 34 ist eines von nur drei derartiger Museen europaweit. Hier können Exponate, nach Epochen geordnet, aus über 20 Jahren Sammelbegeisterung bewundert werden. Es ist im Dezember und Januar samstags und an Sonn- und Feiertagen von 14-18 Uhr geöffnet. Infos unter Tel. +43 (0)5572 23128

Krippenmuseum

Krippenmuseum (Bild wikipedia, BÖhringer F. CC BY SA 2.5)

Das Krippenmuseum Dornbirn im Gütle 11c am Eingang der Rappenlochschlucht zeigt auf rund 400 qm über 100 Krippen und Krippenfiguren aus aller Welt. Infos unter www.krippenmuseum-dornbirn.at

Freizeit und Sport

Einwohnern und Gästen von Dornbirn stehEN eine Reihe von vielfältigen Freizeitmöglichkeiten zur Verfügung. Neben zahlreichen Sportstätten locken vor allem die Naherholungsgebiete mit den attraktiven Zielen Rappenlochschlucht, Ebnit, Karren und Bödele, die mit gut ausgeschilderten Wanderwegen sehr beliebt sind.

Durch den nahen Bregenzerwald mit dem Dornbirner Hausberg Karren (971 m ü. A.), dem Staufen (1465 m ü. A.), der 1830 hohen Mörzelspitze, dem 2004 Meter hohen Freschen und der Sünser Spitze (2062 m ü. A.) kommen Bergwanderer voll auf ihre Kosten.

Karren

Der Karren, der 971 Meter hohe Hausberg ist ein sehr beliebtes Ausflugsziel. Vom Panoramarestaurant hat man prächtige Ausblicke auf Rheintal, Schweizer Berge und Bodensee.

Der Karren ist Ausgangspunkt schöner Wanderwege:

Ein bequemer Familienwanderweg führt in 1,5 Stunden von der Berg- zur Talstation.

Der Rundweg Karrenrunde führt in 1,5 Stunden von der Bergstation über Kühberg, Kapelle Kühberg, Richtung Staufenalpe zurück zur Bergstation über den Forstweg.

Blick vom Karren auf Dornbirn
(Bild Dornbirn Tourismus Stadtmarketing GmbH)

Rappenlochschlucht
(Bild wikipedia, Zairon CC BY SA-4.0)

Die Staufenrunde ist ein Rundweg der mittleren Schwierigkeitsstufe mit Ausgangspunkt Bergstation. Sie führt mit mehreren Einkehrmöglichkeiten über Kühberg, Staufenalpe nach Schuttannen. Von dort geht es über den Westhang des Staufen zurück zum Kühberg und zur Bergstation.

Der Staufenseeweg führt in drei Stunden über Kühberg zum Staufensee. Von hier aus weiter durch die Rappenlochschlucht zum Gütle. Von dort mit dem Bus oder zu Fuß zur Talstation.

Karrenseilbahn

Die Karrenseilbahn ist willkommene Aufstiegshilfe, welche die 520 Meter Höhenunterschied von der Talstation im Gütle zum Gipfel in weniger als fünf Minuten überwindet. Das Panoramarestaurant bei der Gipfelstation wartet mit einer besonderen Attraktion auf die Gäste. Unterhalb des Restaurants ragt ein zwölf Meter langer Steg über die Karrenfelskante hinaus, der mutigen Besuchern, die sozusagen „im Nichts stehen", einen unvergesslichen, freien Blick ermöglicht. Infos unter www.karren.at

Rappenlochschlucht

Die wildromantische Rappenlochschlucht und die Alplochschlucht der Dornbirner Ach gehören zu den eindruckvollsten und größten Schluchten der Ostalpen. Beide Klammen sind touristisch ausgebaut und bequem zu durchwandern. Zwischen beiden Schluchten liegt der idyllische Staufensee. Von der Rappenlochbrücke ist in einstündiger Wanderung ein Abstecher zur Amannsbrücke und entlang der Forststraße talabwärts über Beckenmann ins Gütle möglich.

Ebnit

Die Walsersiedlung Ebnit in einem Talschluß ist auf romantischer Straße mit dem Auto oder Bus von Dornbirn gut zu erreichen. Das Bergdorf ist ein beliebtes Naherholungsgebiet der Dornbirner Bevölkerung mit schönen Wandermöglichkeiten und gemütlichen Gasthöfen.

Von der Karren Bergstation führt ein 2-stündiger Wanderweg über Schuttannen und Richtung Hinterbergalpe zur Abzweigung Springhalden nach Ebnit. 3 Stunden dauert die Wanderung von der Bergstation über Hinterbergalpe, Schönermannalpe und Alpe Fluhereck ins Ebnit.

Im Winter ist das ruhige, kleine Schigebiet der Heumöser Schilifte wegen der sanften Pisten bei Familien sehr beliebt.

Ebniterleben „muschpr&gäch"

Das Team von Ebniterleben bietet ein vielseitiges Programm an Outdooraktivitäten mit abenteuerlichen und entspannenden Elementen an. (siehe Seite 148)

Bödele

Auch das Wandergebiet „Bödele", eine ehemalige Voralpe am „Losenpass" (1147 m), neun Kilometer oberhalb von Dornbirn, ist ein beliebtes Ausflugsziel.

Hier suchen die Dornbirner im Winter sportliche Erholung im familienfreundlichen Skigebiet Bödele im angrenzenden Schwarzenberger Gemeindegebiet, das mit öffentlichen Verkehrs-mitteln gut zu erreichen ist. Das Gebiet, das als „Schneeloch" gilt, bietet bestens präparierte Naturpisten mit Abfahrten in allen Schwierigkeits-

Bödele
(Bild wikipedia, Böhringer Friedrich CC BY-SA 2.5)

graden, darunter sogar eine 4,5 km lange Weltcupabfahrt, neun Lifte und eine 5 km lange Langlauf-Rundloipe durch die malerische Schneelandschaft.

Freizeiteinrichtungen

Zu dem großen Angebot an Freizeiteinrichtungen in Dornbirn gehört die Eissporthalle Messestadion im Messeareal, in dem Anlagen für Tennis, Badminton, Volleyball, Eishockey, Eiskunstlauf, Basketball und Radball zur Verfügung stehen. Dornbirn ist Standort des Olympia-Zentrums Vorarlberg, das unter anderem mit einer Ballsporthalle, modernen Schießständen, einer Geräteturnhalle, einer Kampfsporthalle und einem Krafttrainingsraum mit medizinischen Diagnosegeräten ausgestattet ist.

Kletterhalle K1

In der größten Kletterhalle Österreichs in der Bildgasse 10 stehen ambitionierten Freizeitsportlern rund 250 Kletterrouten in unterschiedlichen Schwierigkeitsgraden an zahlreichen Kletterwänden im Innen- und Außenbereich zur Verfügung. Im Angebot ist auch ein umfangreiches Kursprogramm für Anfänger und Fortgeschrittene. Infos unter www.k1-dornbirn.at

Stadtbad Dornbirn

Stadtbad
(Bild wikipedia, Boehringer F. CC BY-SA 2.5)

Das moderne, familienfreundliche Stadtbad in der Schillerstraße 18 ist durch seine zentrale Lage sehr gut erreichbar. Neben einem Eltern-Kind Becken, einem Nichtschwimmerbecken bieten ein Sport- und ein

Waldbad Enz
(Bild wikipedia, Böhringer Friedrich CC BY-SA 2.5)

Mehrzweck- becken Gelegenheit zum ausgiebigen Schwimmen oder Trainieren. Eine Hauptattraktion ist die spektakuläre 46 Meter lange Röhrerutsche mit Wasser-, Licht- und Klangeffekten. Im Saunabereich oder im Restaurant kann man Ruhe und Entspannung suchen. Im Jahr 2008 erhielt das Bad den Sonderpreis Architektur für Tourismus und Freizeit.

Waldbad Enz

Das Waldbad in der Gütlestraße ist während der Badesaison von Anfang Mai bis Mitte September täglich von 8:30 bis 19:45 Uhr geöffnet. Das Bad liegt zwischen Wald und Dornbirner Ach auf dem Weg ins Gütle. Es ist gut mit dem Auto, den Bussen Linie 7 und 47 und sehr gut mit dem Rad auf einem schönem Radweg entlang der Ach zu erreichen.

Das Waldbad bietet ein Sportbecken, ein Sprungbecken, eine ampelgesteuerte Rutsche, einen Eltern-Kind-Bereich mit Abenteuerspielplatz, zwei Beachvolleyballplätze und die Möglichkeit, Tischtennis oder Billard zu spielen.

Veranstaltungen

Das gesellschaftliche Leben in Dornbirn wird von den zahlreichen Veranstaltungen mit stimmungsvollen Märkten, internationalen Messen, sportlichen Großereignissen und einem breiten Spektrum von hochwertigen kulturellen Events mit Ausstellungen, Konzerten und vielem mehr geprägt.

Messe Dornbirn

Rund 200.000 Menschen besuchen jährlich die attraktiven Messeveranstaltungen in Dornbirn wie die beliebte 5-tägige Herbstmesse im September, ein gesellschaftlicher Treffpunkt in der Region, und die Textilfachmesse Saltex im Oktober. Die Messe Dornbirn verfügt außerdem über ein breites Spektrum an Veranstaltungsmöglichkeiten für Kongresse, Sportereignisse, Konzerte, Shows, Hochzeiten, Flohmärkte und vieles mehr. Hierfür stehen auf dem riesigen Gelände 17 geräumige Hallen zur Verfügung. Infos unter www.messe-dornbirn.at

Art Bodensee

Die Art Bodensee auf dem Messegelände im Juli ist die einzige Sommer-Kunstmesse im deutschsprachigen Raum. Rund 60 namhafte, internationale Galerien präsentieren Sammlern, Kennern und Interessierten ein abwechslungsreiches Angebot moderner und zeitgenössischer Kunst. Die Gäste nutzen die Gelegenheit, Kunst zu entdecken und zu kaufen.
Infos unter www.artbodensee.info

Spielboden

Der Spielboden in der Färbergasse, der eine Bühne für nationale und internationale Künstler zur Verfügung stellt, gilt als zentraler Ort für kulturelle Veranstaltungen mit Konzerten, Theater, Kino und gesellschaftlichen Diskursen. Infos unter www.spielboden.at

TiK

In der ehemaligen Stadthalle in der Jahngasse ist das TiK (Theater im Kopfbau) unter-gebracht. Präsentiert werden Theateraufführungen, Ausstellungen und Lesungen. Infos unter www.tik.co.at

Kulturhaus Dornbirn

Das Kulturhaus am Rathausplatz bietet ebenfalls ein vielfältiges Veranstaltungsprogramm mit Kongressen, Konzerten, Theater, Bällen, Modeschauen und vielem mehr.

Märkte

Auf den Dornbirner Wochenmärkten mittwochs und samstags werden hauptsächlich Lebensmittel und regionale landwirtschaftliche Produkte sowie Fisch, Wild, Teigwaren, Blumen, Pflanzen, aber auch Textilien und Schmuck angeboten.

An verschiedenen Samstagen werden besondere Märkte veranstaltet wie Fahrradmarkt, Blumenmarkt oder Töpfermarkt.

Neben den Wochenmärkten besuchen zahlreiche Gäste die Themenmärkte wie den Kunsthandwerkstag, den Martinimarkt oder den Christkindlmarkt.

Weihnachtsmarkt
(Bild wikipedia, Böhringer F. CC BY-SA 3.0)

Orts- und Infrastruktur

Verkehrsverbindungen

Durch die beiden Anschlussstellen zur Rheintal/Walgau Autobahn A14 im Westen der Stadt ist Dornbirn mit dem Auto leicht zu erreichen. Durch den Achraintunnel an der Gemeindegrenze zu Schwarzach ist eine direkte Verbindung von der Autobahnabfahrt Dornbirn-Nord in den Bregenzerwald möglich. Die Landesstraßen Vorarlberger Straße L 190, Bregenzerwaldstraße L 200 und Lustenauer Straße L 204 ermöglichen gute Verbindungen in die Umgebung Dornbirns. Bei dem Teil der L 190, der durch das Zentrum von Dornbirn führt, der so genannten Stadtstraße, wurde beim Neubau 2008 eine Tiefgarage unter der Straße errichtet, was die Parkplatzsituation in der Innenstadt wesentlich verbessert.

Dornbirn im Zentrum des Rheintals ist ein Knotenpunkt für den Busverkehr mit wichtigen Verbindungen nach Bregenz im Norden, Feldkirch und Bludenz im Süden und Bregenzerwald im Osten. Ein gut ausgebautes Netz von Stadtbuslinien sorgt für funktionierenden Öffentlichen Nahverkehr. Durch den Bahnhof der Österreichischen Bundesbahnen ist Dornbirn mit dem Fernverkehr verbunden, alle Personenzüge halten hier.

Blick vom Karrenberg auf Dornbirn
(Bild wikipedia, Böhringer Friedrich CC BY-SA 2.5)

Bahnhof
(Bild wikipedia, Priwo

Die drei Bahnstationen im Gemeindegebiet Haelstauden, Dornbirn-Schoren und Hatlerdorf werden nur von Regional- und S-Bahnzügen bedient.

Der nächstgelegene Flughafen für Verkehrsflüge befindet sich in St. Gallen-Altenrhein in der Schweiz.

Wirtschaft

In Dornbirn sind in über 1400 Betrieben rund 15.000 Menschen beschäftigt, die in den Handelsbetrieben, den Gewerbe- und Handwerksbetrieben und in der Industrie beschäftigt sind. Damit ist Dornbirn der mit Abstand größte Arbeitsplatzstandort.

Seit die traditionelle Dornbirner Textilindustrie ihre beherrschende Stellung verloren hat, haben sich andere Branchen rasch entwickelt. Hierzu gehören die Metall verarbeitende Industrie, Elektronikunternehmen, das Dienstleistungsgewerbe und eine Reihe von kleinen und mittelständischen Geschäften. Die Entwicklung

Messe Dornbirn
(Bild wikipedia, Böhringer Friedrich CC BY-SA 2.5)

dieser Betriebe wird durch die Lage im nördlichen Teil der Vorarlberger Rheintals im Verdichtungsraum mit anderen Zentren wie Bregenz und die Stationierung an den wichtigen Dornbirner Verkehrsachsen mit Verbindungen in die Schweiz und nach Deutschland begünstigt.

Das Standort- und Gründerzentrum der Stadt Dornbirn in der Ulmer Straße 21 ist eine Servicestelle für Dornbirner Unternehmen, die ihren Betrieb erweitern möchten, und für Unternehmen, die sich in Dornbirn ansiedeln möchten. In den vergangenen Jahren haben sich aufgrund der idealen Bedingungen etliche neue Betriebe in Dornbirn angesiedelt. Das Standortzentrum berät in allen relevanten Fragen und vermittelt wichtige Kontakte.

Darüber hinaus verfolgt die Stadt, koordiniert vom Standortzentrum, eine aktive Flächenpolitik. Sie kauft günstig gelegene Betriebsgebiete und gibt diese an Unternehmen weiter, um die positive wirtschaftliche Entwicklung optimal zu fördern.

Als ein gewerbliches Zentrum im nördlichen Alpenrheintal dient Dornbirn den Menschen aus der ländlichen Umgebung, vor allem des Bregenzerwaldes, als wichtiger Standort für Arbeitsplätze und als beliebte Einkaufsstadt. Im Stadtzentrum hat sich eine Reihe von Geschäften unter dem Namen „inside Dornbirn" zu einer Handelsgemeinschaft vereinigt.

Im Messepark, dem größten Einkaufszentrum Vorarlbergs, haben die Besucher eine große Auswahl an Geschäften aller Art.

Bildung

Dornbirn mit seinen über 30 schulischen Einrichtungen kann mit Recht als Schulstadt bezeichnet werden. Hierzu gehören die von der Stadt unterhaltenen 14 Volksschulen, 5 Mittelschulen, 1 Fachschule für wirtschaftliche Berufe, 1 Allgemeine Sonderschule und 1 Polytechnische Schule. Die 3 Gymnasien, die 2 Berufschulen, die Höhere Technische Bundeslehr- und Versuchsanstalt mit den Zweigen Wirtschaftsingenieurwesen, Chemieingenieurwesen, Textiltechnik und die Fachschule für Textilchemie, werden vom Bund oder dem Land unterhalten.

Wichtige Adressen und Telefonnummern

Amt der Stadt Dornbirn
Rathausplatz 2
A-6850 Dornbirn
Tel. +43 (0)5572 306 0
Fax +43 (0)5572 306 1028
oeffentlichkeitsarbeit@dornbirn.at
www.dornbirn.at

Dornbirn
Tourismus & Stadtmarketing GmbH
Rathausplatz 1 a
A-6850 Dornbirn
Tel. +43 (0)5572 22188
Fax +43 (0)5572 31233
tourismus@dornbirn.at
www.dornbirn.info

Bodensee-Vorarlberg Tourismus
Postfach 9, A-6901 Bregenz
Tel. +43 (0)5574 43443 0
Fax +43 (0)5574 43443 4
office@bodensee-vorarlberg.com
www.bodensee-vorarlberg.com

Höhere Technische Bundeslehr- und Versuchsanstalt
(Bild wikipedia, Böhringer Friedrich CC BY-SA 2.5)

Hier ist Stadtgeschichte, Volkskultur und mehr geboten

Stadtmuseum Dornbirn

Direkt am Eingang zur Fußgängerzone entdeckt man ein auffälliges Patrizierhaus, das auf eine über 200 Jahre lange Geschichte zurück blickt. Hier hat eine städtische Einrichtung Dornbirns ihre Heimat gefunden, die sich zur Aufgabe gemacht hat, die Entwicklung der Stadt Dornbirn im Lauf der Jahrhunderte aufzuarbeiten.

Die Dauerausstellung im Stadtmuseum Dornbirn ist auf drei Geschosse verteilt und beginnt mit einer „Spurensuche", die einer Zeitreise in 1000 Jahre Geschichte der Stadt und Region gleicht. In den „Stadtansichten" präsentieren sich dem Besucher wissenschaftliche, wie künstlerische und kuriose Darstellungen Dornbirns. In der Abteilung „Landwirtschaft", von der die Bevölkerung Jahrhunderte lang lebte, zeigt die Ausstellung deren Entwicklung. So wies Dornbirn zu Beginn des 19. Jh. die höchste Sennereidichte Vorarlbergs auf. Dem Besucher wird aber auch bewusst, wie dieser Berufszweig in der Zwischenzeit schrumpfte und heute nur noch etwas über 200 Menschen in der Landwirtschaft tätig sind.

Ein weiterer Bereich, das „Handwerk" nahm in Dornbirn schon immer einen großen Raum ein, nutzten die Bauernfamilien doch Handwerk und Gewerbe als zusätzliche Verdienstmöglichkeit. Ab dem 19. Jh. setzte eine ausgeprägte Massenlohnarbeit im Textilgewerbe ein. Seit der Mitte des 19. Jh. entwickelte sich Dornbirn dann zum Textilzentrum Vorarlbergs. In der Abteilung „Textilindustrie" entdeckt der Besucher das Rhomberg'sche Textilmusterarchiv als eindrucksvolles Zeugnis der Textilgeschichte in Dornbirn.
Lebendig präsentieren sich Geschichte und Geschichten rund um Dornbirn von der bäuerlichen Gemeinde zur Textilstadt, anhand von ausgewählten Fundstücken, Fotosammlungen und Objekten aus dem Alltagsleben.
Wechselnde Sonderausstellungen zu lokalen historischen und volkskundlichen Bereichen sowie Veranstaltungen wie das Adventskranzbinden, Lesungen und Vorträge runden die interessante Entdeckungsreise durch das Stadtmuseum Dornbirn ab.

Stadtmuseum Dornbirn
Marktplatz 11
A-6850 Dornbirn
Tel. +43 (0)5572 33 077
stadtmuseum@dornbirn.at
www.stadtmuseum.dornbirn.at

Biererlebniswelt

Mohrenbrauerei Dornbirn

Bier mit allen Sinnen erleben – das ist das Ziel der Biererlebniswelt in Dornbirn.
Selbst Bier in der Creativ Brauerei kreieren, Inspiration in der bierigen Produktpalette im Mohren Lädele finden, im historischen Braukeller besondere Feste feiern oder genussvoll tagen in den Seminarräumen. Abgerundet wird das Biererlebnis von einem Besuch im Biermuseum, in dem die Tradition und Geschichte des Bieres lebendig wird.

Biertradition erleben

Die lange Geschichte des Brauhandwerks sowie die Stationen des Traditionsunternehmens werden im neuen Museum der Mohren Biererlebniswelt zu einem eindrucksvollen Gesamterlebnis zusammengefügt. Wissenswertes zum Thema Bier aus aller Welt wird mit einem Rundgang durch die 700m2 große interaktive und multimediale Ausstellung auf vier Ebenen mit Einblicken in die Bierherstellung im Wandel der Zeit – vom Rohstoff bis zum Endprodukt – präsentiert.
Das Herzstück im Museum der Mohren Biererlebniswelt ist die historische Brauanlage aus dem 19. Jahrhundert. Geschäftsführer Heinz Huber erwarb diese 1989 und ließ sie für das Museum mit viel Feingefühl restaurieren. Im Museum werden den Besuchern

sämtliche Bereiche des Brauereiwesens nähergebracht: Technik der Herstellung, Bier als Wirtschaftsfaktor, Bierkultur, Brauereiwesen im In- und Ausland, Bierkonsum, Umgang mit Bier und Biergeschichte mit dem Schwerpunkt Vorarlberg.

Öffnungszeiten Museum

Do. 10 bis 20 Uhr, Fr./Sa. 10 bis 18 Uhr und So. 10 bis 17 Uhr geöffnet.

Weitere Informationen unter:
www.mohrenbrauerei.at/de/erlebniswelt-mohren/museum

Mohrenbrauerei Vertriebs KG

Dr.-Waibel-Str. 2, A-6850 Dornbirn
Tel. +43 (0)5572 37 77 200
erlebniswelt@mohrenbrauerei.at

Weitere Informationen unter:
www.mohrenbrauerei.at

Wenn Kochen zur Leidenschaft wird

Ammenegger Stuba

Hoch über Dornbirn begeistert das traditionelle Gasthaus Ammenegger Stuba mit einem herrlichen Ausblick über das Rheintal und in die Schweizer Berge. Die Küche des Gasthauses verwöhnt ihre Gäste mit liebevoll hergestellten und traditionellen Gerichten. Dabei legt der Chef des Hauses, Patrick Hopf, großen Wert auf ein abwechslungsreiches und traditionelles Speisenangebot und die Zufriedenheit seiner Gäste. Hier findet jeder etwas Passendes für den kleinen oder großen Hunger.

Auf einen regionalen Bezug der Zutaten legt man hier großen Wert und auch die Produktion hausgemachter Köstlichkeiten ist ein Grundsatz des Hauses. So findet sich auf der reichhaltigen Speisekarte, neben einem Hirtensalat mit Ziegenkäse, Speck und Ei, ein Fischgröstl mit leichter Krensauce, um nur zwei Beispiele zu nennen. Es kommen aber auch vegetarische Leckereien und deftige Brotzeiten auf den Tisch. Die Speisenangebote variieren saisonal und werden vom Chef persönlich und seinem Küchenteam liebevoll zusammengestellt und zubereitet.

Die Gäste schätzen die angenehme Atmosphäre des Gasthauses, das freundliche Servicepersonal und die Köstlichkeiten der Küche und so gilt die Ammenegger Stuba bei Besuchern sowie in sozialen Netzwerken als „Geheimtipp" mit „Super Essen".

Serviert wird in den Gaststuben oder auf der Sonnenterrasse

Viel Holz dominiert das Ambiente in den neu renovierten Stuben, was den gemütlichen Charakter des Hauses unterstreicht. Von der einladenden Sonnenterrasse genießen die Gäste einen fulminanten Ausblick in das Rheintal, während sie sich die Leckereien aus der Küche schmecken lassen. Bei der Weinauswahl konzentrieren sich die Gastgeber auf erlesene Lagen, vorwiegend aus Österreich und Italien.

Der passende Rahmen für jede Veranstaltung – Ammenegger Stadl

Der Ammenegger Stadl ist ein Veranstaltungsort der ganz besonderen Art. Komplett aus Holz gezimmert, zaubert er eine einmalig schöne Atmosphäre, die für jede private Feierlichkeit oder einen Firmenevent den passenden Rahmen bietet.

Ammenegger Stuba

Ammenegg 1, A-6850 Dornbirn
Tel. +43 (0)5572 39 82 03
ammenegger.stuba@vol.at
www.ammenegger-stuba.at

Klettern und Bouldern in Vorarlberg

K1 Kletterhalle

Viel Platz und jede Menge Herausforderungen finden sich in der Kletterhalle in Dornbirn. Auf einer Kletterfläche von 2000 m² im Innenbereich und etwa 600 m² im Außenbereich haben Anfänger wie auch Extremkletterer mit Schwierigkeiten von 3 bis 11 eine große Auswahl passender Routen. Überhänge mit naturnahen Strukturen können die Kletterer hier ebenso meistern, wie zwei Speedkletterwände mit Weltcupgriffen und Zeitnehmung. Ein 400 m² großes Boulderareal mit -höhle rundet das vielseitige Gelände ab.
Das Kursangebot umfasst das Schnupperklettern, Familienklettern, Grundkurse sowie Sturz- und Techniktraining.
Wen es nach einer anstrengenden Tour in der Kletterhalle nach etwas Erfrischendem lechzt, ist im K1 Bistro bestens aufgehoben, in dem der Genuss von Speisen und Getränken noch durch einen unvergesslichen Blick auf die Bergwelt Vorarlbergs gewürzt wird. Wer seine frisch erworbenen Kletterkenntnisse in der Natur anwenden möchte, kann dies durch die Zusammenarbeit mit der Alpinschule Bergaufbergab bei geführten Touren tun.

K1 Kletterhalle Dornbirn Betriebs GmbH

Bildgasse 10, A-6850 Dornbirn
Tel. +43 (0)5572 39 48 10
Fax +43 (0)5572 39 48 109
info@k1-dornbirn.at
www.k1-dornbirn.at

Alpinschule Bergaufbergab

Die Bergwelt Vorarlbergs bietet jeden Tag etwas Neues: Ruhe und Erholung, Spannung und Abenteuer. Wer das Abenteuer wagt, ist mit einer der größten und aktivsten Bergsportanbieter Vorarlbergs, der Alpinschule Bergaufbergab, bestens beraten. Das im Jahr 2004 gegründete Unternehmen trägt das Alpinschulgütesiegel des österreichischen Wirtschaftsministeriums und wurde bereits drei Mal zur Alpinschule des Jahres gekürt.

Bergaufbergab bietet Führungen und Ausbildungen in der Vorarlberger Bergwelt unter der Leitung kompetenter und erfahrener Bergführer, Sportkletterlehrer und Canyoningguides. Sicherheit und der sensible Umgang mit der Natur werden durch kleine Gruppen garantiert.

Im Bregenzerwald und der Bodenseeregion finden sich vielfältige Möglichkeiten, um sich dem Felsklettern zu widmen: Seien es Klettersteige oder Felsklettergärten – überall hat der Sportkletterer ideale Bedingungen, die durch die Zusammenarbeit mit der Kletterhalle K1 in Dornbirn auch eine ideale Schlechtwetteralternative in Aussicht stellt.

Darüber hinaus bieten mehr als 15 Schluchten in der Region Bewegungsspielraum für Canyoningtouren, die ink leinen, überschaubaren Gruppen durch staatlich geprüfte und autorisierte Canyoningführer begleitet werden.

Alpinschule Bergaufbergab
Eduard Kumaropulos

Im Winkel 2
A-6837 Weiler
Tel. +43 (0)664 51 19 003
office@bergaufbergab.com
www.bergaufbergab.com

Das Walserdorf Ebnit

Das kleine Bergdorf Ebnit ist Gemeindeteil der Stadt Dornbirn und vom Stadtzentrum in 20 Minuten erreichbar. Das Walserdorf auf einer Höhe von 1075 m ü. M. gehört zum Bregenzerwaldgebirge und überrascht mit interessanten Aktivitäten und Einrichtungen.

Das Ebnit „outdoor" erleben

Im Hochseilgarten der Outdoor-Spezialisten von ebniterleben „muschpr & gäch" kann jeder sein persönliches „Höhen-Limit" suchen. Im Schluchtenfox-Parcours düst man an Stahlseilen über Tobel und Abhänge, bei der Abenteuertour im Bruderbach stellt man seine Kletterkünste unter Beweis, beim Canyoning in der Kobelach warten Rutschen und Sprünge auf die mit im Neopren-Anzug ausgerüsteten Teilnehmer. Im 3D-Bogenparcours geht man auf die Jagd nach allerlei Gummitieren, beim Ebnit-Biathlon gilt es, sich mit Lasergewehr, Pfeil und Bogen sowie beim Ballwurfspiel zu beweisen. Für Firmen-Events gibt es Teambuilding-Module wie den Balance-Parcours oder die Pipeline, aber auch Waldführungen und naturpädagogische Angebote. Abgerundet wird das Ganze durch gemütliche Abende am Lagerfeuer in oder vor dem großen Tipi!

Auszeit in Ebnit

Da neue Hotel Alpenrose, das nach Vorarlberger Tradition mit heimischem Material und Handwerk entstand, schafft durch die Reduktion auf das Wesentliche Funktionalität und Design in Vollendung. Panoramablicke aus den Gasträumen, die komfortabel ausgestattet sind, schaffen das richtige Ambiente für eine Auszeit. In der Küche wird von einem kreativen Team Bodenständiges und Bewährtes neu defi-

niert. Regionale und saisonale Produkte garantieren Frische und ein kulinarisches Hochgefühl. Das Hotel inmitten der traumhaften Bergwelt hat zwei voll ausgestattete Seminarräume und wird auch gerne für Firmen-Events und Hochzeiten gebucht.

Karren – der Hausberg von Dornbirn

Der 976 m hohe Karren ist der Hausberg von Dornbirn. Mit der Bergbahn oder zu Fuß erreichbar, ist er Ausgangspunkt für einmalig schöne, familienfreundliche Wanderwege, die gut ausgeschildert sind. Einige davon führen auch in zwei bis drei Stunden bis ins Walserdorf Ebnit.

Das Panoramarestaurant hoch über den Dächern von Dornbirn gewährt unvergleichliche Aussichten auf das Rheintal, die Schweizer Bergwelt und den Bodensee. Hier genießt man in den gemütlich eingerichteten Gaststuben, im gläsernen Restaurant oder auf der Sonnenterrasse die kulinarischen Köstlichkeiten aus Küche und Keller. Ein Highlight ist der Tiefblick von der spektakulären Karren-Kante, einem schwindelerregenden Steg mit Glasboden, der frei über dem Abgrund schwebt.

Outdoor Ebniterleben

Kehlerstr. 71, A-6850 Dornbirn
Tel +43 (0)664 187 66 87
outdoor@ebniterleben.at
www.ebniterleben.at

Hotel Alpenrose

Ebnit 4, A-6850 Dornbirn
Tel +43 (0) 5576 42 997
info@alpenrose-ebnit.com
www.alpenrose-ebnit.com

Dornbirner Seilbahn GmbH

Gütlestr. 6, A-6850 Dornbirner
Tel. +43 (0)5572 22 140
karren@dornbirn.at
www.karren.at

Dreiklang

Schnifis – Düns – Dünserberg

Blick auf Schnifis, Düns und Dünserberg
(Bilder ARGE Dreiklang)

Die drei Vorarlberger Hanggemeinden Schnifis, Düns und Dünserberg haben sich im Rahmen von EU-geförderten Leaderprojekten zur Dreiklangregion zusammengeschlossen. Ziel dieser Projekte ist es, wichtige Impulse zur Entwicklung der drei Gemeinden als Kleinregion mit Lebensqualität zu geben. Ganz nach dem Motto „Gemeinsam und im Dreiklang sind wir stark".

Kurzer Blick ins Geschichtsbuch

Nachweislich ist das Gebiet seit dem 8. Jh. bewohnt. Davon zeugt ein alter Sippenhof, auf dem man 1952 bei Aushubarbeiten am sogenannten Gießhübel stieß. Schnifis und Düns waren längst besiedelt, als sich Einwanderer aus dem schweizerischen Wallis erstmalig im Jahr 1303 auf den Hängen des Dünserberg eine neue Heimat schafften. Eine konkrete Verbesserung der Wirtschaftslage erfuhr die Bevölkerung gegen Ende des 19. Jahrhunderts durch den Einzug der Stickerei-Industrie.

Regionale Produkte

Heute ist die Region für den Schnifner Bergkäse bekannt, der bei nationalen und internationalen Verkostungen schon mehrfach prämiert wurde. Der Meistersenn und sein Team verarbeiten jährlich die Milch zu insgesamt 200 Tonnen bestem Bergkäse. Die Landwirte aus Schnifis, Düns und Dünserberg liefern dazu die Milch direkt in die Sennerei. Naturverbundenheit und

MIT UNTERSTÜTZUNG VON BUND, LAND UND EUROPÄISCHER UNION

MINISTERIUM FÜR EIN LEBENSWERTES ÖSTERREICH

LE 14-20

Vorarlberg unser Land

LEADER

Europäischer Landwirtschaftsfonds für die Entwicklung des ländlichen Raums: Hier investiert Europa in die ländlichen Gebiete

professionelles Arbeiten machen die Schnifner Käseprodukte zu Spezialitäten von höchster Qualität.

In der Region werden auch andere Produkte hergestellt: Fleisch und Wurst, verschiedene Kräuterprodukte, geräucherte Fische, Honig, Essig und Öl, Gemüse, Süßmost, prämierte Moste und Edelbrände sowie Liköre, Massageöle, Marmeladen, Dekorationsgegenstände und vieles mehr. Die Produkte können bei den Produzenten direkt vor Ort oder bei den dörflichen Nahversorgern gekauft werden. Die Idee des vor 100 Jahren in Vergessenheit geratenen Weinanbaus wurde wieder aufgegriffen und - durch Privatpersonen initiiert – baut man seit 1987 wieder Wein an.

Freizeit und Sport

Die Dreiklang-Region eignet sich das ganze Jahr über als Ausgangs- und Zielpunkt für schöne Wanderungen. Gut markierte Wander- und Winterwanderwege sowie eigens beschilderte Themen- und Sagenwanderwege oder die Kapellenwanderung führen durch ein landschaftlich reizvolles Gebiet.

Mit der Seilbahn Schnifis – Schnifisberg gelangen die Besucher in wenigen Minuten von 650 Meter auf 1.350 Meter. Direkt bei der Bergstation befindet sich der Sonnenbalkon Hensler, ein kleines Gasthaus mit traumhafter Aussicht.

Beim Hensler sind meistens auch sehr viele Paragleiter anzutreffen, hier ideale thermische Flugbedingungen vorfinden. Eine Flugschule hat ihren Sitz in Schnifis

Die Bergstation ist auch Ausgangspunkt für Wanderungen unterschiedlichster Ansprüche. In knapp zwei

Stunden kann der Gipfel des Hochgerach erreicht werden. Er gilt als einer der schönsten Aussichtsberge Vorarlbergs und ist Ausgangspunkt für die anspruchsvolle Walserkammtour.

Auch leichte Wanderungen zu Hütten und Almen können ab dem Hensler unternommen werden. Ein Geheimtipp ist das im Sommer bewirtschaftete Dünser Älpele direkt neben dem weithin sichtbaren Fernsehturm. Sowohl die Talstation als auch das Dünser Älpele sind mit einem öffentlichen Linienbus erreichbar. Nach der Wanderung laden mehrere Gasthäuser in der Region zum Verweilen ein, sozusagen als perfekter Tagesabschluss.

Auf Anfrage werden auch diverse Themenführungen, wie z.B. durch die Sennerei, Mostverkostung, Kutschenfahrten oder dorfgeschichtliche Wanderungen angeboten.

Öffnungszeiten Seilbahn: Sommerfahrplan: Di-So, 09:00 bis 12:00 und 13:00 bis 18:00 Uhr; Winterfahrplan: Fr-So, 10:00 bis 12:00 und 13:00 bis 17:00 Uhr;
Betrieb ebenso an Feiertagen

Wichtige Adressen und Telefonnummern

ARGE Dreiklang
Düns Haus-Nr. 11
A-6822 Düns
Tel. +43 (0)5524 23 11 16
Mobil +43 (0)660 44 93 148
info@region-dreiklang.at
www.region-dreiklang.at

Düns

Düns

Einige Gehminuten oberhalb von Schnifis liegt das malerische Dorf Düns. Die Gemeinde selbst hat 413 Einwohner (Stand 2016) und liegt auf 753 m ü.M. direkt in der Mitte des Dreiklangs. 56% der Gemeindefläche sind bewaldet.

Im Jahr 842 wurde das Dorf erstmals urkundlich als „Tunia" erwähnt. Später regierten die Gemeinde die Habsburger abwechselnd von Tirol und Vorderösterreich (Freiburg im Breisgau). Im 19. Jh. gehörte der Ort kurz zu Bayern.

Erwähnenswert ist der geschlossene Dorfkern mit Kirche und sehenswer-

tem Friedhof, dem Gemeindezentrum und dem „Dünser Lädele". Im Zuge des aktuellen Leaderprojekts befasst sich eine Arbeitsgruppe intensiv mit der Neugestaltung des Zentrums. Der Bau des neuen „Dorfhus Düns" ist für 2018 geplant. Dort werden Räumlichkeiten für den Nahversorger, ein Arztzimmer, ein Café, eine Bücherei, den Krankenpflegeverein sowie die ARGE Dreiklang geschaffen.

Wanderungen und Ausflüge

Die eiszeitlich modellierte Flysch-Hanglage mit ihren Terrassen lädt mit familienfreundlich gestalteten Wegen zu Wanderungen ein. Neben einem idyllischen Fischweiher, einem gut erhaltenen Kalkofen, einer alten Getreidemühle mit Wasserrad hat das Dorf entlang des Montanastbaches einen würdigen Althausbestand aus dem 16. Jh.

Weiters zeugen 13 laufende Dorfbrunnen vom enormen Trinkwasserreichtum der Gemeinde. Kleine Handwerks- und Gastronomiebetriebe fügen sich perfekt in die funktionierende Land- und Forstwirtschaft ein.

Das Ausflugsziel „Dünser Älpele" befindet sich, obwohl im Gemeindegebiet von Dünserberg gelegen, im Besitz der Gemeinde Düns.

Fischweiher in Düns

Dünserberg

Einer Sonnenterrasse gleich, liegt die Gemeinde Dünserberg in 850 bis 1.850 m ü.M. am Hochgerachhang. Die typische Streusiedlung umfasst ein Gebiet von 5,55 Quadratkilometern.

Die erste urkundliche Erwähnung fand Dünserberg im Jahre 1303 als „Tunsarberg", als sich Einwanderer aus dem schweizerischen Wallis dort niederließen.

Dünserberg ist mit 155 Einwohnern (Stand 2016) nicht nur die kleinste Gemeinde der Dreiklangregion, sondern auch des gesamten Bundeslandes Vorarlberg.

Lange Zeit war die Region eine sogenannte Steuergenossenschaft, die direkt dem Gericht Feldkirch unterstellt war. In jahrhundertelangen Streitigkeiten mit den Altbesitzern gelang es der Bevölkerung von Dünserberg schließlich, die Ansprüche auf Holz und Weide durchzusetzen. Im Jahr 1879 wurde die Katastralgemeinde Dünserberg gebildet.

Wanderungen und Ausflüge

Die ruhige und sonnige Lage, die gute Luft, der herrliche Ausblick auf die gleißenden Schneefelder im Rätikon und die Gletscherhäupter der Silvretta und Verwallgruppe begeistern den Naturliebhaber und Erholungssuchenden.

Ein gut ausgebautes Mountainbike- und Wanderwegenetz, eine Seilbahn sowie ein öffentlicher Personennahverkehr, der während der Sommermonate als „Wander- und Badebus"

Dünserberg

das Walgaubad in Nenzing mit dem Dünser Älpele verbindet, ergänzen das Freizeitangebot.

Zahlreiche Einkehrmöglichkeiten mit gutbürgerlicher Küche laden die Besucher zur Stärkung und zum Verweilen ein. Nach einer herrlichen Bergtour hat die Aussicht von der Panoramaterrasse des „Luag Ahe" schon manchem ein Freudestrahlen entlockt.

Zu den Sehenswürdigkeiten gehört auch der ORF-Sender mit seinem weithin sichtbaren 89 Meter hohen Sendeturm. Direkt neben dem Turm befindet sich das im Sommer bewirtschaftete Dünser Älpele. Das Gerachhaus und die Bergstation der Schnifisbergbahn sind vom Turm aus in einem kurzen Fußmarsch erreichbar.

Kultur

Dünserberg hat seit mittlerweile 70 Jahren eine sehr aktive Theatergruppe, deren Aufführungen in den Wintermonaten regelmäßig stattfinden.

Schnifis

Wohnen als Lebensgefühl

Ob man vom Arlberg kommt oder vom Bodensee - wenn man mitten im Walgau den Blick auf die sonnendurchfluteten Hänge richtet, entdeckt man ein sanft in die Hügellandschaft eingebettetes Dorf, das schon durch seine Lage zum Hinauffahren einlädt. Am Ortseingang ein Zimmereibetrieb, am Ortsende eine kleine Gewerbezone, dazwischen durch und durch dörfliche Struktur, hat sich Schnifis in den letzten Jahrzehnten zu einer lebenswerten Wohngemeinde für rund 800 Bürger entwickelt. Wohnen ist hier ein Grundgefühl, das die Gemeinde mit einer gut ausgebauten Infrastruktur zu stärken sucht. Nicht jedes Dorf dieser Größenordnung kann sich heute noch über eine Bank,

Schnifis

ein ADEG-Geschäft, eine Postservicestelle und zwei Gastbetriebe freuen.

Das Aushängeschild von Schnifis, die Sennerei, produziert jährlich 200 Tonnen Bergkäse, welcher vielfach auch preisgekrönt ist, und stellt mit dem betriebseigenen Geschäft den zweiten Nahversorger mit durchwegs Vorarlberger Naturprodukten im Sortiment. Milchlieferanten aus Düns, Dünserberg und Schnifis haben unter dem Druck der EU-Preisgestaltung das Abenteuer gewagt, sich klar zum eingeschlagenen Weg zu bekennen und den „Echten Schnifner" selbstbewusst und eigenständig zu vermarkten.

Umgeben von Buchen- und Tannenwald hat sich Schnifis zur erneuerbaren Energie bekannt und 2004 mit einem Biomasseheizwerk, an dem alle öffentlichen Gebäude, die Sennerei und viele private Haushalte angeschlossen sind, einen vom Öl unabhängigen und umweltgerechten Weg eingeschlagen.

Die Qualität als Wohnort wird auch durch hochwertige Handwerksbetriebe und ein lebendiges Vereinsleben geprägt. Eine schöne Sportanlage mitten im Dorf mit Fußballplatz, Tennisclub, Beachvolleyball und Kinderspielplatz ist in der warmen Jahreszeit Treffpunkt für Jung und Alt.

Bekannte und berühmte Schnifner

Nicht immer war das Dorf ein so angenehmer Aufenthaltsort. Unter den Montforter Jagdberg-Grafen, die in erster Linie an ihrem eigenen Wohl interessiert waren, war das Leben der Untertanen geprägt von Leibeigenschaft, Frondienst, Armut und Sorge ums tägliche Brot.

Dennoch erblickte in dieser Zeit (1633 - 1702) der bedeutendste Barockdichter Österreichs in Schnifis das Licht der Welt: Johann Martin, der als Wanderbühnenschauspieler durch die Lande zog und nach einer schweren Krankheit geläutert als Pater Laurentius von Schnüffis unvergängliche Werke in Dichtung und Musik schuf. Seine Wurzeln in Schnifis hat auch ein anderer begnadeter Musiker mit Hang zum Experimentieren - Gerold Amann (geb. 1937).

Wenn man auf die Frage, woher man sei, antwortet: „I kumm vo Schnüfis", so wird dies oft mit dem talwärts liegenden Schlins verwechselt. Sobald man jedoch das ehemalige Kurhotel „ Bad Schnifis" erwähnt, ist allen Vorarlbergern der Standort des Dorfes klar: In den 1960er Jahren kannten die Vorarlberger Schnifis als Heimatort der wohl berühmtesten Köchin des Landes, Fanni Amann. Töchter aus gutem Haus wurden zum Erlernen der höheren Kochkunst ins „Schnifner Bädle" geschickt, um am Heiratsmarkt zu punkten. Das Fanni Amann-Kochbuch ist auch heute noch ein fixer Bestandteil fast jeder Vorarlberger Küche und in Buchläden oder dem Gemeindeamt erhältlich.

Schnifis wird hauptsächlich von sonnenhungrigen Wanderfreunden besucht, die die zahlreichen Wander- und Spaziermöglichkeiten in den Dreiklang-Gemeinden genießen, gerne auch das nostalgische „Schnüfner Bähnle" (Seilbahn von 650 auf 1350 m) benutzen, um von der Bergstation Hensler aus, Touren zum Hochgerach und Walserkamm zu unternehmen oder mit der Familie den Sagenrundwanderweg und die kleinen Wirtschaften am Weg zu genießen. Für Paragleiter und Deltaflieger ist der Schnifisberg ein Fliegerparadies erster Güte mit eigener Flugschule (www.fca.at).

Schnifis nur als Eingangstor ins Große Walsertal zu sehen und einfach durchzufahren wäre wirklich schade.

Einer der schönsten Plätze im Walgau

Dünser Älpele

Hoch droben auf über 1500 Metern liegt das Dünser Älpele. Von hier aus genießt man eine traumhafte Aussicht in den Walgau. Die Alpe ist auch eine Jausenstation und von Mitte Mai bis Ende Oktober geöffnet. Zahlreiche Wanderwege führen hinauf und schon von Weitem sind die Glocken der Milchkühe sowie des Jungviehs zu hören, das den Sommer hier

oben verbringen darf. Bewirtschaftet wird die Alpe von Elisabeth und Florian Burtscher, die nicht nur die Tiere versorgen, sondern auch den hungrigen und durstigen Wanderern kulinarische Köstlichkeiten reichen. Vom reichhaltigen „Frühstück für die Seele“ mit hausgemachtem Zopf, mit Speck, Käse und Roggenbrötchen, über die Kässpätzle, die in Original Holzbrenten auf den Tisch kommen und mit Kartoffelsalat serviert werden, reicht das Angebot bis hin zum „Älplerraclette“ mit Käse, Pellkartoffeln, Topfen und vielem mehr. Hier, an einem der schönsten Plätze im Walgau, genießt man die atemberaubende Aussicht und lässt sich mit Speisen und Getränken verwöhnen, die vorwiegend aus regionalen Produkten zusammengestellt werden. Und umrahmt wird das Ganze von der herzlichen Gastfreundschaft der Betreiber.

Dünser Älpele

Haus Nr. 79
A-6822 Dünserberg
Tel. +43 (0)664 14 11 842
florian.burtscher@hotmail.com
www.dünser-älpele.at

Eichenberg

Sommer- und Winterparadies über dem Bodensee

Etwa 400 m über dem Bodensee liegt am südlichen Hang des Pfänders, dem Bregenzer Hausberg, eines der landschaftlich reizvollsten Bergdörfer. In der Gemeinde Eichenberg (793 m ü. M.), von der man einen unvergleichlichen Ausblick auf das „Schwäbische Meer" genießt, leben rund 400 Menschen. Eichenberg, zu dem mehrere Parzellen gehören, ist mit 11,59 km² flächenmäßig die größte Gemeinde der Region Leiblachtal. Der Hochberg ist mit 1.069 Metern die höchste Erhebung im Gemeindegebiet.

Für die Erhaltung und Pflege der Kulturlandschaft hoch über dem Bodensee leisten Landwirte ihren Beitrag, die die Wiesen- und Waldflächen im Einklang mit der Natur bewirtschaften. Doch schon seit Beginn des 19. Jh. ist die Gemeinde stark vom Tourismus geprägt und bietet heute ausgezeichnete Unterkunftsmöglichkeiten in allen Kategorien.

Kurzer Blick ins Geschichtsbuch

Eine urkundliche Erwähnung von „Aichberg" findet sich im Jahr 1320 und der Name deutet auf die Eichenwälder hin, von denen die Hänge des Pfänders um diese Zeit bedeckt waren. Während des Mittelalters, als das Gebiet noch den Montfortern gehörte, entstanden durch Rodungen die ersten Siedlungen. Später, nachdem die Habsburger die Region erworben hatten, führten im 15. Jh. die Obere

Eichenberg
(Bild VIIa Raumplanungsabteilung, Land Vorarlberg)

Parrkirche hl. St. Bernhard
(Bild Tourismus Eichenberg)

und die Untere Salzstraße von Hall in Tirol zum Bodensee am Ort vorbei. Seit 1922 ist die Gemeinde mit kurzer Unterbrechung während des Krieges und der französischen Besatzungszeit selbständig. Die landwirtschaftliche Prägung des Ortes zeigt sich auch in seiner Geschichte – ist doch mit der Sennerei Lutzenreute eine der ältesten, noch heute bestehenden Käsehersteller in Vorarlberg, tätig.

Sehenswürdigkeiten

Die Ruinenreste der aus dem 10. Jh. stammenden Ruggburg sind auf Eichenberger Gemeindegebiet am Westhang des Pfänderrückens. zu bestaunen. Diese ehemalige Raubritterburg wurde im 15. Jh. innerhalb einer fünfwöchigen Belagerung zerstört und niedergebrannt. Die Ruine befindet sich in Privatbesitz und ist nicht öffentlich zugänglich, Besichtigung nach Terminvereinbarung mit dem Besitzer.

Die in den Jahren 1836/37 nach Plänen von Ing. Negrelli im spätklassizistischen Stil errichtete katholische Pfarrkirche hl. Bernhard hat einen sehenswerten Hochaltar. Dessen Bild schuf der Maler Frater Josef Wiedemann, das die Mutter Gottes mit Kind zeigt.

Genussregion Eichenberg

Die Region ist bekannt durch den Käsewanderweg, der über den Rücken des Pfänders führt und neben traumhaften Ausblicken über den Bodensee auch zahlreiche Informationen über die Käseherstellung bietet. So sind in den beiden Sennereien in Eichenberg Jungholz sowie Lutzenreute Bergkäse zu finden, die bereits mehrfach bei der Käseolympiade mit Goldmedaillen ausgezeichnet wurden.

Landwirtschaft und Gastronomie gehen in und um Eichenberg eine partnerschaftliche Symbiose ein, die für den Feinschmecker eine kreative Küche mit regionalen, kulinarischen Spezialitäten bereithält. So wird in den gastronomischen Betrieben Feines und Bodenständiges komponiert.

Von würzigen Käsesorten wie einem milden Frischkäse über einen cremigen Camembert bis hin zum Bergkäse reicht das Angebot, das von frischem Fisch aus dem Bodensee bereichert wird. Hinzu kommen edle Brände, die aus den kleinstrukturierten bäuerlichen Betrieben stammen. An den Südhängen des klimatisch begünstigten Leiblachtales reifen herrliche Obstsorten, die auch den Erhalt der faszinierenden Streuobstwiesen sicherstellen.

Freizeit und Sport

Eichenberg ist im Sommer und im Winter ein lohnenswertes Urlaubsziel. Die Gastgeber haben zahlreiche Einrichtungen geschaffen, damit sich die Gäste wohlfühlen und entspannen können. Abseits des hektischen Treibens am Bodenseeufer genießt man hier die Ruhe inmitten der Natur.

Zahlreiche Wanderwege bieten Freizeitspaß pur – zu Fuß oder mit dem Mountainbike. Und traumhafte Aussichtspunkte lassen einen beim Blick auf die untergehende Sonne über dem Bodensee den Alltag vergessen.

Auch während des Winters bietet Eichenberg geräumte Winterwanderwege, Pferdeschlittenfahrten und

Blick von Eichenberg auf den Bodensee
(Bild Tourismus Eichenberg)

Schneeschuhwandern abseits des professionellen Skibetriebes, den man dennoch mit Lust und Laune in wenigen Autominuten erreicht.

Zudem gibt es einen Bogenparcours im Ort. Der Bogenparcours Eichenberg besteht aus drei verschiedenen Geländeformen mit jeweils abgeschlossenen Runden zu 10 und 11 Scheiben. Dabei stellt jeder Teil unterschiedliche Anforderungen an Können und Kondition des/der Schützen/In. Entlang eines markierten Pfades wird dabei mit Pfeil und Bogen auf lebensechte Tiernachbildungen geschossen

Orts- und Infrastruktur

Das von der Landwirtschaft geprägte Eichenberg erwirtschaftet einen zum großen Teil durch die Gastronomie und den Tourismus, während aber auch kleine Handwerksbetriebe für eine Auswahl an Arbeitsplätzen sorgen.

Verkehrswege

Erreichbar ist Eichenberg über die Landesstraße 11 von Lochau und über die L9 von Richtung Möggers - Scheidegg im Allgäu. Die nächst gelegenen Autobahnanschlussstellen sind Hörbranz-Lochau und Lindau an der A 96/A14 Autobahn Memmingen-Bregenz. Zudem verbindet eine Buslinie (12) im Zwei-Stunden-Takt Eichenberg mit Lochau.

Wichtige Adressen und Telefonnummern

Gemeinde Eichenberg
Dorf 53, A-6911 Eichenberg
Tel. +43 (0)5574 42 695
Fax +43 (0)5574 42 69 54
gemeindeamt.eichenberg@cnv.at
www.eichenberg-bodensee.at

Blick von Eichenberg nach Lindau
(Bild wikipedia, Dguendel CC BY-SA 3.0)

Die Adressen für Vorarlberger Bergkäse

Alma Bergsennereien Lutzenreute und Hinteregg

Am Pfänder und gemütlich über den Josef-Rupp-Käsewanderweg ist die Alma Bergsennerei Lutzenreute erreichbar, in der Senner Nilson Müller unbehandelte Heumilch zum ursprungsgeschützten Vorarlberger Bergkäse verarbeitet. Die Sennerei wird Jahr für Jahr mit Auszeichnungen für ihren Bergkäse prämiert. So holte sie schon sechs österreichische „Käsekaiser" und gewann bereits zwei Mal in Folge „Supergold" bei den World Cheese Awards. Damit gehört der Käse der Alma Bergsennerei Lutzenreute zu den besten Käsen der Welt.

Vorarlberger Bergkäse und Sennereibutter sind die Spezialitäten der Alma Bergsennerei Hinteregg und auf den Bauernmärkten der Region gefragt. Senner Florian Lang verarbeitet täglich die frisch gelieferte Milch von 11 Landwirten und führt auch Besuchergruppen gerne in die Kunst des Käsens ein.

Sennereiführungen buchbar unter:
kundenservice@alma.at

Alma Bergsennerei Lutzenreute
Lutzenreute 23, A-6911 Eichenberg
Tel. + 43 (0)55 73-8 33 80
kundenservice@alma.at
www.alma.at

Alma Bergsennerei Hinteregg
Hinteregg 49, A-6911 Eichenberg
Tel. +43 (0)5574-4 54 72
kundenservice@alma.at
www.alma.at

Bergsennerei Lutzenreute

Bergsennerei Hinteregg

Siehe auch Käsestraße Bregenzerwald Seite 326

Feldkirch

Mittelalterliche Stadt im äußersten Westen Österreichs

Feldkirch ist mit rund 35.500 Einwohnern die zweitgrößte Stadt Vorarlbergs. Da in der Stadt zahlreiche Institutionen beheimatet sind, wird sie auch als „heimliche Landeshauptstadt" bezeichnet. Hierzu gehören das Landesgericht Feldkirch, die Wirtschaftskammer Vorarlberg, die Arbeiterkammer Vorarlberg, das größte Landeskrankenhaus Vorarlbergs, die Steuer- und Zollkoordination für Vorarlberg, das Vorarlberger Landeskonservatorium und das Landesamt für Vermessung und Geoinformation. Seit der Gründung der Pädagogischen Hochschule Vorarlberg 2007 ist Feldkirch auch Hochschulstadt.

Feldkirch als westlichste Gemeinde Vorarlbergs liegt in 458 m ü. A. am Ausgang des Illtals in der Alpenrheinebene und grenzt an die Schweiz und Liechtenstein. Zu Feldkirch gehören die Stadtteile Innenstadt, Levis, Altenstadt, Gisingen, Nofels, Tosters und Tisis.

Die Stadt ist über die Rheintal/Walgau Autobahn A 14 von Bregenz nach Bludenz mit den Anschlüssen Feldkirch-Nord und Feldkirch-Frastanz gut zu erreichen. Die A 14 wird südlich von Bludenz als S 16 durch den Arlberg Straßentunnel nach Tirol weitergeführt.

Die Stadt Feldkirch präsentiert sich mit dem romantischen mittelalterlichen Stadtkern und geschäftigem Marktleben am Fuße der Schattenburg. Sie wird geprägt von einem vielfältigen Kulturangebot, hervorragender Gastronomie und der reizvollen Umgebung mit faszinierenden Gebirgszügen. Gäste und Einwohner von Feldkirch schätzen die vielseitigen Freizeitmöglichkeiten.

Feldkirch
(Bild Vorarlberg-Bodensee Tourismus, Nik Skorpic)

Kurzer Blick ins Geschichtsbuch

Der Name leitet sich ursprünglich von Kirchen auf dem Feld ab, die bereits zur Römerzeit und im 9. Jahrhundert entstanden. Der Name Feldkirch wurde dann im 13. Jahrhundert für die rasch wachsende Siedlung am Fuße der Schattenburg übernommen, die der Graf von Montfort im Jahre 1200 oberhalb des Illtals errichten ließ. Im Jahre 1218 wurde Feldkirch erstmals als Stadt urkundlich erwähnt. Der letzte Graf von Montfort verkaufte die Stadt im Jahre 1375 an den Herzog von Habsburg. Die Feldkircher Bürger erstritten sich im Jahre 1376 umfangreiche Freiheitsrechte, die sie wirtschaftlich nutzten.

Die günstige Lage am Handelsweg von Italien nach Deutschland und die aufstrebenden Handwerkerstände brachten der Stadt Wohlstand, die Grundlage für ihre kulturelle Entwicklung. Im Jahre 1399 wurde die erste Lateinschule eröffnet.

Im Rahmen der Appenzeller Kriege (1405-1429) schloss sich Feldkirch dem „Bund ob dem See" an, zu dem unter anderem die Stadt St. Gallen, Bludenz, Rankweil und Toggenburg gehörten. Der Bund begehrte gegen die mit Habsburg verbündete Fürstabtei St. Gallen auf und zerstörte etliche Burgen. Im Jahre 1408 unterlag der Bund in einer Schlacht bei Bregenz dem Ritterheer der Habsburger.

In den nachfolgenden Jahrhunderten entwickelte sich Feldkirch zum kulturellen Zentrum der Region. Das Feldkircher Wahrzeichen, die Schattenburg, wurde 1825 von der Stadt erworben und beherbergt heute ein bedeutendes Museum.

Sehenswürdigkeiten

Feldkirch verfügt über eine der schönsten mittelalterlichen Innenstädte in Vorarlberg. Ein Rundgang durch die Altstadt ist eine spannende Entdeckungstour durch die Geschichte der Stadt. Enge Gassen mit Kopf-

Blick über Feldkirch
(Bild wikipedia, Norbert Kaiser CC BY-SA 3.0)

Marktplatz
(Bild wikipedia, Norbert Kaiser CC BY-SA 3.0)

steinpflaster, altehrwürdige Kirchen wie der Dom St. Nikolaus, Burgen, Schlösser und Villen sowie zahlreiche eindrucksvolle Gebäude mit prächtigen Fassaden ziehen die Besucher in ihren Bann.

Rathaus

Das Rathaus in der Schmiedgasse stammt ursprünglich aus dem Jahre 1493. Es wurde nach dem Stadtbrand im Jahre 1697 mit einem Ratssaal und einer Ratsstube wieder aufgebaut.

Von 1932 bis 1937 wurde das Gebäude unter Einbeziehung des angrenzenden Heiliggeistspitals umfassend umgebaut und die Fassaden mit Freskenmalereien geschmückt, die Ereignisse aus der Stadtgeschichte darstellen. Im Innern des Rathauses kann man ein Gemälde besichtigen, das Feldkirch um 1650 zeigt.

Schützenhaus

Im Schützenhaus aus dem Jahre 1910 in der Nähe der Schattenburg wird die lange Tradition des Feldkircher Schützenwesens gepflegt. Nach den Umbauten während des 2. Weltkrieges sind heute im Schützenhaus neben den Schießanlagen ein Restaurant und ein Schützenscheibenmuseum untergebracht. Die über 200 ausgestellten Schützenscheiben aus vier Jahrhunderten zeigen Ereignisse der Stadtgeschichte und historische Gebäude. Das Museum kann während der Öffnungszeiten des Restaurants besichtigt werden.
Infos unter www.schuetzenhaus.at

Landeskonservatorium
(Bild wikipedia, Böhringer Friedrich CC BY-SA 3.0)

Landeskonservatorium

Das imposante Gebäude des Landeskonservatoriums in der Reichenfeldgasse war früher Sitz des berühmten Privatgymnasiums der Jesuiten „Stella Matutina“, das 1900/1 erbaut wurde. Seit 1977 studieren hier über 400 Studenten Musik. Infos unter www.vorarlbergerlandeskonservatorium.ac.at

Stadtmauer

Von der alten Stadtbefestigung sind noch Reste erhalten. Der Schlossgraben, Hirschgraben und St. Leonhardsplatz kennzeichnen den früheren Verlauf der Stadtmauer. Man konnte nur durch eines der vier Tore die Stadt betreten.

Churer Tor

Das noch gut erhaltene, beeindruckende Churer Tor aus dem Jahr 1491 am Ende der Montfortstraße zeugt von der wehrhaften Vergangenheit und der großen wirtschaftlichen Bedeutung der Stadt als Handelszentrum und Verkehrsknotenpunkt. Hier stand früher der Salzstadel, weshalb das Tor auch Salztor genannt wird.

Katzenturm

Von den noch erhaltenen Türmen der Stadtbefestigung wie Pulverturm, Wasserturm und Diebsturm ist der 8-geschossige, runde, mächtige Katzenturm am Hirschgraben, der unter Kaiser Maximilian I. von 1491 bis 1507 erbaut wurde, der bedeutendste. Die Glockenstube aus dem 17. Jahrhundert beherbergt die größte Glocke in Vorarlberg. Der Name des Turms stammt von den Katzen (Waffen), die im Wehrturm untergebracht waren.

Burgen, Paläste und Villen

Schattenburg

Die trutzige Schattenburg oberhalb der Feldkircher Altstadt beherbergt ein Heimatmuseum mit historischer Waffensammlung (siehe Seite 182).

Tostner Burg

Burgruine Tostner
(Bild wikipedia, Reinhard Müller CC BY-SA 3.0)

Die Ruine Tosters aus dem 13. Jahrhundert war eine Höhenburg auf einem felsigen Ausläufer des Schellenbergs. Bergfried und Teile des Palas und der Außenmauer sind noch erhalten. Die Ruine ist ein wegen der aussichtsreichen Lage ein beliebtes Wandergebiet und Ausflugsziel. In der Nähe der Burg findet man die alte Kirche St. Corneli mit der „tausendjährigen Eibe".

Schloss Amberg

Schloss Amberg
(Bild wikipedia, Böhringer Friedrich CC BY-SA 3.0)

Das habsburgische Schloss Amberg wurde Anfang des 16. Jahrhunderts erbaut. Kaiser Maximilian I. war oft auf der Burg bei der Gräfin Helfenstein zu Besuch. Heute wird das Schloss für gesellschaftliche Anlässe genutzt.

Palais Liechtenstein

Das Palais Liechtenstein in der Schlossergasse wurde Ende des 17. Jahrhun-

Palais Liechtenstein
(Bild wikipedia, Welleschik CC BY-SA 3.0)

derts als Amtshaus für den Fürsten von Liechtenstein im barocken Stil erbaut. Nach verschiedenen Besitzern ist die Stadt seit 1967 Eigentümer des Palais. Es wird als Bibliothek genutzt.

Stadtvillen

Reiche Feldkircher Bürger errichteten in der zweiten Hälfte des 19. Jahrhunderts eine Reihe von imposanten Wohngebäuden, die zum großen Teil noch heute in Privatbesitz sind. Man findet die Villen hauptsächlich an der Reichsstraße zwischen der Bärenkreuzung und dem Bahnhof.

Hierzu gehören die Villa Getzner aus Sandstein von 1882 , die Villa Feldegg aus dem Jahre 1861, die trotz der biedermeierlichen Beiwerks das Niveau der frühen Jugendstilbauten erreicht sowie das rote Jugendstilgebäude der Villa Claudia mit Zwiebeltürmchen, in dem das Standesamt untergebracht ist. Hier sind auch regelmäßig Ausstellungen zu sehen.

Kirchen, Klöster und Kapellen

Dompfarrkirche St. Nikolaus

Die zweischiffige Dompfarrkirche St. Nikolaus im Schlossgraben aus dem 13. Jahrhundert wurde 1287 erstmals urkundlich erwähnt und dem Heiligen Nikolaus geweiht. Sie wurde durch Brände mehrfach stark beschädigt. Der spätgotische Neubau stammt aus dem Jahr 1478. Sie ist die bedeutendste gotische Kirche Vorarlbergs. 1968 wurde die Kirche durch die Gründung der Diözese Feldkirch zum Dom.

Villa Getzner
(Bild wikipedia, Böhringer Friedrich CC BY-SA 3.0)

St. Nikolaus
(Bild wikipedia, Norbert Kaiser CC BY-SA 3.0)

Der Innenraum der Kirche birgt wertvolle Kunstschätze. Sehenswert ist die schmiedeeiserne gotische Kanzel aus dem Jahre 1520, die aus einem Sakramentshäuschen entstanden ist.

Weitere Kunstwerke sind das „Beweinungsbild" des Feldkircher Malers Wolf Huber (1485-1553) sowie sein rechter Seitenaltar von 1521 mit Anna selbdritt. Der linke Seitenaltar und der Hochaltar stammen aus dem 19. Jahrhundert. Die bedeutenden Figuren der Madonna mit Kind sowie Petrus und Paulus stammen aus dem 15. und 16. Jahrhundert.

Johanniterkirche

Die kleine Kirche Hl. Johannes der Täufer in der Marktgasse wurde 1218 als Ordenskirche der Johanniter erbaut. Nach wechselvoller Geschichte ist heute in der Kirche ein bemerkenswerter Ausstellungsraum für zeitgenössische Kunst untergebracht. Die Ritterfigur „Bläsi" am Dachgiebel zeigt mit Hammerschlägen auf eine Glocke stündlich die Zeit an.
Infos unter www.johanniterkirche.at

Kapuzinerkloster Feldkirch

Das Kapuzinerkloster im Nordosten der Stadt wurde 1605 außerhalb der Stadtmauern errichtet. Im Kloster wird besonders der Stadtpatron St. Fidelis von Sigmaringen verehrt, der 1621 Klostervorsteher war und auf Missionsreise in Graubünden erschlagen wurde.

Eine umfangreiche theologische Fachbibliothek mit rund 22.000 Bänden ist im Kloster untergebracht.

Auch in den Feldkircher Stadtteilen sind bedeutende Kirchen zu finden.

In Altenstadt findet man die Stadtpfarrkirche der Heiligen Pankratius und Zeno aus dem 15. Jahrhundert sowie das Dominikanerinnenkloster aus dem 16. Jahrhundert mit der Kirche Maria Verkündigung.

Alte Pfarrkirche hl. Michael

Die Alte Pfarrkirche hl. Michael in Tisis wurde 1218 erstmals urkundlich erwähnt. Die wunderschön auf einem Hügel gelegene Kirche wird von einem Friedhof umgeben. Neben bemerkenswerten Fresken an der Fassade und im Eingangsbereich beherbergt die kleine Kirche prächtig gestaltete Altäre im Barockstil.

Pfarrkirche St. Corneli

Unbedingt sehenswert ist die alte römisch-katholische Pfarrkirche St. Corneli in Tosters in der Nähe der Tostner Burgruine. Die aus dem 11. Jahrhundert stammende Kirche war von alters her ein Marienwallfahrtsort. Der Innenraum der kleinen Kirche birgt wertvolle Kunstwerke aus den vergangenen Jahrhunderten.

Freizeit und Sport

Feldkirch und seine reizvolle Umgebung mit Bergen ringsum, sanften Hügeln, Parks und Naturschutzgebieten bietet eine Fülle von Möglichkeiten für schöne Wanderungen in der Natur und aktive Freizeitgestaltung.

Wildpark Feldkirch

Der Wildpark am Ardetzenberg ist ein vielbesuchtes Ausflugsziel und Naherholungsgebiet und vor allem bei Kindern sehr beliebt. Der 1963 eröffnete Wildpark hatte mit Steinbock Felix seinen ersten Bewohner. Heute kann man über 130 Tiere, die 23 unterschiedlichen Arten angehören, bei einem gemütlichen einstündigen Spaziergang durch den Park beobachten. Hierzu gehören Auer- und Birkhühner, Damwild, Esel, Füchse, Gämsen, Luchse, Mufflons, Murmeltiere, Rotwild, Schneehasen,

Illschlucht
(Bild wikipedia, Welleschik CC BY-SA 3.0)

Alpensteinbock im Wildpark Feldkirch
(Bild wikipedia, Böhringer Friedrich CC BY-SA 3.0)

Sikawild, Wachteln, Rebhühner, Fasane, Steinböcke, Waschbären, Wildkatzen, Wildschweine, Wölfe und Zwergziegen.

Der Eintritt ist kostenlos, eine Jausenstation sorgt für das leibliche Wohl.

Margarethenkapf

Sehr zu empfehlen ist ein Besuch des schönen Parks am Margarethenkapf. Die Anlage am steilen Margarethenkapf oberhalb der Ill hat eine lange Geschichte. 1620 wurde am Gipfel das Tschitscher-Schlössle erbaut, später kam ein Aussichtspavillon hinzu. 1868 legte Josef Andreas Ritter zu Tschavoll, Bürgermeister von Feldkirch einen Park im Stil englischer Landschaftsgärten mit Aussichtspunkten, seltenen Bäumen, Springbrunnen und vielem mehr an. Heute gehört das Gelände der Stadt. Besonders schön ist der Aufstieg durch die Lindenallee zum Pavillon „Rädle".

Naturschutzgebiet Mariagrüner Ried

Das Pflanzenparadies des sechs Hektar großen Biotops am Rand des Ortsteils Fellengatter mit kleinem See ist eines der letzten Hangfeuchtgebiete Österreichs.

Naturschutzgebiet Bangs-Matschels

Das Naturschutzgebiet Bangs-Matschels im Feldkircher Ortsteil Nofels ist ein 450 Hektar großes Feuchtgebiet mit ökologisch wertvollen Streuwiesen, die nicht gedüngt und nur einmal im Jahr gemäht werden. Das Gebiet mit einem Netz von Rad- und Wanderwegen ist ein Paradies für Naturliebhaber. Es bietet Lebensraum für eine Reihe von seltenen Tier- und

Pflanzenarten wie das Moorwiesenvögelchen, eine seltene Schmetterlingsart und die vom Aussterben bedrohten Wachtelkönig und Braunkehlchen. Besonders empfehlenswert ist ein Besuch im Frühsommer, wenn Millionen Sibirischer Schwertlilien die Wiesen in ein leuchtend blaues Blütenmeer verwandeln.

Der Feldkircher Pilgerweg nach Rankweil

Der Pilgerweg ist ein leichter, abwechslungsreicher Talweg über eine Strecke von 7,3 km mit rund 3 Stunden Gehzeit, der für meditatives Wandern sehr geeignet ist. Der familien-freundliche, aussichtsreiche Weg vorbei an kulturhistorisch interessanten Gebäuden führt vom Bahnhof Feldkirch zur Schattenburg. Von dort geht es auf dem „Burgenweg" an der Kapelle Elendbild vorbei zum Schloss Amberg. Von hier geht die Wanderung auf einem Forstweg am Rand des Tales zum Bahnhof Rankweil mit der Möglichkeit, die Wallfahrtskirche Liebfrauenberg zu besichtigen.

Panoramaweg Feldkirch – Göfis

Lohnend ist auch der rund 5 km lange Panoramaweg vom Montforthaus in Feldkirch zum Zentrum in Göfis, für den man rund 1,5 Stunden benötigt. Der Weg führt durch den Rösslepark und dann unter der Stadteinfahrt hindurch durch den Steinwald zum Känzele in 635 Meter Höhe, das eine prächtige Aussicht auf Feldkirch und die Schweizer Berge bietet. Von dort geht es hinunter zum Gasserplatz und bequem durch Wälder nach Götzis.

Panorama Feldkirch
(Bild wikipedia, Böhringer Friedrich CC BY-SA 3.(

Natur Pur! Ein Besuch der Feldkircher Naturschutzgebiete

Diese Radtour führt über eine Strecke von rund 18 km in 1,5 Stunden von Feldkirch quer durch das Naturschutzgebiet Matschels-Bangs und weiter über die Grenze nach Liechtenstein zum renaturierten Ruggeller Binnenkanal. Von dort weiter entlang des Alpenrheins zurück nach Feldkirch. Die ganze Strecke bietet einen einzigartigen Naturgenuss.

Radfahren

Feldkirch im Dreiländereck Österreich, Schweiz und Liechtenstein liegt am Knotenpunkt der Fernradwanderwege Rheintal und Walgau mit zahlreichen Möglichkeiten von

genussvollen Radtouren. Es ist auch Ausgangspunkt für spannende Mountainbikerouten.

Bäder

Erlebnis Waldbad

Das Erlebnis Waldbad Feldkirch in der Stadionstraße ist ein Badeparadies für Familien. Es ist von Anfang Mai bis Mitte September geöffnet. Es bietet alles, was zum unbeschwerten Badespass gehört: Sportbecken, Erlebnisbecken, 70 m Rutsche, Strömungskanal, Sprungbretter, zwei Kinderbecken, 60 m langer Spielbach, Blubberbucht, Schaukelgrotte, Kletterzirkus und vieles mehr. Wer sich noch mehr sportlich betätigen will, hat eine Trampolinanlage, mehrere Tischtennistische und einen Beachvolleyballplatz zur Verfügung.

Ostseestrandkörbe und gemütliche Sonnenliegen laden zu Ruhe und Erholung ein. Infos unter www.feldkirch.at/fbf/waldbad

Schwimmbad Felsenau

Auch das Schwimmbad Felsenau bietet vollen Badegenuss. Es ist das älteste noch erhaltene Schwimmbad in Vorarlberg. Das 1903 eröffnete Bad zeichnet sich durch die familiäre Atmosphäre und den herrlichen Blick auf die umliegende Bergwelt aus.

Es verfügt über ein großes Sportbecken mit Nichtschwimmerbereich, Sprungbrett und Rutschelefant, ein Kinderbecken, verschiedene Sport- und Spielgeräte, Holzruheliegen und einen Kiosk mit Gastgarten. Infos unter www.feldkirch.at/fbf/felsenau

Weitere Freizeiteinrichtungen

Freunde des Kletterns finden im Klettergarten an der Ill/Felsenau Routen vom Schwierigkeitsgrad 3+ bis 7+.

Der Minigolfplatz in der Burggasse ist von Mai bis Oktober geöffnet.

Kulturveranstaltungen

Feldkirch bietet eine enorme Vielfalt an hochwertigen kulturellen Veranstaltungen im Jahreslauf. Hierfür stehen vor allem zwei erstklassige Ein-

Montforthaus
(Bild wikipedia, Böhringer Friedrich CC BY-SA 3.0)

richtungen für Veranstaltungen aller Art zur Verfügung: das Montforthaus und das Kulturquartier Reichenfeld.

Montforthaus

Das Kultur- und Kongresszentrum Montforthaus am Montfortplatz wurde Anfang 2015 eröffnet und erfreut sich großer Beliebtheit bei Veranstaltern und Besuchern. Das Haus mit schön ausgestatteten Räumen wurde architektonisch anspruchsvoll und nachhaltig gebaut und ist für anspruchsvolle Programme gerüstet. Die Dachterrasse des Restaurants bietet einen reizvollen Ausblick auf Stadt und Burg. Infos unter www.montforthausfeldkirch.com

Montforter Zwischentöne

In drei Veranstaltungszyklen mit unterschiedlichen Themenschwerpunkten an verlängerten Wochenenden im Februar, Juli und November präsentieren die Montforter Zwischentöne im Montforthaus eine neue Form des Dialogs von Publikum und Musik. Infos unter www.montforter-zwischentoene.at

Kulturquartier Reichenfeld

Die außergewöhnliche Kulisse des Kulturquartiers Reichenfeld in einem historischen Park in der Reichenfeldgasse besteht aus dem Pförtnerhaus, dem Vorarlberger Landeskonservatorium, der Musikschule Feldkirch (alle um 1900 erbaut) und dem Alten Hallenbad. Heute dienen die Gebäude als Bildungseinrichtungen und Veranstaltungsorten. Für Live-Konzerte, Kabarett, Theater, Tanz, Lesungen, Kunstprojekte, Film und Performances, Ausstellungen, Interventionen, Clubbings und Workshops stehen Räume und Säle zur Verfügung. Das Kulturquartier liegt zentrumsnah, eine Tiefgarage ist unter den Grünflächen untergebracht.

poolbar-Festival

Im Juli und August bietet das poolbar-Festival im ehemaligen Hallenbad im Kulturquartier Reichenfeld sechs Wochen lang nationale und internationale Künstler ein buntes Programm mit Konzerten, Kino, Kabarett, Poetry-Slam, Pop-Quiz, Modenschauen, Podiumsdiskussionen und vielem mehr. Infos unter www.poolbar.at

POTENTIALe Festival für Stadtraumgestaltung

Für drei Wochen im Herbst präsentiert sich Feldkirch mit der Messe POTENTIALe als Zentrum für Design, Kunst, Fotografie und Stadtraumentwicklung. Über 100 Ausstellerinnen und Aussteller zeigen im Kulturquartier Reichenfeld und im Montforthaus ihre Arbeiten.

In diesem Rahmen bietet die POTENTIALe Messe an einem Wochenende eine Plattform für internationale Künstler aus Design und Fotografie. Infos unter www.potentiale.at

Gauklerfestival

Ende Juli verwandeln internationale Zauberer, Akrobten, Musikanten, Clowns und Jongleure die Feldkircher Altstadt beim beleibten Gauklerfestival in ein buntes Freilufttheater.

Gauklerfestival
(Bild wikipedia, Böhringer Friedrich CC BY-SA 3.0)

Schattenburg Konzerte

Einen Höhepunkt im Feldkircher Musikleben ist die Konzertreihe der Gesellschaft der Musikfreunde im Sommer, die meist auf der Schattenburg stattfindet.

Märkte und Messen

Vinobile Feldkirch

Ende Juni präsentieren über 130 Winzer aus Weinbauregionen Niederösterreichs, des Burgenlandes, der Steiermark und Vorarlbergs sowie aus Italien und der Schweiz auf der Vorarlberger Weinmesse in Feldkirch ihre Erzeugnisse.

Weinliebhaber können bei der größten Weinmesse Westösterreichs verschiedene Weine nicht nur verkosten und vergleiche, sondern auch direkt beim Erzeuger kaufen. Im Rahmen dieser Veranstaltung wird auch der Feldkircher Weinpreis verliehen und die Vorarlberger Weinkönigin gekürt. Infos unter www.feldkirch.travel/vinobile

Feldkircher Weinfest

Beim beliebten Feldkircher Weinfest in der Marktgasse Anfang Juli bieten die Gastronomiebetriebe diverse Weinspezialitäten an.

Weihnachtsmarkt

In den Adventswochen geht es beim Weihnachtsmarkt in der historischen Altstadt von Feldkirch zauberhaft und besinnlich zu. Beim Bummel durch die festlich geschmückten Gassen, begleitet vom Duft von Glühwein und Lebkuchen, können die zahlreichen Besucher Kunsthandwerk, Weihnachtsschmuck und Geschenke einkaufen. Auf der Weihnachtsmarkt- bühne wird ein stimmungsvolles musikalisches Programm geboten.

Orts- und Infrastruktur

Verkehrsverbindungen

Durch die Anschlüsse Feldkirch-Nord und Feldkirch-Frastanz der Autobahn A 14 von Bregenz nach Bludenz ist Feldkirch mit dem Fernstraßennetz verbunden.

Um Feldkirch vom hohen Verkehrsaufkommen zu entlasten, laufen umfangreiche Planungen für ein Stadttunnelsystem.

Der Bahnhof Feldkirch liegt an der Vorarlbergbahn, die von Bregenz kommend nach Bludenz weiterführt, um dann in die Arlbergbahn Richtung Innsbruck und weiter nach Wien überzugehen. Der Bahnhof ist auch Station für die Strecke in Richtung Schaan in Liechtenstein und Buchs in der Schweiz und weiter nach Zürich. Der Bahnhof verfügt über eine Autoverladestelle für Autoreisezüge nach Wien, Villach und Graz.

Feldkirch verfügt über ein Stadtbussystem mit acht Buslinien. Durch das dichte Netz der Landbuslinien in Vorarlberg sind viele Ziele schnell mit öffentlichen Verkehrsmitteln zu erreichen.

Churer Tor
(Bild wikipedia, C. M. Brandstetter CC BY-SA 3.0)

Historisches Rathaus
(Bild wikipedia, Böhringer Friedrich CC BY-SA 3.0)

Wirtschaft

Feldkirch sind in mehr als 1400 Unternehmen über 13.000 Mitarbeiter und Auszubildende beschäftigt.

Bildung

Feldkirch verfügt über 18 Kindergärten und Kindertagesstätten sowie über 14 Volks- und Mittelschulen.

In Feldkirch findet man 11 Höhere und Weiterbildende Schulen:
Höhere Lehranstalt für wirtschaftliche Berufe
BA für Kindergartenpädagogik
Landesberufsschule Feldkirch
Bundesgymnasium Rebberggasse
Gymnasium Schillerstraße
BHAK und BHAS Feldkirch
Pädagogische Hochschule Vorarlberg
Städtische Musikschule
Landeskonservatorium
Schule für Gesundheits- und Krankenpflege
Religionspädagogisches Institut der Diözese

Wichtige Adressen und Telefonnummern

Amt der Stadt Feldkirch
Schmiedgasse 1-3
A-6800 Feldkirch
Tel. +43 (0)5522 304 0
info@feldkirch.at
www.feldkirch.at

Stadtmarketing und Tourismus Feldkirch GmbH
Montforthaus Feldkirch
Montfortplatz 1
A-6800 Feldkirch
Tel. +43 (0)5522 73467
Fax +43 (0)5522 73467 3429
tourismus@feldkirch.at
www.feldkirch.travel

Bodensee-Vorarlberg Tourismus
Postfach 9, A-6901 Bregenz
Tel. +43 (0)5574 43443 0
Fax +43 (0)5574 43443 4
office@bodensee-vorarlberg.com
www.bodensee-vorarlberg.com

Leben wie im Mittelalter

Schattenburgmuseum Feldkirch

Weithin sichtbar thront die Schattenburg über Feldkirch. Die Burg aus dem Hochmittelalter gilt als eine der besterhaltenen Burganlagen Mitteleuropas und ist durch die ehemalige Stadtmauer mit Feldkirch zu ihren Füssen verbunden.

Erbaut wurde die Schattenburg vor rund 750 Jahren von Graf Rudolf II. von Montfort († 1302). In der Neuzeit diente die Schattenburg als Kaserne und später als Armenquartier. Seit 2010 beherbergt die Schattenburg ein erweitertes und neu gestaltetes Museum, das sie weit über die Region hinaus bekannt gemacht hat.

In den ebenerdig gelegenen Räumen bietet die Schlosswirtschaft den Museumsgästen einen gemütlichen Platz, um sich nach einem anstrengenden Besuch zu stärken und zu erfrischen.

In den Obergeschossen des Schattenburgmuseums wird in 18 Räumen präsentiert, wie die Menschen früher gelebt und gewohnt haben. Außerdem wurde eine imposante Sammlung sakraler und profaner Kunst zusammengetragen.

Im Bergfried werden u.a. Kriegswerkszeuge vom Mittelalter bis zum 2. Weltkrieg ausgestellt. Damit verfügt das Schattenburgmuseum über eine der bedeutendsten historischen Waffensammlungen Österreichs.

Sonderführungen erlauben auch einen Blick in die Geschichte der Handspinnerei und -weberei, die in Vorarlberg viele Jahrzehnte für Arbeit und Wohlstand gesorgt haben. Zahlreiche Exponate veranschaulichen diesen Zweig der frühen Industrialisierung. Für manchen Besucher wird der Ausblick auf

Feldkirch durch die Butzenscheiben des Museums in Erinnerung bleiben, während ein Rundgang durch die mittelalterliche Burg für die kleinen Besucher immer wieder ein Erlebnis ist, hören sie doch spannende Geschichten über die rätselhaften Geräte und Gegenstände in der Burg.

Führungen

Das Schattenburgmuseum bietet nach Voranmeldung Gruppenführungen mit ausgebildeten Museumsführern in vielen Sprachen an: D/E/Fr./Esp./I/Neu: Russisch. (Gruppenführungen können auch außerhalb der Öffnungszeiten mit Voranmeldung durchgeführt werden.)

Öffnungszeiten

Sommer: (April bis Okt.) Mo. bis Fr. 9 bis 17 Uhr, Sa., So., Feiertage jeweils 10 bis 17 Uhr geöffnet.
Winter: (Nov. bis März) Di. bis Fr. 13.30 bis 16 Uhr, Sa., So., Feiertage von 11 bis 16 Uhr geöffnet.

Schattenburgmuseum
Heimatpflege- und Museumsverein

Feldkirch, Burggasse 1
A-6800 Feldkirch
Tel. +43 (0)5522 71 982
Fax +43 (0)5522 71 98 210
besuch.museum@schattenburg.at
www.schattenburg.at

Herzlich willkommen

Motorradmuseum Feldkirch

Ein Hobby wurde zur Leidenschaft und so gründeten drei Schrauber, Elmar Wehinger, Wolfgang Weber und Martin Rauch, das erste Vorarlberger Motorradmuseum in Feldkirch.
Hier taucht man in die technische Vergangenheit der Zweiräder ein mit Schwerpunkt Puch und bestaunt etwa

100 Fahrzeuge. Vom Hochrad aus dem Jahr 1857 bis zum Ende der Zweiradproduktion der Puchwerke in Graz 1987.
Die ersten Doppelkolbenmotoren von 1923 oder vom Puch 800 bis hin zu den modernen Schalenrahmen der 50er und 60er Jahre.

Daneben gibt es die Teile des ersten Kleinwagens von Hans Gianne Varrone und Ferdinand Porsche zu bewundern, der 1924 in Hard-Vorarlberg gebaut wurde sowie ca. 200 Modellautos.
Nach dem Rundgang durch das Museum verbringt man gerne einen kleinen Hock bei einem Frastanzer Bier und plaudert über vergangene Zeiten. Besichtigungen und spezielle Führungen sind nach telefonischer Vereinbarung frei doch wenn es dem Besucher gefallen hat, freut man sich über eine freiwillige Spende.

Verein Motorradmusem

Bifangstr. 39a
A-6800 Feldkirch
Tel. +43 (0)5522 41 682 oder
Tel. +43 (0)664 73 05 44 27
Elmar Wehinger
www.puch-museum.jimdo.com

Untere Illschluchtenge
(Bild wikipedia, Böhringer Friedrich CC BY-SA 3.0)

Hotel Garni Noval

In einer der ruhigsten Gegenden von Feldkirch

Das Hotel Garni Noval empfängt. seine Gäste mit großzügigen, lichtdurchfluteten Räumlichkeiten. Die Einrichtung präsentiert sich in einem edlen Ambiente, die eine Atmosphäre der Ruhe und Entspannung verspricht. Hier wurde ganz bewusst auf die Verbindung von handwerklicher Tradition mit modernem Design in höchster Funktionalität geachtet, um dem Gast einen Aufenthalt auf hohem Niveau zu ermöglichen.

Aus den Gästezimmern, die zum großen Teil mit Balkon ausgestattet sind, genießen die Gäste einen erhabenen Ausblick auf die Schweizer Berge. Umrahmt wird der erholsame Aufenthalt durch die komfortable Ausstattung, die keine Wünsche offen lässt. Einer erholsamen und ruhigen Nachtruhe im Hotel Garni Noval schließt sich ein reichhaltiges und vielfältiges Frühstück an, das in den gediegenen Räumlichkeiten serviert wird. Gerne lässt man sich hier bereits in der Früh italienische Kaffeespezialitäten und frische hausgemachte Marmeladen aus der Region schmecken.

Lust zum Verweilen

Die angenehme Atmosphäre in dem Haus am Stadtrand von Feldkirch lädt Hotelgäste wie auch einheimische Besucher in die Bar des Hotels ein. Umgeben von edlen dunklen Hölzern und einem kontrastreichen Lichtspiel ver-

bringt man den Aufenthalt bei einem Glas mit Freunden.
Den Hotelgästen steht eine Lounge zur Verfügung, in der TV und WLAN sowie der Zugang in den kleinen Garten für Kurzweil sorgen, in dem man unter einem Kiwibaum entspannen kann.

Tagen in ruhigem und angenehmem Flair

Für Tagungen und Seminare steht im Hotel Garni Noval ein Seminarraum für bis zu 20 Personen zur Verfügung. Die professionelle Ausstattung und der Service des Hauses lässt hier jeden Event zu einer gelungenen Veranstaltung werden.

Hotel Garni Noval

Franz-Heim Gasse 1
A-6800 Feldkirch
Tel. +43 (0)5522 22 888
info@hotel-noval.at
www.hotel-noval.at

Feines Bier am Fuß der Schattenburg

Braugaststätte Rössle Park

Bereits im Eingang wird dem Besucher klar, dass hier feine Bierspezialitäten ausgeschenkt werden. Der Kupferkessel, in dem das Bier gebraut wird, gibt auch die kulinarische Richtung vor. Herzhafte Speisen warten auf den hungrigen Gast, der das edle Ambiente in der modernen Architektur der Räumlichkeiten ebenso genießt wie die Köstlichkeiten, die auf den Tisch kommen.

Das Bierlokal mit seinem Panoramafenster, das den Blick auf das neu errichtete Montforthaus bietet, liegt zu Füssen der Schattenburg. Im hinteren Teil des Restaurants sitzt man etwas ruhiger und geschützt, lehnt man doch mit dem Rücken an der alten Stadtmauer von Feldkirch, die auch an den gemütlichen Gastgarten grenzt.

Die Küche präsentiert sich herzhaft österreichisch. Welchem Feinschmekker läuft das Wasser nicht im Munde zusammen, wenn zur Vorspeise eine kräftige Rindssuppe mit Frittaten gereicht wird, der ein Altwiener Zwiebelrostbraten mit Braterdapfel und Bohnen folgt und ein Marillenpalatschinken das köstliche Mahl beschließt. Begleitet werden die le-

ckeren Speisen von dem frisch gezapften Rössle Park Kellerbier oder Gold Spezial, das in den Räumlichkeiten gebraut wird.
Ständige Aktionen wie Live-Konzerte und Publikumsdiskussionen in der Braugaststätte Rössle Park sorgen dafür, dass es den Gästen nicht langweilig wird, wozu auch das Public Viewing herausragender Sportveranstaltungen auf einer Großleinwand beiträgt.
Für private Ereignisse und geschäftliche Feierlichkeiten bildet die heimelige Atmosphäre der Braugaststätte Rössle Park den geeigneten Rahmen und bieten genügend Plätze auch für größere Gesellschaften. Begleitet werden die Events von dem zuvorkommenden Service des Hauses, der schon bei der Planung behilflich ist und den nach Kundenwünschen zusammengestellten Leckereien aus Küche und Keller.

Braugaststätte Rössle Park

Rösslepark 1
A-6800 Feldkirch
Tel. +43 (0)5522 76 543
info@roesslepark.at
www.roesslepark.at

Frastanz

Eingangstor zum Walgau

Südlich der Stadt Feldkirch liegt Frastanz auf einer Höhe von etwa 510 m ü.M. direkt an der Jll und der Samina, die hier in den Rheinzufluss mündet. Zur Gemeinde, die knapp 6.400 Einwohner zählt, gehören die Ortsteile Amerlügen, Fellengatter, Frastafeders und Gampelün.

Pfarrkirche Frastanz
(Bild Waltraud Hauser)

Eine bunt gemischte Unternehmenswelt der verschiedensten Branchen sowie Freizeiteinrichtungen, die während des Sommers und im Winter für Abwechslung sorgen, schaffen in der Gemeinde eine hohe Lebensqualität für die Bewohnerinnen und Bewohner wie auch für die Gäste des Ortes.

Kurzer Blick ins Geschichtsbuch

Urkundlich erstmals erwähnt wurde Frastanz im Jahr 842/43. Am 20. April 1499 fand hier die wohl blutigste Schlacht auf Vorarlberger Boden statt, bei der etwa 2000 Menschen ihr Leben ließen. Damit erlitt das kaiserliche Heer Maximilians I. eine entscheidende Niederlage im Krieg gegen die Eidgenossen.

Ende des 17. Jh. brachten einheimische Saisonarbeiter Tabakpflanzen aus dem Elsass nach Hause. Bis ins 19. Jh. hinein war der Tabakanbau die tragende Säule der bäuerlich ausgerichteten Gemeinde. Zur selben Zeit entwickelte sich dank der Wasserkraft im Ort die Industrialisierung, die für wirtschaftlichen Aufschwung und einem Anstieg der Einwohnerzahlen sorgte.

Panorama Frastanz
(Bild Walter Vonbank)

Sehenswürdigkeiten

Zu den schönsten neugotischen Kirchen im westlichen Österreich zählt die auf einer Anhöhe liegende Pfarrkirche Frastanz. Die im Jahr 1885 von dem Kölner und Wiener Dombaumeister, Friedrich von Schmidt, erbaute Kirche bringt die gotischen Stilelemente perfekt mit der alpinen Topografie in Einklang.

Authentische Informationen zum Buddhismus erhält der Besucher des Buddhistischen Klosters Letzehof. Dieses erste buddhistische Kloster in Österreich zieht seit 1983 Lehrer, Schulklassen und interessierte Gruppen an.

1998 wurde die Vorarlberger Museumswelt mit dem Elektromuseum am Gelände der ehemaligen Textilwerke Ganahl eröffnet. Das Museum ist in seiner Art das Einzige in Vorarlberg und weit über die Grenzen hinaus bekannt. Neben der alten Wasserkraftanlage mit einer herrlichen Schalttafel aus Marmor wird die ganze Entwicklungsgeschichte der Elektrizität von der Erzeugung bis zum Verbraucher an Hand vieler schöner Exponate dargestellt.

Im 2014 eröffneten Jagdmuseum hat die Vorarlberger Jägerschaft nicht nur die Geschichte aufbereitet. Die Jäger laden die Besucher vielmehr dazu ein, sich mit den aktuellen Herausforderungen der Jagd in Vorarlberg auseinander zusetzen.

Vorarlberger Museumswelt (Bild Petra Rainer)

Das Landesfeuerwehr- und das Rettungsmuseum sind weitere selbständige Einrichtungen im Museumsareal. Vor allem die szenografisch gestaltete Fahrzeughalle im ehemaligen „Wollaschopf" ist ein Erlebnis für junge und ältere Besucherinnen und Besucher.

Darüber hinaus bietet das Tabakmuseum Einblick in die Geschichte und dessen Anbau, Verarbeitung und Konsum.

Insgesamt sieben Museen wird die Museumswelt nach dem Endausbau umfassen.

Naturbad Frastanz
(Bild Gemeinde Franstanz)

Freizeit und Sport

Frastanz ist ein idealer Ausgangspunkt für Wanderungen. Über 87 km Wanderwege, u.a. durch das Frastanzer Ried, in das Drei-Schwestern-Massiv, auf die Gurtisspitze oder ins romantische Saminatal sind weit über die Region hinaus bekannt, bieten sich hier doch fulminante Ausblicke ins 4-Länder-Eck Österreich, Schweiz, Liechtenstein und Deutschland.

Während der Sommermonate finden Wasserratten im Schwimmbad Felsenau und Naturbad Untere Au die besten Bedingungen für eine Abkühlung. Das Schwimmbad Felsenau aus dem Jahr 1903 ist das älteste Bad Vorarlbergs und die ruhige und familiäre Atmosphäre begeistert Jung und Alt. Der Badesee Untere Au, der aus dem Grundwasserstrom des Walgaus gespeist wird, liefert hervorragende Wasserqualität. Hier kommen all jene auf ihre Kosten, die ungestört schwimmen und auf großzügig angelegten Liegewiesen die Seele baumeln lassen möchten.

In den Wintermonaten bringt der Skilift Bazora die Wintersportler auf einen der wohl markantesten Skihänge im Land. Anspruchsvolle Abfahrten, die mit Gurtis verbunden sind, begleiten das Skivergnügen bei entsprechender Schneelage und klarer Witterung mit Ausblicken bis weit über den Bodensee und den Walgau hinaus.

Großer Beliebtheit erfreuen sich die Filmvorführungen im Kino vor Ort. Hier präsentiert der Kulturausschuss der Gemeinde von Oktober bis Mai europäische Spitzenfilme im Domino s'Hus am Kirchplatz.

Orts- und Infrastruktur

Der begehrte Wirtschaftsstandort, der von zahlreichen Unternehmen der unterschiedlichsten Branchen besiedelt ist, ist auch ein attraktiver Wohnort mit einem hohen Sozialwert. Soziale Einrichtungen wie Krankenpflege und mobile Hilfsdienste leisten ihren Beitrag zum Gemeinwohl und für die Kinder des Ortes stehen neben Ganztagesbetreuung und Spielegruppen auch Kindergärten für eine flexible Betreuung zur Verfügung.

Verkehrswege

Die Marktgemeinde Frastanz ist über die Autobahn A14 Bregenz-Bludenz, Anschlussstelle Feldkirch/Frastanz oder über die B190 Feldkirch-Bludenz erreichbar.

Mit einem eigenen Bahnhof liegt die Marktgemeinde an der Linie Feldkirch-Bludenz und verfügt durch den öffentlichen Nahverkehr mit den Buslinien 72, 73, 73 a und 74 sowie Linie 7 und Nightline N4 über eine ausgezeichnete Anbindung.

Wichtige Adressen und Telefonnummern

Marktgemeinde Frastanz
Sägenplatz 1, A-6820 Frastanz
Tel. +43 (0)5522 51 53 40
Fax +43(0)5522 51 53 46
marktgemeindeamt@frastanz.at
www.frastanz.at

Spitzwiesle-Gurtisspitze
(Bild Georg Gabriel)

Das buddhistische Kloster in Vorarlberg

Tashi Rabten

Etwa zehn buddhistische Mönche aus verschiedenen Ländern Asiens und Europas leben in den österreichischen Alpen. Es hat einen Hauch von Tibet, mit einem Stupa vor schneebedeckten Bergen, buddhistischen Tempeln und Klostergebäuden auf dem weitläufigen Gelände des ehemaligen Gutshofes der Fabrikantenfamilie Getzner.

Das buddhistische Kloster hat sich zu einem Anziehungspunkt für Menschen aus aller Welt entwickelt, die Meditation, Buddhismus oder auch einfach nur Ruhe erfahren wollen. Im Rahmen von Abendvorträgen, Wochenendseminaren und persönlichen Gesprächen ist es möglich, genaues Wissen und persönliche Ratschläge zu erhalten, die es dem Menschen möglich machen, ein Leben zu führen, das für sich und andere nützlich und heilsam ist.

Das Anwesen wurde umfangreich umgebaut und heute befinden sich im ehemaligen Stall kleine Apartments und der frühere Heuboden ist nun ein eindrucksvoller buddhistischer Gebetsraum mit sorgfältig gemachten Statuen und allen Schriften der Unterweisungen des Buddha Schakyamuni sowie aller begleitenden Schriften der bedeutendsten buddhistischen Meister Indiens und Tibets.

Das wichtigste Wissensgebiet des Buddhismus sind die Beschreibungen von Funktion und Natur des Geistes im Zusammenwirken mit dem Körper und den Methoden zum Entwickeln des Geistes bis zum Erreichen eines vollständig befreiten Daseins. Aber auch handwerkliche Künste und Medizin und Sprache sind wichtige Wissensgebiete aus den Unterweisungen des geschichtlichen Buddha - ebenso wie Logik - denn Buddhas Aufforderung an seine Schüler ist nicht lediglich blind zu glauben, sondern erst zu akzeptieren, nachdem genau analysiert wurde. Ein Kloster zum mitleben

Das Kloster kann tagsüber jederzeit besucht werden. Die Bücherei ist täglich von 15 bis 17 Uhr geöffnet. Die Türen des Klosters sind offen, man kann mit den Mönchen gemeinsam essen, an den täglichen Meditationen und Gebeten teilnehmen und auch längere Zeit im Kloster leben, um einen tieferen Einblick zu erhalten.

Gruppenführungen werden nach Terminabsprache gerne durchgeführt.

Tashi Rabten Letzehof
Im Buchholz 26
A-6820 Frastanz
Tel. +43 (0)720 510 880
info@rabten.at
www.rabten.at

Fußach

Inmitten des Rheindeltas

Am südlichen Ufer des Bodensees liegt die Gemeinde Fußach auf einer Höhe von 398 m ü. M. Der Ursprung des Namens leitet sich vom Fluss Fußach ab, der sich heute als Dornbirner Ach in den Bodensee ergießt. Fußach bietet etwa 3.800 Menschen eine Heimat und ist durch seine Lage am Rande des Naturschutzgebietes Rohrspitz mit einem langen Naturbadestrand und zahlreichen Rad- und Wanderwegen durch das Rheindelta ein beliebtes Naherholungsgebiet.

Kurzer Blick ins Geschichtsbuch

Eine erste urkundliche Erwähnung von Fußach findet sich im Jahr 1090 und eine erste Blütezeit während des Mittelalters, als die Gemeinde eine der wichtigsten Warenumschlagsplätze im Bodenseeraum war. Schon im 15. Jh. lag der Transport von Waren und Reisenden zwischen Lindau und Mailand in den Händen von Schiffs- und Fuhrleuten aus Fußach.

Fußach
(Bilder Gemeinde Fußach)

Yachthafen

Der Bau des Bregenzer Hafens, der Bahnlinie von Lindau nach Bregenz sowie des Arlbergtunnels im 19. Jh. warfen die Gemeinde wirtschaftlich zurück.

Um 1900 wurde mit dem Rheindurchstich ein wirksamer Schutz gegen die Rheinüberschwemmungen geschaffen, die eine Hauptsorge der Deltagemeinden darstellten.

Sehenswürdigkeiten

Sehenswert sind in Fußach die Dammbauten des Neuen Rheins, die etwa vier Kilometer in den See hineinragen. Der Seedamm als Schutz vor Bodenseehochwasser wurde als Polderanlage nach holländischem Muster erbaut. Das frühere Zoll- und Speditionsgebäude steht am ehemaligen Fußacher Hafen.

Entlang der Dornbirner Ach finden sich traditionelle Rheintalhäuser. Die Pfarrkirche St. Nikolaus im Ortszentrum geht auf eine kleine Kapelle aus dem 15. Jh. zurück und wurde in den Jahren 1977-79 von dem Architekten Leopold Kaufmann neu erbaut.

Freizeit und Sport

Mit der Sport- und Spielanlage Müß profitieren die Einwohner und Gäste der Gemeinde von einer der funktionellsten und modernsten Sportanlagen des Landes. Die vielfältigen sportlichen Möglichkeiten, die sich in der Sportstätte bieten, haben sie zu einem Ort der Begegnung und des Freizeitvergnügens sowie einem Treffpunkt für die ganze Familie gemacht.

Sommer, Sonne und Spaß werden am Rohrspitz groß geschrieben. Neben Hafen, Restaurant und Campingplatz finden sich hier auch eine Wasserski- und Wakeboardschule sowie ein Partyschiff, das zu wöchentlichen Dämmerungsfahrten ebenso einlädt wie zu Ausflügen, die kulinarisch begleitet werden.

Eine ausgezeichnete Wasserqualität ist am Naturbadestrand Hörnlebad gegeben, wo sich auch Ruhebänke

und Freizeiteinrichtungen finden. Aktiv sein und entspannen lautet das Motto am „Hörnle", das familienfreundlich mit dem Fahrrad über kurze Wege erreichbar ist.

Orts- und Infrastruktur

Eine breite Vielfalt von Unternehmen der unterschiedlichsten Branchen schaffen den wirtschaftlichen Rückhalt der Gemeinde Fußach. Sie sichern ein ausgewogenes Beschäftigungs- und Ausbildungsplatzangebot. Zusammen mit den Freizeiteinrichtungen, der attraktiven Lage inmitten der herrlichen Natur am Bodensee sowie einer hervorragenden Infrastruktur, bietet die Gemeinde seinen Bewohnern und Gästen eine hohe Lebensqualität.

Verkehrswege

Fußach liegt direkt an der B202, die Bregenz mit St. Margrethen in der Schweiz verbindet.

Wichtige Adressen und Telefonnummern

Gemeinde Fußach
A-6972 Fußach
Tel. +43 (0)5578/75716
Fax +43(0)5578/75716-19
gemeindeamt@fussach.at
www.fussach.at

Fraxern

Zu Füßen der Hohen Kugel

Zu Füssen der 1.645 m hoch gelegenen Hohen Kugel liegt der beschauliche Ort auf einer Höhe von 817 m ü. M. und ist Heimat für über 680 Bewohner.

Kurzer Blick ins Geschichtsbuch

Fraxern wurde 1127 erstmalig urkundlich erwähnt. Im 16. Jh. kam das zum Doppelgericht Rankweil-Sulz gehörende Dorf zu Österreich. Die Habsburger regierten die Region wechselnd von Tirol und Freiburg im Breisgau, dem damaligen Vorderösterreich. Zum Bundesland Vorarlberg gehört Fraxern seit dessen Gründung im Jahr 1861.

Sehenswürdigkeiten

Sehenswert ist die Pfarrkirche von Fraxern, die dem hl. Jakobus dem Älteren geweiht ist. Urkundlich erwähnt bereits im Jahr 1502, erfolgte in den Jahren 1900 bis 1911 ein Neubau im sehenswerten neugotischen Stil.

Freizeit und Sport

Der Ort verfügt über ein bestens beschildertes und gepflegtes Wander- und Radwegenetz

Wichtige Adressen und Telefonnummern

Gemeinde Fraxern
Im Dorf 3
A-6833 Fraxern
Tel. +43 (0)5523 64 511
gemeinde@fraxern.at
www.fraxern.at

Fraxern
(Bild Wikipedia CCBY4.0, Reinhard Müller)

Gaißau

Zwischen Altem Rhein und Bodensee gelegen

Die hübsche Gemeinde liegt zwischen Altem Rhein und Bodensee auf einer Höhe von etwa 400 m ü. M. Auf dem Gemeindegebiet, das etwa zu einem Drittel aus Gewässer besteht, leben über 1.800 Einwohner.

Kurzer Blick ins Geschichtsbuch

Die erste Erwähnung des Ortes ist 900 bereits beurkundet, doch der heutige Ortsname Gaißau entstand erst etwa um 1400. Seit 1500 ist Gaißau eine eigenständige Gemeinde, die 1798 in die Hoheit Österreichs wechselte.

Sehenswürdigkeiten

Die Pfarrkirche St. Othmar, die durch ihre Schlichtheit eine eigene Atmosphäre ausstrahlt, ist einen Besuch wert. Erbaut wurde sie im Jahr 1870.

Freizeit und Sport

Der Badeplatz „Rheinspitz Gaißau" ist ein beliebter Treffpunkt, kann man doch auf Liegewiesen herrlich entspannen und Badefreuden genießen.

Wichtige Adressen und Telefonnummern

Gemeinde Gaißau
Kirchstr. 3
A-6974 Gaißau
Tel. +43 (0)5578 71 11 70
gemeindeamt@gaissau.at
www.gaissau.at

Gaißau
(Bild Wikipedia CCBY3.0, Böhringer Friedrich)

Göfis

Das Tor zum Walgau

Die Gemeinde, deren Fläche fast zur Hälfte bewaldet ist, liegt auf einer Höhe von 558 m ü. M. Etwa 3.300 Menschen leben auf dem Gemeindegebiet, das als Tor zum Walgau gilt.

Kurzer Blick ins Geschichtsbuch

Dass die Region um Göfis bereits während der Frühbronzezeit besiedelt war, belegen Funde. Die Habsburger regierten die Orte in Vorarlberg abwechselnd von Tirol und dem damaligen Vorderösterreich (Freiburg im Breisgau) aus, bevor Göfis mit der Gründung im Jahr 1861 eine Gemeinde von Vorarlberg wurde.

Sehenswürdigkeiten

Die Kirche St. Luzius erbaute 1503 Hans Sturn, der Baumeister, der bereits die Dompfarrkirche in Feldkirch errichtet hatte. Im Innern der Kirche sind Arbeiten des Bildhauers Erasmus von Kern zu sehen.

Jährlich findet ein Burgfest auf der aus dem Mittelalter stammenden Burgruine Sigberg statt. Diese wird seit dem Jahr 2001 restauriert.

Wichtige Adressen und Telefonnummern

Gemeinde Göfis
Kirchstr. 2
A-6811 Göfis
Tel. +43 (0)5522 72 715
Fax +43 (0)5522 72 71 585
gemeindeamt@goefis.at
www.goefis.at

Göfis
(Bild Wikipedia CCBY2.5, Böhringer Friedrich)

Götzis

Gemeinde zu Füssen des Therenbergs

Die Marktgemeinde liegt auf einer Höhe von 410 m ü. M. wobei die höchste Erhebung die Hohe Kugel" ist, deren Gipfel auf 1.645 m erreicht. 11.500 Einwohner zählt die Gemeinde.

Kurzer Blick ins Geschichtsbuch

Die Geschichte von Götzis reicht weit in die Vergangenheit. Bereis um das Jahr 1000 herum entstand im Bereich der alten Kirche ein Dorfkern. Die Erhebung zur Marktgemeinde erfolgte am 15. Mai 1694.

Sehenswürdigkeiten

Neben der Pfarrkirche und verschiedenen Kapellen auf Gemeindegebiet ist die Burgruine Neu-Monfort einen Besuch wert. Das Wahrzeichen von Götzis steht auf dem nordöstlichen Ausläufer des Therenbergs. Erbaut wurde die Burg im 14. Jh. und war während des Appenzellerkrieges im 15. Jh. besetzt. Diesem Umstand ist es zu verdanken, dass sie damit zu den wenigen Burgen gehört, die damals nicht zerstört wurden.

Freizeit und Sport

Zu allen Jahreszeiten ist der Besuch der Örflaschlucht zu empfehlen. Wildes Wasser und unberührte Natur entschädigen für die Gehzeit von etwa einer Stunde.

Wichtige Adressen und Telefonnummern

Marktgemeinde Götzis
Bahnhofstr. 15
A-6840 Götzis
Tel. +43 (0)5523 5986
marktgemeinde@goetzis.at
www.goetzis.at

Götzis
(Bild Wikipedia CCBY3.0, Wolfgang S.)

Hard

Gemeinde am Bodenseeufer

Eine Goldmedaille heimste die Marktgemeinde im europäischen Wettbewerb „Entente Florale Europe" für ihre Blumenpracht ein. Hard liegt auf einer Höhe von 399 m ü. M. am Ufer des Bodensees. In der zweitgrößten Gemeinde Vorarlbergs sind etwa 13.300 Einwohner zwischen der Bregenzer Ach und der Mündung des Neuen Rheins in den Bodensee beheimatet.

Kurzer Blick ins Geschichtsbuch

Alemannen besiedelten die Region um 700 und die Gemeinde findet ihre erste urkundliche Erwähnung 1249. In Hard zog die Industrialisierung durch die Gründung einer Textilmanufaktur des Elsässers Samuel Vogel im 18. Jh. ein. 1905 erhob Kaiser Franz Joseph Hard zur Marktgemeinde.

Sehenswürdigkeiten

Neben der Pfarrkirche St. Sebastian, einem neuromanischen, basilikalen Bau aus dem Jahr 1864 ist das Textildruckmuseum Mittelweiherburg einen Besuch wert. Außerdem lohnen die Schleienlöcher, ein Naturschutzgebiet zwischen der Dornbirner Ach und dem dem Neuen Rhein.

Freizeit und Sport

Direkt am Ufer des Bodensee gelegen, ist Hard mit Strandbad, Seesportanlage und FKK-Strand ein beliebter Treffpunkt für Wassersportler und Badegäste.

Wichtige Adressen und Telefonnummern

Marktgemeinde Hard
Marktstr. 18, A-6971 Hard
Tel. +43 (0)5574 6970
hard@hard.at, www.hard.at

Rathaus Hard
(Bild Wikipedia CCBY3.0, Böhringer Friedrich)

Hohenweiler

Im Tal der Leiblach

Ganz im Norden Vorarlbergs liegt die Gemeinde im Leiblachtal. Auf einer Höhe von etwa 500 m ü. M. leben ca. 1.300 Einwohner. Geprägt ist Hohenweiler von Bächen, die von Wald und Gebüsch gesäumt, vom Pfänderrücken dem Grenzfluss Leiblach entgegen fließen.

Kurzer Blick ins Geschichtsbuch

Nahe der Gemeinde entdeckte man die Reste eines römischen, turmartigen Gebäudes, das einst zwischen den Kastellen erbaut worden war. Der Regentschaft der Habsburger folgte die Zugehörigkeit zum Bundesland Vorarlberg im Jahr 1861.

Sehenswürdigkeiten

Die Klosterkirche Maria-Stern Gwiggen, die 1895 erbaut wurde, präsentiert sich in voralpiner Gotik und besticht durch die elegantes Schlichtheit dieses Baustils.

Freizeit und Sport

Die Gemeinde ist ein ideales Ziel für Naturliebhaber. Wander- und Radwege führen durch die Kulturlandschaft, die durch Weiden und Wälder gekennzeichnet ist.

Wichtige Adressen und Telefonnummern

Gemeinde Hohenweiler
Dorf 41
A-6914 Hohenweiler
Tel. +43 (0)5573 83 315
gemeinde@hohenweiler.at
www.hohenweiler.at

Hohenweiler
(Bild Wikipedia CCBY2.5, Böhringer Friedrich)

Was man heute im Damals entdeckt

Textildruckmuseum Mittelweiherburg

Auf die Jahre 1560 bis 70 geht der Bau des Wasserschlösschens Mittelweiherburg in Hard zurück. Ab 1794 entstand unter der Leitung des Fabrikanten Samuel Vogel Vorarlbergs erste Zitz- und Kattundruckerei mit Wasch-, Bleiche- und Trockenhäusern. Vogel brachte Stoffdrucker und Formstecher nach Hard.

Hier, wo vor mehr als 200 Jahren die Geschichte der Harder Textilindustrie begann, kann man sich heute anhand zahlreicher Exponate über die Entwicklung dieses Industriezweiges und ihren Einfluss auf die Marktgemeinde informieren. Das Textildruckmuseum zeigt ausführlich alle Techniken des Formstechens und Handdrucks und informiert über die gesellschaftspolitischen Veränderungen in Vorarlberg. Denn Macht und Reichtum, Löhne und Lohngefälle gingen zu dieser Zeit Hand in Hand mit Kinderarbeit und Arbeitszuwanderung aus dem Trentino im späten 19. Jh. Es werden aber auch die ökologischen Konflikte dargestellt, durch die 150 Menschen ihre Arbeit verloren und der Niedergang des größten Textilunternehmens im Ort.

Bildungspädagogik im Textildruckmuseum

Die Kulturvermittler führen die Besucher in das Thema des Stoffdruckes ein und vor allem für Schulen und Kindergärten hat das Museum eine Dar-

stellungsform entwickelt, in der mit praktischen Übungen ein lebendiger Zugang zur Geschichte möglich wird. So wird, um nur einige Beispiele zu nennen, eine Entdeckungstour auf der Mittelweiherburg angeboten, um die Geschichte kennen zu lernen. Mit Druckmodeln aus Holz und Moosgummi können die Kinder selber Muster auf Textilien drukken, während den Jugendlichen der Entwurf eines eigenen Musters und dessen Übertragung auf den Stoff ermöglicht wird.

Öffnungszeiten:

Das Textildruckmuseum in Hard ist von April bis Okt. jeweils am Mi. und Sa. 17 bis 19 Uhr und an Sonn- und Feiertagen 10 bis 12 Uhr geöffnet. Außerhalb der Öffnungszeiten nach Vereinbarung.

Textildruckmusem Mittelweiherburg

Mittelweiherburg 3, A-6971 Hard
Postanschrift:
Marktstraße 18, A-6971 Hard
Tel +43 (0)5574 69 76 29
textildruckmuseum@hard.at
www.hard.at/de/textildruckmuseum-mittelweiherburg/

Höchst

Gemeinde im Rheindelta

Eine der westlichsten Gemeinden und direkt an die Schweizer Gemeinde St. Margrethen angrenzend, liegt höchst am Ufer des alten Rheins. Die Gemeinde zählt 7.900 Einwohner und liegt auf einer Höhe von 403 m ü.M. Ein großer Teil der Gemeinde ist mit Streuwiesen unter Naturschutz gestellt, um die Hochwassergefahr zu bannen.

Kurzer Blick ins Geschichtsbuch

Eine erste urkundliche Erwähnung aus dem Jahr 881 weist auf die lange Geschichte der Gemeinde hin. Im 12. Jh. unterstand höchst dem Grafen vom Montfort-Feldkirch, woraus sich die jahrhundertelange Beziehung von Höchst zu Feldkirch erklärt. Zum österreichischen Bundesland Vorarlberg gehört die Gemeinde seit der Gründung im Jahr 1861.

Sehenswürdigkeiten

Die Pfarrkirche St. Johann wurde von dem Schweizerr Architekten Albert Rimli erbaut. Der mit 81 Metern höchste Kirchturm Vorarlbergs beherbergt seit 2005 ein siebenstimmiges Geläut der Karlsruher Glockengießerei. In der zwischen 1908 und 1910 erbauten Kirche wurde der Barock mit Jugendstil kombiniert, was dem Gotteshaus eine eigene Atmosphäre verleiht.

Freizeit und Sport

Neben dem Freibad Bruggerloch direkt vor der Rheinbrücke nach Lustenau, das mit weitläufigen Liegewiesen zum Bad lockt, gilt Höchst als eine der Fahrradhochburgen in der Region. Schon früh legte man Fahrradwege an und ist auch heute stark im weiteren Ausbau des Radewegenetzes engagiert. Ausflüge in das nahegelegene Naturschutzgebiet Rheindelta bieten Einblick in ein Vogelbrut- und Rastgebiet, das von überregionaler Bedeutung ist.

Wichtige Adressen und Telefonnummern

Gemeinde Höchst
Hauptstr. 15
A-6973 Höchst
Tel. +43 (0)5578 79 070
gemeindeamt@hoechst.at
www.hoechst.at

Höchst
(Bild Wikipedia CCBY2.5, Böhringer Friedrich)

Pfarrkirche St. Johann in Höchst
(Bild Wikipedia CCBY2.5, Böhringer Friedrich)

Genuss direkt am Rohrspitz

Seerestaurant Glashaus

Inmitten des Naturschutzgebietes ist das Restaurant direkt am See einen Ausflug wert, um sich so richtig verwöhnen zu lassen. Gemütlich ist es hier und romantisch wird es, wenn die Sonne über dem See untergeht. Der wunderschönen Garten des Hauses liegt direkt am Bodensee und ist mit Bäumen beschattet. Auch ein Badeplatz nennt der Betreiber des Seerestaurants sein eigen.
Auch für Veranstaltungen bietet sich hier passende Räumlichkeiten. Hier wird die Familienfeier wie auch er Firmenevent zu einem unvergess-lichen Erlebnis.

Schließlich bietet die gute Küche des Hauses und die aufmerksame Gastfreundlichkeit den passenden Rahmen. Eine vielseitige Speisekarte, die jedem Geschmack etwas zu bieten hat, sticht mit Pizzen, die ihresgleichen suchen ebenso hervor, wie mit den Bodenseefischen, die hier fangfrisch zu edlen Gerichten verarbeitet werden.

Seerestaurant Glashaus

Am See 1, A-6973 Höchst
Tel. +43 (0)5578 72 590
glashaus@ggassner.at
www.seerestaurant-glashaus.at

Einfach abschalten und lecker essen

Blaha-Hof

Naturbelassene Lebensmittel werden im Blaha-Hof-Stüble zu feinen Speisen verarbeitet. Der landwirtschaftliche Betrieb liefert die Rohstoffe, die in der Küche kreativ zusammengestellt werden. Nicht umsonst lesen sich die Kommentare in den sozialen Netzwerken etwa mit Äußerungen wie „... mit Abstand die besten Schnitzel und Cordon bleus ..."oder„ ... leckeres Essen und ehrliche Gastfreundschaft ..."

Die regionalen, bodenständigen Speisen und Getränke haben sich schon weit über die Region hinaus herumgesprochen und in der Tat ist das urige Gasthaus einen Abstecher wert, um sich rundum verwöhnen zu lassen. Die gemütliche Atmosphäre, die gastfreundlichen Wirtsleute und die leckeren Gerichte bieten sich auch für Familien- und Betriebsfeiern an, um unvergessliche Stunden zu erleben.

Und wem es besonders gut geschmeckt hat, der kann im hofeigenen Lädle, die Produkte der Bauernfamlie mit nach Hause nehmen: Hier warten frische Eier, Wurstspezialitäten, Marmeladen, eingelegtes Gemüse, hausgemachte Nudeln und vieles mehr auf die Genießer und Feinschmecker.

Öffnungszeiten Restaurant

Di, Mi, Do, 11.30–13 und 16–22 Uhr, Fr 16-22 Uhr. Sa. auf Voranmeldung. So 11.30-15 Uhr.

Öffnungszeiten Hoflädele

Di, Do, Fr. 9 – 11 Uhr, Fr 16 – 18 Uhr, So 7.30 – 10 Uhr.

Blaha-Hof

Bonigstr. 19, A-6973 Höchst
Tel. +43 (0)5578 72 551
blaha-Hof@aon.at

Hohenems

Modern und lebendig

Willkommen in Hohenems im Herzen des Vorarlberger Rheintales. Das historische Zentrum mit Palast und Schlossplatz liegt auf 433 Metern, malerisch zwischen Rhein und Berg und grüßt mit einem reichen Schatz erlebbarer Geschichte von der „Christengasse“ bis zur „Judengasse“. Auf Schritt und Tritt findet man unglaubliche historische Schätze, die an jene Zeiten erinnern, als hier noch Ritter und Grafen regierten, oder an die Zeit des bürgerlichen Aufbruchs, als in der jüdischen Gemeinde nicht nur das erste Kaffeehaus, sondern auch die erste Bank und die erste Versicherung des Landes gegründet wurde.

Die 16.000 Einwohner der jüngsten Stadt Vorarlbergs schätzen die moderne Vielfalt mit hoher Lebensqualität, einer lebendigen Kulturszene, intakter Natur, Badelandschaften am Alten Rhein und eine Bergwelt mit herrlichem Panorama.

Kurzer Blick ins Geschichtsbuch

Der zentral aufragende Schlossberg ist mehr als nur malerische Kulisse. Auf ihm thront seit dem 12. Jahrhundert eine mächtige Burganlage, die als Alta-Ems („Hohen-Ems") zur Wiege der Stadt wurde.

Unter den Hohenemser Grafen wurde große Geschichte geschrieben. Sie setzten für ihr kleines Reich zwischen Graubünden und Bodensee eine jahrhundertelange Sonderstellung durch und heirateten in die höchsten Kreise der damaligen Gesellschaft ein. Das brachte neben Ansehen, Macht und

Hohenems
(Bilder Walser)

Renaissancepalast Hohenems

besten Verbindungen auch einigen Wohlstand nach Hohenems, welcher sich in einem prächtigen Renaissancepalast veranschaulicht. Die Lateinschule oder die erste Buchdruckerei Vorarlbergs waren weit über die Grenzen hinaus bekannt. 1983 nahm Hohenems das schon 1333 verliehene Stadtrecht in Anspruch und wurde damit zur jüngsten Stadt Vorarlbergs.

Mit dem Freibrief von 1617 wurde Hohenems zu einem jüdischen Zentrum in Europa. Nicht nur der bedeutendste jüdische Kantor des 19. Jahrhunderts, Salomon Sulzer, wurde hier geboren, auch Schriftsteller, Wissenschaftler und viele Pioniere aus Industrie und Tourismus stammen aus Hohenemser jüdischen Familien. Im Jüdischen Viertel wurden die meisten baulichen Zeitzeugen behutsam und vorbildlich saniert und laden heute zu einem ansprechenden Rundgang mit überraschenden Entdeckungen im Jüdischen Museum und zum Besuch des israelitischen Friedhofes ein.

Kunst und Kultur

Die Menschen treffen sich in der warmen Jahreszeit bei den Veranstaltungen am Schlossplatz oder bei einer Vielzahl von attraktiven Kulturfestivals wie der Emsiana, Homunculus, dem Mundartfestival „All´s Dialekt“ oder den Hohenemser Chor- und Orgeltagen. Im liebevoll restaurierten Löwensaal finden Theater-, Kabarett- und Musikveranstaltungen statt und im Rittersaal des Palastes konzertiert das Kammerorchester Arpeggione.

Durch eine selten gewordene Kontinuität und Qualität lockt die international bekannte Schubertiade jedes Jahr Freunde der klassischen Musik aus allen Teilen der Welt in den Markus-Sittikus-Saal nach Vorarlberg. Seit dem Jahr 1976 liegt der Programmschwerpunkt auf Franz Schubert, mit dem Fokus auf Liedgesang, Kammermusik und Klavierwerken.

Villa Rosen

Sehenswürdigkeiten

Jüdisches Museum

Beim „Historischen Rundgang" durch die Altstadt erschließen sich dem Besucher die interessantesten Gebäude aus vergangenen Zeiten. Bei einer Stadtführung erfährt man mehr an Interessantem und Unterhaltsamem aus dem Hohenems von einst und heute.

Besonders sehenswert sind: der Hohenemser Palast, die Ruine Alt-Ems, Schloss Glopper, der Nibelungenbrunnen, das Jüdische Viertel mit dem Jüdischen Museum und dem Jüdischen Friedhof, das Freilichtmuseum „Stoffel´s Sägemühle" und das Alte Zeiten Museum.

Die Museen der Schubertiade sind vor allem zu den Konzertterminen geöffnet und gewähren Einblicke in das Leben und Werk des Komponisten, sowie bedeutender Klassik-Interpreten. Der Otten Kunstraum ist ein lebendiger Ort der Begegnung mit der Kunstsammlung der Unternehmerfamilie Otten. In jedem Fall einen Besuch wert ist die Schokoladenmanufaktur Fenkart am Schlossplatz.

Kunsthandwerkermarkt auf dem Schlossplatz

Schlossberg

Freizeit und Sport

Im größten Freibad des Landes, dem Erholungszentrum Rheinauen, sind auf 7,5 Hektar gepflegte Schwimmbecken neben naturbelassenen Bademöglichkeiten im Alten Rhein zu finden. Auf malerischen Spazierwegen erkundet man den Schlossberg bis zur Ruine Alt-Ems oder zum Schloss Glopper. Ausgedehnte Bike-, Wander- und Klettergebiete mit herrlichem Blick ins Rheintal warten ebenso auf, wie die Alpe Schuttannen, die sportliche Gäste vom Biker bis Tourengeher und Skiläufer im Sommer und Winter willkommen heißt. Besonders Wagemutige buchen einen Segelflug oder einen Fallschirm-Tandemsprung.

Überregional bekannte Sportveranstaltungen wie der Highlander Radmarathon, das Radkriterium, der Emser Stadtlauf oder der Schlossberglauf bringen Jahr für Jahr tausende Sportbegeisterte auf Trab.

Gastronomie und Veranstaltungen

Adlergarten

Die Hohenemser Gastronomie blickt auf eine lange Tradition zurück. Immerhin wurde hier 1797 das erste Kaffeehaus Vorarlbergs, das Kaffee

Kitzinger, eröffnet. Heute findet sich in der Stadt eine gastronomische Vielfalt von traditionellen Gasthöfen mit regionaler Küche, zünftigen Hüttenwirtschaften, Haubenküchen, Erlebnisgastronomie und exotischen Angeboten aus aller Herren Länder. Hier können sich die Gäste zurücklehnen und die Österreichische Gastfreundschaft in den zahlreichen Cafés, Bars und Restaurants genießen.

Während des Jahres begeistern zahlreiche Veranstaltungen, Märkte und Feste die Stadtbewohner/innen und Besucher/innen gleichermaßen. Vom Wochenmarkt über den Herbstmarkt bis zum Christkindlemarkt und vom Sommernachtsjazz bis zum Weinfest. Entspanntes und fröhliches Beisammensein unter freiem Himmel ist jeweils das Gebot der Stunde.

Anreise

PKW: Rheintal-Autobahn A14 (Ausfahrt Hohenems), Bundesstraßen B190 Dornbirn-Feldkirch und B203 Lustenau-Feldkirch

öffentliche Verkehrsmittel: Bus und Bahn (ÖBB-Bahnhof Hohenems) verkehren regelmäßig

Flugzeug: Flughafen Zürich, München, Memmingen, Friedrichshafen oder Innsbruck

Wichtige Adressen und Telefonnummern

Tourismus & Stadtmarketing Hohenems GmbH
Marktstraße 2
A-6845 Hohenems
Tel +43(0)5576 42780
Mail: tourismus@hohenems.at
www.hohenems.travel

Blick vom Schlossberg auf Hohenems

Gut bürgerlich, trendy und bierig

Restaurant s'Witzigmann

In Herrenried, dem Stadtteil „Unter der Bahn“ in Hohenems, liegt ein Restaurant, in dem die Gäste ein vorzügliches Essen erwartet. Die abwechslungsreiche Speisekarte, die beim deftigen „Witzigsmanns Haussalat“ beginnt und beim“Witzigmanns Töpfle“ mit feinen Tranchen vom Rinderfilet in Kräuterrahmsauce noch lange nicht endet.

Mit frischen Zutaten wird hier gekocht – schließlich möchte das Küchenteam den Gästen nur das Beste servieren. Daher wird auch auf den regionalen Bezug der Rohstoffe geachtet. Gekrönt wird die Zubereitung der Speisen durch die Kreativität des Küchenchefs, der die Speisen gekonnt in Szene setzt und dem Gast einen wahren kulinarischen Augenschmaus auf den Teller zaubert.

Während der werktäglichen Mittagszeit gibt es in dem Restaurant einen preisgünstigen und leckeren Mittagstisch, der auch genügend vegetarische Alternativen bietet.

Das Haus der Genüsse

Im angenehmen Ambiente des Restaurants s'Witzigmann erlebt man entspannte Stunden. Ob in den gemütlich eingerichteten Gaststuben oder auf der Gartenterrasse, jeder Gast wird einen Platz nach seinem Gusto finden. Daher empfiehlt sich das s'Witzigmann auch für Famlienfeiern oder Firmenevents. Schließlich finden hier bis zu 150 Personen Platz, die die Küche

ebenso zu schätzen wissen, wie die Atmosphäre des Hauses, die den gebührenden Rahmen liefert.
Für den Ausklang des Tages und zur Abrundung des Besuches im s'Witzigmann findet sich gleich neben dem Restaurant die „Smoker's Lounge", in der Genießer mit einer hochwertigen Auswahl an Cocktails, Whisky- und Branntweinsorten sowie Zigarren verwöhnt werden. Die Lounge hat sich zu einem beliebten Treffpunkt entwickelt, an dem man beim Gespräch mit Freunden und dem Genuss einer guten Zigarre und etwas Hochprozentigem dem Alltag für eine Weile entfliehen kann.

Restaurant s'Witzigmann

Nibelungenstr. 13
A-6845 Hohenems
Tel. +43 (0)5576 73 039
restaurant@witzigmann.net
www.witzigmann.net

Edles aus der Schokoladenmanufaktur

Fenkart Schokoladengenuss

Zu den Geheimnissen feiner Schokoladenspezialitäten gehören die Auswahl edelster Zutaten, die schonende und liebevolle Verarbeitung von Hand und die appetitanregende Umgebung, in der die Köstlichkeiten angeboten werden.

Für die Fenkart Schokoladenprodukte findet nur der qualitativ hochwertige lateinamerikanische Criollo Kakao Verwendung, der nachhaltig angebaut und sorgfältig fermentiert wird. In dem seit Generationen in Hohenems tätigen Unternehmen fühlt man sich der Bodenseeregion verpflichtet. So lässt man in die Kreationen, die im Haus geschaffen werden, die Region durch hochwertige Zutaten wie Früchte und Beeren sowie Edelbrände miteinfließen.

Ein Besuch in der Schokoladenmanufaktur

Ein besonderes Erlebnis für den Schokoladengenießer ist der Besuch einer Manufaktur. Hier, wo Tafelschokoladen, Pralinen, Schokoladendragées und Trinkschokolade hergestellt werden, bietet sich der eindrucksvolle Einblick in die Produktion, in der von Meisterhand wahre Kunstwerke der zarten Versuchungen entstehen.

Während der Führung durch das Unternehmen lässt man sich in die Kakaoplantagen ferner Länder entführen und lernt die Arbeit der kreativen Chocolatiers kennen. Außerdem ist man im Schauraum zu Verkostungen eingeladen, um auch der Nase und dem Gaumen etwas Feines zu gönnen.

Herzlich willkommen im Schlosskaffee

Bereits in der dritten Generation verwöhnt das Café im Herzen von Hohenems am Schlossplatz seine Gäste mit täglich frischen, hausgemachten Leckereien. Das gemütliche Kaffeehaus lädt mit seiner gediegenen Atmosphäre zum Verweilen ein und bei schönem Wetter ist der Aufenthalt im Gastgarten ein wahres Vergnügen. Vom abwechslungsreichen Frühstück über leckere Mehlspeisen bis zu knackig frischen Salaten reicht das Angebot, das durch herzhafte Toasts und einem abwechslungsreichen Mittagstisch abgerundet wird. Zu den hausgemachten Kuchen und Torten werden feine Kaffee- und Kakaospezialitäten angeboten.

Fenkart Schokoladengenuss
Familie Fenkart KG

Schlossplatz 10
A-6845 Hohenems
Tel. +43 (0)5576 72 356
Fax +43 (0)5576 72 35 66
info@schokoladengenuss.at
www.schokoladengenuss.at

Hörbranz

Im Einklang mit der Natur

Die beschauliche Gemeinde liegt auf einer Höhe von 426 m ü.M. im Leiblachtal. Inmitten der intakten Natur und am Bodensee angrenzend, leben ca. 6.300 Einwohner. Umgeben von Wäldern, Wiesen und Bergen hat die Marktgemeinde für jeden Geschmack etwas zu bieten. Radfahren und Wandern, Baden oder einfach nur entdecken und entspannen.

Kurzer Blick ins Geschichtsbuch

Die älteste urkundliche Erwähnung findet sich im Jahr 1220. Die exponierte Lage von Hörbranz und dem Leiblachtal führten in den vergangenen Jahrhunderten immer wieder dazu, dass die Region zu einem Kriegsschauplatz wurde. Während der

Pfarrkirche St. Martin
(Bild Marktgemeinde Hörbranz)

Zeit der Römer war das Tal Aufmarschgelände für die Truppen und zur Zeit der Schwedenkriege um 1647 diente es der Verteidigung des Landes gegen die Truppen von General Wrangel. Auch in der Zeit der Franzosenkriege im 18. und 19. Jh. marschierten fremde Soldaten im Gemeindegebiet.

Sehenswürdigkeiten

Sehenswert ist die Hörbranzer Pfarrkirche hl. Martin, die aus dem Jahr 1488 stammt und die ein berühmtes Mariengemälde aus dem 17. Jh. beherbergt. Das Muttergottesbild stellt Maria Verkündigung dar und ist die meisterlich gelungene Kopie des Gemäldes von Christofano Allori (1577-1621) aus Florenz. Das Meisterwerk ist als Kulturgut eingestuft.

Aus der Zeit der Jahrhundertwende stammt das Salvatorkolleg in Alberloch. Der dem Campanile nachempfundene Turm und zwei Ecktürme mit hervorspringenden Gebäudeteilen verleihen dem Kloster einen mediterranen Akzent. Das Kloster, das im Stil des Historismus erbaut wurde, dient

Salvatorkolleg
(Bild Wikipedia CCBY3.0, Böhringer Friedrich)

heute als kirchliche Bildungsstätte und Begegnungshaus.

Daneben ist die Rochuskapelle mit dem Pestfriedhof Giggelstein eindrucksvoll. Erbaut in den Jahren 1635 bis 1640 für die vielen Pesttoten, die Hörbranz zu beklagen hatte.

Das Ensemble alter Rheintalhäuser stellen in der Marktgemeinde bemerkenswerte Bauten dar.

Kneippanlage
(Bild Marktgemeinde Hörbranz)

Freizeit und Sport

Die intakte Natur in und um Hörbranz lädt zu den verschiedensten Freizeitaktivitäten ein. Ob mit dem Fahrrad oder zu Fuß – überall zeigt die Natur ihre schönsten Seiten, in der sich der Freizeitsportler bewegen kann.

Tipp: Die Wanderung durch den Pfänderstock ist zu jeder Jahreszeit möglich. Über vorwiegend gut begehbare Forstwege führt die Tour auf den Pfänderrücken. Herrliche Aussichtspunkte, die einen Blick auf das Leiblachtal, den Bodensee und das Bregenzer Seeufer bieten, lassen die Wanderung zu einem Vergnügen für die ganze Familie werden.

Kunst und Kultur

Das gesellschaftliche Leben in der Marktgemeinde wird durch mehr als 60 Vereine getragen, die für die unter-

Weihnachtsmarkt
(Bild Marktgemeinde Hörbranz)

schiedlichsten Interessen etwas zu bieten haben. Ob Kultur, Sport oder Natur – mit ihrer ausgezeichneten Jugendarbeit, die die Vereine leisten, tragen sie dazu bei, den Jugendlichen am Ort attraktive Möglichkeiten der Freizeitgestaltung aufzuzeigen und den Zusammenhalt unter den Bewohnern zu fördern.

Wirtschaft

Die Produktions- und Dienstleistungqualität in Hörbranz zeigt sich in einer Vielzahl von kleinen und mittleren Unternehmen. Die vielfältigsten Branchen bieten eine hohe Anzahl von Berufs- und Ausbildungsplätzen und tragen wesentlich zur Versorgung der Bewohner bei.

Orts- und Infrastruktur

Mit einer Volks- und einer Mittelschule sowie einer Musikschule stehen den Jugendlichen am Ort Bildungseinrichtungen zur Verfügung, was von Kindergarten und Kleinkinderbetreuung nach unten abgerundet wird.

Ein breites Angebot im Gesundheitswesen von Ärzten über Physiotherapeuten bis hin zu Krankenpflege und Apotheke sichern das Wohlergeben der Bewohner. Auch für die Senioren des Ortes wird viel getan, verfügt die Marktgemeinde doch über eine Vielzahl sozialer und altersgerechter Einrichtungen.

Wichtige Adressen und Telefonnummern

Marktgemeinde Hörbranz
Lindauer Str. 58
A-6912 Hörbranz
Tel. +43 (0)5573 82 22 20
Fax +43 (0)5573 82 22 24
gemeinde@hoerbranz.at
www.hoerbranz.at

Biotop Dietzlings
(Bild Marktgemeinde Hörbranz)

Kennelbach

An der Bregenzer Ach gelegen

Wasser war für Industrieunternehmen schon immer ein wichtiger Standortfaktor. Da die Bregenzer Ach durch Kennelbach fließt, konnten sich hier bereits in früher Zeit industrielle Unternehmen ansiedeln. Dies ist auch heute noch so, in der Gemeinde, die südlich des Bodensees auf einer Höhe von 430 m ü.M. liegt und für etwa 2000 Menschen eine Heimat ist. Kennelbach ist für die Bewohner und seine Gäste ein attraktiver Ort, den es zu entdecken gilt.

Kurzer Blick ins Geschichtsbuch

Vor dem Jahr 1805 regierten die Habsburger die Region, während es von 1805 bis 1814 vom Königreich Bayern verwaltet wurde. Ab 1814 gehörte Vorarlberg schließlich wieder zu Österreich und seit 1861 ist Kennelbach eine Gemeinde des Landes. Seit 1911 ist Kennelbach selbstständig und somit die jüngste Gemeinde in Vorarlberg. Während des 19. Jh. gründete die Industriellenfamilie Schindler in Kennelbach eine Baumwollspinnerei, die bis 1968 existierte. In dem ehemaligen Sitz der Familie Schindler, der Villa Grünau, ist heute die Gemeindeverwaltung untergebracht.

Sehenswürdigkeiten

Zu einem der bedeutendsten Gebäude gehört die Villa Grünau in Kennelbach. Die Jugendstilvilla wurde Ende des 19. Jh. von der Industriellenfamilie Schindler erbaut. Im Ort war

Kennelbach
(Bild Wikipedia CCBY3.0, Böhringer Friedrich)

Villa Grünau (Gemeinde Kennelbach)

die Villa seinerzeit als „Elektrisches Haus" bekannt, weil die Eigentümer bereits vor 1900 über Elektrizität verfügten. Wandmalereien, ein prunkvoller Musiksaal, eine große Kuppel sowie kunstvolle Beleuchtungskörper kennzeichnen das Innere des Gebäudes, während es außen von einer prachtvollen Parkanlage umgeben ist.

Auf einem Hügel steht die Pfarrkirche Hl. Josef, deren Bau auf das Jahr 1890 zurückgeht. Das Innere des neugotischen Langbaus besticht mit einer sehenswerten flachen Holzfelderdecke. Ebenso beachtenswert sind die Glasmalereien aus dem 19. Jh., die aus der Tiroler Glasmaleranstalt stammen.

Hoch über dem Ort bietet die Aussichtswarte „Cosmus-Jenny-Ruhe" einen eindrucksvollen Ausblick auf Kennelbach. Der 1909 erbaute Pavillon geht auf eine Spende der Familie Schindler zurück.

Freizeit und Sport

Durch schattige Wälder führt ein Radweg direkt nach Bregenz und bis zum Bodensee, der für genussvolle Stunden in der Natur sorgt. Wanderer finden auf idyllischen Wegen entlang der Bregenzer Ach zur Ruhe und zum Entspannen eignen sich die Naturbadeplätze entlang des Flusstales sowie ein Waldlehrpfad in nächster Umgebung.

Orts- und Infrastruktur

Weltbekannte Unternehmen wie Ski- und Tennischlägerhersteller, ein Logistikunternehmen und ein internationaler Automobilzulieferer haben sich hier angesiedelt.

Wichtige Adressen und Telefonnummern

Gemeinde Kennelbach
Friedrich-Schindler-Str. 1
A-6921 Kennelbach
Tel. +43 (0)5574 71 8 98-0
Fax +43 (0)5574 71 8 98-20
info@kennelbach.at
www.kennelbach.at

Klaus

Das beschauliche Erholungsdorf

An den Hängen zur Hohen Kugel mit seinen 1.645 m Höhe liegt das beschauliche Erholungsdorf, das aufgrund der klimatisch günstigen Verhältnisse vom Weinanbau geprägt ist. In dem aufgrund seiner hohen Sonnenscheindauer beliebten Feriendorf leben ca. 3.100 Einwohner.

Kurzer Blick ins Geschichtsbuch

Urkundlich erstmals erwähnt wurde Klaus im Jahr 890. Die Lebensgrundlage der Dorfbewohner waren Viehzucht und Getreideanbau und schon seit dem 12. Jh. wurde erfolgreich Weinanbau betrieben.

Sehenswürdigkeiten

Neben der Pfarrkirche Klaus sind die Lourdeskapelle auf dem Tschütsch und die Sattelberg- sowie Franzosenkapelle beim Pfarrersbühel sehenswert.

Freizeit und Sport

Der Miniaturgolfplatz der Gemeinde mit 18 Bahnen auf dem nationale und internationale Veranstaltungen durchgeführt werden, ist während der Sommermonate ein beliebter Treffpunkt für Jung und Alt.

Wichtige Adressen und Telefonnummern

Gemeinde Klaus
Anna Henslerstr. 15
A-6833 Klaus
Tel. +43(0) 5523 62 53 60
gemeinde@klaus.cnv.at
www.klaus.at

Blick auf Klaus
(Bild Wikipedia CCBY3.0, Böhringer Friedrich)

Koblach

Schon in der Steinzeit besiedelt

Die Gemeinde mit ihren Ortsteilen Au, Dürne, Straßenhäuser, Neuburg und Udelberg liegt auf einer Höhe von 456 m ü. M. und beherbergt etwas über 4.400 Einwohner.

Kurzer Blick ins Geschichtsbuch

Schon aus der Mittelsteinzeit stammen Funde, die auf die frühe Besiedelung des Gemeindegebietes hinweisen. Während des Mittelalters war Koblach ein Königshof der Welfen, bevor es im 14. Jh. dem Herrschaftsgebiet der Montforer überging.

Sehenswürdigkeiten

Die aus dem 12. Jh. stammende Burgruine Neuburg, dem ehemaligen Königshof der Welfen, war einst eine der mächtigsten und größten Burganlagen Vorarlbergs.

Freizeit und Sport

Aus dem früheren Torfabbaugebiet ist heute ein Naturerlebnis der besonderen Art geworden: Die „Schollasteacher“, die Torfstecher, bieten Führungen und Naturbeobachtung an.

Wichtige Adressen und Telefonnummern

Gemeinde Koblach
Werben 9
A-6842 Koblach
Tel. +43 (0)5523 62 87 50
gemeinde@koblach.at
www.koblach.at

Langen

Am Südhang des Pfänderstocks gelegen

Die hübsche Gemeinde liegt am Südhang des Pfänderstocks auf einer Höhe von 658 m ü. M. Aufgrund ihrer Nähe zum Bregenzerwald gehört Langen, in dem etwa 1.400 Menschen leben, auch zur Käsestraße Bregenzerwald.

Kurzer Blick ins Geschichtsbuch

1422 gründeten die Dominikanerinnen ein Kloster in Langen, das nach einem vernichtenden Feuer nur 40 Jahre später nach Kennelbach verlegt wurde. In frühen Zeiten lag die Gemeinde an der Salzstraße, die das Solbad Hall mit dem Rheintal verband.

Sehenswürdigkeiten

Neben der Pfarrkirch hl. Sebastian gibt es im Gemeindegebiet eine Vielzahl von kleinen Kapellen, die einen Abstecher wert sind.

Freizeit und Sport

Langen ist Ausgangsort vieler Bergtouren und Wanderungen, bei denen man auch auf den Hausberg, den Pfänder, gelangt.

Wichtige Adressen und Telefonnummern

Gemeinde Langen
Dorf 150, A-6932 Langen
Tel. +43 (0)5575 44 150
gemeinde@langen.at, www.langen.at

Langen
(Bild Wikipedia CCBY2.5, Böhringer Friedrich)

Laterns

Im Laternsertal

Die flächenmäßig größte Gemeinde im Bezirk Feldkirch stellt Laterns dar, das auf einer Höhe von 921 m ü. M. liegt. Die Gemeinde liegt im Laternsertal und reicht bis zum Furkajoch, das 1.761 m hoch ist. Laterns hat etwa 650 Einwohner.

Kurzer Blick ins Geschichtsbuch

Alp- und jagdwirtschaftlich wurde das Gemeindegebiet bereits seit rätoromanischer Zeit genutzt. Eine erste urkundliche Erwähnung findet sich im Jahr 1177. Zu Beginn des 14. Jh. begann die Besiedelung durch die Walser.

Sehenswürdigkeiten

Sehenswert ist die denkmalgeschützte und im neugotischen Stil errichtete Expositurkirche Unsere Liebe Frau Mariahilf.

Freizeit und Sport

Während der Wintermonate ist das Skigebiet Laterns-Gapfohl mit Sesselbahnen und Schleppliften ein beliebter Treffpunkt für Skisportler. Im Sommer finden sich in neben eine Sommerrodelbahn zahlreiche Wanderwege, die das Bergparadies erschließen.

Wichtige Adressen und Telefonnummern

Gemeinde Laterns
Laternserstr. 6
A-6830 Laterns
Tel. +43 (0)5526 212
gemeindeamt@laternsertal.at
www.laternsertal.at

Laterns
(Bild Wikipedia CCBY2.5, Böhringer Friedrich)

Lauterach

Direkt am Lauteracher Ried

An der Bregenzerache gelegen, findet sich die Marktgemeinde zwischen Dornbirn und Bregenz. Die beschauliche Gemeinde bietet auf einer Höhe von 412 m ü. M. etwas über 10.200 Einwohnern ein Heim. Lauterach gehört zu einer der e5-Gemeinden, die es sich zur Aufgabe gemacht haben, in der Energiepolitik und im Klimaschutz Vorarlberg bis zum Jahr 2050 zur Energieautonomie zu bringen.

Kurzer Blick ins Geschichtsbuch

Im Lauteracher Ried, unweit der Marktgemeinde, fand man im Jahr 1880 beim Torfstechen ein römisches Münzdepot. Zur Gründung einer Dorfgemeinschaft kam es aber erst im 5. Jh. Wie in der gesamten Region regierten auch hier im Lauf der Jahrhunderte die Habsburger.

Im Ortsteil Lerchenau versuchte im frühen 19. Jh. ein Fabrikant ein nobles Heilbad zu errichten. Eisenbestandteile in einer Schwefelquelle schufen hierfür die Voraussetzungen, doch nachdem die zahlungskräftigen Gäste ausblieben, stellte man den Betrieb bereits sechs Jahre später wieder ein.

Sehenswürdigkeiten

Von einem der bedeutendsten Baumeister Vorarlbergs, Josef Anton Albrich, der um 1900 viele Villen in Dornbirn schuf, stammt auch die Pfarrkirche hl. Georg in Lauterach aus dem Jahr 1878. Im Kircheninneren dominiert eine gewölbte Kassettendecke aus Zirbenholz mit Gemäldemedaillons von Meister Kaspar Rick. Das fünfstimmige Bronzegeläut des Gotteshauses ist ein Meisterwerk der Graßmayerschen Glockengießkunst.

Lauteracher Ried
(Bilder Gemeinde Lauterach)

Alter Sternen

In dem 1886 erbauten St. Josefskloster leben seit 1904 die Redemptoristinnen. Die im Nazarener-Stil gestaltete Klosterkirche ist ein Kleinod dieser Stilrichtung in Vorarlberg.

Kloster St. Josef

Kunst im Rohnerhaus nennt sich eine Sammlung Vorarlberger Künstler seit dem 17. Jh. Das Museum veranstaltet auch Sonderausstellungen bedeutender Künstler zur Kunstgeschichte Vorarlbergs.

Südwestlich von Lauterach liegt das Natura-2000-Landschaftsschutzgebiet „Lauteracher Ried“. Mit seiner Ausdehnung von etwa 800 ha stellt es einen wichtigen Naherholungsraum für die Bevölkerung der Region dar. Der Streuwiesenbiotop-Verbund ist ein wichtiges Brutgebiet für manche bedrohte Vogelart.

Abgerundet wird das Naturerlebnis im Lauteracher Ried von dem Jannersee. Der kleine Badesee entstand durch Kiesabbau zum Ende der 1950er Jahre.

Freizeit und Sport

Die Kulturlandschaft rund um die Marktgemeinde lädt zu Wanderungen und Fahrradtouren ein. An heißen Sommertagen lockt der Jannersee, der für eine angenehme Abkühlung sorgt.

Entenbach

Seit 1994 findet jedes Jahr im August in Lauterach der „Jannersee-Triathlon“ statt. Dieser Wettkampf, bei dem jeder Freizeitsportler antreten darf, beinhaltet 400 m Schwimmen, 16 km Radfahren und 4 km Laufen.

Kunst und Kultur

Unter Kultur versteht die Marktgemeinde Lauterach vor allem Orte zu schaffen, an denen Menschen sich treffen, schöne Momente erleben, Gespräche führen und damit Ihr Wohlbefinden, Ihre Lebensqualität verbessern können. Konzerte, Lesungen, Musikaufführungen und Theaterstücke tragen dazu bei. Ein wichtiger Baustein im Kulturangebot von Lauterach ist das „Rohnerhaus“. Alwin Rohner zeigt in seinem Privatmuseum im Herzen von Lauterach dabei vornehmlich Vorarlberger Kunst. Daneben prägt die „Alte Seifenfabrik“ mit ihrem postindustriellen Rahmen das Kulturleben in Lauterach. Sie bietet die passende Atmosphäre für Kunstausstellungen, Vorträge und Empfänge. Und schlussendlich tragen die Vielzahl an Vereinen in Lauterach zu einem großen Angebot, für jeden Geschmack bei.

Am Jannersee

Wirtschaft

Die Produktions- und Dienstleistungsqualität in Lauterach zeigt sich in einer Vielzahl von kleinen und mittleren Unternehmen. Die vielfältigsten Branchen bieten eine hohe Anzahl von Berufs- und Ausbildungsplätzen und tragen wesentlich zur Versorgung der Bewohner bei.

Orts-und Infrastruktur

Mit zwei Volksschulen, einer Hauptschule sowie Bundesoberstufengymnasium und einem sonderpädagogischen Zentrum stehen den Jugendlichen am Ort verschiedene Bildungseinrichtungen zur Verfügung, was von Kindergärten und Kleinkinderbetreuung sowie Spielgruppen nach unten abgerundet wird.

Ein breites Angebot im Gesundheitswesen sorgen für das Wohlergeben der Einwohner und auch für die Senioren des Ortes wird viel getan, verfügt die Marktgemeinde doch über eine Vielzahl sozialer und altersgerechter Einrichtungen.

Wichtige Adressen und Telefonnummern

Marktgemeinde Lauterach
Hofsteigstr. 2 a
A-6923 Lauterach
Tel. +43 (0)5574 68 020
Fax +43 (0)5574 68 025
www.lauterach.at

Lochau

Zwischen Berg und See

Die Gemeinde Lochau (416 m ü. M.) liegt in der Bregenzer Bucht zwischen Bregenz und dem bayerischen Lindau, unmittelbar am Fuß des 1.064 m hohen Pfänders. Der aufstrebende Ort ist ein herausragendes Feriendomizil, kann man dort doch dem Wassersport ebenso frönen wie dem Bergsport. Die vielfältige Freizeit- und Erholungsgemeinde, die etwa 5.800 Einwohner zählt, verfügt über attraktive Wohnsiedlungen und eine ausgezeichnete Infrastruktur.

Kurzer Blick ins Geschichtsbuch

Die ersten Funde menschlicher Besiedelung im Gemeindegebiet deuten auf die Spätbronzezeit hin, in der die Wellensteinhöhle am Pfänderhang bewohnt war. Zu Zeiten der Römer wurde bei Lochau der Ofen einer Ziegelbrennerei betrieben. Nachdem im Jahr 1523 die Zuteilung zur Herrschaft Bregenz erfolgte, kam es in Lochau während des Dreißigjährigen Krieges zu Kriegshandlungen beim Angriff der Schweden auf Bregenz. Der schwedische General Carl Gustav Wrangel hatte damals in Schloss Hofen Quartier bezogen und noch heute sind die Schanzanlagen aus diesen Kriegsjahren deutlich erkennbar.

Aus der Zeit um 1775 stammt das älteste und letzte Schulhaus aus theresianischer Zeit. Zunächst für zwei Schulklassen zum Lesen, Schreiben und Rechnen erbaut, bildete es die Urquelle des heutigen Schulzentrums. Heute ist es Heim und Arbeitsstätte der Ortsgeschichtlichen Sammlung von Lochau und wird als liebenswertes Kleinod und ältestes Denkmal der Gemeinde gepflegt.

Lochau
(Bilder Gemeinde Lochau)

Winter in Lochau

Unter den Habsburgern ereilte Lochau eine wechselvolle Geschichte, gehörte es doch Anfang des 19. Jh. mal zu Deutschland, dann wieder zu Österreich. Zum Bundesland Vorarlberg zählt Lochau nun seit 1861.

Sehenswürdigkeiten

Der Bau der Pfarrkirche Franz Xaver in den Jahren 1843-1844 ermöglichte der Gemeinde ihre eigene Pfarrei, die am 08.10.1955 errichtet werden konnte, gehörte sie doch in früheren Jahren zur Pfarrei St. Gallus in Bregenz. Das Gebäude wurde im neuromanischen Stil erbaut, während sich die Ausstattung spätbarock klassizistisch präsentiert. Besonders sehenswert ist der Hochaltar, dessen Bild die Geburt Christi darstellt und von dem in Bregenz tätigen Barockmaler Matthäus Zehender im 17. Jh. geschaffen wurde.

Nordöstlich von Lochau befindet sich auf einer bewaldeten Kuppe die Ruine der Burg Alt-Hofen, deren Errichtung auf das 13. Jh. zurückgeht. Zerstört wurde die Burg bereits 1452 durch einfallende Truppen des Schwäbischen Städtebunds.

Direkt am Bodenseeufer gelegen, ist das Schloss Hofen neben dem Palast Hohenems der zweite Renaissancebau Vorarlbergs. Gebaut wurde das Anwesen im 16. Jh. Nach einer wechselvollen Geschichte im Lauf der Jahrhunderte fand das Anwesen 1991 seine heutige Nutzung als Zentrum für Wissenschaft und Weiterbildung.

Kulturelles und Veranstaltungen

Für Gäste und Einheimische steht in und um Lochau ein vielfältiges gastronomisches Angebot zur Verfügung. Traditionelle Gasthöfe und Berggaststätten sowie Haubenlokale mit einem weiten Blick über den Bodensee bieten abwechslungsreiche kulinarische Erlebnisse.

Außerdem locken in Lochau rund um das Jahr Veranstaltungen wie die Nacht der Musik am 1. Donnerstag im August, das jährliche Dorffest des Musikvereins Lochau am letzten Juli-Wochenende sowie das Maiblasen, das die Gäste und Einwohner mit flotter Blasmusik an verschiedenen Stätten im Gemeindegebiet unterhält.

Zu Pfingsten findet im Lochauer Yachtclub die Bootstaufe statt, bei

Strandbad

der der Bodenseegott Neptun den neu auf dem Bodensee zugelassenen Booten seinen Segen gibt.

In der Adventszeit sorgt der Lochauer Adventszauber mit Advent- und Nikolausmarkt am Hafen sowie einem Kirchenkonzert des Musikverein Lochau und dem Schloss Hofener Advent für besinnliche Stunden und vorweihnachtliche Stimmung.

Freizeit und Sport

Kaum eine andere Gemeinde hat mit dem See zu Füssen und dem Pfänder im Rücken ein solch vielfältiges Freizeitangebot zu bieten wie die Gemeinde Lochau.

Locken auf der einen Seite die Freizeitanlagen entlang des Sees zu Spaziergängen, Wanderungen und Radeln, stehen den Bootssportlern auf der anderen Seite zahlreiche Anlagen zur Verfügung, wo sie ihrem Freizeitvergnügen nachgehen können. Ob rudern, paddeln oder segeln, eine Schifffahrt mit den Bodenseeschiffen, die direkt am Lochauer Kaiserstrand ihre Kaianlagen unterhalten, oder ge-

Segelhafen

pflegte Badeplätze entlang des Ufers für ein erfrischendes Bad im See – überall findet man Stellen, an denen man die Seele baumeln lassen kann. Auf zahlreichen Strecken am See kann man gemütlich auf zwei Rädern die Uferregion des Bodensees erkunden.

Pfänder

Ganz anderes auf der anderen Seite von Lochau, wo es direkt hinauf auf den Pfänder geht. Auch hier finden sich Wander- und Spazierwege für die, die auf Schusters Rappen unterwegs sind oder vielfältige Radfahrmöglichkeiten, wo man auf einem Drahtesel die Schönheiten der Bergwelt entdecken kann.

Tipp: Auf den Spuren der Schweden, die während des 30jährigen Krieges um 1647 mit 8000 Mann vor Bregenz standen, bewegt man sich auf dem Schwedenweg. 2007 wurde ein Gedenkweg mit 12 lehrreichen Tafeln errichtet, der von Lochau über den Haggen nach Bregenz, bzw. Lochau-Tannenbach, führt. Mit geeignetem Schuhwerk ist dies eine interessante Wanderung auf historischen Pfaden.

Wichtige Adressen und Telefonnummern

Gemeinde Lochau
Landstr. 22
A-6911 Lochau
Tel. +43 (0)5574 42 16 80
Fax +43(0)5574 42 16 820
gemeinde@lochau.at
www.lochau.at

Das Besondere erleben

****

Sentido Seehotel Am Kaiserstrand

Direkt am See, dort wo schon um 1917 Kaiser Karl seine Sommerfrische verbrachte, genießt man im revitalisierten SENTIDO Seehotel Am Kaiserstrand**** den einzigartigen Blick, der über den Bodensee und dessen Ufer weit in die Bergwelt schweift.

Dieser Ausblick erschließt sich auch den Gästen, die eines der 102 Zimmer oder Suiten im 4-Sterne-Haus zur See- oder Pfänderseite gebucht haben. Die dezenten Farben der Natur wurden als Konzept in die Zimmer übertragen, die dem Gast ein gewisses Strandfeeling vermitteln. Die modernen und mit allem Komfort ausgestatteten Räume erlauben unbeschwerte und entspannende Stunden.

Den Alltag endgültig hinter sich und die Seele baumeln lassen gelingt in dem 900 m² umfassenden SPA und Wellnessbereich des Hauses, der neben einer Saunalandschaft einen beheizten Innenpool umfasst. Massagen- und Kosmetikbehandlungen fördern zusätzlich das Gleichgewicht von Körper, Geist und Seele. Für die kulinarischen Genüsse stehen den Gästen im Seehotel neben verschiedenen Bars das Restaurant Wellenstein und die herrlichen Terrassen am See bereit. Und während man die regionalen Spezialitäten und die exquisiten internationalen Gericht genießt, eröffnen sich einem traumhafte Blicke auf den See.

Direkt in den Bodensee ist das Badehaus gebaut – ein Vorzeigeobjekt der Vorarlberger Holzbaukunst. Ein 42 m langer Holzsteg führt dort hinaus, wo am Abend eine einmalige Location für Empfänge, Präsentationen und Feiern mit kleiner Gastronomie entsteht. Für Schulungen, Konferenzen, Präsentatio-

nen und Meeting bietet das SENTIDO Seehotel Am Kaiserstrand**** verschiedene klimatisierte und lichtdurchflutete Seminarräume. Mit modernster Tagungstechnik ausgestattet und begleitet von einem abgestimmten kulinarischen Rahmenprogramm können bis zu 170 Personen den herausragenden Service und das einmalige Ambiente im Seehotel Am Kaiserstrand genießen.

Sentido Seehotel
Am Kaiserstrand****
Am Kaiserstrand 1
A-6911 Lochau am Bodensee
Tel. +43 (0)5574 58 111
info@seehotel-kaiserstrand.at
www.seehotel-kaiserstrand.at

Aus Gutem etwas Wertvolles schaffen

Restaurant Mangold

Wahrer Luxus ist die gelungene Symbiose zwischen dem Erzeuger hochwertiger Lebensmittel und dem Handwerker, der daraus köstliche Speisen zaubert. Im Restaurant Mangold legt man Wert auf Qualität und da für den Küchenmeister, Michael Schwarzenbacher, und sein Team das Kochen eher Berufung als ein Job ist, bietet man eine junge und moderne Art der Gastronomie, ohne die traditionellen Werte zu vergessen.

Oberste Devise im Hause ist der Grundsatz, dass man nur aus Gutem etwas Wertvolles herstellen kann. Schon bei der Produktion legen die Lieferanten der Rohstoffe Wert auf Qualität statt Quantität. Das persönliche Verhältnis zwischen den Produzenten, dem Bauern oder dem Bodenseefischer, und dem Verarbeiter im Restaurant Mangold schafft Vertrauen. Ständig sind beide Seiten auf der Suche nach dem Besten, um daraus Speisen zu zaubern, deren Geschmack der Gast sinnlich spüren kann. Das lohnende Ergebnis der Anstrengungen ist eine herzhafte österreichische Küche, die in leichter Form daherkommt und mit mediterranen Elementen kombiniert wird. Wie wäre es, um ein Beispiel zu nennen, heute mit einem Kaninchen Salt´im Bocca mit Kumquats und Ziegentopfen, dem eine aufgeschlagene, weiße Zucchinisuppe folgt? Und - begleitet von einem Sauvignon Blanc aus der Südsteiermark – bildet ein Zanderfilet mit mediterranem Blattspinat und Stampfkartoffeln das Hauptgericht. Als Dessert wird ein Schokoladenbrownie mit exotischen Früchten und frisch gerührtem Sorbet gereicht.

„Danke. Das war ein schöner Abend."

Das hören die Gastgeber von ihren Gästen am Liebsten, zeigt es doch, dass diese die Qualität zu schätzen wissen. Das ist Ansporn und Motivation zugleich für eine Gastfreundschaft, die in dem familiär geführten Haus von Herzen kommt.

Neben einer Bar und Weinecke, in der man sich bei einem Aperitif auf den Abend freut, stehen verschiedene Räumlichkeiten zur Verfügung. Von den „Wälderstuben" in gemütlich-heimeliger Fichtenholzatmosphäre bis hin zum „Rossini", das einen in elegant-mediterranem Ambiente empfängt. Während der Sommermonate werden die Gäste auch im romantisch überwachsenen Innenhof verwöhnt.

Restaurant Mangold KG

Pfänderstr. 3, A-6911 Lochau
Tel +43 (0)5574 42 431
office@restaurant-mangold.at
www.restaurant-mangold.at

Mit bestem Blick auf den Bodensee

Gasthaus Seibl

„Wir kamen auf die Empfehlung von Freunden ins Gasthaus Seidl. Bei bestem Spätsommerwetter nahmen wir auf der riesigen Sonnenterrasse Platz. Die sehr freundliche Bedienung erfasste unsere Bestellung und schon kurze Zeit später standen die Kässpätzle und das Wiener Schnitzel vor uns. Beides war super lecker. Die grandiose Aussicht auf den Bodensee und die Alpen machen dieses Restaurant zu einem MUSS, wenn man in der Gegend ist. Wir kommen definitiv wieder ..."

So, oder so ähnlich äußern sich die Gäste in ihren Kommentaren in den sozialen Medien über das Gasthaus Seibl. Was beschreibt besser die gutbürgerliche Küche, in der mit viel Liebe echte Hausmannskost auf die Teller der Gäste gezaubert wird. Den deftigen Zwiebelrostbraten in Rotweinsauce mit Bratkartoffeln und Speckbohnen findet man hier ebenso wie die Vorarlberger Kässpätzle, die traditionell mit Kartoffelsalat serviert werden.

Das erfreut Ausflügler und Pfänderwanderer, zumal die Aussicht auf die Bregenzer Bucht, das Rheintal und den Bodensee von hier aus gigantisch genannt werden kann. Von der sonnigen Terrasse, auf der man schönem Wetter die Köstlichkeiten aus der Küche genießt, begleitet einen dieser Ausblick, der einem noch lange in der Erinnerung haften bleibt.

Der schöne und moderne Holzbau schmiegt sich einfühlsam in die Landschaft und macht einen gemütlichen Eindruck, zumal auch die Ausstattung der Innenräume mit

viel Holz ein geglücktes Interieur bilden, in dem man sich wohlfühlen kann und das zum Verweilen einlädt. Umrahmt wird das freundliche Ambiente im Gasthaus Seibl jedoch durch die herzliche Gastfreundschaft, die einem während des Aufenthaltes zuteil wird.

Gasthaus Seibl
Pfänder Oberhaggen
A-6911 Lochau
Tel. +43 (0)5574 43 340
gasthaus.seibl@gmx.at
www.gasthausseibl.at

Lustenau

Lebenswerte Natur und aktive Wirtschaft

Lustenau
(Bild Georg Herder)

Die größte Marktgemeinde Österreichs, die direkt an der Grenze zur Schweiz liegt, zeichnet sich durch eine spannende Vielfalt aus. Neben einem reichen Kulturangebot bezaubert der Naturpark Alter Rhein mit seiner naturbelassenen Schönheit. Naturliebhaber und Architekturfreunde kommen in Lustenau auf ihre Kosten, trifft doch hier alte Bausubstanz mit traditionellen Bauernhöfen auf zeitgenössische Architektur namhafter Architekten, die bereits mit vielen Auszeichnungen geehrt wurde.

Die starke Wirtschaftskraft der Gemeinde, die aus einer Vielzahl von Unternehmen der verschiedensten Branchen erwächst, schafft Lebensqualität, die sich auch in qualitativ hochwertigen Handelsunternehmen mit breitem Sortiment und in einem abwechslungsreichen gastronomischen Angebot der Gemeinde zeigt.

Kurzer Blick ins Geschichtsbuch

„Lustenouua" wurde 887 erstmals urkundlich erwähnt. Seine Geschichte war unter anderem geprägt von Überschwemmungen des angrenzenden Rheins. Nach dessen Regulierung Ende des 19. Jh. sowie der immensen Zunahme des Stickereiwesens, erfuhr Lustenau einen deutlichen Wirtschaftsaufschwung. Dies bewog Kaiser Franz Joseph am 13. Juni 1902 dazu, Lustenau zur Marktgemeinde zu erheben.

Einmalig in Europa

Millenium Park
(Bild Georg Herder)

Im Jahr 2016 wurde Lustenau mit dem österreichischen Baukultur-Gemeindepreis geehrt. Die Jury des „Vereins zur Förderung von Baukultur in ländlichen Räumen" zeichnete vor allem das hohe architektonische Niveau aus, das sich u.a. in der Ortsentwicklung, dem attraktiven öffentlichen Verkehr und der Neugestaltung des Naherholungsgebietes Alter Rhein zeigt. Als einmalig in Europa gilt das Industriegebiet „Millennium Park", „ ... das einer Architektur-Expo in nichts nachsteht ...", so die Jury.

Naherholung und Romantik

Viele Erholungssuchende zieht der Naturpark Alter Rhein an, das mit einzigartigen Auwäldern, Naturbadeplätzen und ausgezeichneter Wasserqualität lockt. Hier, wie auch im Rheinvorland und dem Lustenauer Ried bieten Spazier- und Radwege ausgezeichnete Bedingungen, um die Natur um Lustenau herum zu erkunden.

Wichtige Adressen und Telefonnummern

Marktgemeinde Lustenau
Rathausstr. 1
A-6850 Lustenau
Tel. +43 (0)5577 81 81-0
gemeindeamt@lustenau.at
www.lustenau.at
www.facebook.com/Lustenau

Alter Rhein
(Bild Marcel Hagen)

Lebendige Gegenwart Chinas in Lustenau

Wok Teppanyaki Restaurant

Eintauchen in die chinesische Esskultur – dies ist in Lustenau, verkehrsgünstig zwischen Lustenau und Hohenems gelegen, möglich. Das Wok Teppanyaki Restaurant präsentiert sich mit einer offenen Küche, die die Gäste mit ihrer abwechslungsreichen und vielfältigen chinesischen Kochkunst verwöhnt.

Klassische Produkte, nur die höchsten Ansprüche erfüllen, werden vom Küchenchef verarbeitet. Frisch wird gekocht und nach Möglichkeit mit regionalen Produkten. So präsentiert sich auch die Weinkarte, die europäische Tropfen aus Österreich, Spanien und Italien enthält.

Aus dem Wok, der typisch gewölbten Pfanne aus der asiatischen Küche, kommen die Zutaten frisch zubereitet, die sich der Gast am reich befüllten Buffet oder aus einer der sechs verschiedenen Teppanyaki-Varianten selbst zusammen gestellt hat. Ob koreanisch, thai oder natur – für jeden Geschmack bietet das Buffet eine große Auswahl erlesener Spezialitäten. Am Abend kann zusätzlich aus dem frischen Fisch-, Meeresfrüchte- und Fleischangebot gewählt werden.

Darüber hinaus hat das Wok Teppanyaki aber auch allerhand weitere Leckereien zu bieten wie Suppen, knackig frische Salatvariationen oder klassische chinesische Gerichte. Sushi und Maki runden das vielfältige Ange-

bot ab. Im Wok Teppanyaki werden die Gäste mit erstklassigen Speisen und Getränken verwöhnt: „All you can eat" zu fairen Preisen.
Zahlreiche Stars und Sternchen wie die Dschungelprinzessin aus dem Jahr 2016, Sophia Wollersheim, konnten die Gastgeber bereits begrüßen. Sie alle genießen die frischen Produkte und asiatischen Köstlichkeiten, die im Wok Teppanyaki serviert werden und das Flair in den Gasträumen, das die Gäste während ihres Aufenthaltes in die asiatische Kultur entführt.

Wok Teppanyaki Restaurant
Hohenemser Straße 22
A-6890 Lustenau
Tel. +43 (0)5577 84 488
wok-restaurant@aon.at
www.wok-lustenau.at

Mäder

Am Ufer des Alpenrheins

Nördlich des Krumpenbergs und unmittelbar an der Schweizer Landesgrenze liegt der Ort auf einer Höhe von 414 m ü. M. Mit knapp 4.000 Einwohnern ist sie die zweitdichtest besiedelte Gemeinde Vorarlbergs.

Kurzer Blick ins Geschichtsbuch

Erstmals urkundlich erwähnt wurde Mäder im Jahr 1294. Im 19. Jh. führten verheerende Überschwemmungen durch den Rhein zu großen Schäden. Es war der damalige Ortsvorsteher von Mäder, Johann Josef Ender, der in der Landeshauptstadt Wien die Zustimmung zur Rheinregulierung und den Bau von Dämmen entlang des Rheins erwirkte.

Sehenswürdigkeiten

Unter Denkmalschutz steht die Pfarrkirche St. Bartholomäus, deren Erbauung auf das Jahr 1726 zurück geht. Besonders sehenswert sind Altar und Orgel des Gotteshauses.

Einen Anziehungspunkt für Architekturinteressierte stellt der nach dem ehemaligen Ortsvorsteher benannte J. J. Ender-Saal dar. Das markante Bauwerk zieht Fachleute und Studierende aus dem gesamten deutschen Sprachraum an.

Wichtige Adressen und Telefonnummern

Gemeinde Mäder
Alte Schulstr. 7, A-6841 Mäder
Tel. +43 (0)5523 52 860
Fax +43 (0)5523 52 86 020
gemeinde@maeder.at
www.maeder.at

St. Bartholomäus
(Bild Wikipedia CCBY2.5, Böhringer Friedrich)

Meiningen

An der Grenze zur Schweiz

Die Gemeinde, die unmittelbar an den Schweizer Kanton St. Gallen grenzt, liegt auf einer Höhe von 425 m ü. M. Etwas über 2.200 Einwohner zählt Langen.

Kurzer Blick ins Geschichtsbuch

Im Jahr 1390 gelangte Langen mit der Herrschaft Feldkirch an Österreich, bevor es durch eine eigene Pfarrei 1610 selbständig wurde. Die Habsburger regierten den Ort abwechselnd vom früheren Vorderösterreich mit Sitz in Freiburg im Breisgau und aus Tirol.

Sehenswürdigkeiten

Sehenswert ist die unter Denkmalschutz stehende Pfarrkirche, die der hl. Agathe geweiht ist. Die Kirche wurde um 1609 im Barockstil erbaut.

Freizeit und Sport

Zahlreiche Spazier-, Wander- und Fahrradwege laden zu erholsamen Stunden in der Natur ein und in dem Angelparadies Güfel erlernen angehende Petrijünger den fachgerechten Umgang mit gefangenen Fischen.

Wichtige Adressen und Telefonnummern

Gemeinde Meiningen
Schweizerstr. 58
A-6812 Meiningen
Tel. +43 (0)5522 71 370
gemeinde@meiningen.at
www.meiningen.at

Pfarrkirche hl. Agathe
(Bild Wikipedia CCBY3.0, Böhringer Friedrich)

Möggers

Abseits der Hektik

In der Region Leiblachtal gelegen, hat sich Möggers einen Flecken Ruhe und Natur bewahrt. Abseits von den Touristenströmen liegt die Gemeinde auf einer Höhe von 948 m ü. M. und bietet etwa mehr als 500 Einwohnern eine Heimat.

Kurzer Blick ins Geschichtsbuch

Eine erste urkundliche Erwähnung von Möggers findet sich im Jahr 1591.

Sehenswürdigkeiten

Neben der Pfarrkirche St. Ulrich aus dem Jahr 1746 ist die Ulrichskapelle sehenswert, die zu den ältesten sakralen Bauwerken Vorarlbergs gehört und deren Entstehung wohl um das Jahr 1000 datiert.

Für Groß und Klein interessant ist der Walderlebnispfad Möggers durch den Schluchtenwald. Abwechslungsreiche Rundwege führen über abenteuerliche Hängebrücken durch schönen Buchenwald mit Waldhütten, Blockhäusern und Ruhebänken.

Wichtige Adressen und Telefonnummern

Gemeinde Möggers
Weienried 80
A-6900 Möggers
Tel.+43 (0)5573 83 814
Fax +43 (0)5573 83 81 46
gemeinde@moeggers.at
www.moeggers.at

Möggers
(Bild Wikipedia CCBY2.5, Böhringer Friedrich)

Nenzing-Gurtis

Am Naturpark Nenzinger Himmel

Zwischen der Schweiz und dem Fürstentum Liechtenstein liegt die Gemeinde, die mit Feldkirch die einzige Gemeine Österreichs mit zwei EU-Außengrenzen ist. Nenzing liegt auf einer Höhe von etwa 533 m ü. M. und zählt 6.300 Einwohner. Der Panüler mit einer Höhe von 2.859 m ist der höchste Berg der viertgrößten Gemeinde Vorarlbergs.

Kurzer Blick ins Geschichtsbuch

Zur Bronze- und Eisenzeit wurde die Region bereits besiedelt und für die Römer stellte sie gegen die Alemannen eine wichtige Befestigungs- und Verteidigungsanlage dar. Verheerende Brände vernichteten 1633 und 1724 große Teile des Dorfes. Seit 1861 gehört die Gemeinde zu Vorarlberg.

Sehenswürdigkeiten

Neben der im Barockstil erbauten Pfarrkirche hl. Mauritius,die zu den ältesten in Vorarlberg gehört, ist die restaurierte Burgruine Welsch-Ramschwag aus dem 13. Jh. einen Besuch wert.

Freizeit und Sport

Der Naturpark Nenzinger Himmel bietet eine Vielzahl von Wandermöglichkeiten und ist für seine atemberaubende Alpenflora weit über die Region hinaus bekannt.

Wichtige Adressen und Telefonnummern

Gemeinde Nenzing-Gurtis
Bazulstr. 2, A-6710 Nenzing
Tel. +43 (0)5525 63 031
info@nenzing-gurtis.at
www.nenzing-gurtis.at

Nenzing
(Bild Wikipedia CCBY3.0, Welleschik)

Rankweil

Im Herzen der Region

Bekannt ist die Gemeinde vor allem als Wallfahrtsort. Die Basilika Rankweil ist auch auf dem Wappen der Gemeinde zu sehen. Rankweil ist die zweitgrößte Gemeinde im Bezirk Feldkirch und liegt auf einer Höhe von etwa 460 m ü. M. geschützt zwischen Bergen und der Rheinebene. Diese günstigen Klimabedingungen ermöglichen die landwirtschaftliche Nutzung mit anspruchsvollen Kulturen. Etwa 12.000 Menschen leben in Rankweil.

Kurzer Blick ins Geschichtsbuch

Zu Zeiten der Römer war Rankweil ein wichtiger Verkehrsknotenpunkt, verliefen doch befestigte Straßen durch das Gemeindegebiet. So auch die Verbindung zwischen Chur und Augsburg. Eine erste urkundliche Erwähnung der Gemeinde findet sich im Jahr 842.

Bis 1375 gehörte die Herrschaft Feldkirch den Grafen von Montfort, die sie an die Habsburger verkauften. Im Jahr 1618 wurde dem Ort das Marktrecht verliehen.

Sehenswürdigkeiten

Die Anfänge der Wallfahrtskirche „Unserer Lieben Frauen Mariä Heimsuchung" gehen auf das frühe Mittelalter zurück. Nachdem sie im Zürcher Krieg durch einen Brand stark beschädigt worden war, baute der Barockbaumeister Michael Beer die berühmte Loretokapelle – das Zentrum der Wallfahrt mit dem Gnadenbild. Sehenswert ist auch das Rathaus von Rankweil, das auf das 16. Jh. zurück geht. In den letzten 200 Jahren seiner Geschichte diente es als Gerichts- und Schulhaus, als Armenhaus und Archiv sowie als Wohnung für Lehrer, Gemeindearzt und Gendarmeriebeamte. Zu einem sehr seltenen Industriebau führt der Weg in die Spinnerei Rhomberg. Die Anlage, die1839 erbaut wurde, gehört zu den ältesten Spinnereibauten des Landes.

Wichtige Adressen und Telefonnummern

Marktgemeinde Rankweil
Am Marktplatz 1
A-6830 Rankweil
Tel. +43 (0)5522 40 50
marktgemeinde@rankweil.at
www.rankweil.at

Rankweil
(Bild Wikipedia CCBY4.0, Zairon)

Röns

Kleinste Gemeinde Vorarlbergs

Die flächenmäßig kleinste Gemeinde Vorarlberg stellt Röns im Bezirk Feldkirch dar. Sie hat etwas über 300 Einwohner und liegt auf einer Höhe von 610 m ü. M.

Kurzer Blick ins Geschichtsbuch

Röns wurde aufgrund der besonderen Lage schon früh besiedelt. Erstmals urkundlich um 830 erwähnt, fand man bei der Renovierung der St. Magnus-Kirche das älteste noch erhaltene Pergamentstück aus dieser Zeit.

Sehenswürdigkeiten

In der 1495 im Stil der Spätgotik erbauten Pfarrkirche von Röns findet sich heute ein Hochaltar mit spätgotischem Aufbau und der linke Seitenaltar stammt aus der Barockzeit.

Freizeit und Sport

Die Vielfältigkeit des Walgaus lässt sich von Röns aus auf bestens gepflegten und familienfreundlichen Wanderrouten sowie gut beschilderten Radwegen entdecken.

Wichtige Adressen und Telefonnummern

Gemeinde Röns
Im Gawatsch 66
A-6822 Röns
Tel. +43 (0)5524
gemeinde@roens.at
www.roens.at

Pfarrkirche Röns
(Bild Wikipedia CCBY3.0, Böhringer Friedrich)

Röthis

Gemeinde mit großem Freizeitangebot

Die im Bezirk Feldkirch liegende Gemeinde hat etwas über 1.900 Einwohner. Sie liegt auf einer Höhe von 508 m ü. M. und hat Reisenden wie auch ihren Bewohnern eine Menge zu bieten.

Kurzer Blick ins Geschichtsbuch

Röthis wurde von den Habsburgern regiert, die wechselnd aus Freiburg im Breisgau, dem früheren Vorderösterreich, und aus Tirol die Geschicke der Gemeinde leiteten. Zum Bundesland Vorarlberg gehört die Gemeinde seit dessen Gründung 1861.

Sehenswürdigkeiten

Die Pfarrkirche von Röthis, die dem hl. Martin geweiht ist, steht unter Denkmalschutz. Urkundlich erwähnt ist die Kirche bereits im 9. Jh., doch bei späteren Neu- und Umbauten erhielt das Gotteshaus, das im gothischen Stil errichtet wurde, barocke Stilelemente und Fresken.

Freizeit und Sport

Die Gemeinde hat im Sommer und Winter attraktive Freizeiteinrichtungen. So steht während der Sommermonate das Erlebnisbad Frutzau für ein erfrischendes Bad und im Winter ein Kunsteislaufplatz sowie Skilift und Loipen für das Wintersportvergnügen zur Verfügung.

Wichtige Adressen und Telefonnummern

Marktgemeinde Röthis
Schlößlestr. 31, A-6832 Röthis
Tel. +43 (0)5522 45 32 50
gemeinde@roethis.at
www.roethis.at

Röthis
(Bild Wikipedia CCBY2.5, Böhringer Friedrich)

Gutes aus Österreich in schönem Ambiente

Weinlokal Rebberg

Schon der Anblick der malerischen Schindelfassade lässt erahnen, dass es sich hier um etwas Besonderes handelt. Dem aus dem Jahr 1830 stammenden und damit einem der ältesten Gebäude von Röthis wurde durch die Eigentümer eine Renovierung gegönnt, die mit viel Fingerspitzengefühl vonstatten ging. Heute präsentiert sich das Haus mit lichtdurchfluteter, alter Stube und modernem Ambiente, in der schlichte Eleganz herrscht.

Die Küche des Hauses präsentiert sich ehrlich: Saisonal und mit vorwiegend regionalen Zutaten wird gekocht, wobei die traditionellen österreichischen Gerichte wie das Kalbsbeuscherl, der Tafelspitz, das Fiakergulasch und ein klassisches Wiener Schnitzel auf der Karte ebenso zu finden sind sowie die ständig wechselnde saisonale und regionale Tagesempfehlungen.

Die wahren Schätze des Hauses liegen jedoch in der Weinauswahl, in der rein österreichische Winzer von bekannter Herkunft vertreten sind.

Nicht umsonst wurden die Betreiber des Weinlokals Rebberg, die Familie Prettner, mit dem AMA-Gastrosiegel und zwei Gabeln des bekannten Falstaff-Gourmetguide ausgezeichnet.

Weinlokal Rebberg
Walgaustr. 41, A-6832 Röthis
Tel. +43 (0)5522 44 668
rebberg@rebberg.at
www.rebberg.at

Schlins

Am Nordrand des Walgaus

Unterhalb der Ruine Jagdberg liegt am Nordrand des Walgaus die Gemeinde auf einer Höhe von 502 m ü. M. Sie bietet über 2.300 Einwohnern eine Heimat.

Kurzer Blick ins Geschichtsbuch

Die Habsburger regierten den Ort wechselweise von Tirol und dem damaligen Vorderösterreich, Freiburg im Breisgau, bevor die Gemeinde zum Bundesland Vorarlberg kam, das 1861 gegründet wurde.

Sehenswürdigkeiten

Neben der Burgruine Jagdberg aus dem 12. Jh. lohnen die Pfarrkirche aus dem 17. Jh. und eine Vielzahl von Kapellen im Gemeindegebiet einen Besuch.

Freizeit und Sport

Die unmittelbare Nähe zu Feldkirch bietet neben Erholung und Entspannung in der Natur auch das attraktive kulturelle und freizeitaktive Angebot der Stadt.

Wichtige Adressen und Telefonnummern

Gemeinde Schlins
Hauptstr. 47, A-6824 Schlins
Tel .+43 (0)5524 83 170
info@schlins.at
www.schlins.at

Schlins
(Bild Wikipedia CCBY2.5, Böhringer Friedrich)

Übersaxen

In wundervoller Lage über dem Rheintal

Am südlichen Hang des Laternsertals liegt die Gemeinde auf einer Höhe von 900 m ü. M. In dem beschaulichen Ort leben etwas über 600 Einwohner.

Kurzer Blick ins Geschichtsbuch

Von den Habsburger regiert, die die Geschicke der Gemeinde wechselnd von Freiburg im Breisgau, dem früheren Vorderösterreich und von Tirol aus lenkten, gehört Übersaxen seit dem Gründungsjahr 1861 zum Bundesland Vorarlberg.

Sehenswürdigkeiten

In wundervoller Lage über dem Rheintal präsentiert sich die Pfarrkirche von Übersaxen, die dem hl. Bartholomäus geweiht ist. Im Barockstil um 1630 erbaut, verleihen ihr barocke Gemälde und Schnitzwerke eine besondere Atmosphäre.

Freizeit und Sport

Panorama- und Rundwege im Gemeindegebiet erschließen die Schönheit der Landschaft und laden zu unvergesslichen Stunden in der Natur ein.

Wichtige Adressen und Telefonnummern

Gemeinde Übersaxen
Dorfstr. 2
A-6834 Übersaxen
Tel. +43 (0)5522 41 311
gemeinde@uebersaxen.at
www.uebersaxen.at

Übersaxen
(Bild Wikipedia [illegible] Böhringer Friedrich)

Viktorsberg

Ein Ort mit bester Aussicht

Auf einer Höhe von etwa 880 m ü. M. bietet die Gemeinde einen reizvollen Ausblick auf das Rheintal, die Gebirgskulisse des Rätikons sowie in die Schweizer Bergwelt. Etwa 400 Einwohner leben in dem Ort.

Kurzer Blick ins Geschichtsbuch

Viktorsberg trägt seinen Namen nach dem Papst und Märtyrer St. Viktor, dessen Schädel bereits seit dem 8. Jh. in der Viktorsberger Kirche aufbewahrt wird.

Sehenswürdigkeiten

Die naturbelassene Umgebung des Minoritenklosters Viktorsberg, von dem sich ein herrlicher Blick auf das Rheintal erschließt, ist ein Ort, der zu innerer Ruhe animiert. Das Kloster wird heute als Seminar- und Kulturzentrum genutzt.

Daneben ist die Pfarrkirche St. Viktor eine interessante Sehenswürdigkeit. Sie steht unter Denkmalschutz und bietet im Innern eine reiche Ausstattung, die es zu bestaunen gilt.

Im Sommer und im Winter lockt ein Ausflug auf die Almeinalpe, von der sich ein traumhafter Blick auf die umgebende Bergwelt und das Rheintal bis hin zum Bodensee erschließt.

Wichtige Adressen und Telefonnummern

Gemeinde Viktorsberg
Hauptstr. 36, A-6836 Viktorsberg
Tel. +43 (0)5523 64 712
gemeinde@viktorsberg.at
www.viktorsberg.at

Viktorsberg
(Bild Wikipedia CCBY2.5, Böhringer Friedrich)

Weiler

Am Fuße des Freschenstocks gelegen

Am Ostrand des Vorarlberger Rheintales liegt die Gemeinde am Fuß des Freschenstocks. Das Gemeindegebiet liegt auf einer Höhe von etwa 486 m ü. M. und ist Heimat für ca. 2.100 Bewohner.

Kurzer Blick ins Geschichtsbuch

Das Ende der Landgemeinde Sulz, zu der auch Weiler gehörte, datiert auf das Jahr 1808. Als freie Gemeinde zählt Weiler seit 1864.

Sehenswürdigkeiten

Neben der Pfarrkirche von Weiler ist das Hanenberg Schlössle, das heute als Landsitz dient, einen Besuch wert. Aus dem 12. Jh. stammt die Ruine Alt-Montfort und die Kesselschlucht, die ein tief eingeschnittener Tobel des Ratzbaches ist, hat einen bemerkenswerten Wasserfall zu bieten.

Freizeit und Sport

Die Kulturlandschaft rund um Weiler lädt zu Spaziergängen und Wanderungen sowie Touren mit dem Fahrrad ein.

Wichtige Adressen und Telefonnummern

Gemeinde Weiler
Walgaustr. 1
A-6837 Weiler
Tel. +43 (0)5523 51 100
gemeindeamt@gemeinde-weiler.at
www.gemeinde-weiler.at

Weiler
(Bild Wikipedia CCBY2.5, Böhringer Friedrich)

Wolfurt

An der Bregenzerach

Südöstlich des Bodensees liegt die Gemeinde auf einer Höhe von 434 m ü. M. an der Bregenzerach. Das typische Straßendorf bietet durch seine Nähe zum Fluß und das damit verbundene Freizeitangebot ein attraktives Umfeld für Reisende wie auch seine 8.400 Einwohner.

Kurzer Blick ins Geschichtsbuch

Um das Jahr 500 siedelten sich die Alemannen im jetzigen Gemeindegebiet an. Der Bau des Schlosses von Wolfurt geht auf 1217 zurück und war seinerzeit der Stammsitz der Herren von Wolfurt. Noch vor 1900 entwickelte sich die frühe Industrialisierung im Ort und nach 1950 wurde aus dem Bauerndorf ein Wohn- und Industriestandort.

Sehenswürdigkeiten

Schloss Wolfurt, das in den Jahren 1217 bis 1226 erbaut wurde, fiel 1939 einem Brand zum Opfer, konnte aber in freigotisiertem Stil wieder erbaut erbaut werden. Es befindet sich heute in Privatbesitz.

Freizeit und Sport

Für Abwechslung sorgt im Ort die Bregenzerach, die mit Grill- und Badeplatz, mit Spazier-, Wander- und Fahrradwegen entlang des Flusses aufwartet.

Wichtige Adressen und Telefonnummern

Marktgemeinde Wolfurt
Schulstr. 1, A-6922 Wolfurt
Tel. +43 (0)5574 68 400
gemeinde@wolfurt.at
www.wolfurt.at

Wolfurt
(Bild Wikipedia CCBY2.5, Böhringer Friedrich)

Zwischenwasser

Am Fuß des Hohen Freschen

Die beschauliche Gemeinde liegt auf einer Höhre von 525 m ü.M., wobei ihre höchste Erhebung der Hohe Freschen ist, dessen Gipfel 2.004 m hoch ist. Etwa 3.200 Einwohner zählt die Gemeinde.

Kurzer Blick ins Geschichtsbuch

Der erste Hinweis auf eine Besiedelung findet sich im Jahr 1127. Die Habsburger regierten die Region wechselnd von Tirol und von Freiburg im Breisgau, dem früheren Vorderösterreich, aus. Zu Vorarlberg gehört Zwischenwasser seit dessen Gründung 1861.

Sehenswürdigkeiten

Lokale Baukultur kombiniert mit Neugotik und stilistischen Spuren des Expressionismus – so präsentiert sich die Pfarrkirche zum Hl. Johannes dem Täufer. Ebenfalls sehenswert ist die Textilfrabik Rueff Muntlix, die Friedensreich Hundertwasser 1988 schuf.

Wichtige Adressen und Telefonnummern

Gemeinde Zwischenwasser
Hauptstr. 14
A-6835 Zwischenwasser
Tel. +43 (0)5522 4915
gemeinde@zwischenwasser.at
www.zwischenwasser.at

Zwischenwasser
(Bild Wikipedia CCBY3.0, Böhringer Friedrich)

Sinnvoll einkaufen und die Region unterstützen

INTEGRA

Die vorarlbergweit tätige INTEGRA bietet Langzeitarbeitslosen und Jugendlichen, die keine Ausbildungsstelle finden, zahlreiche Ausbildungs- und Beschäftigungsmöglichkeiten.
Durch die Flexibilität des Unternehmens engagiert man sich in vielen Bereichen wie Handel, Dienstleistung, Handwerk, Landwirtschaft und Gastronomie sowie in Jugend- und Bildungsprojekten. Viele regionale Betriebe, Gemeinden und Privathaushalte profitieren vom breiten Spektrum der INTEGRA. Von mehreren Einrichtungen dieser Organisation profitieren auch die Besucher der Region.

Frischer Glanz fürs Rad

In der alten Wälderbahnremise in Bregenz ist die Fahrradwerkstatt der INTEGRA untergebracht. Dort werden Fahrräder gewartet, wieder flott gemacht und gereinigt. Ein Fahrradservice, der den dort beschäftigten jungen Menschen eine sinnvolle Aufgabe und ein praxisnahes Training auf einen Einstieg in eine Ausbildung bietet. Ebenfalls wird ein Verleih von Herren-, Damen- und Jugendrädern, sowie E-Bikes inkl. Zubehör angeboten. Der **Fahrradservice der INTEGRA** ist in der Bregenzer Vorklostergasse 51 und unter der Tel.-Nr. +43(0)664 8558211 erreichbar. Fahrradverleih: Tel.+43(0)664 887 850 16 oder Email: fahrradservice@integra.or.at

Regionales und Raritäten in den Siebensachen Kaufhäusern Kornmarkt und Mariahilf

Ebenfalls zur INTEGRA gehört das Kaufhaus Siebensachen am Bregenzer Kornmarkt. Hier finden die Besucher von Bregenz auf einer Verkaufsfläche von etwa 650 m² in besonderem Ambiente so manches Präsent – ob

praktisch oder nützlich, originell oder regional. Wiederverwenden heißt Abfall vermeiden und im Kaufhaus Siebensachen erste Qualität aus zweiter Hand erwerben. Das Sortiment umfasst Kleidung und Textilien, Schuhe und Bücher sowie Geschirr, Möbel, Hausrat und Dekorationsartikel. Besonders die Kinderabteilung mit Bekleidung, Accessoires und Spielzeug erfreut sich steigender Beliebtheit. Ebenso bereichern die aus den Fachabteilungen der INTEGRA gefertigten Waren sowie nachhaltig produzierte oder fair gehandelte Produkte aus der Region das unerschöpflich scheinende Angebot des Kaufhauses.
Hier wird der kritische umwelt- und qualitätsbewusste Kunde ebenso fündig, wie der Schnäppchenjäger oder Raritätensammler.

Siebensachen am Kornmarkt
Kornmarktstraße 18
6900 Bregenz
Tel. +43(0)664 884 668 819

Siebensachen Mariahilf
Mariahilfstraße 45,
6900 Bregenz
Tel. +43(0)664 884 668 10

INTEGRA Vorarlberg gem. GmbH Zentrale
Konrad-Doppelmayr-Straße 13
A-6922 Wolfurt
Tel. +43 (0)5574 54 254
Fax +43 (0)5574 54 254 3011
office@integra.or.at
www.integra.or.at

© Fotos: Udo Mittelberger

Familienwanderung mit Aussicht
(Bild Bernhard Huber, Alpenregion Bludenz Tourismus GmbH)

Alpenregion Bludenz

Großes Walsertal, Klostertal, Brandnertal

Alpenstadt Bludenz

Städtischer Mittelpunkt in den Vorarlberger Alpen

Im Herzen Vorarlbergs liegt Bludenz als Zentrum von fünf Tälern: Das Brandner- und Klostertal, das Große Walsertal, der Walgau und das Montafon treffen hier aufeinander und verleihen der sechstgrößten Gemeinde Vorarlbergs einen eigenen Charme. Auf einer Höhe von 570 m ü.M. und mit ihren etwas mehr als 14.500 Einwohnern ist Bludenz Mittelpunkt sportlicher Herausforderungen, Zentrum für Kunst und Kultur und hat den Bewohnern wie auch den Gästen eine Menge zu bieten.

Südländisches Flair inmitten der Stadtmauer

Traditionell ist die Gastfreundschaft der Stadt in den Alpen, die den Besucher mit ihrem historischen Charme umwirbt. In den Gassen der Altstadt

Blick auf Bludenz
(Bild Carola Eugster, Bludenz Stadtmarketing GmbH)

findet man 300 Jahre alte Häuser, kann sich von den kulinarischen Genüssen und Erfrischungen in unzähligen Restaurants, Cafés und Bars verwöhnen lassen und Geschäfte, Boutiquen, Einkaufszentren und Outlets bieten eine Vielzahl von Shoppingerlebnissen.

Wie es sich für den Mittelpunkt einer Region gehört, lohnt sich der Besuch vom wöchentlich stattfindenden Frischemarkt, dem Klostermarkt im Herbst und dem Christkindelmarkt im Dezember, wenn so manche Leckerei, regionale Spezialität oder Nützliches von den Marktbestückern feilgeboten wird.

Die Altstadt erkunden

Den historischen Stadtkern von Bludenz mit ihren zahlreichen Sehenswürdigkeiten und Gebäuden, die den Besucher in längst vergangene Zeiten entführen, lernt man auf einem Stadtrundgang kennen. Malerische Fassaden, südländische Laubengänge, der Rathausplatz mit dem Nepomukbrunnen beim alten Rathaus und

Altstadt
(Bild Lisa Mathis, Bludenz Stadtmarketing GmbH)

sicher der Höhepunkt der Tour, die St. Laurentiuskirche, von deren Vorplatz man einen überwältigenden Blick auf die Dächer der Stadt vor dem eindrucksvollen Hochgebirgspanorama genießt.

Besondere Erlebnisse sind sicher auch die geführten Altstadtrundgänge, auf denen so manches Wissenswerte über die Stadt vermittelt wird und die Nachtwächterführung, bei der man das nächtliche Bludenz erleben kann.

Stadtmuseum
(Bild Günther König, Bludenz Stadtmarketing GmbH)

Kunst und Kultur

Seit 2014 ist Bludenz Mitglied der „Kleinen historischen Städte in Österreich". Alle beteiligten Städte haben eines gemeinsam – sie sind historische Kleinode aus längst vergangenen Zeiten.

Die Remise Bludenz ist ein überregionales Kulturzentrum, das neben seiner Architektur auch mit einem einzigartigen Ambiente besticht. Hier wird international angesehenen Kunstschaffenden ebenso eine Bühne geboten wie Künstlerinnen und Künstlern aus der Region.

Im Stadtmuseum Bludenz ist eine Sammlung lokalhistorisch bedeutender Objekte zusammen getragen worden. In sieben Räumen finden sich Werke der Ur- und Frühgeschichte sowie der Volkskunst, Stadtgeschichte und Porträtmalerei. Waffenkunst und historische Alltagsgegenstände runden die Präsentation ab.

130 Jahre Brautradition im Zeichen des Einhorns, das viel mehr ist, als nur das Stadtwappen von Bludenz – die Brauerei Fohrenburg bietet ihren Gästen informative Stunden während einer Führung, bei der viel Wissenswertes rund um den Gerstensaft und die Kunst des Bierbrauens vermittelt wird.

Besondere Highlights sind während des Sommers das Alpen Culinary Street Food Festival im August und Shakespeare am Berg auf der höchstgelegenen Freilichtbühne Europas.

Naturerlebnisse im Sommer

Die Vielfalt der Natur und Kultur macht diesen Fleck zu einem idealen Urlaubsort. Die Berge, die Natur und die städtische Kultur bieten täglich neue Abwechslung. Wandern, radeln, mountainbiken oder auf einem Motorrad Land und Leute kennenlernen – das Spektrum an Aktivitäten scheint unerschöpflich zu sein für den, der Naturerlebnisse am und um den Berg sucht.

So sollte man sich die herrliche Panoramasicht vom Muttersberg auf 1.401 m ü. M. nicht entgehen lassen, der nur wenige Seilbahn-Minuten von der Stadt entfernt liegt. Für die Freunde des grünen Sports bietet die 18-Loch-Golfanlage ein einmaliges Ambiente mit herrlichen Ausblicken, die nur Bludenz zu bieten imstande ist.

Fraßenhütte auf 1740 m
(Bild Bludenz Stadtmarketing GmbH)

Reines Vergnügen im Winter

Wenn die Berge in Weiß erstrahlen und die Täler in Schnee gehüllt sind, übt das einen besonderen Reiz aus. Skifahrer, Snowboarder und Freerider zieht es dann in die Alpenstadt. Nur wenige Autominuten sind es von hier in die Skigebiete Vorarlbergs. Das Brandertal, das Klostertal und das Große Walsertal bieten überwältigende Gebirgspanoramen mit bestens präparierten Pisten für puren Wintergenuss. Doch auch die anderen Wintersportler finden hier ihr entspannendes Winterangebot mit Winter- und Schneeschuhwanderwegen, mit gepflegten Loipen und Rodelbahnen.

Wichtige Adressen und Telefonnummern

Alpenregion Bludenz Tourismus
Rathausgasse 5
A-6700 Bludenz
Tel. +43 (0)5552 63621-790
tourismus@bludenz.at
www.bludenz.travel

Muttersbergbahn
(Bild Bludenz Stadtmarketing GmbH)

Nüziders

Im Zentrum des Walgaus

Nütziders (Bild Wikipedia CCBY3.0, gsigs)

Im Zentrum des Walgaus liegt die charmante Gemeinde mit ihrem dörflichen Ambiente auf einer Höhe von 562 m ü. M. Mehr als 4.900 Einwohner zählt Nüziders.

Kurzer Blick ins Geschichtsbuch

Nüziders zählt als älteste Siedlung des Walgaus, das bereits im 13. Jh. besiedelt war. Auch den Römern war Nüziders ein wichtiger Stützpunkt, führte doch die Römerstraße von Reutte in Tirol nach Bregenz dort hindurch.

Sehenswürdigkeiten

Im Ortsteil Unterwinkel entdeckt der Reisende die älteste Kirche das Walgaus. Die Kirche hl. Vinerius ist im romanischen Stil erbaut und stammt aus dem 12. Jh.

Freizeit und Sport

Im 5-Tälerstern (Klostertal, Montafon, Brandnertal, Walgau und großes Walsertal) gelegen, bietet Nüziders unzählige Sport-, Freizeit- und Wandermöglichkeiten sowie 13 Skigebiete.

Wichtige Adressen und Telefonnummern

Gemeinde Nüziders
Sonnenbergstr. 14
A-6714 Nüziders
Tel. +43 (0)5552 62 24 10
info@nueziders.at, www.nueziders.at

Biosphärenpark Großes Walsertal

Abseits der Hauptverkehrsströme liegt das romantische Große Walsertal im Zentrum Vorarlbergs nordöstlich von Bludenz. Die rund 3.400 Einwohner des dünn besiedelten Tals leben in den sechs Gemeinden Thüringerberg, St. Gerold, Blons, Sonntag-Buchboden, Fontanella-Faschina und Raggal-Marul. Das 25 km lange Tal erstreckt sich von 580 Metern bis zu 2.704 Metern Seehöhe und wird vom Lutzbach durchflossen. Der Name stammt von den Walsern aus dem Wallis, die im 13. Jahrhundert einwanderten. Auch heute prägen die prächtigen Blumenwiesen und Weiden der seit Jahrhunderten traditionellen Viehwirtschaft die Landschaft des Tals.

Das Tal in einer intakten Berglandschaft mit zwei großen Naturschutzgebieten wurde im Jahre 2000 von der UNESCO zum Biosphärenpark ausgezeichnet. Hier können die Feriengäste einen erholsamen Urlaub in gesunder Natur genießen, unterstützt von der herzlichen Gastfreundschaft der Walser.

Sehenswürdigkeiten

Zu den Sehenswürdigkeiten im Großen Walsertal gehören die Propstei St. Gerold mit einer tausendjährigen Geschichte, kultureller Mittelpunkt des Tals mit zahlreichen Veranstaltungen, das Heimatmuseum in Sonntag, das Puppenmuseum Blons, die St. Anna Kapelle am Faschinajoch, die Burgruine Blumenegg in Thüringerberg sowie die Lasanggabrücke in Raggal, die letzte erhaltene Holzbrücke des Tals. Ein beliebtes Ausflugsziel ist das Kurhaus in Bad Rothenbrunnen im Gadental mit romantischer Marienkapelle. Einen Besuch wert ist auch das biosphärenpark.haus in Sonntag mit einer informativen Ausstellung.

Blick ins große Walsertal
(Bild Martin Caldonazzi Alpenregion Bludenz Tourismus GmbH)

Kulinarisches

Alchemilla Kräuterprodukte
(Bild Alpenregion Bludenz Tourismus)

Das Große Walsertal ist weithin bekannt für seinen hervorragenden Käse. Der aus naturbelassener Rohmilch hergestellte Bergkäse „Walserstolz", Inbegriff feinster Käsekultur, kann bei der Jause auf mehreren Alpen oder in Gasthäusern genossen werden. Der Geschmack erinnert an die saftigen Kräuter auf den Bergwiesen. Am besten erwirbt man den leckeren Käse in den Sennereiläden für den Genuss zu Hause.

Unbedingt probieren sollte man neben den an vielen Stellen erhältlichen köstlichen Bergtees auch die hochwertigen Kräuterprodukte des Kräuterprojektes „Alchemilla", die in den Läden des Tals angeboten werden.

Freizeit und Sport

Die landschaftliche Vielfalt der Bergwelt des Großen Walsertals mit Schluchten, bunten Alpwiesen und wilden Bächen ist ein Paradies für Wanderer. 230 km markierte Wanderwege, 40 aussichtsreiche Gipfel und 47 bewirtschaftete Alpen versprechen herrliche Wanderungen mit vielen einladenden Einkehrstationen. Wandern und Bergsteigen im Einklang mit der Natur ist der Leitspruch im Biosphärenpark. Das Tal wurde 2008 als Bergsteigerdorf, in dem für nachhaltigen Tourismus und die Bewahrung der örtlichen Natur- und Kulturwerte gesorgt wird, ausgezeichnet.

Das Sommerveranstaltungsprogramm im Biosphärenpark für Familien bietet vielfältige Gelegenheiten, die Natur zu entdecken und Tiere, Blumen und Kräuter des Tals kennen zu lernen. Abenteuer, Spiel und Spaß stehen dabei im Mittelpunkt des Programms.

Zwei Etappen der 29 Tagesetappen des Großen Walserwanderweges von Zermatt nach Mittelberg im Kleinen Walsertal führen durch das Große Walsertal.

Alpe Klesenza
(Bild Dietmar Walser Alpenregion Bludenz Tourismus GmbH)

Zu den schönsten Wanderungen im Tal gehört die Route von Buchboden zum Seewaldsee, die Wasserwanderung von Buchboden nach Bad Rothenbrunnen, die drei Lawinenwanderwege in Blons, die an die Lawinenkatastrophe von 1954 erinnern und der Walderlebnispfad Marul.

Ein angenehmes Vergnügen ist ein Tauchbad oder Wassertreten im Lutzschwefelbad nahe Buchboden, eine der stärksten Schwefelquellen Österreichs.

Winter im Tal

Im Großen Walsertal stehen 34 Liftanlagen und rund 123 Pistenkilometer mit passenden Abfahrten für jeden Skifahrer in den Skigebieten Sonntag-Stein, Raggal, Faschina und dem angrenzenden Damüls zur Verfügung. Ein gratis Skibus fährt direkt zu den Talstationen der Bergbahnen.

Genießer entdecken die zahlreichen geräumten rund 53 km Winterwanderwege in der unberührten Schneelandschaft des Biosphärenparks. Besonders zu empfehlen ist zum Beispiel der 10 km lange Panoramaweg Raggal/Ludescherberg.

Sportliche Skilangläufer freuen sich über die 33 km präparierten Langlaufloipen wie die 9 km lange Romantikloipe Raggal.

Außerdem findet man zwei Stre-

Im Skigebiet Faschina
(Bild Wiebke Meyer Alpenregion Bludenz Tourismus GmbH)

cken in Sonntag und Damüls für unbeschwertes Rodelvergnügen und zahlreiche Sonnenterrassen der Berggasthäuser zum genussvollen Entspannen.

Orts- und Infrastruktur

Neben der traditionellen Land- und Forstwirtschaft und den Tourismusbetrieben spielt auch das Holz verarbeitende Gewerbe eine wichtige Rolle in der Wirtschaft des Tals.

Mit dem Auto erreicht man das Große Walsertal über die Rheintalautobahn A 14 und die Bundesstraße L 193, die durch das Tal von Bludenz über das Faschinajoch nach Damüls führt.

Öffentliche Buslinien führen von Bludenz oder Feldkirch nach Thüringen, wo man in die Buslinie 77 umsteigen kann, die durch das Tal fährt.

Wichtige Adressen und Telefonnummern

Verein Großes Walsertal Tourismus
Rathausgasse 12, A-6700 Bludenz
Tel. +43 (0)5554 5150
info@walsertal.at, www.walsertal.at

Informationen sind auch bei weiteren touristischen Informationsstellen im Tal erhältlich!

Alpe Steris
(Bild Verein Grosses Walsertal Tourismus)

Blons

Hoch im Großen Walsertal gelegen

Etwa 340 Einwohner zählt die Gemeinde, die im Großen Walsertal auf einer Höhe von 903 m ü. M. liegt. 1954 errang sie traurige Bekanntheit, verschüttete doch eine Lawine 96 Bewohner, von denen 57 getötet wurden. Heute ist das Lawinendokumentationszentrum ein Symbol für die Bewältigung und Aufarbeitung der Katastrophe.

Kurzer Blick ins Geschichtsbuch

Rätoromanen siedelten sich zwischen dem 11. und 12. Jh. hier an. Während des 14. Jh. verdrängten die Walser die romanische Bevölkerung und die Habsburger regierten den Ort wechselnd von Freiburg im Breisgau, dem früheren Vorderösterreich und von Tirol aus. Zum Bundesland Vorarlberg gehört die Gemeinde seit dessen Gründung 1861.

Sehenswürdigkeiten

Neben dem Lawinendokumentationszentrum ist die im Barockstil erbaute Pfarrkirche Blons ein sehenswerter Ort in der Gemeinde.

Freizeit und Sport

Der Biosphärenpark Großes Walsertal hält im Sommer und Winter ein reichhaltiges Angebot an Freizeitaktivitäten in der Natur zu bieten.

Wichtige Adressen und Telefonnummern

Gemeinde Blons
Blons 9
A-6723 Blons
Tel. +43 (0)5553 81 120
gemeinde@blons.at
www.blons.at

Blons
(Bild Wikipedia CCBY2.5, Böhringer Friedrich)

Fontanella-Faschina

Die höchstgelegene Siedlung im Großen Walsertal

Im nördlichsten Teil des Biosphärenparkes Großes Walsertal gelegen, ist Fontanella mit seinem Ortsteil Faschina auf 1.460 m ü. M. die höchstgelegene Siedlung im Großen Walsertal. Etwas über 460 Einwohner leben hier auf einer durchschnittlichen Höhe von 1.145 m ü. M.

Kurzer Blick ins Geschichtsbuch

Im 14. Jh. wurde das Große Walsertal besiedelt. Im Jahr 1390 kam Fontanella mit der Herrschaft Feldkirch an Österreich. Die Habsburger regierten die Region wechselnd aus Freiburg im Breisgau, dem früher Vorderösterreich und aus Tirol. 1861 kam Fontanella mit dessen Gründung zum Bundesland Vorarlberg.

Sehenswürdigkeiten

Die unter Denkmalschutz stehende Pfarrkirche Fontanella wurde in den Jahren 1664 bis 1673 in barockem Stil erbaut.

Freizeit und Sport

Im Sommer ist der Seewaldsee ein beliebtes Ausflugsziel, kommen doch Naturfreunde auf dem Blumenlehrpfad auf ihre Kosten. Während des Winters ist das Skigebiet Faschina ein wahrer Geheimtipp. Aufgrund ihrer Höhenlage gilt die Region als besonders schneesicher.

Wichtige Adressen und Telefonnummern

Gemeinde Fontanelle-Faschina
Kirchberg 25, A-6733 Fontanella
Tel. +43 (0)5554 52 15
info@gemeinde.fontanella.at
www.fontanella.at

Fontanella-Faschina
(Bild Wikipedia CCBY2.5, Böhringer Friedrich)

Raggal

Zu Gast in der Walsergemeinde

Im UNESCO Biosphärenpark Großes Walsertal gelegen, bietet das Bergdorf etwa 870 Einwohnern eine Heimat. Die einzelnen Ortsteile und die zum Ort dazu gehörenden bewirtschafteten Alpen verteilen sich auf einer Höhe zwischen 770 m ü. M. bis auf etwa 1.150 m ü. M.

Kurzer Blick ins Geschichtsbuch

Bis auf die rätoromanische Zeit geht die Besiedelung um Raggal zurück. Während des 13. und 14. Jh. verdrängten die Walser die Rätoromanen und noch heute wird der Walser Dialekt von vielen Einheimischen gepflegt.

Sehenswürdigkeiten

Neben den beiden Kirchen, der Pfarrkirche Hl. Nikolaus und Theodul in Raggal, und der Kuratienkirche Hl. Katharina in Marul ist die letzte erhaltene Holzbrücke des Tales einen Abstecher wert. Die Lasanggabrücke wurde 1789 erbaut, steht heute unter Denkmalschutz und war bis 1884 der Übergang ins Große Walsertal.

Wichtige Adressen und Telefonnummern

Gemeinde Raggal
Raggal 220, A-6741 Raggal
Tel. +43 (0)5553 201
Fax +43 (0)5553 20 125
gemeinde@raggal.at, www.raggal.at

Raggal
(Bild Wikipedia CCBY2.5, Böhringer Friedrich)

Sonntag/Buchboden

Leben und Urlauben im Einklang mit der Natur

biosphärenpark.haus

(Bilder Biosphärenpark Großes Walsertal)

Zum gemütlichen Ankommen bei einer Tasse Bergtee, beim Schmökern im Informationsmaterial oder bei einem Besuch der interaktiven Ausstellung – im biosphärenpark.haus in Sonntag ist man immer herzlich willkommen. Ein kleines Bistro, der Laden mit Produkten aus dem Tal, die Erlebnissennerei sowie die Ausstellung bieten viele Möglichkeiten eines Aufenthalts. Zur richtigen Zeit gibt es im Untergeschoß die Möglichkeit, den Sennern über die Schulter zu schauen, handelt es sich doch um eine der drei Produktionsstätten für den Walserstolz Bergkäse.

Informationen zu Öffnungszeiten und Angeboten: www.grosseswalsertal.at, Tel. +43 (0)5550 20 360.

BERGaktiv und Themenwege

Auf den Themenwegen im Tal bietet sich die Möglichkeit für informative Entdeckungstouren rund um Naturvielfalt, traditionelle Landnutzung und nachhaltige Entwicklung: Blumenlehrpfad in Faschina, Klangraum Stein in Sonntag, Walderlebnispfad in Marul, Kneippaktivweg in Raggal, Lawinenwege in Blons, Weg der Sinne in St. Gerold. BERGaktiv bietet mit ausgebildeten Sommer- und Winterwanderführern geführte Wanderungen mit allerlei Information rund um die Vielfalt im Biosphärenpark Großes Walsertal. Nähere Informationen finden Sie in der Urlaubsfibel, im Sommer- und Winterprogramm sowie unter www.walsertal.at.

Biosphärenpark Laden

Traditionelle Landwirtschaft mit Viehzucht und Milchwirtschaft spielt im Großen Walsertal eine große Rolle. Produkte wie Walserstolz Bergkäse, unterschiedliche Alpkäsespezialitäten, Butter oder Wurstwaren bieten einen kulinarischen Spiegel der Landschaft und sorgen für besonderen Genuss. Im Laden im biosphärenpark.haus werden darüber hinaus zahlreiche Spezialitäten wie Bergtee, Alchemilla Kräuterprodukte, Schnaps oder Honig und Marmelade geboten. Ergänzt wird das Sortiment mit Schönem und Praktischem von HandwerkerInnen aus dem Tal. Das Besondere ist, dass die angebotenen Schätze alle aus dem Großen Walsertal oder aus Partnerbiosphärenparks stammen.

Erlebnissennen

Die kleine Erlebnissennerei im biosphärenpark.haus gibt einen Eindruck, wie die Käseherstellung in vielen Alphütten heute noch funktioniert. Für Gruppen und auf Vorbestellung ist ein besonderes Erlebnis zu buchen: Unter Anleitung eines Senns lernt man die Kunst des Käsemachens von A bis Z und mit eigenen Händen kennen. Nähere Informationen gibt es im biosphärenpark.haus oder unter info@grosseswalsertal.at.

Seilbahn Sonntag Stein

Ganz bequem überwindet die Seilbahn Sonntag Stein die Lutz, einen eindrucksvollen Gebirgsbach, der zu den sechs Kernzonen im Biosphärenpark Großes Walsertal zählt, und die Höhenstufe bis zum Maisäßgebiet Sonntag Stein. Von hier starten zahlreiche Wanderungen zu den Alpgebieten Unter- und Oberpartnom, auf die umliegenden Gipfel oder der gemütliche Rundweg Klangraum Stein. Im Winter bietet ein Sessellift herrliches Skivergnügen ohne Trubel und mit Schneeschuhen und auf Winterwanderwegen lässt sich die Winterlandschaft mit allen Sinnen genießen. Eine Einkehr in der Seilbahn Stuba, auf der Breithornhütte oder in den umliegenden Alphütten sorgt für kulinarischen Genuss. www.seilbahnen-sonntag.at

Klangraum

Vogelgezwitscher, Grillenzirpen oder Wasserplätschern – all das lässt sich ganz bewusst wahrnehmen. Der Themenweg Klangraum Stein beginnt direkt bei der Bergstation der Seilbahn Sonntag Stein. Über einen gemütlichen Rundweg mit kurzen Infotafeln und Installationen gilt es, die Vielfalt der Laute und Geräusche in der Natur zu erleben. Der Rundweg dauert etwa eine Stunde und ist besonders für Familien geeignet. Der Grillplatz mit Spielmöglichkeit für Kinder bietet eine willkommene Rast, an der Talstation gibt es Calzone Pizza, die im Lehmofen oder am offenen Feuer gebacken werden kann.

Wassertal – Lutzschwefelbad und Saunawagen

Die Nutzung unterschiedlicher Wasserqualitäten hat im Großen Walsertal Tradition. Der Verein Wassertal besinnt sich auf dieses alte Wissen und bietet mit Lutzschwefelbad und Saunawagen zeitgerechtes Wassererlebnis im Tal an. Das Lutzschwefelbad nutzt eine natürliche Schwefelquelle und zu bestimmten Badeterminen werden begleitete Badeabläufe angeboten. Mit dem mobilen Saunawagen gibt es Saunagenuss an besonderen Plätzen. Nähere Information finden Sie unter www.wassertal.at.

Bad Rothenbrunnen

Bad Rothenbrunnen, ein besonderes Kleinod, ist über einen gemütlichen Wanderweg entweder von Buchboden in etwa einer Stunde oder vom letzten Parkplatz in etwa 20 Minuten erreichbar. Direkt in der größten Kernzone des Biosphärenparks Großes Walsertal, dem Gadental, warten nicht nur eindrückliche Naturbilder mit Kolken, Lawinenschuttkegeln und imposanten Berggipfeln, sondern vor allem ein gemütlicher Alpengasthof mit Gastgarten, Stuben und einer kleinen Kapelle. Dieses besondere Ambiente ist einer von „Neun Schätzen, neun Plätzen Österreichs 2016“ und wurde bereits von der österreichischen Kaiserfamilie aufgrund der heilsamen Eisenquelle bereist und geschätzt. www.rothenbrunnen.at

Museum Großes Walsertal

Die Walser begannen vor gut 700 Jahren das Große Walsertal zu besiedeln. Viele Elemente wie Dreistufenwirtschaft, Viehzucht und Milchwirtschaft, schöne Trachten oder der markante Dialekt finden sich noch heute im Alltag wieder. Das Museum Großes Walsertal stellt besondere Stücke aus der Geschichte aus und erzählt die Hintergründe dazu. Wechselnde Sonderausstellungen bieten kulturreiche Einblicke ins Tal.
www.walsermuseum.at

Wichtige Adressen und Telefonnummern

Gemeinde Sonntag
Boden 57, A-6731 Sonntag
Tel. +43 (0)5554 5204-0
Fax +43 (0)5554 5204
gemeinde.sonntag@cnv.at
www.sonntag.info

Großes Walsertal Tourismus
Rathausgasse 12, A-6700 Bludenz
Tel. +43(0) 5554 51 50
Fax +43(0) 5554 30 22 71 712
info@walsertal.at
www.walsertal.at

St. Gerold

Auf der Sonnenseite im vorderen Großen Walsertal

Die kleine Berggemeinde liegt auf einer Höhe vom 920 m ü. M. St. Gerold zählt 410 Einwohner, denen das Dorf eine gute Infrastruktur bietet. So liegt im Zentrum ein Dorfladen, in dem sich die Menschen mit allem Notwendigen versorgen können sowie die Kleinkinderbetreuung und der Kindergarten. Das alte, denkmalgeschützte Gemeindehaus beherbergt eine Bücherei und die Volksschule.

Der sanfte Tourismus im Ort wird im Sinne der Philosophie des Biosphärenparks betrieben. So stehen den Gästen von St. Gerold ein Gastbetrieb am Ortsrand mit Übernachtungsmöglichkeiten und eigenem Restaurant, Frühstückspensionen und die Propstei zur Verfügung. Die Bergbauern der Gemeinde bewirtschaften die Wiesen und Weiden nachhaltig, sodass die intakte Natur erhalten bleibt. Ein gut beschildertes Wegenetz sorgt bei Wanderfreunden für abwechslungsreiche Touren im Tal wie auch auf die darüber gelegenen Alpen.

Kurzer Blick ins Geschichtsbuch

Der erste Siedler war um 950 der Einsiedler Gerold von Großwalsertal. Über seinem Grab entstand ein Klos-

St. Gerold
(Bilder Gemeinde St. Gerold)

ter, die Propstei St. Gerold, in deren Umgebung sich alsbald Rätoromanen ansiedelten. Im 14. Jh. rodeten und besiedelten die Walser die Region und verdrängten allmählich die Romanen. Mit ihnen setzte sich auch die deutsche Sprache durch.

Das Wappen der Gemeinde schildert noch heute eindrücklich deren Geschichte, denn auf der linken Seite ist der hl. Gerold zu sehen und der Steinbock auf der rechten Wappenhälfte symbolisiert die Walser.

Sehenswürdigkeiten

Die Propstei St. Gerold, die bereits im Jahr 960 gegründet wurde, ist heute eine offene Begegnungsstätte und das Kulturzentrum in der Region. In dieser bedeutendsten Sehenswürdigkeit finden im Jahreslauf Konzerte, Ausstellungen, Lesungen und Seminare statt.

Das Gemeindezentrum von St. Gerold ist ein viergeschossiger Solitär, der Gemeindeamt, Dorfladen, Kin-

derspielgruppe, Mehrzweckraum und den Kindergarten beherbergt.

Ein herrlich angelegter Weg der Sinne führt mitten durch den Wald an mehreren verträumten Weihern vorbei. Verschiedene, künstlerisch gestaltete Meditationstafeln am Wegesrand laden zum Verweilen und Innehalten ein oder der Besucher kann beim Durchlaufen des Labyrinths zu seiner eigenen Mitte finden.

Kulturelles

Im Kräuterhüsle in St. Gerold werden die heimischen Kräuter der Bergwelt zu verschiedenen Produkten und kulinarischen Köstlichkeiten verarbeitet. Besichtigungen und Kurse sind möglich.

Treffpunkt für Dorfbewohner und Gäste ist der Gasthof Kreuz, der mit regionalen Spezialitäten und einer ruhigen Lage am Ortsrand lockt. Nach einem ausgiebigen Biker-Frühstück im Gasthof Kreuz ist St. Gerold für Motorradfahrer der ideale Ausgangspunkt für Tagestouren in die Schweizer Bergwelt mit den wunderschönen Paßstrassen.

Kunst, Kultur und Spiritualität wird in der Scheune Lehen gelebt. Die Künstlerinnen, die hier leben und arbeiten, vermitteln eine besondere Atmosphäre, die Neugierde weckt, Spuren legt und gleichzeitig die Auseinandersetzung mit Kunst und Spiritualität sucht. Workshops, Seminare, Veranstaltungen und Ausstellungen werden in der ansprechenden Architektur der Scheune Lehen angeboten.

Freizeit und Sport

Das idyllische Bergdorf bietet seinen Gästen und Bewohnern gepflegte und gut markierte Spazier- und Wanderwege. Lohnende Bergtouren mit herrlichen Aussichtspunkten führen hinauf zu den Hausbergen Tälispitze und Kreuzspitze. Der Wanderparkplatz für PKWs liegt auf einer Höhe von 1.200 m ü.M.

Eine wunderschöne Mountainbike-Route führt von St. Gerold auf die Gassner und Plansott Alpe. Die herrliche Aussicht, die die Gassner-Alpe bietet, genießt man gerne bei einer Erfrischung und den köstlichen Milchprodukten der Alpe. Ein idyllisch gelegener Weiher mit Liegewiese und Grillplatz lädt während der warmen Jahreszeit zum Schwimmen und Entspannen ein.

Die Gäste des Ortes können auf dem Fußball- und Beachvolleyballplatz kurzweilige Stunden erleben und für Pferdefreunde bietet die Propstei St. Gerold Reitstunden sowie therapeutisches Reiten an.

Gemeindezentrum St. Gerold

In den Wintermonaten bringt der Skibus seine Gäste in nur 14 Minuten zum nächst gelegenen Skigebiet, wobei das Areal rund um St. Gerold die Skitourengeher und Schneeschuhwanderer unter den Wintersportfreunden immer wieder begeistert.

Wichtige Adressen und Telefonnummern

Gemeinde St. Gerold
Haus Nr. 100
A-6722 St. Gerold
Tel. +43 (0)5550 21 34
gemeinde@st-gerold.at
www.st-gerold.at

Tourismusverein St. Gerold
Tel.+43(0)5550 21 33

Gassner-Alpe

Propstei St. Gerold

Wo Himmel und Erde sich begegnen

Eine Perle benediktinischer Kultur und Gastfreundschaft erwartet den Besucher der Propstei St. Gerold. Am Eingang zum UNESCO-Biosphärenpark Großes Walsertal gelegen, blickt die Propstei auf eine über 1000 Jahre lange Geschichte zurück. Ruhe und Beschaulichkeit strahlt das Anwesen aus, das eine Filialniederlassung des Klosters Einsiedeln ist.

In der schmucken Anlage werden die irdischen Güter dankbar genutzt. Man sieht in ihnen den Ausdruck der Güte und Schönheit des Schöpfers. Von diesem spirituellen Grundgedanken, der in der idyllischen Atmosphäre verbreitet wird, wird auch der Besucher überwältigt, denn gemeinsame Mahlzeiten und kulturelle Veranstaltungen sowie Seminare öffnen deren Herzen und Sinne.

Das Herz der Klosteranlage

Im Propsteigebäude, das zusammen mit der Kirche das Zentrum des Klosters bildet, werden Gäste empfangen. Mahlzeiten werden in den neuen Gebäuden eingenommen. Umgeben von diesen uralten Mauern, in den Gängen und Zimmern atmet der klösterliche Geist, der zum gemütlichen Beisammensein einlädt.

In der Propstei verknüpfte man in den vergangenen Jahren durch umfangreiche Sanierungsmaßnahmen die Tradition mit der Moderne und schuf Beherbergungsmöglichkeiten, die den Bedürfnissen und Interessen der Gäste gerecht werden. So entstanden im ehemaligen Ökonomiegebäude mit Klosterschenke und Pilgerräumen Gästezimmer für Besucher. Dort wurde auch die alte Klosterschenke zu neuem Leben erweckt. Das Wyberhaus, die ehemalige Unterkunft der weiblichen Bediensteten des Klosters, bildet heute einen attraktiven Vortragssaal, in den zu Kursen, Tagungen und Konzerten eingeladen wird.

In Verbindung mit den neu gestalteten gastronomischen Räumlickeiten sind diese der passende Rahmen für

Bankette, festliche Anlässe und Familienfeiern. Bekannt ist die Propstei St. Gerold auch für ihre Pferde. Aus der ehemaligen Haflingerzucht entstand der heutige Pferdebestand mit 11 Tieren, die alle für das therapeutische Reiten eingesetzt werden.

Führungen, Seminare und Ausstellungen

Umfangreich ist das Angebot der Propstei St. Gerold für die Öffentlichkeit: Führungen, bei denen man die wechselvolle Geschichte kennenlernt und auf Schritt und Tritt klassischer und zeitgenössischer Malerei begegnet, werden ebenso angeboten wie Konzerte und Ausstellungen, Seminare und Kurse, Zimmer für die Übernachtung ebenso wie die Klosterküche, die ihre Gäste mit regionalen und saisonalen Köstlichkeiten verwöhnt.

Propstei St. Gerold
St. Gerold 29. A-6722 St. Gerold
Tel. +43 (0)5550 2121
Fax +43 (0)5550 21 21 19
propstei@propstei-stgerold.at
www.propstei-stgerold.at

Thüringerberg

Willkommen auf dem Sonnenbalkon

Die Gemeinde liegt am Eingang zum Großen Walsertal auf einer Höhe von 878 m ü.M. am sonnseitigen Südhang des Walserkammes. Eine sich über 300 m über dem Walgau erhebende Höhenstufe ist der Sonnenbalkon des Großen Walsertales. Daher zählt Thüringerberg zu den schönstgelegenen Bergdörfern Vorarlbergs. Der Blick in die Vorarlberger Gebirgswelt mit Schadonasattel über Rote Wand, Hohen Frassen, Litzner in der Silvretta, Zimba, Schesaplana bis hin zu den Drei Schwestern im Rätikon ist überwältigend.

Der Ort mit seinen über 700 Einwohnern ist ein beliebter Ausgangspunkt für Wanderungen und Bergtouren. Ob zur Ruine Blumenegg, zum Thüringer Weiher, zu den Alpen Alpila und Gampelin, oder auf den Hüttenkopf oder Hochgerach.

Kurzer Blick ins Geschichtsbuch

Die Region war bereits um 800 besiedelt, worauf einige Erwähnungen schließen lassen. So steht um 831 von einer Marienkapelle auf „Montaniolas" geschrieben, deren Standort sich wohl in der Parzelle Parplons befunden hat. Die wechselvolle Geschichte von Thüringerberg liegt in der Regentschaft der Habsburger begründet, die wechselnd von Tirol und von Vorderösterreich, dem ehemaligen Freiburg im Breisgau, regierten. Auf das Jahr 1258 geht der Bau der Burg Blumenegg zurück, die im ehemaligen Herrschaftsbereich der Grafschaft Montfort lag. Thüringerberg gehört seit der Gründung des Bundeslandes im Jahr 1861 zu Vorarlberg.

Sehenswürdigkeiten

Mächtig erheben sich die Reste der Burgruine Blumenegg in den Himmel und der Besucher ahnt, welche Ausmaße der prachtvolle Bau einst eingenommen hat. Teile der Anlage, von denen heute noch Bergfried, Palas, Kapelle und Ringmauern sowie Wirtschaftsgebäude zu sehen sind, gehen auf das 13. Jh. zurück.

Burgruine Blumenegg

Blick auf Thüringerberg

(Bilder wikipedia, Boehringer Friedrich CC BY-SA 2.5)

Pfarrkirche zum Hl. Andreas
(Bilder wikipedia, Boehringer Friedrich CC BY-SA 2.5)

Die Pfarrkirche zum Hl. Andreas wurde zwischen 1782 und 83 erbaut, da die kleine Kapelle in Parplons die Bewohner von Thüringerberg nicht mehr aufnehmenkonnte. Die Kirche besticht heute mit ihrer schlichten Eleganz.

Kulturelles

Neben vielen Vereinen, die das Gemeindeleben beeinflussen, sind die Theatergruppe Thüringerberg und der Andreaschor besonders hervorzuheben.

Die Theatergruppe, die 1988/89 mit Volksstücken des Autors Elmar Walser wiederbelebt wurde, brachte in den vergangenen Jahren 19 Theaterstücke zur Aufführung, die die Gruppe weit über die Region hinaus bekannt machten.

Auf das Jahr 2002 geht die Gründung des Andreaschores zurück, der zu weltlichen und kirchlichen Anlässen auftritt.

Freizeit und Sport

Mit der Anerkennung des Großen Walsertales als UNESCO-Biosphärenpark baut auch die Gemeinde Thüringerberg im Tourismus auf die Angebote im Sinne der Biosphärenpark-Philosophie. So setzt man heute auf natürliche Vielfalt, Gastlichkeit und Genuss sowie Kultur und nachhaltige Entwicklung.

Zu den vielfältigen Beschäftigungsmöglichkeiten in und um Thüringerberg gehören das Wandern und Bergsteigen, Mountainbiken und der Wintersport. Doch auch für Angler bietet sich am romantisch gelegenen

Thüringer Weiher die Gelegenheit, ihrem Hobby nachzugehen.

Der besondere Wandertipp: Eine aussichtsreiche Wanderung bietet sich in Thüringerberg. Unmittelbar an der Straße ins Große Walsertal beginnt die Wanderung als Wasserschaupfad zum Montjola-Wasserfall, wo noch die Druckrohrleitung der 1837 gegründeten Textilfabrik zu sehen sind. Es geht weiter auf die Ebene von Quadem, einem Überbleibsel aus der Eiszeit, wo der romantisch gelegene Thüringer Weiher liegt. Besonders im Sommer sind die Wiesen voll von Orchideen und seltenen alpinen Pflanzen.

Orts- und Infrastruktur

Die kleine Gemeinde auf dem Sonnenbalkon bietet eine hohe Lebensqualität. Mehrere Betriebe verschiedenster Branchen bieten Arbeits- und Ausbildungsplätze. Für die jungen Bewohner steht neben einem Kindergarten auch eine Volksschule zur Verfügung. Den älteren Bewohnern des Ortes bietet man mit einem Gesundheits- und Krankenpflegeverein sowie einem mobilen Hilfsdienst eine helfende Hand im Bedarfsfall.

Verkehrswege

Thüringerberg ist auf der B193 erreichbar, die Bludenz mit dem Großen Walsertal verbindet.

Wichtige Adressen und Telefonnummern

Gemeinde Thüringerberg
Jagdbergstr. 270
A-6721 Thüringerberg
Tel. +43 (0)5550 2417
Fax +43 (0)5550 24 170
gemeinde@thueringerberg.at
www.thueringerberg.at

Gipfel des Hochgerach
(Bilder wikipedia, Reinhard Müller CC BY-SA 2.5)

Klostertal

Das 30 km lange Klostertal zwischen Bludenz und dem Arlberg mit der Landesgrenze zu Tirol besteht aus den drei Gemeinden Dalaas/Wald, Braz und Klösterle am Arlberg.

Das Tal ist seit Jahrhunderten ein wichtiger Transport- und Handelsweg zwischen Vorarlberg und dem restlichen Österreich.

Das Klostertal bietet zu jeder Jahreszeit hervorragende Bedingungen für einen erholsamen, abwechslungsreichen Urlaub mit sportlichen Aktivitäten. Es ist eingebettet in das geologisch vielfältige Lechquellengebirge im Norden mit dem malerischen Formarinsee und dem beeindruckenden Steinernen Meer zwischen der Freiburger- und Ravensburger Hütte und

Formarinsee und Rote Wand
(Bild Christian Häuser)

dem Wanderparadies Verwallgebirge im Süden.

Familien finden hier besonders familienfreundliche Unterkünfte von Privatquartieren über familiäre Ferienwohnungen bis zum 4-Sterne-Hotel.

Das schneesichere Skigebiet auf dem Sonnenkopf und der nahe weltbekannte Arlberg lassen für Skibegeisterte keine Wünsche offen.

Sehenswürdigkeiten

Einen Besuch wert sind das Klostertal Museum in Wald am Arlberg mit Wissenswertem zur Geschichte des Tals, die Barockpfarrkirche in Braz mit üppiger Ausstattung, die Pfarrkirche Dalaas aus dem 16. Jahrhundert sowie die Naturdenkmäler des Europaschutzgebiets Klostertaler Bergwälder, das Naturschutzgebiet „Bödner Magerwiesen" in Braz, der Mason-Wasserfall, der beeindruckende Fallbach, der mit 520 m zu den höchsten Kaskadenfällen Österreichs gehört und der Formarinsee unter der Roten Wand, der 2015 zum schönsten Platz Österreichs gewählt wurde.

Das Klostertal ist als „alpines Wassertal" bekannt: zahlreiche Wasserstellen werden ab 2017 speziell gekennzeichnet und beschildert sein.

Bärenland
(Bild Wiebke Meyer, Alpenregion Bludenz Tourismus GmbH)

Kulinarisches

Feinschmecker kommen im Klostertal voll auf ihre Kosten. Sie werden von den ausgezeichneten Küchen in den örtlichen Restaurants mit regionalen Köstlichkeiten aus heimischen Produkten und erlesenen Weinen verwöhnt. Die Klostertaler Genusswochen und die Veranstaltung „Gourmet im Schnee" haben viele begeisterte Gäste.

Bei den teilnehmenden Hofläden und Gastronomiebetrieben des Projektes „Klostertaler Bauerntafel" kann man leckere regionale Produkte erwerben, Infos unter www.klostertalerbauerntafel.at

Freizeit und Sport

Das Sommer-Freizeitangebot bietet Wanderern, Mountainbikern oder Golffreunden vielfältige Möglichkeiten. Das Bärenland auf dem Erlebnisberg Sonnenkopf mit Spielplatz, Wasserspielen auf dem Bärensee, der Bärenhöhle und abenteuerlicher Schatzsuche auf dem großen Schürffeld in aussichtsreicher Naturkulisse in gesunder Bergluft ist ein sehr beliebtes Ausflugsziel für Familien.

Wandern

Wanderer finden im Lechquellengebirge und im Verwallgebirge eine reiche Auswahl an Wanderrouten von der gemütlichen Familienwanderung auf eine Alm bis zur anspruchsvollen Bergtour. Auf den markierten Wegen bieten Hütten und Gasthäuser zahlreiche Unterkunfts- und Einkehrmöglichkeiten.

Lohnend sind unter anderem die Wanderungen von Dalaas zum atemberaubenden Naturschauspiel des

Fallbachs, die Panoramawanderung Muttjöchle/Kristberg von der Bergstation Sonnenkopfbahn, die Almwanderung von Klösterle zur Alpe Nenzigast und viele mehr.

Klostertal im Winter

Schneesicherheit bis ins späte Frühjahr bietet das Familienskigebiet Sonnenkopf mit 9 Liftanlagen, 30 Pistenkilometern für Anfänger und Fortgeschrittene, darunter die 6,1 km lange Vermalenabfahrt und die mit 64% Neigung steilste Abfahrt ins Bäraloch, Funpark, Kinderland Schneemannland, eine 2 km lange Rodelstrecke und 13,5 km aussichtsreiche Winterwanderwege, darunter die einzigartige Gipfelwanderung zum Muttjöchle.

Auch im Tal findet man eine Reihe von geräumten Winterwanderwegen durch die romantische Schneelandschaft. Auch für das immer beliebter werdende Schneeschuhwandern findet man im Klostertal zahlreiche Routen. Langläufern steht eine große Anzahl an gespurten Loipen zur Verfügung. Rodelbahnen findet man auch in Wald und Klösterle.

Orts- und Infrastruktur

Die touristische Infrastruktur im Klostertal ist weit entwickelt. Tourismus und Fremdenverkehr sind für die Wirtschaft im Klostertal von großer Bedeutung, wie die große Zahl von Übernachtungen zeigt. Es sind auch Betriebe in der Forst- und Landwirtschaft zu finden.

Das Klostertal ist durch die Arlbergbahn zwischen Langen am Arlberg und Bludenz und durch Buslinien an das öffentliche Verkehrsnetz angeschlossen. Die Autobahn A 14 von Bregenz und die Arlbergschnellstraße S 16 durch das Tal sorgen für gute Erreichbarkeit mit dem Pkw.

Wichtige Adressen und Telefonnummern

Klostertal Tourismus
Klostertalerstr. 70
A-6752 Dalaas
Tel. +43 (0)5585 7244
Fax +43 (0)5552 30227 1735
info@klostertal.info
www.klostertal.travel

Skifahren am Sonnenkopf
(Bild Alex Kaiser, Alpenregion Bludenz Tourismus GmbH)

Dalaas

Idyllisches Dorf im Klostertal

Mitten im Klostertal liegt Dalaas (rund 1600 Einwohner) in 835 m Höhe (Dalaas) - 1007 m Höhe (Wald am Arlberg).

Daalas (Bild Andreas Gassner)

Pro Jahr werden rund 90.000 Übernachtungen registriert.

Sehenswert sind die Pfarrkirchen in Dalaas und Wald sowie das Klostertalmuseum in Wald.

Zu jeder Jahreszeit findet man ein breites Angebot von möglichen Freizeitaktivitäten. Im Sommer Wandern, Mountainbikerouten, Klettergarten und vieles mehr, im Winter das Skigebiet am Sonnenkopf, gebahnte Winterwanderwege und Langlaufloipen.

Wichtige Adressen und Telefonnummern

Klostertal Tourismus
Klostertalerstr. 70, A-6752 Dalaas
+43 (0)5585 7244
info@klostertal.info
www.klostertal.info

Innerbraz

Am Eingang des Klostertals

Innerbraz (Bild Amido Handels)

Die Ortschaft Innerbraz (rund 960 Einwohner) liegt in 708 Meter Höhe zwischen dem Arlberg und der Alpenstadt Bludenz am Taleingang des Klostertals. Der idyllische Ferienort ist durch die zentrale Lage perfekter Ausgangspunkt für Ausflüge in die umliegenden Ski- und Wandergebiete.

Im Sommer wie im Winter bietet Innerbraz reichlich Gelegenheiten für einen erholsamen, abwechslungsreichen Urlaub.

Wichtige Adressen und Telefonnummern

Gemeinde Innerbraz
Am Tobel 1, A-6751 Innerbraz
Tel. +43/5552/28111

Klösterle am Arlberg

Am weltbekannten Arlberg

Die Gemeinde Klösterle am Arlberg (rund 660 Einwohner) liegt in 1073 Meter Höhe am Ende des Klostertals und besteht aus den Ortschaften Klösterle, Danöfen, Stuben und Langen am Arlberg!

Der Tourismus ist der Hauptwirtschaftszweig in Klösterle, pro Jahr werden rund 150.000 Übernachtungen verzeichnet.

Der Bahnhof Langen am Arlberg als letzter Bahnhof vor dem Arlbergtunnel ist Haltestelle für Fernzüge mit Verbindung in das Wintersportgebiet Arlberg mit den Orten Lech Zürs und St. Anton am Arlberg.

Die in den Jahren 1928/29 entstandene Exposituirkirche ist durch die der Landschaft angepasste Form sehenswert.

Klösterle ist idealer Ausgangspunkt für Wanderungen im Sonnenkopfgebiet mit dem familienfreundlichen „Bärenland“ im Westen und dem Arlberggebiet im Osten, das durch Seilbahnen als Aufstiegshilfen leicht erreichbar ist.

Wichtige Adressen und Telefonnummern

Tourismusbüro Klösterle am Arlberg
Bundesstraße 59, A-6754 Klösterle
Tel. +43 (0)5582 777

Klösterle
(Bild Alex Kaiser, Klostertal Tourismus)

Langen am Arlberg

Höchstgelegener Bahnhof der Arlbergbahn

Auf 1.220 m ü. M. liegt die Tourismusdestination im Klostertal. 70 Einwohner zählt die Gemeinde, die mit dem höchstgelegenen Bahnhof der Arlbergbahn auf Vorarlberger Seite aufwarten kann. Außerdem befindet sich in Langen das Westportal des Arlberg-Straßentunnels.

Kurzer Blick ins Geschichtsbuch

Die Entwicklung des Ortes geht mit dem Bau des Arlbergtunnels einher, ließen sich doch im 19. Jh. Bahnarbeiterfamilien dauerhaft in Langen nieder.

Freizeit und Sport

Langen am Arlberg ist eine Destination zu allen Jahreszeiten. Während des Sommers locken Wanderrouten in die faszinierende Bergwelt mit ihrer hochalpinen Kulisse und im Winter ist die Schneesicherheit auf Pisten und Loipen bis weit in das Frühjahr garantiert.

Wichtige Adressen und Telefonnummern

Gemeinde Langen
Tourismusbüro Klösterle am Arlberg
Bundesstr. 59
A-6754 Klösterle am Arlberg
info@kloesterle.at, www.kloesterle.at

Bahnhof Langen am Arlberg
(Bild Wikipedia CCBY2.5, Böhringer Friedrich)

Stuben am Arlberg

Einer der höchstgelegenen Skiorte Österreichs

An der Westrampe des Arlbergstraße gelegen, ist die auf 1.410 m ü. M. Gemeinde ein prädestinierter Wintersportort. Mit 88 Einwohnern zählt der Ort zur Gemeinde Klösterle.

Kurzer Blick ins Geschichtsbuch

Im Jahr 1330 wurde der Ort als Poststation erstmals als „Kaisers höchste Stuben" genannt. Im 14. Jh. kam für Stuben am Arlberg der erste Aufschwung, nachdem die Wege für den Warenverkehr ausgebaut wurden. Zu Beginn des 20. Jh. entwickelte sich mit dem Bau der Arlbergschnellstraße und des Arlberg-Straßentunnels der Tourismus.

Freizeit und Sport

Stuben am Arlberg ist eine Winterdestination, die ihresgleichen sucht. Mit der Alpe Rauz zählt Stuben zu den höchstgelegenen Skiorten Österreichs und garantiert bis weit in das Frühjahr hin Schneesicherheit.

Wichtige Adressen und Telefonnummern

Gemeinde Stuben
Tourismusbüro Klösterle am Arlberg
Bundesstr. 59
A-6754 Klösterle am Arlberg
info@kloesterle.at
www.kloesterle.at

Stuben am Arlberg
(Bild Wikipedia CCBY2.5, Böhringer Friedrich)

Brandnertal

Nur wenige Autominuten von der Alpenstadt Bludenz entfernt beginnt eines der schönsten Hochgebirgstäler der Ostalpen, das Brandnertal. Das romantische Tal am Fuß der Schesaplana, mit 2965 m der höchste Berg in Rätikon, ist ein Urlaubsparadies für Familien, Naturliebhaber und aktive Bergwanderer.

Zum Tal gehören die Orte Bürs am Stadtrand von Bludenz, Bürserberg mit dem aussichtsreichen Hochplateau Tschengla und das idyllische Dorf Brand in einer Höhe von mehr als 1000 m. Am Talende liegt der Lünersee in einer Höhe von 1979 m, Ausgangspunkt von zahlreichen Bergwanderrouten, der mit einer Seilbahn bequem zu erreichen ist.

Die Urlaubsregion Brandnertal ist besonders für Familien geeignet. Neben einer Reihe von familienfreundlichen Unterkünften bietet das Tal eine Fülle von Freizeitmöglichkeiten wie Tiererlebnispfad, Barfußwanderweg, Märchen- und Sagenweg, Natursprünge-Weg, Kletterpark und vieles mehr.

Sehenswürdigkeiten

Sehenswert im Brandnertal sind das historische Walser-Ensemble in Brand mit Altem Schulhaus, Walserhus, Pfarrhof und Kirche, das Museum Paarhof Buacher in Bürserberg, die geheimnisvollen neolithischen Steinkreise auf der Tschengla in Bürserberg, der Schesa Murbruch in Bürserberg, die Burgruine Rosenegg in Bürs sowie die Naturdenkmäler Glingabrunnen bei der Unteren Brüggele Alpe, die eiszeitliche Bürser Schlucht und der Kesselfall des Alvierbachs im Sonnenlagant.

Aussichten im Brandnertal
(Bild Bernhard Huber Alpenregion Bludenz Tourismus GmbH)

Kinderwanderung
(Bild Bernhard Huber Alpenregion Bludenz Tourismus GmbH)

Kulinarisches

Die Köchinnen und Köche der Restaurants und Wirtshäuser im Brandnertal setzen auf regionale Produkte heimischer Produzenten und bieten neben neuen Genusserlebnissen auch die traditionelle, österreichische Küche mit Schweinsbraten, Lammrücken oder Vorarlberger Kässpätzle. Besonders empfehlenswert sind die kulinarischen Genusswanderungen in Brand und Bürserberg, die von Brandnertal Tourismus angeboten werden. Die gemütlichen Wanderungen führen durch die eindrucksvolle Bergwelt zu mehreren kulinarischen Genussstationen von der Vorspeise bis zum süßen Dessert.

Die Teilnahme an einer Veranstaltung der beliebten Reihe Genusserlebnis Brandnertal, die von fünf Köchen mit köstlichen 5-Gänge-Menüs angeboten wird, sollte man nicht versäumen.

Sommeraktivitäten

Den sportlichen Aktivitäten von unternehmungslustigen Urlaubern im Brandnertal sind keine Grenzen gesetzt. 400 km Wanderwege, 110 km anspruchsvolle Mountainbikestrecken, ein Bikepark mit abwechslungsreichen Strecken unterschiedlicher Schwierigkeit, ein 18-Loch-Golfplatz, Tennisplätze, Reitgelegenheiten, ein 3D-Bogenparcours, ein Naturbadesee, ein Kletterpark und vieles mehr sorgen für Abwechslung.

Als Aufstiegshilfen für Bergwanderer stehen die Bergbahnen Dorf- und Panoramabahn, Palüdbahn, Einhornbahn II in Bürserberg und die Lünerseebahn zur Verfügung. Infos unter www.brandnertal.at/bergbahnen

Wandern

Auf Wanderfreunde warten im Brandnertal zahlreiche attraktive, aussichts-

Familienskigebiet Brandnertal
(Bild Dietmar Walser Alpenregion Bludenz Tourismus GmbH)

reiche Wanderwege mit zünftigen Einkehrstationen in Hütten und Gasthäusern.

Nicht versäumen sollte man die leichte Lünersee-Rundwanderung (Gehzeit ca. 2 Std.) um einen der schönsten Alpenstauseen mit beeindruckender Bergkulisse.

Besonders geeignet für Familien sind der Natursprünge-Weg, ein interaktiver Wissenswanderweg, der an der Bergstation der Dorfbahn beginnt, die Biotopwanderung auf dem Tschengla- Hochplateau, der Tiererlebnispfad Brand, der Barfußweg ab der Bergstation Dorfbahn Brand sowie der Märchen- und Sagenweg in Bürs. Neu gibt es ab Sommer 2016 auch die Tierwelten Brandnertal – ein weiterer, interaktiver Themenweg, der auch im Anschluss an den Natursprünge-Weg begangen werden kann und bis ins Palüd führt.

Das Sommerprogramm „Bsundrige Zit" im Brandnertal ist ein Erlebnisprogramm unter dem Motto „Natur erleben – entdecken – erforschen", das neben den klassischen Aktivitäten wie geführte Wanderungen angeboten wird. Bausteine des Programms sind z.B. eine Kräuterfamilienwanderung, Klettern für Anfänger am Lünersee, Abenteuer Sonnenaufgang auf dem Gipfel des Loischkopfs mit Bergfrühstück und vieles mehr. Die Bausteine können individuell gebucht und kombiniert werden.

Winterfreuden

Im Winter ist das romantische Tal ein Paradies für Skifahrer. Zur Verfügung stehen 14 Bahnen und Lifte sowie über 60 km präparierte Pisten für Anfänger und Geübte. Das familienfreundliche Skigebiet Brandnertal bietet Kinderprogramme und attraktive Familienangeboten.

Winterurlauber nutzen die Langlaufloipen, die Schneeschuhwanderwege und die geräumten Winterwanderwege für ausgedehnte Aktivitäten. Außerdem stehen 2 Naturrodelbahnen und ein Natureislaufplatz zur Verfügung. Eine Pferdeschlittenfahrt durch die romantische Schneelandschaft gehört zu den besonderen Urlaubserlebnissen.

Orts- und Infrastruktur

Neben den Betrieben der gewerblichen Wirtschaft sowie der Land- und Forstwirtschaft haben der Tourismus und der Fremdenverkehr für das Tal große Bedeutung. Die weit entwickelte touristische Infrastruktur sorgt für zufriedene Gäste. Jährlich werden rund 478.000 Übernachtungen registriert. Im Tal findet man Skiverleihstationen, Sportgeschäfte mit breitem Angebot und Nahversorgungsgeschäfte für den täglichen Bedarf.

Verkehrswege

Der Bahnhof Bludenz ist Station der internationalen EC/IC Züge. Ab Bahnhof fahren Linienbusse ins Brandnertal. Das Brandnertal ist an den Verkehrsverbund des Öffentlichen Personennahverkehrs in Vorarlberg angeschlossen.

Mit dem Auto ist das Brandnertal über die Rheintalautobahn A 14 Abfahrt Brandnertal und die Bundesstraße L81/82 bequem erreichbar.

Wichtige Adressen und Telefonnummern

Brandnertal Tourismus
Mühledörfle 71
A-6708 Brand - Vorarlberg
Tel. +43 (0)5559 555
Fax +43 (0)5552 30227 1730
tourismus@brandnertal.at
www.brandnertal.at

Auf der Piste im Brandnertal
(Bild Dietmar Walser Alpenregion Bludenz Tourismus GmbH)

Brand

Abwechslung pur für Aktive und Genießer

Das romantische Bergdorf Brand (rund 700 Einwohner) liegt in 1037 Meter Höhe am Ende des Brandnertals am Fuße der Schesaplana. Die vielfältigen Freizeit-Angebote stellen auch anspruchsvolle Urlaubsgäste zufrieden: Entspannung, Spaß und Abwechslung zu jeder Jahreszeit sind garantiert. Der Ort zählt jedes Jahr über 300.000 Übernachtungsgäste.

Brand entstand im 14. Jahrhundert durch die Ansiedlung von zwölf Walserfamilien.

Die sehenswerte Pfarrkirche Mariä Himmelfahrt aus dem Jahre 1507 zeigt im Innenraum gotische Fresken sowie wertvolle Figurengruppen und Gemälde.

Zahlreiche aussichtsreiche Wanderwege vom gemütlichen Spaziergang bis zur zünftigen Bergtour stehen unternehmungslustigen Feriengästen zur Verfügung. Besonders empfehlenswert ist der Natursprüngeweg von den Bergstationen der Dorfbahn und der Panoramabahn, der in 1,5 Stunden an etlichen Stationen Wissenswertes zur Natur der Bergwelt vermittelt. Ebenfalls ist der Tierweltenweg im Palüdgebiet offen und lädt zum Wandern ein. Dieser Weg wird wie viele andere von den Aufstiegshilfen der Bergbahnen im Brandnertal unterstützt.

Im Winter erschließen die Bergbahnen ein traumhaftes Skigebiet mit abwechslungsreichen Abfahrten. Das sportliche Skigebiet Brandnertal bietet zahlreiche Möglichkeiten für Groß und Klein. Nicht nur die 55 km Pisten, sondern auch der Funpark Backyards, die WISBI Strecke sowie der Fun-Run überzeugen die Gäste. Ein besonderes Highlight ist die Panoramabahn, eine spektakuläre Pendelbahn, welche die Skigebietsteile Brand und Bürserberg verbindet.

Wichtige Adressen und Telefonnummern

Bergbahnen Brandnertal
Mühledörfle 2, A-6708 Brand
Tel. +43 (0)5559 224 0
station@brandnertal.at

Gemeinde Brand
Mühledörfle 40, A-6708 Brand
Tel. +43 (0)5559 30816

Brand
(Bild Dietmar Walser Alpenregion Bludenz Tourismus GmbH)

Bürserberg

Erholung pur mit Panoramablick

Die Berggemeinde Bürserberg (rund 530 Einwohner) in 871 Meter Höhe am Eingang des Brandnertals ist eine terrassenförmig angelegte Hangsiedlung am Fuße des sonnigen Hochplateaus Tschengla. Der aussichtsreiche Ort ist ein Erholungs- und Freizeitparadies. Jährlich werden rund 170.000 Übernachtungen im Ort registriert.

Die erste Besiedlung erfolgte im 14. Jahrhundert durch Walserfamilien.

Neben dem Schesatobel, einem der größten Murbrüche in Europa, und den mystischen Steinkreisen der Alpe Rona ist die unter Denkmalschutz stehende Pfarrkirche Hl. Josef aus dem Jahre 1730 mit eindrucksvoller Innenausstattung sehenswert.

Bürserberg ist der ideale Ausgangspunkt für genussvolle Wanderungen im Sommer und Langlauftouren im Winter.

Absolutes Highlight für Freizeitsportler ist der Bikepark Brandnertal, der von der leichten Freeridestrecke bis zur rasanten Downhillstrecke alles bietet, was sich ein Bikerfreund wünscht. Zur Verfügung stehen auch Mountaincarts und Monsterroller, mit welchen man die über drei Kilometer lange Funsport-Strecke bezwingen kann.

Wichtige Adressen und Telefonnummern

Bikepark Brandnertal
Tschengla 3, A-6707 Bürserberg
www.bikepark-brandnertal.at

Gemeinde Bürserberg
Boden 1, A-6707 Bürserberg
Tel. +43 (0)5552 66530

Bürserberg
(Bild Hanno Thurnher Alpenregion Bludenz Tourismus GmbH)

Inmitten zauberhafter Bergkulisse

Alpenlodge Brand

Österreichische Gastfreundschaft erfährt man in der *Alpenlodge* nicht nur durch die freundliche und persönliche Betreuung der Gastgeber, sondern auch durch die familiäre Atmosphäre, die zum Entspannen und Wohlfühlen einlädt. Die im modern-alpinen Stil eingerichteten Studios und Familien-Suiten sind ein wahres Refugium für die schönsten Tage im Jahr. Die hochwertige und komfortable Ausstattung trägt zum Wohlfühl-Erlebnis ebenso bei wie der Wellnessbereich, der pure Entspannung bietet, und die verschiedenen Kinderbereiche, die die Herzen der kleinen Gäste höher schlagen lassen. Abgerundet wird der alpenländische Charme des Hauses durch die Wintergarten-Lounge, die zum Lieblingsplatz vieler Gäste geworden ist. Mit einem abwechslungsreichen und vielfältigen Frühstücksbuffet verwöhnt man die Gäste, nach dessen Genuss sie gestärkt in einen neuen Ferientag starten können.

Alpenlodge Brand – Hotel Garni

Gufer 92, A-6708 Brand
Tel. +43 (0)676 3263212
info@alpenlodge-brand.at
www.alpenlodge-brand.at

Das Mühlebach

Restaurant – Café
Bar – Pub

Das Mühlebach, mitten in Brand, überzeugt mit rustikalem Charme und heimeliger Atmosphäre, feinen Speisen und coolen Drinks, sympathischer Bedienung und einer umfangreichen Kinderkarte – ein echtes Highlight in Brand! Feine regionale und internationale Spezialitäten, begleitet von einem edlen Tropfen aus der gut sortierten Weinkarte oder einem frisch gezapften Bier. Hier darf man sich kulinarisch verwöhnen lassen. Après-Ski oder zu später Stunde lädt die Bar zum Bleiben und Genießen: Musik von Jazz über Blues bis hin zu Rock, Pop und aktuellen Charts – Party oder Live-Musik, entspannte Stunden bei netter Unterhaltung oder einem Gespräch mit Freunden – das Mühlebach bietet seinen Gästen ein Ambiente, das zum Verweilen einlädt.

Tipp: Der Lieblingsplatz vieler Einheimischer und Gäste ist – Sommer wie Winter – die Sonnenterrasse vom Mühlebach.

Café-Restaurant Mühlebach

Mühledörfle 31, A-6708 Brand
Tel. +43 (0)5559 22 582
info@muehlebach.at
www.muehlebach.at

Für entspannende Ferientage

Landal Brandnertal

Österreichische Gastfreundschaft und traumhafte Ausblicke auf die Bergwelt genießen die Gäste der Ferienwohnungen im Landal Bürserberg. In der sonnigen Hanglage auf 1.170 m ü. M. werden die Urlaubstage zu einem aktiven und entspannten Erlebnis. Naturliebhaber kommen hier auf ihre Kosten, liegt der Park doch direkt an der Skipiste und an einer Panoramaloipe. Mit Skischule und -verleih, die direkt neben dem Park zu finden sind, steht dem winterlichen Sportvergnügen nichts mehr im Wege. In den Sommermonaten findet der Bikepark und das Programmangebot von Wanderungen und Sportaktivitäten großen Anklang.

Die 91 Ferienwohnungen, die in 11 Chalets eingerichtet sind, präsentieren sich geschmackvoll und komfortabel ausgestattet und als ideale Ferienresidenz für Familien. Eine Sauna, ein Hallenschwimmbad, und Relaxraum sowie ein Parkrestaurant mit Sonnenterrasse runden das vielfältige Angebot des Parks ab.

Zur Ruhe kommen in frischer Bergluft Chalet Matin

Der Blick aus der Ferienwohnung hinunter ins Klostertal lässt so manches Herz von Naturfreunden höher schlagen. Das Chalet Matin, das aus drei Chalets mit 28 Ferienwohnungen besteht, ist in ruhiger Dorflage zu finden. Es bietet großzügig gestaltete Unterkünfte von der 4-Personen- bis zur 8-Personen-Ferienwohnung. Behaglich und mit allem Komfort eingerichtet, bilden sie das ideale Ambiente für entspannende Ferientage. Die Höhenlage von 870 m ü. M. und

in fußläufiger Entfernung zum Skilift ist es eine bevorzugte Dependance für Wintersportler. Abseits vom Trubel sind aber auch im Sommer vielfältige Beschäftigungen möglich wie Wandern, Mountainbiken, Golf- oder Tennisspielen.
Das Restaurant direkt am Park und die Freizeiteinrichtungen wie Schwimmbad, Sauna und Bollo-Club des Landal Brandnertal, die genutzt werden können, bilden den richtigen Rahmen für ruhige und erholungbringende Ferientage.

Landal Brandnertal
Tschengla 3
A-6707 Bürserberg
Tel. +43 (0)5552 62 76 6
Fax +43 (0)5552 62 76 61 00
brandnertal@landal.com
www.landal.at/brandnertal

Bürs

Am Eingang des Brandnertales

Die kleine Gemeinde mit ihren 3.200 Einwohnern liegt auf einer Höhe von 570 m ü. M. Obwohl der Ort nur einen Kilometer von Bludenz entfernt liegt, konnte er seinen ländlichen Charakter bewahren.

Kurzer Blick ins Geschichtsbuch

Eine erste urkundliche Erwähnung von Bürs findet sich erstmals um 1355. Durch die Abtrennung von Bludenz wurde das Dorf 1548 zur selbständigen Gemeinde. Der Alvierbach, der durch den Ort führt, sorgte in früher Zeit für häufige Hochwasserkatastrophen, die durch Wildbachverbauungen eingedämmt werden konnten.

Sehenswürdigkeiten

Neben der um 1347 erbauten Pfarrkirche ist die mittelalterliche Burg Rosenegg einen Abstecher wert.

Bürs ist ein lebendiges Beispiel für einen Ort, der sich vom Bauerndorf zu einem wirtschaftlich florierenden Industriedorf entwickelt hat.

Wichtige Adressen und Telefonnummern

Gemeinde Bürs
Dorfplatz 5, A-6706 Bürs
Tel. +43 (0)5552 62 81 20
Fax +43 (0)5552 62 81 21 50
info@buers.at, www.buers.at

Bürser Schlucht
(Bild Hanno Thurnher, Alpenregion Bludenz Tourismus GmbH)

Genusswandern im Brandnertal
(Bild Bernhard Huber Alpenregion Bludenz Tourismus GmbH)

Den Bregenzerwald entdecken
(Bild Adolf Bereuter, Bregenzerwald Tourismus)

Bregenzerwald

Widderstein
2533 m
A l l g ä u e r A l p e n
Lechtal
Innsbruck
Reutte
Lech
WARTH
1495 m
Hoher Ifen
2230 m
Diedamskopf
2090 m
Hochtannberg
1676 m
SCHOPPERNA
860 m
Schönenbach
1025 m
Hirschberg
1834 m
AU
800 m
Damüls
Winterstaude
1877 m
SIBRATSGFÄLL
929 m
Niedere
1711 m
Baumgarten
1520 m
Balderschwang (D)
Hochhäderich
1566 m
SCHETTEREGG
1066 m
ANDEL
613
HITTISAU
790 m
GROSSDORF
662 m
EGG
564 m
Hochlitten
971 m
Köjen
1300 m
KRUMBACH
733 m
LINGENAU
687 m
MUSELBACH
585 m
Tanner
RIEFENSBERG
781 m
LANGENEGG
695 m
Aach (D)
Oberstaufen (D)
SULZBERG
1015 m
DOREN
709 m
Oberreute (D)
Buch
725 m
Hirschberg
1095 m
LANGEN
657 m
Thal
598 m
Pfänder
1062 m
Scheidegg

Mohnenfluh
2544 m
Braunarlspitze
2649 m
Zitterklapfen
2403 m
Zafernhorn
2107 m
Glatthorn
2134m
Hochkünzelspitze
2397 m
Lech
Portlahorn
2010 m
Faschina
1486 m
Uga
1850 m
Körbersee
DAMÜLS
1431 m
Ragazer
Blanken
2051 m
Au
Mittagsspitze
2095 m
Kanisfluh
2044 m
Hochblanken
2068 m
Wildgunten
1705 m
Roßstelle
1391 m
Hoher Freschen
2004 m
BIZAU
681 m
MELLAU
688 m
REUTHE
650 m
Hochälpelekopf
1463 m
BEZAU
650 m
BERSBUCH
612 m
Brüggelekopf
1182 m
Staufen
1465 m
SCHWARZENBERG
700 m
BÖDELE
1139 m
Karren
976 m
ALBERSCHWENDE
721 m
DORNBIRN
475 m
Achrain
Tunnel
Bildstein
760 m
Kennelbach
SCHWARZACH
438 m
Dornbirn/Nord
Bregenzerwald
Dornbirn
Süd
WOLFURT
412 m
Pfänder-
tunnel
Feldkirch
Basel (CH)
Zürich (CH)
St. Gallen (CH)
LAUTERACH

Bregenzerwald

Umrahmt von der Region Bodensee-Vorarlberg im Westen, dem Oberallgäu und Kleinwalsertal im Osten, dem Arlberggebiet im Süden und an das Große Walsertal grenzend, liegt der Bregenzerwald. Die Region umfasst die Gemeinden Alberschwende, Doren, Sulzberg, Langenegg, Krumbach, Riefensberg, Lingenau, Hittisau und Sibratsgfäll sowie die Gemeinden Egg, Andelsbuch, Schwarzenberg, Bezau, Reuthe, Bizau Mellau, Schnepfau, Au, Damüls, Schoppernau, Schröcken und Warth.

Schon um das Jahr 1000 herum wurde die Region Bregenzerwald besiedelt und ist heute ein beliebtes Urlaubsziel, das keine Wünsche offen lässt. In den Sommermonaten locken die Berge, Hänge, Wälder und Weiden zum Wandern, Radeln und Entspannen und während des Winters bieten die tiefverschneiten Höhen und Täler alle Möglichkeiten, sich an der frischen Winterluft genussvoll zu bewegen.

Sehenswürdigkeiten

Der Bregenzerwald zählt zu jenen Alpenregionen, die ihr ursprüngliches Landschaftsbild bewahrt haben. Die Natur bietet jede Menge Gelegenheiten, ihren Geheimnissen auf die Spur zu kommen. So lernt man beispielsweise auf dem Quelltuffwanderweg in Lingenau das größte Tuffgebiet Vorarlbergs kennen.

Im Natur-Erlebnis Holdamoos, deren Herzstück eine 430 Jahre alte Vorsäßhütte ist, beeindruckt ein Kräutergarten mit Farben und Düften. Ge-

Wandern im Bregenzerwald
(Bild Ludwig Berchtold, Bregenzerwald Tourismus)

Wälderbähnle (Bild [illegible], Marion Neuhauss)

pflegte Wanderwege führen rund um die Hütte und den See und auf einer abenteuerlichen Hängebrücke kann eine Schlucht überquert werden.

Immer schon haben die Bregenzerwälder darauf geachtet, ihren Lebensraum wohlüberlegt zu gestalten. Warum das so ist, lässt sich beim Weitwandern auf Themenwegen oder auf den zwölf „Umgang Bregenzerwald"-Dorfrundgängen erkunden. Einblicke ins innovative Handwerk gibt das Werkraum Haus in Andelsbuch, ein Bau des bekannten Schweizer Architekten Peter Zumthor.

Die Geschichte der Kulturlandschaft Bregenzerwald lernt man am besten in den zahlreichen Museen kennen. So finden sich neben dem Alpmuseum uf m Tannberg, ein Alpsennereimuseum in Hittisau, einige Heimat- und Dorfmuseen, das Angelika Kauffmann Museum in Schwarzenberg sowie das Frauenmuseum, das hier im Bregenzerwald seinen Platz finden musste, gilt doch die weibliche Bevölkerung dieser Region als besonders stark und selbstbewusst.

Die Bregenzerwaldbahn ist eine Museumsbahn, die auf schmaler Spur ein Schienenabenteuer im Rhythmus der alten Zeit bietet. Die malerische Landschaft des Bregenzerwaldes kann von Bezau bis Schwarzenberg-Bahnhof bei Andelsbuch/Bersbuch mit historischen Dampf- und Diesellokomotiven erkundet werden.

Kulinarisches im Bregenzerwald

Auf eine genussvolle Entdeckungsreise begibt man sich auf der Käse-Strasse Bregenzerwald. Sennereien, Bauernhöfe, Käsewirte und Spezialitätengeschäfte haben hier Stationen geschaffen, die Interessantes rund um den Käse vermitteln und wo man sich nach Herzenslust mit den Milchprodukten verwöhnen lassen kann. Der Bregenzerwälder Alp- und Bergkäse ist eine Spezialität, die weit über die Landesgrenzen hinaus bekannt ist.

Der Bregenzerwald gilt als Genussregion für Feinschmecker. Regionale Spezialitäten werden hier in vielen Gasthäusern und in Restaurants der gehobenen Gastronomie angeboten.

Freizeit und Sport

Für alle jene, die Ruhe und Harmonie suchen, ist der Bregenzerwald das passende Reiseziel zu allen Jahreszeiten. Die Ferienregion bietet den Wanderern über 1.500 Kilometer beschilderte Wanderwege. Mountainbikerouten, ein Golfplatz, Fischreviere, Berge und Schluchten zum Klettern – den Freizeitaktivitäten sind kaum Grenzen gesetzt und für jeden Geschmack ist hier etwas geboten.

Zu der mit 2.649 Metern höchsten Erhebung des Bregenzerwaldes, der Braunarlspitze in Schröcken, führt ein alpiner Steig. Doch auch einen Energie-Wanderweg oder einen Barfußpfad entdeckt der Reisende, der sich einen abwechslungsreichen Urlaub wünscht.

Während der Wintermonate ziehen die Skipisten, die bis in Höhen von über 2.000 m reichen, die Skienthusiasten in ihren Bann. Schneesicher, bestens präpariert und gepflegt präsentieren sie sich neun Skigebiete im Bregenzerwald. Aber auch Skitourengeher, Langläufer, Schneeschuhwanderer und Rodler kommen hier auf ihre Kosten. Und wer es etwas gemütlicher angehen möchte, dem sei eine Wanderung durch die verschneite Winterluft zu empfehlen mit einer genussvollen Einkehr, um sich zu stärken.

Die „Eintrittskarte“ zu allen bewegten und genussvollen Bergerlebnissen ist die Bregenzerwald Gäste-Card. Sie bringt Besucher beliebig oft per Bergbahn nach oben, gilt für umweltfreundliche Fahrten mit den öffentlichen Bussen und zudem für erfrischend-entspannende Stunden in den Freibädern. Die Bregenzerwald Gäste-Card erhalten alle Besucher, die zwischen 1. Mai und 31. Oktober eines Jahres drei und mehr Nächte im Bregenzerwald wohnen.

Wirtschaft und Infrastruktur

Der Bregenzerwald lebt vom Tourismus, dem Handwerk und Gewerbe sowie der Landwirtschaft. Architektur und das Handwerk nehmen eine wegbereitende Rolle ein. Die spannende Kombination aus alter und neuer (Holz-)Architektur überrascht.

Bis heute ist der Bregenzerwald eine von der Landwirtschaft geprägte Region. Für die Erhaltung und Pflege der Kulturlandschaft ist die 3-stufige Bewirtschaftung der Weiden (Tal – Mittelalpe „Vorsäß“ – Hochalpe)

Skigebiet Damüls-Mellau
(Bild Ludwig Berchtold, Mellau Tourismus)

eine wichtige Grundlage. Mittlerweile wurde sie in die österreichische UNESCO-Liste des immateriellen Kulturerbes aufgenommen.

Verkehrswege

Die nächstgelegenen Flughäfen sind St. Gallen-Altenrhein, der Bodensee-Airport in Friedrichshafen sowie der Allgäu-Airport in Memmingen. Auch die Flughäfen in München (240 km) und Zürich (140 km) zählen zum Einzugsgebiet der Region.

Bei der Anreise mit der Bahn stehen die Bahnhöfe in Bregenz, Dornbirn und im bayerischen Oberstaufen zur Verfügung. Aus Bregenz und Dornbirn ist die Weiterfahrt mit öffentlichen Verkehrsmitteln möglich.

Die Anreise mit dem Auto ist über die deutschen Autobahnen Stuttgart-Ulm-Lindau und München-Memmingen-Lindau möglich sowie aus der Schweiz via Zürich-St. Gallen-St. Margrethen. Aus östlicher Richtung über die österreichische Autobahn via Innsbruck-Arlbergpass-Warth (Lech-Warth: Wintersperre beachten!) oder Arlberg Straßentunnel-Bludenz-Großes Walsertal-Bregenzerwald oder Arlberg Straßentunnel-Feldkirch-Dornbirn-Bregenzerwald.

Öffentlicher Busverkehr in der Region

Der Bregenzerwald ist mit einem ausgezeichneten öffentlichen Busnetz erschlossen (www.vmobil.at). Im Sommer ist für Inhaber einer Bregenzerwald Gäste-Card die Fahrt mit dem Landbus Bregenzerwald inkludiert. Im Winter können Inhaber des 3-Täler-Skipasses zur Ausübung des Skisports mit den öffentlichen Linienbussen in das Skigebiet ihrer Wahl pendeln.

Wichtige Adressen und Telefonnummern

Bregenzerwald Tourismus
Impulszentrum 1135, A-6863 Egg
Tel. +43 (0)5512 2365
Fax +43 (0)5512 3010
info@bregenzerwald.at
www.bregenzerwald.at

Handwerkholz

Anton Bereuter

Qualitativ hochwertiger Möbelbau ist die eine große Leidenschaft des Tischlermeisters, Anton Bereuter, in Alberschwende. Für jeden Wohnbereich und jeden Wohnstil erarbeitet er praktikable Lösungen. „Möbel fürs Leben" – unter diesem Motto entstehen in seiner Werkstatt Treppen, Stiegen, Tische und Sitzmöbel, die ihresgleichen suchen. Und auch aus der Zirbelkiefer, dem Baum der nur in speziellen Gebieten des Hochgebirges wächst, entstehen unter seinen fachkundigen Händen Möbelstücke, die dem Menschen Wohlbefinden schenken.

Spaß und Naturgenuss auf zwei Kufen

Die zweite große Leidenschaft des Tischlermeisters ist der Rodelbau. Geweckt wurde seine Motivation durch einen Preis, den er errang. Heute baut man in der Werkstatt für den Hobbysportler ein Freizeit- und ein Sportmodell.

Der Rodelbau ist ein Handwerk, das in Vorarlberg schon fast ausgestorben schien. Die liebevoll „Ländlerodel" genannten Schlitten stehen für Qualität und Handwerk aus Vorarlberg, stammt doch das Holz aus den heimischen Wäldern und sämtliche Zubehörteile wie Riemen und Flachplanen von Firmen aus dem Land. Mit dem Kauf eines Ländlerodels bleibt die Wertschöpfung im Land und damit Arbeitsplätze in der Region unterstützt. Das ist ein großes Anliegen von Anton Bereuter, der im Rodelsport eine ideale winterliche Familienfreizeit sieht. Er, selbst begeisterter Rodler, organisiert auch schon mal ein Rodelrennen auf dem steilen Hang hinter seinem Haus.

Die Ländlerodel präsentieren sich nach ihrer Fertigstellung mit bis zu 30 Arbeitsgängen in einmaliger Eleganz, anmutendem Design und enormer Festigkeit.

Das brachte Anton Bereuter bereits einen Anerkennungspreis für ein mit Leder bezogenes Ländlerodel-Modell auf der Ausstellung „Handwerk in Form" in Andelsbuch ein.

Die Nachfrage nach den Ländlerodeln ist so groß, dass neben dem Handwerksbetrieb und seinem Onlinevertrieb auch zahlreiche Verkaufsstellen in Vorarlberg eingerichtet wurden.

Handwerkholz
Anton Bereuter, Achrain 65A
A-6861 Alberschwende
Tel. +43 (0)5579 34 88
anton.bereuter@handwerkholz.at
www.handwerkholz.at

Essen ist Bedürfnis – Genießen eine Kunst

KäseStraße Bregenzerwald

In der Naturregion Bregenzerwald spielte der Käse schon immer eine große Rolle. Die Weiden mit ihren Kräutern und Blumen sorgten schon zu früher Zeit dafür, dass die Milchprodukte, die hier erzeugt wurden, zu den besten überhaupt gehörten und weit über die Grenzen hinaus gefragt waren. Der auf den Almen und in den Sennereien hergestellte Bergkäse, der aus Rohmilch gewonnen wurde, war über Jahrzehnte Grundnahrungsmittel der Wälder. Im 19. Jh. lag das Handelsmonopol in den Händen von Käsgrafen, die den Käse über Saumpfade in die Donau-Monarchie und bis nach Mailand lieferten.

Auch heute lebt noch etwa jeder Zehnte im Bregenzerwald von und mit der Landwirtschaft. So lag es nah, im Jahr 1998 die KäseStraße mit einem touristischen Hintergedanken zu gründen. Bauern, Senner und Wirtshäuser taten sich zusammen, um auf einer Ausflugsroute Interessierten die Herstellung des Käses näher zu bringen und über die nachhaltig betriebene Landwirtschaft zu informieren, die im Bregenzerwald heute praktiziert wird und sich für den Schutz der Naturlandschaft einsetzt.

Die KäseStraße Bregenzerwald beginnt in Bregenz und verläuft entlang der Bregenzerwaldstraße L300 durch alle Ortschaften und schafft den geografischen Zusammenhang von landwirtschaftlichen Anwesen, Sennereien, Alpen und Gasthäusern.

Für den Besucher des Bregenzerwaldes ist die KäsesStraße ein Muss. An kaum einem anderen Ort wird ihm neben den köstlichen Milchprodukten so viel Wissenswertes rund um die Herstellung und Vermarktung von Milch, Butter, Joghurt und Käse vermittelt wie hier. Die Produkte erhält er frisch bei den Landwirten, in den Dorf- und Alpsennereien und kreativ-regional zubereitet in zahlreichen Gasthäusern, wo

er mit Gaumenfreuden verwöhnt wird. Nicht umsonst ist die Käsestraße Bregenzerwald weit über die Region hinaus bekannt und zieht das ganze Jahr hindurch zahlreiche Besucher aus aller Welt in ihren Bann. Zum 10-jährigen Bestehen im Jahr 2008 konnte sogar ein Rekord aufgestellt werden: Die Bregenzerwälder schafften es an der „Längsten Käsetafel der Welt“ 1700 Gäste an einem 479 Meter langen Tisch zu platzieren.

Käse – so charakterstark wie die Landschaft

60 Käsesorten bringt die „KäseStraße Bregenzerwald" hervor. Aus reiner, silofreier Frischmilch besteht der Rohstoff, der hier noch in Handarbeit zu köstlichen Käsespezialitäten verarbeitet wird und für ungetrübten Genuss sorgt. Doch mit dem Kauf der kulinarischen Leckerbissen allein ist es nicht getan. Zahlreiche Produzenten und bäuerliche Betriebe bieten Interessierten Einblick in die Herstellung und erläutern die Hintergründe, warum der Käse aus dem Bregenzerwald etwas so Besonderes ist. Davon kann man sich auch selbst überzeugen, denn in einer Sennschule erlernen die Teilnehmer die Kunst des Käsens.

Außerdem verfügt die „KäseStraße Bregenzerwald" über das größte Reife- und Pflegezentrum für Berg- und Alpkäse in Europa.
Und die teilnehmenden gastronomischen Betriebe verwöhnen ihre Gäste mit regionaler Küche, in der nur die Käsesorten aus dem Bregenzerwald verarbeitet werden.

KäseStraße
Bregenzerwald GmbH

Zeihenbühl 423, A-6951 Lingenau
Tel +43 (0)5513 42870-0
Fax +43 (0)5513 42870-40
E-Mail: info@kaesestrasse.at
www.kaesestrasse.at

Ausführliche Beschreibungen der folgenden Sennereien, Käsewirte und Betriebe finden Sie auf den angegebenen Seiten:

Sennereien:

Traditions-Handwerk

Erlebnis:

Käsewirte

Kommt, ich zeig Euch `s „Ländle“

Kommerzialrat Professor **Hans Hammerer**

Eine nicht alltägliche Entdeckungsreise durch das „Ländle“ zwischen Bodensee und Arlberg verspricht der ehemalige mehrfach preisgekrönte Unternehmer des **Kur- und Gesundheits Centers** in Lingenau mit seiner Wohlfühl-Marke **„G'sund & Vital“.**

Seine Erfolgsdevise zeigt: „Um bei den Menschen anzukommen, muss man sie mögen und die Natur mit ihren Gesetzmäßigkeiten respektieren!“

Die vielen Auszeichnungen und Ehrungen, welche Hans Hammerer während seines Berufslebens zuteil wurden wie österreichischer „Unternehmer des Jahres“ 1998, „Innovationspreis im Tourismus“, sowie „Träger des goldenen Ehrenzeichens der Vorarlberger Tourismus-Wirtschaft“ und des „Vorarlberger Gesundheitspreises“ 2006, um nur einige zu nennen, zeichnen das Bild eines Menschen dem Menschlichkeit, Unternehmertum und Fachkenntnis unterstellt werden dürfen. Neben den natürlichen Heilmethoden, in denen der Unternehmer über lange Jahre erfolgreich tätig war, ist die Musik sein ständiger Begleiter. Und daraus entwickelte er eine informative wie auch stimmungsvolle Reisebegleitung die ihresgleichen sucht.

Fundiert und stimmungsvoll durchs „Ländle“

Informativ und gesellig sind diverse Stadt- und Talschaft-Besichtigungen rund ums „Ländle“. Daneben stehen speziell Führungen und Moderationen durch die **„KäseStraße Bregenzerwald“** auf dem Programm des Entertainers, die er fachkundig und musikalisch moderiert und seinen Gästen dabei mit Begeisterung ein Bild seiner Heimat vermittelt.

Darüber hinaus begleitet **Hans Hammerer** seine Gäste über die Berg- und Talschaften Vorarlbergs, gestattet Eindrücke in die Geschichte des Landes der „Wälder & Walser“ und der „Käse-Grafen“, sowie der „Barockbaumeister“ und führt durch bekannte Kirchen und Museen mit ihren Schätzen aus Brauchtum und Tradition.

Und vom „Kaiserschmarren aus Großmutters Zeiten“ bis hin zu den traditionellen „Käsknöpfle“ reicht das Angebot der Genusstouren durch ausgewählte Wirtshäuser der preisgekrönten Genussregion.

Und viele erlebnisreiche Touren klingen mit Gitarrenmusik und Gesang von **Hans Hammerer** aus. So stellt er auch gerne individuell gestaltete Routen zusammen und begleitet die Gäste dorthin.

Kommerzialrat Professor
Hans Hammerer
A-6850 Dornbirn
Paracelsusweg 9
Tel. +43 (0)664 33 71 262
www.gsund.com
hans.hammerer@gsund.com

Siehe auch Käsestraße Bregenzerwald Seite 326

Alberschwende

Ort mit heimeliger Atmosphäre

Die Gemeinde zu der die Ortsteile Müselbach, Fischbach, Dreßlen und Hof gehören, liegt auf einer Höhe von 722 m ü. M., wobei der höchste Punkt der Gemeinde der Brüggelekopf mit 1.182 m und der tiefste das Flussbett der Bregenzerach mit 440 m ist. Bewohnt wird die Gemeinde von etwas über 3.200 Einwohnern.

Kurzer Blick ins Geschichtsbuch

Kelten, Römer und Alemannen lebten bereits hier, bevor die Montforter die Herrschaft über das Gebiet hatten, das seit 1861 mit dessen Gründung zum Bundesland Vorarlberg gehört.
Sehenswürdigkeiten

Zahlreiche Kapellen sind neben der Pfarrkirche von Alberschwende eine Besichtigung wert, wobei auch die Vielzahl der alten Häuser im Ort einen Blick lohnen, vermitteln doch die verschindelten Fassaden eine heimelige Atmosphäre.

Freizeit und Sport

Im Sommer locken Wander- und Radwege und im Winter Ski und Langlauf zu Aktivitäten in der Natur.

Wichtige Adressen und Telefonnummern

Gemeinde Alberschwende
Hof 3
A-6861 Alberschwende
Tel. +43 (0)5579 4220
gemeinde@alberschwende.at
www.alberschwende.at

Alberschwende
(Bild Wikipedia CCBY2.5, Böhringer Friedrich)

Andelsbuch

Beliebter Urlaubsort für Familien und Wanderer

Die Gemeinde Andelsbuch (rund 2520 Einwohner) liegt auf 613 Metern Höhe umgeben von Bergen und Wäldern im Herzen des Bregenzerwaldes nördlich von Bezau. Der Ferienort ist ein Paradies für Naturliebhaber und Erholungssuchende mit vielseitigen Freizeitmöglichkeiten. Zu Andelsbuch gehört der Ortsteil Bersbuch. Den Urlaubsgästen stehen ca. 300 Betten in gemütlichen Unterkünften und Ferienwohnungen sowie traditionelle Gasthöfe mit gastronomischen Angeboten zur Verfügung.

Kurzer Blick ins Geschichtsbuch

Etwa ab dem Jahr 1000 wurde die ganz von Wald bedeckte Region des Bregenzer Waldes von Bregenz aus gerodet und besiedelt. Mitte des 11. Jahrhunderts ließ sich im Andelsbucher Gebiet ein Einsiedler namens Diedo nieder. 1086 wurde ein Kloster gegründet und eine Siedlung entstand. Mitte des 12. Jahrhunderts wurde Andelsbuch erstmals urkundlich erwähnt. 1170 wurde die erste Pfarre

Andelsbuch vom Krähenberg aus gesehen
(Bild Andelsbuch Tourismus)

gegründet, die dem Kloster Bregenz unterstand. Seit dem 14. Jahrhundert regierten die Habsburger das Gebiet. Die Volksrechte in der Region erlaubten die Bildung der Bauernrepublik Bregenzerwald mit eigener Verfassung und Gerichtsbarkeit. Auf der Passhöhe Bezegg zwischen Andelsbuch und Bezau stand von 1522 bis 1807 das Rathaus der Bauernrepublik, wo Gesetze beschlossen wurden. Seit 1871 erinnert hier die neugotische Bezegg-Sul an diese Zeit.

Sehenswürdigkeiten

Pfarrkirche Hl. Petrus und Paulus

Die unter Denkmalschutz stehende, sehenswerte Pfarrkirche zu den Heiligen Petrus und Paulus mit Ursprüngen im Jahr 1086 wurde vom Barockbaumeister Ignaz Beer von 1715-1720 erbaut. Um 1860 wurde die Kirche ausgebaut und mit neuen Altären im romanischen Stil versehen. Der harmonisch gestaltete Innenraum beeindruckt mit reicher Stuckornamentik und schönen Wand- und Deckengemälden, die Lebensstationen Jesu und eine Reihe von Heiligen darstellen. Auf dem Kirchplatz steht ein großes Kriegerdenkmal aus dem Jahr 1929.

Kraftwerk Andelsbuch

Das 1908 in Betrieb genommene Kraftwerk Andelsbuch galt seinerzeit als eines der größten Kraftwerke in Österreich. Das im Jugendstil erbaute Kraftwerk ist ein beliebtes Ausflugsziel. Empfehlenswert ist die 2-stündige Wanderung von Andelsbuch zum Kraftwerk. Im Sommer finden an Donnerstagvormittagen kostenlose Führungen für Besucher statt. Infos beim Tourismusbüro Andelsbuch.

Werkraum Haus
(Bild Adolf Bereuter)

Das Werkraum Haus

Zusammen mit der international anerkannten, innovativen Architektur Vorarlbergs macht das Handwerk im Bregenzerwald mit seiner unverwechselbaren Ausprägung überregional auf sich aufmerksam. Handwerker aus dem Bregenzerwald sind gefragt. Mit dem 2013 erbauten Werkraumhaus in Andelsbuch nach einem visionären Entwurf des renommierten Schweizer Architekten Peter Zumthor, der dem Handwerk sehr verbunden ist, haben die Handwerker eine Plattform für Ausstellungen, Vorträge und Wettbewerbe. Das markante Haus mit weit ausladendem Dach und einer Fassade aus Glas dient als Versammlungsort und als Schaufenster der Handwerkskultur. 90 Handwerksbetriebe zeigen hier ihr Handwerk. Öffnungszeiten des Werkraum Hauses: Dienstag – Samstag 10 – 18 Uhr Sonntag, Montag und Feiertage geschlossen. Im Sommer ist der Werkraum auch am Sonntag geöffnet.

Freizeit und Sport

Wandern

In Andelsbuch wie im ganzen Bregenzerwald haben Wanderer eine Riesenauswahl an beschilderten Wanderwegen durch die herrliche Natur mit Bachtälern, Wäldern, Wiesen und Gebirgslandschaften mit Einkehrmöglichkeiten auf bewirtschafteten Alpen. Vom gemütlichen Talspaziergang bis zur anspruchsvollen Bergtour ist für jeden etwas dabei.

Lohnend ist die Wanderung von 1,5 Stunden entlang des Dorfbaches zu den Brühlbach-Wasserfällen, besonders bei Hochwasser ein eindrucksvolles Erlebnis.

Kulturinteressierten, ausdauernden Wanderern sei der rund 6-stündige Sagenweg von Andelsbuch über Schwarzenberg nach Alberschwende und zurück empfohlen. Man passiert viele sagenumwobene Plätze mit Schautafeln, die über die rauen, heidnischen Sitten im früheren Bregenzerwald informieren.

Das Gebiet des Andelsbucher Hausbergs Niedere (1715 Meter Meereshöhe) ist ein Paradies für Bergwanderer und durch die Aufstiegshilfe der Andelsbucher Doppelsesselbahn bequem zu erreichen. Über 100 km markierte, aussichtsreiche Wanderwege bieten eine Fülle von Möglichkeiten, die herrliche Berglandschaft zu entdecken.

Bei der anspruchsvollen 3-stündigen Wanderung von der Niedere über die Winterstaude und verschiedene Alpen zur Mittelstation der Seilbahn Bezau ist Trittsicherheit und Schwindelfreiheit erforderlich.

Der familienfreundliche Panoramarundweg von 1,5 Stunden bietet prachtvolle Aussichten auf die Bregenzerwälder, Allgäuer und Schweizer Berge.

Die Niedere ist auch das Eldorado für Paragleiter. Das Fluggebiet zählt zu den besten in ganz Europa.

Radfahren

Andelsbuch liegt am Radwanderweg von Egg nach Schoppernau, der auf der Trasse der ehemaligen Bregenzerwaldbahn durch reizvolle Aulandschaften entlang der Bregenzer Ache führt. Einladende Einkehrmöglichkeiten am Weg sind vorhanden.

In Andelsbuch wie im ganzen Bregenzerwald gibt es Fahrradverleihstandorte.

Auch Mountainbiker finden im Bregenzerwald abwechslungsreiche, beschilderte Touren.

Klettern

Erfahrene Kletterer haben großen Spaß auf dem mit 22,30 m höchsten

Eldorado für Paragleiter
(Bild Andelsbuch Tourismus)

Auf der Niedere
(Bild Ludwig Berchtold)

Kletterturm Österreichs in Bersbuch. Hierzu gehört auch der einzigartige Aqua Hochseilgarten mit einer Länge von 550 m und 44 Stationen, der in einer Schlucht über der Bregenzerache eingebettet ist und ein abenteuerliches Vergnügen verspricht. Infos unter www.aktiv-zentrum.at

Wälderbähnle

Großes Vergnügen bereitet eine Fahrt mit dem Wälderbähnle zwischen Bezau und Andelsbuch. Die Bahn wird auf der 6 km langen Strecke von einer 100 Jahre alten Dampflok oder einer historischen Diesellokomotiven gezogen. Das Bähnle fährt an allen Samstagen und Sonntagen vom Mai bis Oktober - im Juli, August, November und Dezember zusätzlich auch an bestimmten Wochentagen.

Winter in Andelsbuch

20 km geräumte und gekennzeichnete Winterwanderwege bieten Gelegenheit für erholsame Wanderungen in der idyllischen Schneelandschaft von Andelsbuch.

Für Langläufer stehen in der Andelsbucher Ebene 7 km präparierte Loipen zur Verfügung.

Das Skigebiet der Niedere bietet vielfältige Möglichkeiten zur genussvollen sportlichen Betätigung für Anfänger und Geübte mit gut präparierten Pisten und Tiefschneehängen. Es ist bei Skifahrern ebenso beliebt wie bei Tourengehern und Wanderern. Das Gebiet ist mit dem Bezauer Skigebiet verbunden.

Veranstaltungen

Die größte und beliebteste Veranstaltung in Andelsbuch ist die Pferde- und Ziegenausstellung am 26. Oktober, dem Nationalfeiertag in Österreich. Hier treffen sich Freunde der Pferde- und Ziegenzucht sowie tausende Besucher auf dem gleichzeitig stattfindenden Markt auf der in eine etwa einen Kilometer lange Marktstraße verwandelten Hauptstraße. Die Marktmeile bietet rund 120 Verkaufsstände aller Art mit landwirtschaftlichen Produkten sowie zahlreiche Bewirtungsmöglichkeiten und Unterhaltungsdarbietungen.

Der kulturverein bahnhof bietet jährlich rund 50 kulturelle Veranstaltungen mit Lesungen und Ausstellungen im alten Bahnhof.

An den Freitagabenden im Juli und August bieten Andelsbucher Vereine beim Summ'r Hock auf dem Schulplatz Livemusik und Köstlichkeiten aus der Region.

Wichtige Adressen und Telefonnummern

Andelsbuch Tourismus
Hof 351
A-6866 Andelsbuch
Tel. +43 (0)5512 2565
tourismus@andelsbuch.cnv.at
www.andelsbuch.at

Gemeindeamt
(Bild Andelsbuch Tourismus)

Nahversorgung schafft Lebensqualität

Andelsbucher Sennerei

Gold, Silber, Bronze – reich dekoriert zeigt sich die Sennerei in Andelsbuch. Käseprämierungen zeichnen Geschmack und Güte aus und sogar beim „World Cheese Award" in London konnten bereits Lorbeeren geernet werden. Der Betrieb, der auf eine mehr als 110 Jahre alte Geschichte zurück blicken kann, produziert heute 300.000 kg Bergkäse, 100.000 kg Emmentaler und etwa 80.000 kg Brauerei- und Rässkäse, Butter, Fonduekäse und Reibkäsemischungen.
69 Milchviehhalter liefern der Andelsbucher Sennerei ihre wertvolle Heumilch an. Frei von chemischen Zusätzen und ohne Silagefutter ernährt, bekommen die Kühe von den Bauern nur frisches Gras von den saftig grünen Berghängen und im Winter luftgetrocknetes Heu als Futter. In der Sennerei inmitten des Ortes arbeiten 10 Voll- und Teilzeitbeschäftigte. Sie sind dafür verantwortlich, dass die reine Milch zu den unnachahmlichen, feinen Molkereiprodukten verarbeitet und anschließend verkauft werden können.
Als Verabeitungsbetrieb und Nahversorger in der Gemeinde arbeitet die Sennerei nachhaltig. Dort wird neben dem pikant kräftigen Andelsbucher Bergkäse ein Rahmemmentaler geschaffen, der im hauseigenen Reife-

Siehe auch Käsestraße Bregenzerwald Seite 326

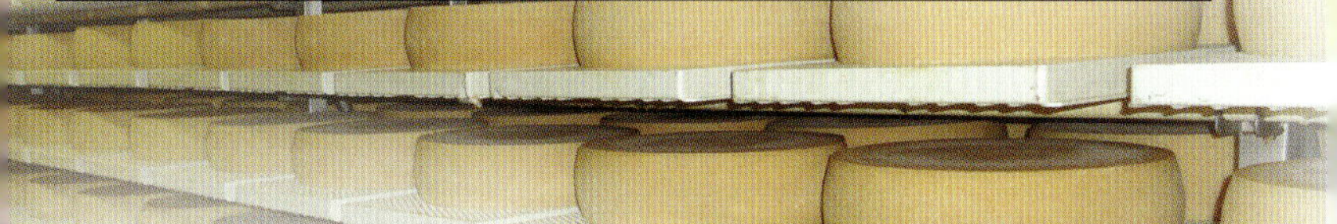

keller sein herzhaft nussiges Aroma entwickelt. Daneben entstehen solch edlen Produkte wie der Andelsbucher Brauereikäse, der traditionell gekäst wird und in seiner Reifezeit von acht bis 10 Wochen ständig gewendet und mit Reifekulturen gepflegt wird. Zu einem unverwechselbaren Geschmack schafft es auch der Räßkäse, der mindestens fünf Monate gelagert wird.

Einfach und einmalig im Geschmack schaffen es die Käsefonduemischungen und der Andelsbucher Reibekäse in die Küchen der Feinschmecker, die ein cremiges Fondue oder eine besondere Spezialität für Käsespätzle, Pizza oder überbackenen Gerichte suchen. Zum Genuss wird auch der Verzehr der frischen Sennereibutter, die im Ladengeschäft des Andelsbucher Sennerei angeboten wird.

Andelsbucher Sennerei
Hof 366, A-6866 Andelsbuch
Tel. +43 (0)5512 2507
kaese@sennerei-andelsbuch.at
www.sennerei-andelsbuch.at

Verbunden mit der Natur

Bregenzerwälder Käsehaus

Kühe, Ziegen und Schafe sind die Lieferanten für den Rohstoff, aus dem Produkte gefertigt werden, in denen sich die Natur des Bregenzerwaldes spiegelt. Reine Heumilch erzeugen die Bauern, die ihre Tiere noch beim Namen nennen. Hier kommt nur frisches Gras und reines Heu als Fütterung in Frage, man verzichtet auf Silage und Gentechnik. Und das aus gutem Grund. Denn nur aus der Heumilch lassen sich die feinen Käsesorten herstellen, die ihresgleichen suchen.

Im Bregenzerwälder Käsehaus finden sich bis zu 80 verschiedene Hart-,

Schnitt-, Frisch- und Weichkäsesorten, die hier wie auch über einen Onlineshop angeboten werden. Und ein besonderes Erlebnis wird für den Feinschmecker das Schaukäsen sein, bei dem er den interessanten und spannenden Weg der Milch verfolgen kann, bis schließlich ein Käse daraus geworden ist. Geschichten und Erzählungen über die Kultur und die Menschen im Bregenzerwald begleiten die Schau. Jeden Sonntag bietet sich ab 16 Uhr die Gelegenheit, der Vorführung beizuwohnen. (Für Gruppen wird das Schaukäsen auch täglich gegen Voranmeldung angeboten.)
Abgerundet wird der Besuch mit Hochprozentigem zur Begrüßung, während der Senner die Milch schon langsam im Sennkessel erwärmt. Bei

Siehe auch Käsestraße Bregenzerwald Seite 326

einer kleinen Degustation feiner Käseschmankerl, kann man sich davon überzeugen, wie sich der Käsegenuss durch das „Gewußt wie“ zum Geschmackserlebnis entwickelt.
In dem gemütlichen Restaurant des Bregenzerwälder Käsehauses inmitten von Andelsbuch lassen sich Besucher mit Käsegerichten verwöhnen.
Die Bregenzerwälder Käse- und Spinatknödel finden sich auf der Speisekarte ebenso wie die Käserahmsuppe und viele weitere regionale Spezialitäten. Und zum Kaffee serviert man hausgemachtes Birnenbrot.

Bregenzerwälder Käsehaus

Hof 144, A-6866 Andelsbuch
Tel. +43 (0)5512 26 346
info@kaesehaus.com
www.kaesehaus.com

Au

Leben an der Bregenzerach

Das Bergdorf bietet reizvolle Aspekte durch die gemütlich wirkenden Bregenzerwälder Bauernhäuser. Viel Holz und Schindeln bestimmen das Dorfbild und lassen ein Gefühl der Gelassenheit aufkommen. In der vom Tourismus geprägten Gemeinde leben 1.700 Einwohner auf einer Höhe von etwa 800 m ü. M.

Kurzer Blick ins Geschichtsbuch

Erste Bewohner der Region waren wohl Alemannen, die aus der Vorarlberger Rheintalebene kamen und neue Siedlungsgebiete erschließen wollten. Wechselvoll ging die Geschichte weiter über die Habsburger und die Grafen von Feldkirch-Montfort, die das Gebiet um 1375 an Österreich verkauften.

Au war aber auch das Zentrum der Auer Zunft. Baumeisterfamilien aus Au schufen das Vorarlberger Münsterschema, das die barocke Architektur in Süddeutschland, der Schweiz und dem Elsass wesentlich beeinflusste.

Sehenswürdigkeiten

Vor allem die Kanzel aus dem 18. Jh. und die Steinmetzarbeiten von 1652 aus Auer Marmor am linken Seitenaltar sind in der Kuratienkirche St. Josef in Au sehenswert.

Wichtige Adressen und Telefonnummern

Gemeinde Au
Argenau 376, A-6883 Au
Tel. +43 (0)5515 22 20
gemeindeamt@gemeinde-au.at
www.gemeinde-au.at

Au
(Bild Wikipedia CCBY2.5, Böhringer Friedrich)

Lust auf „Ur-Alp Erleben"?

Beliebte, regionale Küche von 11:30 bis 21 Uhr. Schöner Gastgarten, Käsekeller, Kräutergarten, Kinderspielplatz & -Zimmer, Kraftplatz, Hauskapelle, Kristallzimmer, Ur-Alp Saal, Wintergarten… Ur-Alp Naturprodukte zum Mitnehmen finden Sie von 9 bis 24 Uhr im Lädele (Hochalpbergkäse, Speck, Kaminwurzen, Salben & Öle, Edelbrände, sinnvolle Geschenkartikel für die Gesundheit, Literatur für die Seele…).

Stimmung pur garantieren die Musikantentreffen an jedem 1. Mittwoch im Monat. Im Winter und im August finden außerdem an jedem weiteren Mittwoch Hüttenabende mit Livemusik bei freiem Eintritt statt (weitere Veranstaltungen unter www.ur-alp.at).

Die Ur-Alp ist auch ideal für Busse, Firmen- und Geburtstagsfeiern, Hochzeiten, Events aller Art und natürlich einfach für gemütliche Stunden mit Ihren Liebsten.

Das Team freut sich sehr auf Ihren Besuch – bis dann, in der Ur-Alp!

Erlebnisgasthof Ur-Alp
Bundesstr. 533, A-6883 Au
Tel. +43 (0)55 15 25 192
info@ur-alp.at, www.ur-alp.at
Montag Ruhetag

Siehe auch Käsestraße Bregenzerwald Seite 326

Bizau

Umrahmt von Bergen, Wiesen und Wäldern

Bizau, das Dorf mit etwas mehr als 1.000 Einwohnern in einem sonnigen Talkessel auf 681 m gelegen, ist mit einer interessanten Mischung von moderner Holzbauarchitektur und typischem Wälderhaus, bekannt für seinen besonderen Charakter. Umrahmt von Bergen, Wiesen und Wäldern ist Bizau ein Feriendorf, für den erholungssuchenden, aber gleichzeitig auch aktiven und sportiven Gast.

Kurzer Blick ins Geschichtsbuch

Eine erste urkundliche Erwähnung von Bizau findet sich aus dem Jahr 1297. Zuerst von den Habsburgern regiert, die aus Tirol und Freiburg im Breisgau, dem früheren Vorderösterreich herrschten, gehörte die Gemeinde bis 1814 Bayern und nun seit 1861 dem österreichischen Bundesland Vorarlberg.

Sehenswürdigkeiten

Pfarrkirche Hl. Valentin

Der Bau der Kirche geht auf das Jahr 1472 zurück. Eine kleine Kapelle, die immer wieder erweitert wurde, ließ das heutige Gotteshaus entstehen. Mit der letzten, umfassenden Renovierung in den 1990er Jahren entstand eine Atmosphäre in der Kirche, in der Altes und Neues miteinander harmoniert.

Wetzsteinhöhle

In der von Menschenhand geschaffenen Höhle wurden bis zu 200.000 Wetzsteine aus bestem Naturprodukt abgebaut und Anfang des 20. Jh. in alle Welt exportiert. Die Wetzsteinhöhle kann in Verbindung mit einem Rundweg durch das Bizauer Moos von außen besichtigt werden.

Bizau
(Bilder Gemeinde Bizau)

Freizeit und Sport

Barfußweg

Verknüpft man die Schnürsenkel seiner Wanderschuhe und hängt diese dann locker über die Schultern, scheint die Zeit im Bizauer Obermoos stehen geblieben.

Groß und Klein kommen hier in den Genuss mit bloßen Füßen durch ein jahrtausendealtes Hochmoor zu laufen. Die natürliche Bild- und Tonkulisse des Baches mit seiner besonderen Flora und Fauna führt zu einem intensiven Erleben der Natur- und Kulturwerte. Drei Halbinseln mit Ruhebänken ermöglichen eine Rast und laden zum Verweilen ein.

„Goßarweag" (Geißerweg)

Für Bizau war die Ziegenhirtschaft über viele Jahrhunderte ein wesentlicher Bestandteil der Alltagskultur. Die Wanderung erinnert an dieses Kulturerbe und ist landschaftlich sehr reizvoll. Der Themenweg führt von der Ortsmitte mit eigener Beschilderung auf Schotterwegen, Wald- und Trampelpfaden zu verschiedenen Spielestationen und Infotafeln, an denen große und kleine Wanderer viel Wissenswertes über die Ziegenwirtschaft erfahren.

Mountainbiking

Bizau ist Ausgangsort zur Vorsäßsiedlung Schönenbach, welche als eine der schönsten Vorsäße im Bregenzerwald bekannt ist! Ein Ausflug dorthin lässt sich sehr gut mit einer Mountainbike Tour verbinden.

Im Winter

Wenn der Schnee das Hochtal um Bizau in eine weiße Wunderlandschaft verwandelt hat, ist Hochsaison für Skifreunde.

Sei es der Hirschberg der mit seinen rassigen Hängen und dem nahezu lawinensicheren Gebiet für Skitourengeher ein besonderes Erlebnis darstellt oder die Loipe von Bizau, die in sonniger Lage mit den Loipen der Nachbargemeinden ein etwa 30 km langes Langlaufvergnügen beschert - hier kommen Wintersportler auf ihre Kosten.

Winterwandern, eine beleuchtete Rodelstrecke, mit den Schneeschuhen die Natur zu erkunden und ein Skibus in die umliegenden Skigebiete, sind weitere Highlights einer Wintersaison in Bizau.

Wichtige Adressen und Telefonnummern

Gemeinde Bizau
Kirchdorf 340, A-6874 Bizau
Tel. +43 (0)5514 2129
tourismusverein.bizau@cnv.at
www.bizau.at

Bezau

Von Hügeln und Bergen umrahmt

Die Marktgemeinde Bezau (rund 2.000 Einwohner), der Hauptort des Bregenzerwaldes, liegt südöstlich des Bodensees auf 650 Meter Meereshöhe in einem von Hügeln und Bergen umrahmten Seitental der Bregenzer Ache.

Bezau bietet seinen Feriengästen im Sommer wie im Winter einen erholsamen Urlaub in einer einmalig schönen Landschaft mit guten Einkaufsmöglichkeiten und einem breiten Angebot an Übernachtungsmöglichkeiten und Gaststätten. Die ländlich geprägte Gemeinde zeigt mit gepflegten Wiesen in den Almregionen und kultivierter Naturlandschaft, dass das Zusammenspiel von Landwirtschaft und Tourismus für beide Seiten vorteilhaft ist.

Kurzer Blick ins Geschichtsbuch

Urkundlich erwähnt wurde Bezau erstmals 1249. 1497 wurde Bezau selbständige Pfarrei. 1962 wurde der Ort zum Markt erhoben.

Sehenswürdigkeiten

Die Pfarrkirche St. Jodok wurde 1907/08 anstelle eines Vorgängerbaus im Stil der Neorenaissance errichtet. Der reich geschmückte Innenraum beeindruckt mit barocken Altären aus dem 17. Jahrhundert und zahlreichen Wand- und Deckenmalereien.

Die neugotische Gedenksäule „Bezeggsul" auf der Passhöhe der Bezegg zwischen Andelsbuch und Bezau er-

Bezau
(Bilder Bezau Tourismus)

innert an das Rathaus, das bis 1807 dort gestanden hat.

Das Heimatmuseum in Bezau zeigt in einem typischen Bauernhaus des hinteren Bregenzerwaldes Einrichtung, Trachten und sakrale Kunst aus früheren Jahrhunderten.

Freizeit und Sport

Im Sommer wie im Winter bietet Bezau eine Fülle von attraktiven Freizeitmöglichkeiten.

Im Gemeindegebiet laden zahlreiche markierte Wanderwege zu schönen Wanderungen ein.

Sehr zu empfehlen ist die Wanderung zur Schönenbach-Alpe, der schönsten und größten Vorsäßsiedlung im Bregenzerwald.

Ein besonderes Erlebnis ist auch die Begehung des Erholungslehrpfades Höhlenpark-Klausenstein im Gebiet des Weilers Kriechere, wo haushohe, gegeneinander getürmte Felsblöcke so genannte Bergsturzhöhlen bilden. Eine beschauliche Fahrt mit dem historischen „Wälderbähnle" gehört zu jedem Sommerurlaub in Bezau.

Die Bergbahn Bezau dient als willkommene Aufstiegshilfe für Wanderbegeisterte und ist Startpunkt für Gleitschirm- und Drachenflieger. Im Winter erschließt die Gondelbahn das familienfreundliche Skigebiet Andelsbuch Niedere.

Gespurte Loipen, ausgeschilderte Schneeschuhwanderwege, Rodelbahnen und ein abwechslungsreiches Veranstaltungsprogramm bieten winterliches Urlaubsvergnügen.

Wichtige Adressen und Telefonnummern

Bezau Tourismus
Platz 39
A-6870 Bezau
Tel. +43 (0)5514 2295
Fax +43 (0)5514 3129
info@bezau.at
www.bezau-bregenzerwald.com

In Rhythmus der alten Zeit

Wälderbähnle

Von Ende Mai bis Anfang Oktober genießt man zwischen Bezau und Schwarzenberg ein ganz besonderes Erlebnis: Die Fahrt mit einer 100 Jahre alten Dampflok oder einer historischen Diesellokomotive. Schnaufend befahren sie die fünf Kilometer lange Strecke zur Freude der Fahrgäste und Schaulustigen am Wegesrand.

Das Wälderbähnle war von 1902 bis 1980 die Verbindung des Bregenzerwaldes auf der Schiene mit der Landeshauptstadt Bregenz und dem Bodensee. Der Bau der für Österreich typischen Spurweite von 760 mm begann am 7. September 1900 mit dem Spatenstich am Riedentunnel. Widrige Umstände wie der Konkurs der Baufirma und die ständige Zerstörung der Bauten durch die Hochwasser im Achtal verzögerten den Bau. Dennoch konnten die über 1000 Arbeiter, die vorwiegend aus dem Trentino, aus Slowenien, Kroatien und Ungarn stammten, die Bahnstrecke nach nur zweijähriger Bauzeit fertigstellen.

Dort, wo früher Waren über Saumpfade und später mit Fuhrwerken transportiert worden waren, konnte nun die 35 Kilometer lange Bahnstrecke durch das wildromantische Tal der Bregenzerach genutzt werden.

Zur Einstellung des Bahnverkehrs entschloss man sich zwischen 1980 und 83. Doch am 26. September 1987 ging die Museumsbahn zwischen Bezau und Schwarzenberg in Betrieb und erfreut Jung und Alt, Technik- und Eisenbahnfreunde mit der imposanten Erscheinung ihrer Dampflok und den historischen Diesellokomotiven. Einer Reise in vergangene Zeiten kommt die Fahrt von Bezau nach Schwarzenberg gleich, wenn die Lokomotiven ihren Weg von Bahnhof zu Bahnhof schnaufen. Das nostalgische Vergnügen für Ausflügler und Urlauber, für Technik- und Eisenbahnfreunde, zieht in seinen Bann und ist der ideale Rahmen für eine private Feier wie die Hochzeit oder den Vereinsausflug.

Wälderbähnle Bregenzerwald Betriebs GmbH

Bahnhof 147, A-6870 Bezau
Tel. +43 (0)5514 3174
Fax +43 (0)5514 61 924
info@waelderbaehnle.at
www.waelderbaehnle.at

Siehe auch Käsestraße Bregenzerwald Seite 326

Einfach abheben

Flugschule Bregenzerwald

Einfach abheben und frei wie ein Vogel durch die Lüfte gleiten. Nur der Wind begleitet den Flug über die zauberhaften Berge und Täler Vorarlbergs und man ist erstaunt, welch neue Perspektiven sich aus diesem Blickwinkel ergeben. Auch das ist im Bregenzerwald an der Seite eines geprüften und erfahrenen Gleitschirmpiloten möglich.

Tandemfliegen heißt das Zauberwort, das einem den nicht alltäglichen Kick gibt, ein Erlebnis, das man so schnell nicht vergessen wird. Bei der Flugschule Bregenzerwald wird man an der Talstation der vereinbarten Bergbahn in Empfang genommen. In Begleitung des Tandempiloten oder Fluglehrers geht es hinauf zum Startplatz. Als angehender Co-Pilot plaudert man über das Fliegen, genießt die herrliche Landschaft und freut sich auf den ersten Flug mit einem Gleitschirm.

Am Startplatz angekommen, beginnen die nötigen Vorbereitungen für den Flug: Der Schirm wird ausgelegt, das

Gurtzeug eingestellt und angepasst. Nachdem der Startablauf besprochen und ein paar Startübungen gemacht worden sind, geht es nach einer nochmaligen Überprüfung durch den Piloten los. Schließlich steht die Sicherheit der Passagiere an erster Stelle.

Und dann kann es losgehen: Das Abenteuer Gleitschirmfliegen. Gemeinsam wird der Schirm aufgezogen, ein kurzer Anlauf und ... abheben und schwerelos und frei wie ein Vogel zwischen Himmel und Erde dahingleiten.

Flugvergnügen während des ganzen Jahres

Je nach Jahreszeit wird von verschiedenen Bergen aus gestartet: Während des Sommers (Mai bis Oktober) von der Niedere (1.590 m) in Andelsbuch, im Frühling, Herbst und Winter (Oktober bis April) vom Baumgarten (1.700 m) in Bezau und im Winter (Dezember bis April) vom Diedamskopf (2.090 m) in Schoppernau.

Flugschule Bregenzerwald

Wilbinger 483
A-6870 Bezau
Tel. +43 (0)5514 31 77
info@gleitschirmschule.at
www.gleitschirmschule.at

In die Sonne gondeln

Seilbahn Bezau

Die moderne Seilbahn schwebt von der Talstation in Bezau hinauf über die Mittelstation Sonderdach bis auf Baumgarten in 1.645 m ü.M. Hier ist man dem Himmel ein Stückchen näher und erblickt eine Panoramaaussicht, die ihresgleichen sucht. Die Luftseilbahn, deren Geschichte auf die Mitte der 1950er Jahre zurückgeht, wurde 2010 neu errichtet. Sie bietet im Sommer den Wanderfreunden ein wahres Eldorado mit gepflegtem und gut beschildertem Wegenetz und ist aufgrund der hervorragenden thermischen Verhältnisse ein beliebtes Ziel von Paragleitern und Drachenfliegern, die hier starten, um lautlos durch die Lüfte zu gleiten.

Ski und Rodel gut

Mit dem Neubau der Anlage wurde auch eine attraktive Anbindung an das Familienskigebiet Andelsbuch/Niedere geschaffen. Skifahren auf gepflegten Pisten und Winterwandern auf bestens präparierten Wegen wird hier oben zum Genuss.

Von der Bergstation führt eine drei Kilometer lange Rodelstrecke hinab zur Mittelstation Sonderdach.

Genießen mit besten Aussichten

Körperliche Stärkung und Erfrischung bietet das Panoramarestaurant an der Bergstation allerlei Köstlichkeiten, die der Gast, begleitet von einer traumhaften Aussicht, genießen kann.

Seilbahn Bezau GmbH & Co.KG

Obere 394 m, A-6840 Bezau
Tel. +43 (0)5514 2254
Fax +43 (0)5514 22 544
hallo@seilbahn-bezau.at
www.seilbahn-bezau.at

Siehe auch Käsestraße Bregenzerwald Seite 326

Hoch über Bezau

Bergbauernhof Fegg

Auf einer Höhe von 1.000 m ü.M., weit oberhalb von Bezau und abseits der Hektik im Tal, liegt der Bergbauernhof. Der Familienbetrieb hält Milchkühe und bietet in der Naturkulisse des Bregenzerwaldes ein Urlaubsdomizil, das seinesgleichen sucht.
Eine neu eingerichtete Ferienwohnung bietet bis zu sechs Personen Platz. Entspannung pur ist garantiert, denn Ruhe und ein einmaliger Ausblick auf die Kanisfluh begleiten die Ferientage. Für das Kindervergnügen

ist mit einem Spielplatz gesorgt und Trampolin, Schaukel, Rutsche und Sandkasten bringen Spaß. Den größten Spielplatz aber bieten die umliegenden Wiesen und Wälder, in denen die Kleinen unbeschwerte Stunden genießen können und die Tiere am Hof, wo Ziegen, Pferde, Kälbchen und Meerschweinchen sich mit Streicheleinheiten verwöhnen lassen.
Zum Hof gehört die Alpe Seefluh, die von Ende Mai bis Mitte September bewirtschaftet wird. Von hier aus genießt man einen herrlichen Ausblick auf die im Tal liegenden Dörfer und die Bergkulisse. Kühe, Pferde, Schweine und einige Kälber verbringen hier auf einer Höhe von 1.300 m ü..M. den Alpsommer. In der 300 Jahre alten Alphütte wird aus der gewonnenen frischen Milch der Bergkäse noch von Hand geschöpft und Butter produziert.
Nachhaltig geht es hier oben zu, denn die anfallende Molke erhalten die Schweine als Futter.

Bergbauernhof Fegg

Fegg 561
A-6870 Bezau
Tel. +43 (0)664 39 59 700
L_Meusburger@hotmail.com

Siehe auch Käsestraße Bregenzerwald Seite 326

Natur für das Kinderzimmer

waelderspielzeug

Auf das Jahr 1894 geht die Geschichte des Holzverarbeitungsbetriebs Gebrüder Metzler in Bizau zurück. Sägewerk, Zimmerei, Tischlerei, Bäckerei und eine Schmiede wurden in dieser Zeit gegründet. Nachdem ein Großbrand 1904 das gesamte Anwesen zerstört hatte, stand das Unternehmen vor dem Nichts und man musste von vorne beginnen. Doch Teamgeist und gutes Betriebsklima ließen die Firma in wenigen Jahren wieder auf die Beine kommen. Bis zur Jahrtausendwende 2000 wurden hauptsächlich Hölzer für die Bürstenindustrie produziert. Da diese Produktion aufgrund der Globalisierung immer schwieriger wurde und Kundenanfragen nach Holzspielwaren kamen, wurde mit der Entwicklung und Produktion dieser schönen, wertigen Holzspielwaren aus massivem Buchenholz begonnen. Im hauseigenen Sägewerk wurde das Rundholz geschnitten, zu Spielzeugen verarbeitet und entweder über den Onlineshop direkt an die Kunden verschickt oder an Kindergartenausstatter in Deutschland und Österreich ausgeliefert. Ende 2014 wurde die eigene Produktion beendet – seit dieser Zeit produziert eine Vorarlberger Institution, die auch Lehrlinge ausbildet, einen Teil der Produkte weiter.

In den Verkauf gehen die edlen Spielzeuge aus wunderschönen heimischen Holzsorten über den Onlineshop des Hauses oder über das Ladenlokal in Bezau, das mit seinem natürlichen Interieur wunderbar mit den naturbelassenen Holzspielzeugen harmoniert.

Hier kommen Kinderaugen zum Leuchten, wenn Sie die vielfältigen und zahllosen Spielsachen entdecken:

Von Bausteinen bis zu Fahrzeugen, von

Tieren bis zu Musikinstrumenten, Puppen und Kinderwagen, Kreatives und Spielzeug für den Garten runden das Angebot ab, mit dem sich vorzüglich spielen lässt und die für so manche vergnüglichen Stunden für Groß und Klein sorgen. Und das alles mit dem Naturmaterial Holz aus dem Bregenzerwald.

waelderspielzeug

Hemma Metzler e.U.
Bahnhof 148, A-6870 Bezau
Tel +43 (0)5514-30300
Fax +43 (0)5514-21316
hemma.metzler@waelderspielzeug.at
www.waelderspielzeug.at

Doren

Ein ideales Wandergebiet

Die Region rund um Doren, wird von Wäldern, Naturdenkmälern und Hochmooren geprägt. Die sonnig gelegene Gemeinde, in der über 1000 Menschen leben, befindet sich auf einer Höhe von etwa 711 m ü. M.

Kurzer Blick ins Geschichtsbuch

Die Grafen von Bregenz regierten zwischen dem Jahr 1000 und 1100 das Land und danach hatten die Habsburger die Herrschaft, die sie wechselnd von Tirol und dem damaligen Vorderösterreich aus Freiburg im Breisgau ausübten.

Sehenswürdigkeiten

Der Bau der Pfarrkirche, die dem hl. Johannes Nepomuk geweiht ist, geht auf die Jahre 1823 und 25 zurück. Sehenswert ist auch der Drahtseilsteg in der Bozenau, der als Fußgängerbrücke diente und die Gemeinden Doren und Alberschwende verbindet.

Freizeit und Sport

Doren bietet ideale Wander- und Ausflugsmöglichkeiten für die ganze Familie auf traumhaften Panoramawegen durch die abwechslungsreiche Landschaft.

Wichtige Adressen und Telefonnummern

Gemeinde Doren
Kirchdorf 168
A-6933 Doren
Tel. +43 (0)5516 2018
Fax +43 (0)5516 20 18 17
gemeindeamt@doren.at
www.doren.at

Siehe auch Naturpark Nagelfluhkette Seite 464

Doren
(Bild Wikipedia CCBY4.0, Asurnipal)

Damüls Faschina

Das schneereichste Dorf der Welt

Die vom Tourismus geprägte Gemeinde Damüls (rund 300 Einwohner) ist mit 1428 Metern der höchstgelegene Ferienort zwischen dem Bregenzerwald und dem Großen Walsertal.

Damüls gehört zu den Vorarlberger Walserdörfern. Es ist durch das Faschinajoch mit dem Ort Faschina-Fontanella im Großen Walsertal verbunden. Die Gemeinde ist von den Damülser Bergen im Norden mit dem Hausberg Damülser Mittagsspitze (2.095 m) sowie der Zitterklapfengruppe des Lechquellengebirges und der Glatthorngruppe am Faschinajoch im Süden umrahmt.

Das Damülser Gebiet bietet zu jeder Jahreszeit ideale Voraussetzungen für einen erholsamen, abwechslungsreichen Urlaub. Winterurlauber schätzen die Schneesicherheit, im Schnitt fallen pro Saison 9,30 Meter Neuschnee.

Kurzer Blick ins Geschichtsbuch

Damüls ist die erste Walsersiedlung in Vorarlberg, die urkundlich erwähnt wurde. Die ersten Walser kamen 1313 nach Damüls. Die Menschen aus dem Schweizer Kanton Wallis hatten ihre Heimat wegen großer Armut verlassen und kamen über das Laternser Tal und das Furkajoch ins Damülser Gebiet. Das damals abgelegene Tal wurde ihnen zur Rodung und Besiedlung zur Verfügung gestellt.

Auch das Dorf Faschina-Fontanella im Großen Walsertal ist eine Walsersiedlung. In früheren Zeiten bildeten Damüls und Faschina-Fontanella eine gemeinsame Pfarre und Gemeinde. Heute präsentieren sie eine gemeinsame Tourismusregion.

Damüls und die Mittagsspitze
(Bilder Damüls Faschina Tourismus)

Damüls und Pfarrirche St. Nikolaus

Sehenswürdigkeiten

Oberhalb des Dorfes Damüls findet man in exponierter Lage die Pfarrkirche St. Nikolaus aus dem Jahre 1484, die zwischen 1693 und 1733 im Barockstil umgestaltet wurde. Sehenswert sind vor allem die 1950 freigelegten Fresken von 1484, die die sogenannte Armenbibel darstellen.

Auch die kleine unter Denkmalschutz stehende Kapelle Stofel auf einem Aussichtspunkt bei der Alpe Oberdamüls sowie das Skimuseum sind einen Besuch wert.

Freizeit und Sport

Sommeraktivitäten

Das Feriengebiet Damüls Faschina bietet im Sommer ein breites Spektrum an Möglichkeiten zur Gestaltung eines aktiven Sommerurlaubs mit Wandern, Mountainbiken, Baden, Angeln, Golfen und vielem mehr.

200 Kilometer markierte Wanderwege in einer der beliebtesten Wanderregionen Vorarlbergs warten auf unternehmungslustige Wanderer. Von der leichten Dorfwanderung über genussvolle Hüttentouren über blühende Almwiesen bis zur anspruchsvollen Bergwanderung und Klettersteigen ist für jeden etwas dabei. Zünftige Einkehrmöglichkeiten in Hütten und bewirtschafteten Almen laden zum Verweilen ein. Der Erwerb eines Alpkäses in einer Alpsennerei lohnt sich.

Eine beliebte Bergtour ist die Damülser Rundtour oberhalb der Baumgrenze. Er kann nach Nutzung der

Blumenlehrpfad

Aufstiegshilfe des Sessellifts Uga-Express ab der Bergstation in 1800 Meter Höhe begonnen werden und führt über die Gipfel des Hochblanken (2068 m) und des Ragazer Blanken (2051 m) zum Sünser Joch und über die sieben Hügel zurück.

Auch die Besteigung der Damülser Mittagsspitze ist für erfahrene Bergwanderer von der Bergstation des Liftes aus bequem möglich.

Für Familien empfiehlt sich die Erkundung des Blumenlehrpfades in Faschina. Er beginnt bei der Mittelstation der Stafelalpbahn, wo die Sommertubingbahn 75 Meter Rutschspaß bietet.

Ein beliebtes Ausflugsziel ist der idyllische Seewaldsee in Fontanella, der in 40 Minuten bequem zu Fuß erreichbar ist und im Sommer gut temperiert zum Bad einlädt.

Das Gebiet von Damüls Faschina bietet mit Güter- und Forstwegen ideale Möglichkeiten für abwechslungsreiche und anspruchsvolle Mountainbiketouren.

Ein abenteuerliches Vergnügen wartet im Waldseilgarten in Damüls auf Besucher. In 2 bis 10 Metern Höhe

Seewaldsee

kann man sich gesichert von Baum zu Baum bewegen oder mit dem Flying-Fox im freien Flug 200 Meter über die Täler sausen.

Beim Waldseilgarten befindet sich ein Sport- und Spielplatz mit Beachvolleyballplatz, Fußballplatz, Slackline, Rutschen und vieles mehr.

Winterfreuden

Das von Dezember bis April schneesichere Skigebiet Damüls - Mellau - Faschina ist seit dem Zusammenschluss der beiden Skigebiete von Damüls und Mellau im Jahr 2010 das größte Skigebiet im Bregenzerwald und eines der größten in Vorarlberg. Zahlreiche Hotels liegen in Damüls und Faschina direkt an den Skipisten oder den Liftanlagen. 29 Liftanlagen und über 100 Pistenkilometer garantieren genussvolle Abfahrten.

Großes Vergnügen für Groß und Klein bietet die 2500 Meter lange anspruchsvolle Rodelbahn Uga, die direkt bei der Bergstation des Uga-Express, der auch die Rodel befördert, startet. Mittwoch und Freitag ist auch Nachtrodeln auf der beleuchteten Rodelpiste möglich. Rodelschlitten können im Ort ausgeliehen werden.

Auch für Skilangläufer hält das Skigebiet Damüls-Faschina Angebote bereit. Zwei präparierte, sonnige Loipen in 1500 bis 1700 Metern Höhe stehen zur Verfügung.

Die Loipe „Unterdamüls“ startet zwischen dem „Kirchdorf“ und Oberdamüls und führt über 2 - 3 km zur Alpe Unterdamüls und zurück.

Der 5 km lange Rundkurs der Loipe „Stofel“ befindet sich in Oberdamüls. Der Start liegt nahe dem Gasthaus Zimba. Beide Loipen lassen sich mit dem kostenlosen Ortsbus erreichen.

Zu einem Winterurlaub in Damüls gehört eine romantische Pferdeschlittenfahrt durch die glitzernde Schneelandschaft.

Besonders erholsam sind erlebnisreiche Wanderungen auf den rund 15 km präparierten Winterwanderwegen im Schneereich Damüls Faschina in kristallklarer Luft.

Sehr lohnend ist der rund 8 km lange, aussichtsreiche Rundweg mit rund 350 Meter Höhenunterschied um die Walsersiedlung, der 2,5 Stunden Geh-

Panorama im Skigebiet Damüls

zeit erfordert. Er beginnt in Damüls Kirchdorf und führt über die Alpe Unterdamüls und dem Gasthaus Jägerstüble zum Stofel und weiter über die Alpe Oberdamüls nach Oberdamüls und zurück zum Kirchdorf.

Eine beschauliche Nachtwanderung bietet der beleuchtete „Schmuseweg" in Oberdamüls.

Ebenfalls nachts beleuchtet ist der Weg von der Säge in Fontanella-Faschina zum Seewaldsee mit Einkehrmöglichkeit.

Weitere Winterwanderwege mit Beschreibung findet man auf der Übersichtskarte, die im Damüls Faschina Tourismusbüro erhältlich ist.

Veranstaltungen

Der Damülser Veranstaltungskalender bietet eine breite Auswahl an Ausstellungen, Festen, Konzerten, sportlichen Wettbewerben und Unterhaltungsprogrammen.

Orts- und Infrastruktur

Damüls Faschina ist mit dem Auto vom Laternser Tal über das Furkajoch, vom Großen Walsertal über das Faschinajoch sowie von Au auf der Bregenzerwaldstraße gut zu erreichen.

Die Zufahrt über das Furkajoch ist im Winter gesperrt.

Es bestehen Busverbindungen von Au und vom Großen Walsertal. Der

Bergdorf Damüls

kostenlose Ortsbus befördert die Urlaubsgäste im Winter schnell zum gewünschten Ziel.

Der Tourismus ist der wichtigste Wirtschaftsbereich in Damüls Faschina. Insgesamt stehen rund 3.000 Gästebetten in komfortablen Hotels, gemütliche Pensionen oder in Ferienwohnungen zur Verfügung. Jährlich werden weit über 300.000 Übernachtungen verzeichnet. Damit ist Damüls im Bregenzerwald der Ort mit der höchsten Anzahl an Übernachtungen.

Entsprechend vielseitig ist auch das gastronomische Angebot in Gasthäusern, Hütten oder auf bewirtschafteten Alpen.

Damüls und Faschina bieten mit mehreren Sportgeschäften und Lebensmittelläden gute Einkaufsmöglichkeiten für Feriengäste. Eine Arztpraxis ist ebenfalls vorhanden.

Wichtige Adressen und Telefonnummern

Damüls Faschina Tourismus
Kirchdorf 138, A-6884 Damüls
Tel. +43 (0)5510 620 0
Fax+43 (0)5510 620 4
info@damuels.travel
www.damuels.travel

Den Bergsommer genießen

Damülser Seilbahnen

Den Blick, den man von der Bergstation hat, kann man schon als einmalig bezeichnen. Weit schweift das Auge von der Silvretta bis zum Bodensee. Hier oben auf 1.850 m ist die Luft klar und die Ruhe spürbar.
Bequem ist man mit den Seilbahnen Damüls oben in der Höhe, um bei einer Wanderung über blühende Alpenwiesen gemütliche Alphütten zu erreichen oder die Gipfel der umgebenden Berge wie Kanisfluh und Mittagspitze zu erklimmen. Auch an die Mountainbiker wurde gedacht, deren Sportgeräte kostenlos transportiert werden und die traumhafte Trails genießen können.
Ein besonderes Schmankerl ist eine Abendfahrt mit dem Uga-Express. Jeden Freitag im August werden die Fahrgäste mit einem romantischen Sonnenuntergang bei herrlichem Panoramablick und begleitet von kulinarischen Köstlichkeiten, verwöhnt.

Das Skigebiet – ein Wintertraum

Als größtes Skigebiet des Bregenzerwaldes präsentiert sich Damüls-Mellau-Faschina. 109 Pistenkilometer, die sich auf 29 Lifte und Bahnen erstrecken, bieten den Wintersportlern ausreichend Gelegenheiten, auf ihre Kosten zu kommen.
Das Skiparadies gilt mit sonnigen Pisten und Nordhängen als schneesicher und hat für jede Altersklasse und jedes Können das passende zu bieten. Gepflegte und bestens präparierte Pisten für die anspruchsvolle Abfahrt gibt es ebenso wie das leichtere Gelände für Anfänger. Und für Freerider und Snowboarder ist das Skigebiet schon lan-

ge kein Geheimtipp mehr. Geräumte Winterwanderwege, präparierte Loipen für Langläufer, Rodelbahnen mit Nachtrodeln und Nachtskilauf auf beleuchteten Pisten und Bahnen rundet das Winterangebot der Bergbahn ab.

Damülser Seilbahnen GmbH & Co KG
Uga 74, A-6884 Damüls
Tel. +43 (0)5510 600
office@seilbahnendamuels.at
www.damuels-mellau.at

Siehe auch Käsestraße Bregenzerwald Seite 326

Einzigartiger Service im Bergparadies

Sport Madlener

„Top-Beratung, schöner Shop…" oder „…guter Service und freundliche Mitarbeiter…" Wenn so, oder so ähnlich, die Kommentare in den sozialen Netzwerken klingen, darf man gespannt sein, was das Geschäft so alles zu bieten hat.

Bei Sport Madlener in Damüls finden sich die neuesten Modelle und das beste Material der jeweiligen Wintersaison zum Verleih und Verkauf. Ob Ski für alpine Abfahrten oder zum Langlaufen, ob Snowboards oder Blades für Action im Schnee, ob Rodel oder Schneeschuhe für eine genüssliche Wanderung durch eine verschneite Winterwelt … jedermann wird hier mit kompetenter Beratung nach seinem Gusto mit dem passenden, servicegepflegten Sportgerät und der entsprechenden Bekleidung obendrein, bedient. Übrigens ist das Sportgeschäft mit dem kostenlosen Ortsbus in Damüls erreichbar. Die Haltestelle ist gleich vor der Tür.

Außerdem stehen den Kunden ausreichend Parkplätze zur Verfügung. Sport Madlener ist weit über die Region hinaus bekannt für seinen Ski-

schuhservice. Hier wird nicht nur verkauft, sondern individuell angepasst. So finden auch problematische Füße das passende Schuhwerk, sodass einem ungetrübten Wintersportvergnügen nichts mehr im Wege stehen kann.

Während der Sommersaison sorgt ein reichhaltiges Sortiment an Wanderbekleidung, Schuhen, Trekking- und Nordicwalking-Stöcken dafür, dass auch den Wanderfreunden ein einzigartiger Service zur Verfügung steht.

Öffnungszeiten:

Winter: (1. Dez. bis Ostern)
täglich von 8.30 bis 12.30 Uhr und 13.30 bis 17.30 Uhr geöffnet.
Sommer: (Mitte Juni bis Mitte Okt.)
Mo., Mi., und Fr., von 9 bis 12 und von 14 bis 17 Uhr geöffnet.
Di., Do. und Sa. 9 bis 12 Uhr geöffnet.
Juli bis Sept. besteht auch die Möglichkeit, den Shop am Samstag von 14 bis 17 Uhr zu besuchen.

Sport Madlener
Uga 66, A-6884 Damüls
Tel. +43 (0)5510 391
Fax +43 (0)5510 651
info@sport-madlener.at
www.sport-madlener.at

Egg

Die Hauptstadt des Bregenzerwaldes

Inmitten des Bregenzerwalds liegt auf einer Höhe von 561 m ü.M. die Gemeinde Egg, die gern als „Hauptstadt des Bregenzerwaldes" bezeichnet wird. Sie ist mit über 3.400 Einwohnern und den Ortschaften Egg und Großdorf die größte Gemeinde. Aus welcher Richtung der Reisende auch kommt – überall begegnen ihm Brücken, ohne die der Ort nicht erreichbar wäre und wie ein silbernes Band durchzieht die Bregenzerache die Talsohle.

Der wirtschaftliche Mittelpunkt des Bregenzerwaldes ist von Geschäftigkeit geprägt, haben doch Handel, Gewerbe, Gastronomie, Dienstleistungen und Verkehrsknotenpunkte ihren festen Platz inmitten der wunderschönen Bergwelt, die Egg umgibt.

Egg
(Bilder Gemeinde Egg)

Kurzer Blick ins Geschichtsbuch

Die Besiedelung des Bregenzerwaldes geht auf das Jahr 1000 n.Chr. zurück und Egg zählt zu den ältesten Dörfern der Talschaft, findet sich doch die früheste urkundliche Erwähnung bereits um 1275. Zeugen der Vergangenheit sind auch heute noch die Gerichtslinde und der Prangerstein neben der Pfarrkirche, aus der Zeit als in Egg noch das Nieder- und Hochgericht tagte.

Sehenswürdigkeiten

Die älteste Pfarre des Bregenzerwaldes ist die Kirche St. Nikolaus in Egg, die urkundlich bereits um 1275 erwähnt wurde. Ein Neubau im Jahr 1890 konnte 1892 bezogen werden.

Die Josefskirche in Großdorf geht auf eine Kapelle von 1687 zurück. Die heutige Kirche wurde in den Jahren 1760-62 erbaut und 1862 erweitert. Die Fassungen der Altäre und der Kanzel stammen von dem Maler Johann Michael Zündel.

Das Egg Museum, das 1904 gegründet wurde, ist als Heimatmuseum das älteste Talschaftsmuseum Vorarlbergs. Neben der Dauerausstellung der bäuerlichen Welt des Bregenzerwaldes mit seinen Wohn- und Arbeitsverhältnissen, mit Brauchtum und Frömmigkeit, werden zahlreiche Sonderausstellungen veranstaltet.

Musikkapelle Egg

Der Drahtsteg war zu Beginn des vorigen Jahrhunderts die einzige Verbindung zwischen Egg und Lingenau. 1901 wurde die Hängebrücke in der heutigen Form aus Drahtseilen errichtet. Auf einer Länge von 57 Metern schwebt die Brücke 15 Meter über der Subersach und gehört heute zu einem beliebten Wanderweg.

Freizeit und Sport

Das Ski- und Wandergebiet Schetteregg liegt auf einer Höhe von 1.100 m ü. M. Hier kann man den Sommer so richtig genießen, denn die wunderschöne Natur mit ihren reich blühenden Bergwiesen bietet eine vielfältige Auswahl an Freizeitaktivitäten. Wandern und Mountainbiken mit wunderschönen Aussichtspunkten lässt einen den Alltagsstress schnell vergessen und neue Kräfte schöpfe

Während der Wintermonate, wenn sich die Natur in prachtvolles Weiß hüllt, empfängt Schetteregg den Wintersportler mit familienfreundlichen, bestens gepflegten Pisten. Skifahren und Snowboarden sind hier das reine Vergnügen und auch derjenige, der zum Langlaufen neigt, findet eine wunderschöne Loipe vor. Und all jene, die mit den Brettern überhaupt nichts anzufangen wissen, stellen sich auf Schneeschuhe und stapfen durch die verschneite Winterlandschaft und genießen die klare Bergluft.

Tipp: Einen besonderen Reiz übt im Winter eine Wanderung auf gewalzten Wanderpisten aus. So sind von Schetteregg aus zwei Wanderungen zu empfehlen, die herrliche Aussichtspunkte auf den Vorderer Bregenzerwald und die südlich gelegenen Berge bieten.

Skigebiet Schetteregg

Bei so viel Bewegung freut sich der Körper über eine Stärkung und neben den Hotellerie- und Gastronomiebetrieben von Egg präsentieren drei Schaubetriebe im Ort nicht nur die Köstlichkeiten, sondern geben auch

Einblick in deren Herstellung. Mit dem Projekt „Naturhautnah“ macht die Metzler Käse Molke den Bauernhof begreifbar. Außerdem wartet die älteste und letzte existierende Brauerei Vorarlbergs, die Brauerei Egg, und die Schaubrennerei Bentele mit einem gemütlichen Hofladen auf neugierige Besucher.

Ort-Infrastruktur

Die Gemeinde Egg ist als wirtschaftlicher Mittelpunkt des Bregenzerwaldes bei Unternehmen der verschiedensten Branchen gefragt. Durch alle Branchen ziehen sich die Handels- und Handwerksbetriebe am Ort, die, ebenso wie der Tourismus, für Arbeits- und Berufsausbildungsplätze sorgen.

Den Heranwachsenden der Gemeinde stehen neben drei Kindergärten zwei Volksschulen, eine Hauptschule sowie eine Allgemeinbildende Höhere Schule zur Verfügung.

Wichtige Adressen und Telefonnummern

Gemeinde Egg
Loco 873
A-6863 Egg
Tel. +43 (0)5512 2426
Tel. +43 (0)5512 2216-9
tourismus@egg.cnv.at
www.egg-bregenzerwald.com

Wunderschöne Winterlandschaft

Aus reiner Lust auf die Natur

Metzler naturhautnah

Aus der Idee, eine bäuerliche Innovation zu schaffen, hat die Familie Metzler inmitten der wunderschönen Naturlandschaft des Bregenzerwaldes ein Refugium geschaffen, das ihr neben vielen anderen Auszeichnungen, den Österreichischen Innovationspreis Tourismus einbrachte.

Mit dem Projekt NATURHAUTNAH hat Metzler Molke einen Ort geschaffen, an dem nicht nur energieeffizient und nachhaltig gewirtschaftet wird, sondern der Besucher auch alle landwirtschaftlichen Prozesse hautnah erleben kann.

Bauernhof (be)greifen

Imposant präsentiert sich der Laufstall für die Kühe, die die feine Heumilch liefern, aus der die hochwertigen Produkte wie Käse und Molke hergestellt werden.

Dabei erscheint so manchem Besucher der Blick in die moderne Landwirtschaft wie eine Offenbarung. Aber auch, wenn man im Ziegen-Tollhaus von der Besuchergalerie die Tiere beobachtet, möchte man die Tiere knuddeln und liebkosen, was aber noch bis zum Abstecher in die Kleintier-Kuschel-Zone warten muss. Hier kommen vor allem die kleinen Gäste auf ihre Kosten, schaffen doch die Eindrücke von Nähe und Berührung der Tiere eine großartige Erfahrung. Inmitten dieses Paradieses bleiben aber auch die technischen Details wie die Hightech-Kühl- und Wärmetechnik, der Kräutergarten für die Aromen von Käse und Kosmetikprodukten sowie die Herstellung feiner Käsespezialitäten nicht verborgen. Mit allen Sinnen lernt der Besucher den bäuerlichen Ablauf kennen und schätzen.

Eine Schausennerei und eine Sennschule, um das Käsen zu erlernen, runden das reichhaltige Angebot von Metzler naturhautnah ab.

Spezialitäten, die dem Gaumen und der Haut schmeicheln

In dem feinen Hofladen sind die hauseigenen Produkte erhältlich: Von den hautpflegenden Molkeerzeugnissen für die Körperpflege bis hin zu feinen Käsespezialitäten aus wertvoller Ziegen- oder Kuh-Heumilch – hier wird der Besucher mit den Köstlichkeiten für Gaumen und Haut verwöhnt, die direkt auf dem Hof naturhautnah hergestellt werden.
Eine lohnenswerte Besichtigung ist nach vorheriger Anmeldung möglich.

Metzler naturhautnah

Bruggan 1025, A-6863 Egg
Tel. +43 (0)5512 30 44
metzler@molkeprodukte.at
www.molkeprodukte.at

Siehe auch Käsestraße Bregenzerwald Seite 326

Hittisau

Alpenreichste Gemeinde Österreichs

Die Gemeinde Hittisau (rund 2.000 Einwohner) liegt in einer Dreitälerschlucht in 792 m Höhe im vorderen Bregenzerwald. Die Landschaft von Hittisau wird bestimmt von Wäldern, Wiesen und Alpen (Almen werden im Bregenzerwald als Alpen bezeichnet), Hügeln und Bergen und zahlreichen Gewässern. Hittisau ist Mitglied des deutsch-österreichischen Gemeinschaftsprojektes Naturpark Nagelfluhkette. Die wichtigsten Berge im Gemeindegebiet sind der Hochhäderich (1565 m ü. A) als westlichster Berg der Nagelfluhkette, der Rotenberg, der Hittisberg sowie als höchster Punkt der Feuerstätterkopf (1645 m ü. A).

Für Feriengäste steht eine Reihe von Unterkünften vom komfortablen Hotel bis zur gemütlichen Pension und Ferienwohnungen für einen erholsamen Urlaub sowie gemütliche Gaststätten mit vielseitigen gastronomischen Angeboten zur Verfügung.

Kurzer Blick ins Geschichtsbuch

Seit dem Jahr 1000 wurde der Bregenzerwald durch die Grafen von Bregenz urbar gemacht.

1249 wurde Hittisau, das zum Besitz des Klosters Mehrerau gehörte, erstmals urkundlich erwähnt. Seit 1338 gehörte der Vorderwald mit Hittisau zur Grafschaft Bregenz, der Hinterwald zur Grafschaft Feldkirch, was über Jahrhunderte zu einer getrennten politischen Entwicklung führte.

Sehenswürdigkeiten

Die Ursprünge der Dreikönigskirche in Hittisau stammen aus dem 16. Jahrhundert. Die heutige Pfarrkirche wurde 1843-45 im klassizistischen Stil errichtet. Im lichtdurchfluteten Innenraum beeindrucken die historische Orgel von 1868 und das große Deckengemälde des Jüngsten Gerichts.

Hittisau
(Bilder Gemeinde Hittisau)

Siehe auch Naturpark Nagelfluhkette Seite 464

Innovative Architektur

Weitere sehenswerte sakrale Bauten sind die Kapelle in Gfäll, die Mariä-Heimsuchung-Kapelle in Höfle, die Antoniuskapelle im Lecknertal, die denkmalgeschützte Michaelskapelle im Weiler Reute aus dem Jahr 1660 und die Mariä-Himmelfahrts-Kapelle in Sippersegg.

Auch in Hittisau sind eine Reihe von Beispielen für die weltweit bekannte, innovative Architektur in Vorarlberg zu finden wie das Feuerwehr- und Kulturhaus. Verwendet wird überwiegend der Werk- und Baustoff Holz, der im Bregenzerwald große Bedeutung hat.

Ein Holz-Kultur-Weg durch und um Hittisau führt die Besucher zum Holz in der Natur, im Wald, über historische Holzbrücken, zu Zimmerer- und Tischlerwerkstätten und aus Holz errichteten Gebäuden.

Das Frauenmuseum im in preisgekrönter moderner Holzarchitektur errichteten Feuerwehr- und Kulturhaus Hittisau ist das erste in Österreich. Im Museum wird das kulturelle Schaffen von Frauen, vor allem von außergewöhnlichen Bregenzerwälder Frauen aus den letzten Jahrhunderten gezeigt. Neben Ausstellungen, die das Spannungsfeld zwischen Tradition und Innovation aus der Sicht von Frauen darstellen, bietet das Museum Kulturveranstaltungen und Vorträge an.

Einen Besuch wert ist auch die Dauerausstellung „Hittisauer Lebensbilder“ im Untergeschoss des Ritter-von-Bergmann Saals, die Leben und Werk von fünf bemerkenswerten Persönlichkeiten präsentiert, die alle um

Herrliche Aussichten

1800 in Hittisau geboren wurden.

Freizeit und Sport

Im idyllisch gelegenen Hittisauer Schwimmbad finden Sommerurlauber eine willkommene Erfrischung. Im Schwimmbecken und auf der 55 m langen Erlebnisrutsche ist Bades-

Idyllische Alpen

pass garantiert. Kinder können sich in der Kinderwasserwelt austoben.

Wandern

Zahlreiche markierte Wanderwege in der alpenreichsten Gemeinde Österreichs laden ein zu genussvollen Wanderungen durch Täler und Schluchten, Wiesen und Wälder, zu Alpen und Gipfeln mit Einkehrmöglichkeiten in bewirtschafteten Alpen und gemütlichen Gasthäusern.

Lohnend ist der Erlebnis- und Lehrpfad des Hittisauer Wasser-Wanderweges, der ausgehend vom Gemeindeamt in rund 2 Stunden durch Bachtäler und über Brücken mit einer Reihe von Infotafeln die Bedeutung des Wassers vermittelt.

Der 3 bis 4stündige Brückenwanderweg führt sogar über sieben Brücken. Zu empfehlen ist auch der rund 1 ½-stündige Rundwanderweg um den Rotenberg, eine leichte Wanderung durch Wald und am Waldrand.

Eine herrliche Aussicht verspricht die 3stündige, teils anspruchsvolle Tour auf den Hittisberg.

Eine Wanderung für erfahrene Bergwanderer ist die Tour vom Parkplatz Kälberweide in 4 ½ Stunden über die Plattenalpen zum Falken und Hochhäderich mit seinem Hochmoor.

Im Winter ist Hittisau ein Paradies für Skilangläufer. Eine Reihe von gespurten Loipen durch die romantische Schneelandschaft steht zur

Verfügung, Skiverleih im Ort. Auch die präparierten Wanderwege laden zu genussvollen Wanderungen in kristallklarer Luft ein. In Hittisau werden außerdem die beliebten geführten Schneeschuhwanderungen angeboten. In den Skigebieten von Hittisberg und Hochhäderich warten mehrere Schlepplifte und Pisten auf erlebnishungrige Skifahrer. Erfahrene Skifahrer schätzen das sehr lawinensichere Schitourengebiet in Hittisau.

Orts- und Infrastruktur

Hittisau ist über die Straße L 205 vom deutschen Oberstaufen zur Bregenzerwaldstraße und mit dem „Wälderbus" gut zu erreichen.

Über 200 Betriebe aus den Bereichen Land- und Forstwirtschaft, Gastronomie, Dienst-leistungen und Gewerbe bieten mehr als 600 Arbeits- und Ausbildungsplätze in Hittisau.

Die Gesundheitsversorgung ist durch zwei Arztpraxen und eine Zahnarztpraxis sowie weitere Arztpraxen in den umliegenden Ortschaften gewährleistet.

Ein Kindergarten, eine Volksschule, die Vorarlberger Mittelschule in Hittisau sowie die Polytechnische Schule sind als Bildungseinrichtungen vorhanden.

Hittisau ist engagiertes Mitglied im Vorarlberger Landesprogramm für Energieeffizienz und Klimaschutz.

Wichtige Adressen und Telefonnummern

Gemeinde Hittisau
Platz 370
A-6952 Hittisau
Tel. +43 (0)5513 6209
gemeinde@hittisau.at
www.hittisau.at

Nur das Beste aus der Natur

Sennerei Hittisau

In einer der alpenreichsten Gemeinden Österreichs wird ausschließlich Heumilch verarbeitet. Täglich wird die Milch mit dem Sammelwagen frisch bei den Landwirten abgeholt. 65 Heumilchlieferanten zählt die Sennerei Hittisau, die nur silo- und gentechnikfreie Milch verarbeitet.
Aus sechs Millionen Kilogramm Milch im Jahr werden 570 Tonnen köstlicher Bergkäse, 24 Tonnen Emmentaler sowie 24 Tonnen Sennbutter hergestellt. In den feinen Rohmilchprodukten, die in der Sennerei Hittisau produziert werden, schmeckt man die Natur des Bregenzerwaldes. Das Futter der Kühe von den saftig grünen Wiesen mit ihren blühenden Bergblumen und Kräutern, verleihen der Milch den Wohlgeschmack, der sie zu einem ganz besonderen Lebensmittel macht.

Nachhaltig und traditionell

Die Nachhaltigkeit der Landwirtschaft im Bregenzerwald sowie die schonende und traditionelle Zubereitung des Rohstoffes zu Butter und Käse tragen ihr Übriges dazu bei. So wird die Sennbutter aus der im Jahr 1977 gegründeten bäuerlichen Genossenschaft noch heute – ganz nach alter Tradition – im Butterfass erzeugt und umweltschonend in Pergamentpapier verpackt.
Nicht umsonst erhielt der weit über die Region hinaus bekannte „Hittisauer Bergkäse“ zahlreiche Auszeich-

Siehe auch Käsestraße Bregenzerwald Seite 326

nungen: So auch im Jahr 2016 bei der Schwarzenberger Käseprämierung sowie 2017 bei der Kasermandl-Prämierung in Wieselburg.

Nur das Beste für Genießer

Das Verkaufsgeschäft der Sennerei Hittisau bietet dem Feinschmecker regionale Produkte von einheimischen Produzenten. Neben den feinen Käsesorten und der Butter der Sennerei sind hier Ziegenfrischkäsle ebenso zu finden wie Bauernjoghurt, Freilandeier, frisch gepresste Öle, Kräutersalz und Wälder Schokolade (Sig.) Einen besonderen Service bietet auch außerhalb der Geschäftszeiten ein Käse-Automat, in dem es die Käseleckereien rund um die Uhr zu kaufen gibt. Ein Kundendienst, der von Einheimischen, Reisenden und Gästen in Hittisau gerne genutzt wird.

Sennerei Hittisau
Platz 190
A-6952 Hittisau
Tel. +43 (0)5513 2786-0
sennerei@hittisau.at
www.sennerei-hittisau.at

Umgebung ist, womit du dich umgibst

Hotel Gasthof Krone

Im Dorfkern von Hittisau, das von Wäldern und Weiden umgeben in den vorderen Bregenzerwald eingebettet ist, befindet sich das Hotel Gasthof Krone. Das traditionsreiche Haus, dessen Geschichte auf das Jahr 1838 zurückgeht, wird heute von der Familie Nussbaumer-Natter in dritter Generation umsichtig und engagiert geführt.

Hinter der wettergegerbten Schindelfassade präsentieren sich die 27 Gästezimmer den erholungssuchenden Gästen als Refugium für einen entspannenden Aufenthalt. Schon beim Betreten des in den vergangenen Jahren unter der Ägide des Architekten Bernardo Bader in Kooperation mit dem Werkraum Bregenzerwald renovierten Hauses empfängt einen das von natürlichen Materialien und traditioneller Ästhetik vermittelte Ambiente der Gaststuben. In den Zimmern sorgen formschöne, von Bregenzerwälder Tischlern gefertigte Holzmöbel und hochwertige Matratzen für einen ungetrübten Komfort. Naturkosmetik und eine feine Musiksammlung sowie die Hausbibliothek schenken dem Gast das Gefühl, willkommen zu sein und sich ganz dem Hier und Jetzt überlassen zu dürfen. Während an Winterabenden im Kaminzimmer das Feuer knistert, erwarten die Gäste in den Sommermonaten neben den gemütlich eingerichteten Gaststuben eine Terrasse mit Blick auf den Dorfplatz und ein schattiger Garten.

Als Mitgliedsbetrieb der Käsestraße Bregenzerwald tischt man in der Krone bodenständige, gepflegte Köstlichkeiten aus Küche und Keller auf, von einem zuvorkommenden Service serviert. Weil Essen mehr ist als Hunger, erfahren die Gäste bereits beim Blick in die Speisekarte die Namen der Landwirte, Kräuterfrauen, Obst- und

Gemüsebauern aus der Region, mit denen die Krone in langjähriger Zusammenarbeit verbunden ist. Aus den Lebensmitteln, die sorgsam hergestellt und ausgewählt werden, entstehen unter den fachkundigen Händen in der Küche Leckereien wie ein „Ziegenkäsle in Mandel-Rosmarinkruste auf Salat" oder eine „Zitronengras-Kokossuppe". Den Hauptgang bildet etwa die „Brust vom Wälderhennele" das auf einem „Erbsen-Zitronen-Risotto mit Zuckerschoten" angerichtet ist, und für das Dessert empfiehlt sich u. a. ein „weißer Schokoladen-Ananas-Crumble mit Exotiksorbet". Begleitet wird das Essen von edlen Weinen österreichischer und ganz besonderer europäischer Winzer, die vom Kronenwirt persönlich ausgewählt werden.

Hotel Gasthof Krone
A-6952 Hittisau
Tel. +43 (0)5513 6201
Fax +43 (0)5513 62 01 16
gasthof@krone-hittisau.at
www.krone-hittisau.at

Siehe auch Käsestraße
Bregenzerwald Seite 326

In Harmonie mit der Natur und den Menschen

Landhotel Hirschen

Sich selbst zu entdecken, während er unvergessliche Urlaubstage in Hittisau erlebt, gelingt dem Feriengast im Landhotel Hirschen. Hinter der mit feinen Holzschindeln veredelten Fassade des typischen Bregenzerwälder Hauses steckt ein Angebot, das dem erholungssuchenden Gast das gewisse Etwas verspricht.

Der traditionelle Gasthof inmitten von Hittisau wurde 1988 mit viel Liebe zum Detail renoviert und modernisiert.

Heute umfängt den Gast eine behagliche Gastlichkeit, die ihresgleichen sucht. Holzelemente an Decken und Wänden, ein Raum mit atemberaubendem Ausblick im Dachgeschoss und eine gemütliche Kräuterstube im Gewölbe kennzeichnen den modernen Komfort des Hauses.

Die Küche des Landhotel Hirschen setzt regionale und saisonale Produkte ein. Auf den Eigengeschmack der Speisen kommt es an und so entstehen unter den fachkundigen Händen des Küchenteams frische Gerichte, die gerne vegetarisch und vegan sein dürfen. Für die Versorgung des Landhotels steht ein Familiennetzwerk zur Verfügung. So kommt das Fleisch aus der Dorfmetzgerei, der Käse von der Alpe und allerei Naturprodukte vom Bauernhof – die alle den Familienmitgliedern gehören.

Landhotel Hirschen

Platz 187, A-6852 Hittisau
Tel +43 (0)5513 2320
info@landhotel-hirschen.at
www.landhotel-hirschen.at

Siehe auch Käsestraße Bregenzerwald Seite 326

Blick auf Hittisau

Krumbach

Im Naturpark Nagelfluhkette

Krumbach von Sulzberg aus gesehen
(Bild Wikipedia CCBY3.0, Herbert Bader)

1000 Einwohner zählt die Gemeinde, die zum Naturpark Nagelfluhkette gehört. Sie liegt auf einer Höhe zwischen 650 und 920 m ü.M. Der Ort ist eine Streusieldung inmitten der Kulturlandschaft und grenzt an unter Naturschutz gestellte Moorgebiete.

Kurzer Blick ins Geschichtsbuch

Urkundlich erwähnt wurde Krumbach im Jahr 1249. Die Habsburger regierten aus Freiburg im Breisgau dem früheren Vorderösterreich und aus Tirol. Seit 1861 gehört es mit dessen Gründung zum Bundesland Vorarlberg.

Sehenswürdigkeiten

Das Naturschutzgebiet Rossbad beheimatet eine Vielzahl vom Aussterben bedrohter Tier- und Pflanzenarten.

Freizeit und Sport

Ein weitläufiges Wanderwegenetz lockt zu Ausflügen in die Natur.

Wichtige Adressen und Telefonnummern

Gemeinde Krumbach
Dorf 2, A-6942 Krumbach
Tel. +43 (0)5513 81 57
gemeindeamt@krumbach.at
www.krumbach.at

Siehe auch Naturpark Nagelfluhkette Seite 464

Langenegg

Im Naturpark Nagelfluhkette

Südöstlich des Bodensees liegt die Gemeinde als Mitglied des Naturpark Nagelfluhkette. Langenegg liegt auf einer Höhe von 700 m ü. M. und bietet etwas über 1100 Menschen eine Heimat.

Kurzer Blick ins Geschichtsbuch

Nach der Regentschaft durch die Habsburger, die den Ort aus Freiburg im Breisgau, dem früheren Vorderösterreich und aus Tirol regierten, gehört die Gemeinde seit dessen Gründung 1861 dem Bundesland Vorarlberg an. Sehenswürdigkeiten

Die Pfarrkirche ist zu Ehren „Unserer lieben Frau“ im Jahre 1775 erbaut worden und gehört zu den schönsten Barockkirchen des Bregenzerwaldes. Sport und Freizeit

Mit den „Energie-Portalwegen“ hat Langenegg Kraftplätze erfasst, an denen die natürlichen Kräfte von Energieflüssen spürbar werden.

Wichtige Adressen und Telefonnummern

Gemeinde Langenegg
Bach 127, A-6941 Langenegg
Tel. +43 (0)5513 41 01
gemeinde@langenegg.at
www.langenegg.at

Langenegg
(Bild Wikipedia CCBY4.0, Fomanu)

Siehe auch Naturpark Nagelfluhkette Seite 464

Wo sich der Käsegenuss vollendet

Sennerei Langenegg

Wer im Herzen des Bregenzerwaldes das Genussvolle, Echte und Natürliche sucht, landet früher oder später im Sennereilädele der Langenegger Dorfsennerei. Es ist einfach stimmig, wenn man dort drinnen stehst. Mitten in der örtlichen Käsevielfalt, umgeben von Genüsslichem aus Bäuerinnenhand. Ein Raum, der das Heimelige des Holzes ausstrahlt und den Blick öffnet in die hügelige Landschaft – dort wo das wächst, was den Kühen besonders schmeckt: Das saftige Gras, der Ursprung dieser Käse. Käse, der das Natürliche auf die Zunge legt. An diesem Ort probiert, lässt er das Wohlgefühl ins Herz einziehen.

Der geschmeidige und würzige Langenegger Dorfkäse, der gereifte, kräftige Bergkäse und der feurige Chilikäse. Und wenns noch mehr sein soll, dann probiert man den Kalorienschmeichler Sonnenkäse oder den saisonalen Individualisten Bärlauchkäse. Von den freundlichen Käsedamen durch die Kostprobe geführt – in dieser stimmungsvollen Atmosphäre – fühlt man sich im Paradies des Natürlichen. Zurecht, denn in den hinteren Räumen ist das junge

Siehe auch Käsestraße Bregenzerwald Seite 326

Senner-Team am Werk, das sein Handwerk versteht. Die Burschen haben Talent. Sie verwandeln mit Leidenschaft und viel Geschick das weiße Gold in das genussvolle Gelb. Sie sind wahre Künstler, die mit Natürlichem umzugehen verstehen. Zudem wissen sie ganz genau von wo ihnen die Milch zufließt: Ausschließlich aus dem Dorf. Von den 20 Höfen, wo Bäuerinnen und Bauern ihre Kühe noch beim Namen kennen.
Überschaubar sind die Wege und Stationen von der Wurzel des Grases über das Wohl der Tiere bis zum Käse, der die Sennerei verlässt. Das gibt jedem, der zum Langenegger Käse greift ein gutes Gefühl:

"Von diesem Gefühl und dieser Stimmung pack´ ich mir was ein. Vom edelsten Käse soll es sein. Und öffne daheim ein Fläschchen Wein. So natürlich kann das Leben sein."

Öffnungszeiten:

Geöffnet ist von Montag bis Freitag jeweils von 8.30 bis 11.30 Uhr und 15 bis 18 Uhr, am Samstag 7.30 bis 11.30 Uhr und von 15 bis 17 Uhr.

Sennerei Langenegg

Berkmann 116, A-6941 Langenegg
Tel. +43 (0)5513 6190
Fax +43 (0)5513 61 904
verkauf@kaeserei.com

Lingenau

Zu Gast in der Blumengemeinde

Das beschauliche Dorf liegt auf einer Höhe von 687 m ü. M. Inmitten einer gewachsenen Kulturlandschaft bietet die Gemeinde 1.350 Einwohnern eine Heimat. Lingenau gilt als „Schönste Blumengemeinde Vorarlbergs".

Kurzer Blick ins Geschichtsbuch

Eine erste Erwähnung ist im 1227 beurkundet. Damit ist Lingenau und die Region ältestes Siedlungsgebiet im Vorderen Bregenzerwald. Im 10. und 11. Jh. begann die Besiedelung und die Rodung der Wälder. Um das 17. Jh. intensivierte sich durch klimatische Veränderungen die Viehzucht.

Sehenswürdigkeiten

Die Pfarrkirche hl. Johanndes der Täufer zeigt restaurierte Fenster aus dem Jahr 1964, die an sonnigen Tagen ein intensives Farbenspiel in dem Gotteshaus zaubern. Die Kapelle hl. Anna auf dem Felde liegt an der Straße nach Müselbach. Der Lingenau-

Lingenau
(Bild Wikipedia CCBY2.5, Böhringer Friedrich)

er Baumeister Konrad Nussbaumer schuf sie 1722 zusammen mit dem Zimmermeister Konrad Bilgeri. Sie gilt als Juwel des Barockstils. Daneben ist die Gschwendtobelbrücke einen Besuch wert. Die gedeckte Holzbrücke, errichtet 1830, steht unter Denkmalschutz. Sie verbindet Lingenau mit Egg.

Freizeit und Sport

Während des Sommers ist Lingenau der richtige Ausgangspunkt für Wander- und Klettertouren, für Fahrradfahrer sowie Angler. Im Winter locken Angebote wie alpiner und nordischer Skilauf, Winterwandern und Pferdeschlitten-Fahrten.

Kulinarische Genüsse

Mehrere kleine Sennereien gründeten 1972 eine Genossenschaft, die heute aus hochwertiger, reiner Heumilch feine Käsespezialitäten, herstellt, die mehrfach ausgezeichnet wurden.

Wichtige Adressen und Telefonnummern

Gemeinde Lingenau
Hof 258
A-6951 Lingenau
Tel. +43 (0)5513 6321
Fax +43 (0)5513 63 21 30
tourismus@lingenau.at
www.lingenau.at

Siehe auch Naturpark Nagelfluhkette Seite 464

So wertvoll wie die Natur

Sennerei Lingenau

Heumilch ist der Rohstoff, aus dem edler Käse und feine Butter hergestellt werden. Bei dieser naturbelassenen Milch, die die Bauern silofrei erzeugen und wo Heu und Gras zur Fütterung der Tiere zum Einsatz kommen, ist die Arbeit besonders intensiv. Doch für die Sennerei Lingenau zählt das Ergebnis: Schmackhafte, naturbelassene Produkte, die die Feinschmecker unter ihren Kunden zufriedenstellen.

Schon früh erkannte man im Bregenzerwald, dass hochwertiger Käse nur mit erstklassiger Milch erzeugt werden kann. Darum schlossen sich bereits 1907 die Bauern aus Lingenau zusammen und gründeten eine Genossenschaft, um die Milchprodukte selber herzustellen und zu vertreiben. Im Laufe der Jahre entwickelte sich daraus eine Sennerei, in der die Milch von 92 Landwirten aus Lingenau und Großdorf zu ausgezeichnetem Lingenauer Emmentaler, Bergkäse und Butter verarbeitet wird. Die Produktion unterliegt ständigen Qualitätsuntersuchungen und der Lohn der Mühe sind zahlreiche Auszeichnungen für die Produkte auf regionaler und nationaler Ebene.

Die Frische machts

Die gentechnikfreie Milch wird tagtäglich bei den Landwirten abgeholt sowie frisch und schonend in der Sennerei verarbeitet. Durch die fri-

Siehe auch Käsestraße Bregenzerwald Seite 326

sche Verarbeitung kann auf Erhitzen und Pasteurisieren ebenso verzichtet werden wie auf die Zugabe von Konservierungsmitteln und chemischen Zusatzstoffen. In vielen Arbeitsgängen entsteht unter den Händen der erfahrenen Käser der milde und aromatische Emmentaler, der im hauseigenen Reifungskeller seinen leicht nussartigen Geschmack entwickelt. Von mildem bis würzigem Aroma zeigt sich der Bergkäse. Seinen Charakter in drei Reifungsstufen entwickelt dieser im Bregenzerwälder Käsekeller bei optimalen Bedingungen von Temperatur und Luftfeuchtigkeit. Neben den Hartkäsesorten, die auf keinem Käsebuffet fehlen sollten, ist in der Sennerei Lingenau für die Zubereitung von Kässpätzle sogar eine hauseigene Mischung erhältlich. Auch die wohlschmeckende Butter gibt es hier, die wegen ihrer natürlichen Zutaten sehr geschätzt wird.

Öffnungszeiten

Die Produkte sind von Montag bis Freitag von 8 bis 12 Uhr und 17 bis 18 Uhr sowie Samstag von 8 bis 12 Uhr direkt im Sennereigebäude in der Ortsmitte von Lingenau erhältlich.

Sennerei Lingenau

Hof 28, A-6951 Lingenau
Tel. +43 (0)5513 2716
info@sennerei-lingenau.at
www.sennerei-lingenau.at

Blick zum Ifen
(Bild Wikipedia CCBY2.5, Böhringer Friedrich)

Wo Wellness und Kraft getankt wird

Vitalhotel Quellengarten

Das am Ortsrand von Lingenau gelegene Haus empfängt die Gäste mit hellen und modern eingerichteten Gästezimmern, von deren Terrassen und Balkonen man in die bezaubernde Landschaft des vorderen Bregenzerwaldes blickt.

Die Badewelt, die bei den Gästen für entspannende Stunden sorgt, ist mit einem Quellenbad und einem Pool im blühenden Sommergarten ausgestattet. Eine Saunalandschaft mit Blockhaussauna und ein großes Fitness-Center mit Aktivprogramm runden das Angebot des Hauses ab. Heilsam für Körper, Geist und Seele ist die „Hot-Stone" Massage, bei der Energiearbeit sowie Wärme- und Kältereize zum Einsatz kommen. Warme Öle, eine Aromaöl-Massage und ein duftendes Bregenzerwälder Heubad vervollständigen das Wohlfühlprogramm des familiär geführten Hauses.

Eine exzellente Versorgung der Gäste mit kulinarischen Köstlichkeiten verspricht die Küche. Wahre Gaumenfreuden vermitteln die kreativ zusammen gestellten Speisen, bei deren Zubereitung auf gesunde und natürliche Produkte aus der Region geachtet wird.

Vitalhotel Quellengarten ***

Familie Frick, A-6951 Lingenau

Tel. +43 (0)5513 64 610

quelle@bregenzerwaldhotels.at

www.bregenzerwaldhotels.at

Mellau

Lebensfreude inmitten des Bregenzerwaldes

Mellau im Hinteren Bregenzerwald gehört gemeinsam mit Bezau, Bizau, Reuthe und Schnepfau zu den sogenannten „Witus-Gemeinden“, deren Menschen unternehmerisch denken und stolz sind, auf das, was sie tun und sich für eine lebenswerte und sichere Zukunft engagieren.

Die Gemeinde liegt auf 700 m ü. M. in einem Talkessel direkt an der Bregenzerache und ist Heimat für ca. 1.300 Einwohner. Bemerkenswert sind die markanten Berge, die die Ortschaft Mellau umgeben: im Norden der Dornbirner First und der Gopfberg, im Süden die Damülser Berge mit der beeindrucken Mittagsspitze (2095 m) und im Südosten die Kanisfluh - das Wahrzeichen des Bregenzerwaldes mit stolzen 2044 Metern.

Kurzer Blick ins Geschichtsbuch

Die Gemeinde Mellau verdankt ihre Entstehung einer Vorsäßsiedlung von Schwarzenberger Bauern, die im 13. Jh. in der Au unweit des Mellen eine Kapelle errichtet und ihren zeitweiligen Wohnsitz aufgeschlagen haben. Daraus wurde schon im 14. Jh. eine Dauersiedlung, die 1464 zur selbständigen Pfarre erhoben wurde. Die Bewohner des Dorfes, das an der Mündung des Mellenbaches in die Bregenzerache liegt und von Bergen umrahmt ist, mussten im Laufe der Jahrhunderte immer wieder gegen die elementaren Gewalten der Natur ankämpfen. Trotz der Widrigkeiten der Natur wurde Mellau am Fuße der Kanisfluh schon im 19. Jh., als Sommerfrische und Bergsteigen in Mode kamen, zum beliebten Ziel von Urlaubern.

Mellau
(Bilder Gemeinde Mellau)

Sehenswürdigkeiten

Die jetzige Pfarrkirche „St. Antonius" wurde vor 35 Jahren neu errichtet und 1981 feierlich eingeweiht. Der alte Turm blieb als Wahrzeichen der Gemeinde erhalten. Rund um den Turm gruppieren sich die neuen Gebäude wie das Kirchenschiff und der Pfarrsaal. Der inzwischen restaurierte Hochaltar aus der alten Pfarrkirche fand Verwendung als Sakramentsaltar hinter dem Volksaltar. Neben diesem wurden in die neue Kirche mit übernommen: Das ehemalige Seitenaltarbild des Einsiedlers Antonius, die vier Evangelisten aus der ehemaligen Kanzel, die vom Bildhauer Georg Rüscher aus Bizau geschaffen wurden und die Kreuzwegbilder, die Alois Waldner aus Egg nach Vorlagen von Martin Feuerstein malte. Auch die alten Glasfenster fanden wieder Verwendung.

Mellau im Sommer genießen

Die neue Mellaubahn bringt Wanderfreunde in wenigen Minuten auf die Roßstelle – dem Ausgangspunkt vieler Bergtouren und Wanderungen. Unvergessliche Momente bieten auch die Sonnenaufgangstouren auf den Hausberg Kanisfluh, wo mit etwas Glück einige der rund 80 Steinböcke gesichtet werden können. Als Geheimtipp für alle Naturliebhaber gilt das wild romantische Mellental entlang des Mellenbaches (Naturschutzgebiet Hoher Freschen). Mellau ist zudem ein idealer Ausgangspunkt für

gemütliche Radwanderungen oder anspruchsvolle Biketouren. Abwechslungsreiche Wochenprogramme wie Erlebniswanderungen, Platzkonzerte oder Kindererlebnisprogramme entführen Gäste zu besonderen Plätzen und zu besonderen Menschen. Ein beheiztes Freischwimmbad und eine Golf-Driving Range runden das Angebot ab.

Mellau im Winter erleben

Im Winter bietet das dazugehörige Skigebiet Damüls-Mellau (das größte Skigebiet des Bregenzerwaldes) pures Skivergnügen auf 109 Pistenkilometern mit 29 Liften und Bahnen, einem ca. 120 m langen Skitunnel sowie 14 Restaurants im Skigebiet mit herrlichen Sonnenterrassen. Für höchsten Komfort der Mellauer Gäste sorgt der gratis Dorfblitz, der die Skifahrer im 15-Minutentakt direkt zur neuen Mellaubahn bringt. Als Alternativen zum Skifahren erfreuen sich Langlaufen und Winterwandern großer Beliebtheit. In Mellau stehen 22,5 km präparierte Loipen und ein Winterwanderwegenetz mit rund 30 km zur Verfügung. Auch die beleuchtete und bewirtete Rodelbahn „Dosegg“ bereitet Wintervergnügen.

Besondere Veranstaltungen

Mellau ist vor allem für den Alpabtrieb im Herbst bekannt. Für die Einheimischen ist der Alpabtrieb im Bregenzerwald gelebtes Brauchtum – und für die Gäste ein ganz besonders far-

Alpgebiet Mellau

benprächtiges Spektakel im Urlaub. Wenn Anfang Herbst zum Abschluss der Älplerzeit die Tiere festlich mit Blumen bekranzt von den Alpen ins Tal heimgetrieben werden, so ist alles auf den Beinen um die Kühe, Pferde, Ziegen und Schafe im Ort ankommen zu sehen. Musikalische Unterhaltung, der Verkauf von regionalen Produkten sowie die Bewirtung durch die Mellauer Gastronomen machten den Alpabtrieb Mellau in der ganzen Region bekannt.

Orts- und Infrastruktur

Mellau ist über die L200 – die Bregenzerwald Landesstraße – gut von Dornbirn oder Lech aus zu erreichen (Achtung: Wintersperre zwischen Warth und Lech). Der Bregenzerwald ist mit einem ausgezeichneten öffentlichen Busnetz erschlossen (www.vmobil.at). Die nächstgelegenen Bahnhöfe sind Bregenz oder Dornbirn.

Wichtige Adressen und Telefonnummern

Mellau Tourismus & Gemeindeamt
Platz 292, A-6881 Mellau
Tel. +43 5518 2203
tourismus@mellau.at
www.mellau.at

Skigebiet Mellau

Panorama Mellaubahn

Von der auf 710 m ü. M. gelegenen Talstation geht es mit der neuen 10-er Gondelbahn in nur sechs Minuten auf eine Höhe von knapp 1.400 m ü. M. Aus den verglasten Panoramagondeln schweift der Blick weit über das Tal. Mobilität, Funktionalität und Ästhetik zeichnen die von Architekt Bernd Frick gestalteten Gebäude der Mellaubahn aus. Gerade Linien, Sichtbeton, Holz und Glas bilden eine perfekte Kombination, die die Gäste begeistert.

Das Sommererlebnis

Die Panorama Mellaubahn führt von der multifunktionalen Talstation in Mellau hinauf und erschließt das Bergerlebnis über Mellau. Besonders die Kanisfluh, der Hausberg von Mellau, ist eines der beliebtesten Wanderziele in der Region. Allein der Anblick dieses mächtigen Bergmassivs beeindruckt und so finden neben Wanderfreunden auch Mountainbiker ihr Terrain. Das Sportgerät wird von der Mellaubahn kostenlos transportiert. Ein bestens ausgeschildertes Wanderwegenetz und zahlreiche Trails für Mountainbiker sorgen für entspannende Stunden inmitten der Bergwelt Vorarlbergs.

Ein Wintertraum

Die angenehme Atmosphäre und der hohe Komfort hat die Talstation der Panoramabahn Mellau zu einem Skifahrerbasislager gemacht. In der Talstation stehen immer vier Gondeln für einen kinderleichten und bequemen Einstieg bereit. Mit einem attraktiven Shop, mit Skiverleih und Werkstatt fühlen sich die Sportler bestens versorgt.
Das Skigebiet Mellau-Damüls bietet Schneesicherheit von Winterbeginn bis weit nach Ostern. Bestens präparierte und beschneite Pisten jeden Schwierigkeitsgrades sind ebenso zu finden wie Skirouten mit Tiefschneeabfahrten.

Besonders beliebt ist die sieben Kilometer lange Abfahrt nach Mellau. Doch auch dem Langläufer, Winter- und Schneeschuhwanderer hat die Region einiges zu bieten, finden sich doch romantische Winterwanderwege ebenso wie Höhenloipen.

Bergbahnen Mellau GmbH & Co.KG
Hinterbündt 380
A-6881 Mellau
Tel. +43 (0)5518 22 22
info@mellau-damuels.at
www.mellau-damuels.at

Siehe auch Käsestraße Bregenzerwald Seite 326

Sonne ist Leben

Sonne Lifestyle Resort

Traditionen und Lebenskultur verbinden sich in Vorarlberg zu einem harmonischen Miteinander. Das äußert sich im Sonne Lifestyle Resort auch in der Architektur. Sie lehnt sich an die Natur an und schafft ein wohliges Ambiente. Die Räumlichkeiten sind von der Bregenzerwälder Handwerkskunst geprägt und bieten authentische Gastlichkeit. Umrahmt wird dies von einer Spitzenküche, in der lokale Produkte saisonal verarbeitet werden. Kreativ und kunstvoll, um dem Gast ein wahres Feuerwerk an Köstlichkeiten für Augen und Gaumen zu präsentieren. Dabei geht man auch individuell auf jeden einzelnen Gast ein, und berücksichtigt Allergien und Lebensmittelunverträglichkeiten.

Luxus für Körper, Geist und Seele

Ruhe und Entspannung bietet der Aufenthalt im Sonne Lifestyle Resort. In dem Erwachsenenhotel, in dem Gäste ab 14 Jahren willkommen sind, können Eltern vom Alltag abschalten und ihren Aufenthalt genießen. Umrahmt von der unverfälschten Natur des Bregenzerwaldes, kosten die Gäste ihre Ferientage aus. Die lichtdurchfluteten Räume bringen mit ihren Einrichtungen Körper, Geist und Seele wieder in Einklang: Ein 1500 m² großer Wellnessbereich mit Erlebnis-Pool, Saunen, Dampfbädern und Massageliegen sorgen für eine Auszeit vom Alltag. Und wenn man den Tag aktiv im Bregenzerwald genossen hat, sind die komfortabel und geschmackvoll eingerichteten Gästezimmer genau das Richtige, um Entspannung und Erholung zu finden.

Tradition bewusst leben

Der Bregenzerwald mit seinen verschwiegenen Straßen und Wegen ist

ein Eldorado für Ausflüge mit dem Oldtimer. Daher ist auch das Sonne Lifestyle Resort ein beliebter Treffpunkt für Oldtimerfreunde aus der ganzen Welt, die mit ihren restaurierten und gepflegten Karossen den Bregenzerwald für sich entdecken und so manche neidischen Blicke ernten.

Feiern und Tagen und Bregenzerwald

Was gibt es Schöneres, als sich bei einer Veranstaltung so richtig verwöhnen zu lassen? Ob geschäftliche Tagung oder private Feier – im Sonne Lifestyle Resort findet jede Veranstaltung den passenden Rahmen. Räumlichkeiten, die keine Wünsche offen lassen, gepaart mit dem professionellen Service des Hauses und garniert mit den kulinarischen Köstlichkeiten aus der Küche, wird jedes Event zu einem unvergesslichen Erlebnis für den Veranstalter wie auch seine Gäste.

Sonne Lifestyle Resort

Übermellen 65
A-6881 Mellau
Tel. +43 (0)5518 20 10 00
Fax +43 (0)5518 20 10 070
info@sonnemellau.com
www.sonnemellau.com

Einzigartig – für Wanderer und Skifahrer

Alphof Rossstelle

Hoch droben auf 1400 Meter inmitten des Ski- und Wandergebietes liegt der Alphof direkt an der Bergstation der Gondelbahn von Mellau. Mit dem Blick aufs Tal breitet sich die atemberaubende Kulisse der umliegenden Bergwelt vor dem Besucher aus.

Bei diesem Ausblick ruht man gerne aus und lässt sich auch kulinarisch verwöhnen. Der Alphof Rossstelle bietet ein barrierefreies Selbstbedienungsrestaurant, in dem Wanderer und Skifahrer gerne einkehren, um sich mit feinen Schmankerln zu stärken oder eine Erfrischung zu sich zu nehmen. Von der Terrasse oder den gemütlich eingerichteten Gasträumen schweift der Blick weit über Berge und Täler. Eine gediegene Atmosphäre bieten auch die Gästezimmer, die für zwei bis vier Personen Übernachtungskomfort mit Dusche und Balkon bieten. Im Sommer findet jeden Sonntag ein zünftiger Frühschoppen mit Live-Musik statt. Für Gruppenreisende hält man auf dem Alphof auch Mehrbettzimmer zur Verfügung, die 12 bis 15 Personen Platz bieten.

Urlaub für Aktive

Während der Sommersaison lockt der Alphof Rossstelle mit einem verführerischen Wanderangebot: Zahlreiche, bestens markierte Wege bieten Familien Gelegenheit zum Wandern und für Spaziergänge, bei dem zahlrei-

che Gebirgbäche die Wege kreuzen. Auch für die umliegenden 2000er ist der Alphof die ideale Ausgangsbasis für eine Besteigung.
Im Winter liegen ausgezeichnete Pisten vor dem Haus, präparierte Loipen und geräumte Wanderwege machen den Ausflug zum Erlebnis, wenn Berge und Täler in malerisches Weiß gehüllt sind. Ein Funpark, eine Kinderrodelbahn sowie ein Sportgeschäft, in dem man sich seine Winterausrüstung auch ausleihen kann sowie ein beheiztes Skidepot runden das Angebot im Alphof Rossstelle ab.
Auf die die jungen Gäste wartet ein Spielplatz, auf dem sie in der klaren Bergluft toben und herumtollen können und wenn das Wetter mal weniger schön sein sollte, steht zur allgemeinen Unterhaltung für Groß und Klein ein Aufenthaltsraum mit Fußballkicker und Dart zur Verfügung.

Alphof Rossstelle

Achsiedlung 372
A-6881Mellau
Tel. +43 (0)5518 2310
info@alphofrossstelle.at
www.alphofrossstelle.at

Reuthe im Bregenzerwald

Optimaler Ausgangspunkt für Freizeitaktivitäten

Der Ort erstreckt sich auf beiden Seiten der Bregenzerache und liegt auf 690 m ü. M.. In der Reihe der Bregenzerwälder Dörfer nimmt Reuthe wegen der Kirche, welche als älteste Kirche des Bregenzerwaldes gilt, eine besondere Rolle ein. Die Pfarrkirche zum Hl. Jakobus d. Ä. wurde auf einem bewaldeten Felsen, abseits der Häuser im Jahr 1284 erbaut und gilt mit ihren Fresken als besonders sehenswert.

Weitere Besonderheiten hat der Ort in puncto Naturschätze zu bieten. Ein Kleinod ist das Schnell-Vorsäß, das mit seinen sonnenverbrannten Hütten und der kleinen Kapelle ein schönes Ausflugsziel darstellt. Über das Hochmoor mit seiner einzig-

Schnell-Vorsäß
(Bilder Gemeinde Reuthe)

Reuthe im Winter

artigen Pflanzenvielfalt, kann die Wanderung auf die Hangspitze, den Hausberg von Reuthe, fortgesetzt werden.

Außerdem gibt es in Reuthe zwei natürliche Heilvorkommen: ein Heilmoor und eine Eisenquelle. Das familiengeführte Gesundhotel Bad Reuthe ermöglicht seit mehr als 250 Jahren, die Heilvorkommen für die Gesundheit zu nutzten. Daneben bieten Kleinunterkünfte Aufenthalte in familiärer Atmosphäre an

Reuthe im Sommer

Die Gemeinde ist der optimale Ausgangspunkt für ausgiebige Spaziergänge, Wanderungen oder Radtouren.

Reuthe im Winter

Der Schibus bringt Wintersportler in das nur 5 km entfernte Schigebiet Damüls-Mellau oder ins Winterwanderparadies Bezau-Baumgarten.

Das Langlauf- und Winterwanderwegenetz ist mit den umliegenden Gemeinden verbunden und lädt zu ausgiebigen Wintersportaktivitäten ein.

Wichtige Adressen und Telefonnummern

Gemeinde Reuthe
Vorderreuthe 139, A-6870 Reuthe
Tel. +43 (0)5514 24 59
Fax +43 (0)5514 24 59 6
tourismus@reuthe.cnv.at
www.reuthe.at

Die Top-Adresse für Gesundheit und Wellness

Gesundhotel Bad Reuthe

Sich verwöhnen lassen, die Zeit vergessen und einfach nur genießen. Das ist das Konzept des Hauses, das in unberührter Natur seine Gäste in eine Welt aus Wärme und Wohlgefühl entführt.

Körper, Geist und Seele, die ganzheitliche Gesundheit des Menschen, steht im Gesundhotel Bad Reuthe im Mittelpunkt. Alles, was ein modernes Gesundheitshotel zu bieten hat, findet man hier, wo man sich Zeit nimmt, zur Ruhe kommt und die innere Balance wiederfindet.

Neben wohltuenden Mooranwendungen, die bei der Behandlung von Rükken und Gelenken sowie bei Verspannungen wahre Wunder wirken können, bringen Massagen und Kosmetikanwendungen das innere Gleichgewicht zurück und sorgen für ein frisches Aussehen.

Ein wahres Hightlight ist die großzügig gestaltete Sauna-Wellness-Welt. Modernstes Design, angenehme Formen, viel Holz, Glas und Licht sorgen für eine wohlige Atmosphäre, wo verschiedene Saunen und Dampfbäder die Gäste zu entspannenden Stunden einladen. Auch die Badelandschaft präsentiert sich lichtdurchflutet. In dem Thermenbad und dem ganzjährig beheizten Gartenpool vergisst man den Alltag. Sprudelliegen und Massagedüsen sorgen für ein Wohlgefühl, während im Winter die Schneeflocken durch die Lüfte tanzen.

Frisch und leicht präsentiert sich die Küche im Gesundhotel Bad Reuthe. Regionale Zutaten und eine saisonale Zusammenstellung sorgen auf der kulinarischen Seite des Hotelaufenthaltes für gesunden Genuss.

Doch inmitten der Vorarlberger Natur kommt auch die Bewegung an der frischen Luft nicht zu kurz. Beim Wandern, Radeln und Biken durch die Vorarlberger Bergwelt erlebt man Stunden, die man so schnell nicht mehr vergisst.

Gesundhotel Bad Reuthe

Familie Frick
A-6870 Reuthe
Tel. +43 (0)5514 22 650
Fax +43 (0)5514 22 65 100
office@badreuthe.at
www.badreuthe.at

Riefensberg

Der familienfreundliche Urlaubsort

Sanft hügelig ist die Landschaft im vorderen Bregenzerwald. Wiesen und Wälder prägen die Region. Vom Riefensberger Hausberg – dem „Kojen" – geht der fantastische Blick zu den imposanten Berggipfeln des Bregenzerwaldes, der Schweiz und des Allgäus.

Knapp über 1.000 Menschen leben in Riefensberg, das eine Fläche von 15 km² aufweist und inmitten des Naturparks Nagelfluhkette liegt. Die Landwirtschaft prägte jahrhundertelang die Region und ist immer noch ein wichtiger Wirtschaftsfaktor. Eine bedeutende Rolle spielt auch das Handwerk. Eine Vielzahl an Klein- und Mittelbetrieben spiegelt eine unglaubliche Vielfalt wider.

Besondere Erlebnisse

Wer das Natürliche, das Echte, das Traditionelle schätzt und diese Werte mit Modernem kombinieren möchte, dem zeigen die Juppenwerkstatt und der Golfpark Bregenzerwald Beispiele für einen spannenden Bogen zwischen gestern und heute.

Die Juppe, die Bregenzerwälder Frauentracht, ist eine lebendige Tracht. In der Juppenwerkstatt Riefensberg können Interessierte die Geschichte der Juppe kennenlernen und verschiedene Prozesse der Herstellung miterleben. Jährlich wechselnde Sonderausstellungen zeigen Werke von Künstlern aus der Region.

Im Gebiet von Riefensberg und Sulzberg liegt der Golfpark Bregenzerwald eingebettet in die reizvolle Landschaft des Weißach-Tales. Zwischen alten Baumgruppen und naturbelassenen Streuwiesen, sorgsam gesetzten Bunkern, Teichen und Grüns finden Golfspieler einen abwechslungsreichen Platz mit 18 Bahnen für alle Spielstärken. Auf Grund seiner Lage zählt der Golfpark Bregenzerwald zu den schönsten Plätzen im alpinen Raum.

Eines der reichhaltigsten und schönsten Moorgebiete Vorarlbergs liegt inmitten des Naturparks Nagelfluhkette zwischen Kojenstein und Hochhäderich. Das Kojenmoos ist wichtiger

Riefensberg
(Bilder Gemeinde Riefensberg)

Lebensraum für seltene Pflanzenarten. Die Schätze dieser einzigartigen Biotopfläche lassen sich bei einer Wanderung durch das Kojental entdecken.

Wer gerne die unverfälschte Natur direkt unter seinen Füßen spürt, ist im Barfuß-Parcours in Riefensberg gut aufgehoben. Barfuß über Hackschnitzel, Kies und Tannenzapfen zu laufen ist ein wohltuendes Training für Körper, Geist und Seele.

Ein Genuss – Sommer wie Winter

Den Alltagsstress hinter sich und die Seele baumeln lassen – eine Fülle an abwechslungsreichen Sport- und Freizeitmöglichkeiten laden Sommer wie Winter dazu ein. Gepflegte Wanderwege für gemütliche Spaziergänge oder anspruchsvolle Wanderungen und wunderschöne Mountainbike-Touren in einer intakten Naturlandschaft lassen das Besondere von Riefensberg und seiner Umgebung erleben.

Wintersportler fühlen sich auf den bestens präparierten Loipen, den idyllischen Winterwanderwegen und in den schneesicheren und familienfreundlichen Skigebieten wohl.

Seit Generationen bilden Landwirtschaft, Tourismus und Handwerk eine bestens funktionierende Gemeinschaft zum Nutzen der Gäste und Bewohner. Das ist spürbar!

Wichtige Adressen und Telefonnummern

Gemeindeamt & Tourismusbüro
Dorf 157, A-6943 Riefensberg
Tel. 05513 8356
gemeinde@riefensberg.at
tourismus@riefensberg.at
www.riefensberg.at

Siehe auch Naturpark Nagelfluhkette Seite 464

Staunen über geschaffene Werte

Juppenwerkstatt Riefensberg

Foto: © Adolf Bereuter

Eine der ältesten und wertvollsten Trachten des Alpenraumes ist die Juppe der Bregenzerwälderinnen. Viele Hände arbeiten an deren Herstellung. Ihre Exklusivität erhält sie durch das Zusammenspiel von kunstvollem Handwerk und edlen Materialien wie Leinen und Seide, Silber und Gold.
In der Juppenwerkstatt Riefensberg wird die Juppenstofferzeugung noch heute gepflegt. An wenigen Tagen im Jahr ist es BesucherInnen möglich, sich ein Bild von der harten Arbeit zu machen und den Entstehungsprozess des steifen, glänzenden und in hunderte Falten gelegten Stoffes mitzuverfolgen.
Vom 1. Mai bis 31. Oktober eines Jahres ist die Juppenwerkstatt Riefensberg für Trachteninteressierte sowie Archi-

Foto: © Adolf Bereuter

Foto: © Christian Kerber

tekturliebhaberInnen geöffnet. Neben der eigenen Trachtensammlung, die im adaptierten Wirtschaftsteil des ehemaligen Gasthaus Krone untergebracht ist, kann in den Werkstätten die jahrhundertealte Tradition der Stoffveredelung fortgeführt werden.
Die Arbeitsbereiche werden weitgehend mit natürlichem Licht versorgt. Das erreichte man durch großflächige Glasschindeln, die die Holzschindelfassade der Giebelseite ersetzten.
Heute stellt diese gestalterische Maßnahme ein Glanzstück für Architekturinteressierte dar. Überzeugend ist auch das Betriebskonzept, indem nicht nur Werkstätten geschaffen wurden, in denen heute noch mit historischen Maschinen und Gerätschaften gearbeitet wird, sondern auch Trachtenausstellungen präsentiert werden.
Außerdem schuf man eine Plattform für Kunstschaffende, die sich mit textilen Themen beschäftigen, und sorgen Kurse zur Trachtenherstellung sowie zum Erlernen textiler Techniken für die Kontinuität der Wissensvermittlung.
Getragen wird die Juppenwerkstatt Riefensberg durch einen Verein, der sich der Erhaltung und Pflege der Trachten in Vorarlberg verschrieben hat. Über einen Direktvertrieb werden die in der Werkstatt gefertigten Stoffe vermarktet. Es sind rund 35 KunsthandwerkerInnen, die im Bregenzerwald an der Herstellung der Bregenzerwälder Frauentracht arbeiten und aus Juppennäherinnen, Stickerinnen, Knüpferinnen, Ärmelnäherinnen, Hutmacherinnen und GoldschmiedInnen bestehen.

Juppenwerkstatt Riefensberg

Dorf 52, A-6943 Riefensberg
Tel. +43 (0)5513 83 56 15
info@juppenwerkstatt.at
www.juppenwerkstatt.at

Siehe auch Käsestraße Bregenzerwald Seite 326

Klein aber fein

Sennereigenossenschaft Riefensberg

Die Ursprünge der Sennerei Riefensberg gehen auf das Jahr 1900 zurück, als es noch sechs Sennereien am Ort gab. Im Lauf der Jahre schlossen sich diese zu einer Genossenschaft zusammen, die 1968 ein neues Sennereigebäude errichtete, das im Jahr 2000 technisch komplett erneuert wurde. Im Herzstück der Sennerei, dem Reifekeller, den man 2014 gebaut hat, lagern heute bis zu 5.800 Stück Bergkäse.

24 Milchviehhalter versorgen eine der kleinsten Sennereigenossenschaften im vorderen Bregenzerwald täglich mit frischer, naturbelassener Heumilch. Schonend wird diese unter den fachkundigen Händen der Käser zu aromatischem Vorarlberger Bergkäse und Rohmilch-Sennerei-Butter verarbeitet – natürlich ohne Konservierungsstoffe, da nur die beste Heumilchqualität verarbeitet wird. Der Bergkäse reift bis zu

zwei Jahre im eigenem Reifekeller und entfaltet mit zunehmendem Alter sein typisch würziges Aroma.

Zum Verkauf kommen der Bergkäse und die Sennerei-Butter in Riefensberg im Adeg Beer Lebensmittelgeschäft, beim „Bartle" üser Wirtshus sowie in der Tankstelle Schindele.

Sennereigenossenschaft Riefensberg

Dorf 61, A-6943 Riefensberg
Tel +43 (0)5513 8281
info@sennerei-riefensberg.at
www.sennerei-riefensberg.at

Siehe auch Käsestraße Bregenzerwald Seite 326

Ein Wirtshaus mit ehrlicher, regionaler Gastlichkeit

Bartle – üser Wirtshus

Auf das Jahr 1903 geht das Wirtshaus zurück, als hier die Vereinssennerei Dorf erbaut wurde. Nach einer wechselvollen Geschichte im Lauf der Jahrzehnte gründete man 2012 eine Projektgruppe zur Fortführung des Cafe Grabherr. Der anschließenden Bildung einer Genossenschaft folgte der Umbau des Bartle – einem Projekt, das von vielen Menschen aus der Gemeinde getragen und in unzähligen Stunden gestaltet wurde.
Heute präsentiert sich das „Bartle – üser Wirtshus“ als schmuckes Gasthaus, das zu gutem Kaffee, hausgemachtem Kuchen und frischen Speisen und Getränken einlädt.
Ein Ort inmitten von Riefensberg, an dem man es sich gutgehen lassen kann und der auch den idealen Rahmen für Ausflüge, Familienfeiern oder Besprechungen bietet.

Darüber hinaus werden im „Krömle-Eck“ regionale Produkte aus Riefensberg und – als einem von 44 Käsewirten in der Käsestraße Bregenzerwald – die prämierten Käsespezialitäten aus der Sennerei angeboten.

Bartle – üser Wirtshus

Dorf 60, A-6943 Riefensberg
Tel. +43 (0)681 81 33 05 81
bartle@bartle.at
www.bartle.at

Siehe auch Käsestraße Bregenzerwald Seite 326

Schnepfau

Zwischen Berg und Tal

Schnepfau
(Bilder Gemeinde Schnepfau)

In einer weiten Talsohle, umrahmt vom Hirschberg und der Kanisfluh, liegt die Gemeinde auf einer Höhe von 734 m ü. M. Zahlreiche Einwohner der 450-Seelen-Gemeinde leben in traditionellen Bregenzerwälder Holzhäusern. Zur Gemeinde gehören die Ortsteile Schnepfau, Schnepfegg und Hirschau. Schnepfau gehört ebenso wie Bezau, Bizau, Mellau und Reuthe zu den sogenannten Witus-Gemeinden, deren Bewohner sich für eine lebenswerte und sichere Zukunft einsetzen und bei denen der Gemeinsinn groß geschrieben wird. Vor allem Menschen, die Ruhe suchen und die Natur lieben, fühlen sich hier wohl und begeistern sich sommers wie winters an der abwechslungsreichen Landschaft.

Kurzer Blick ins Geschichtsbuch

Eine erste urkundliche Erwähnung von Schnepfau geht auf das Jahr 1280 zurück. Die Herrschaft über Städte und Dörfer hatten in Vorarlberg nach dem Ableben des letzten Grafen von Montfort die Habsburger, die wechselnd von Tirol und Freiburg im Breisgau aus regierten.

Großen Einfluss hatte auch die Benediktinerabtei Mehrerau bei Bregenz, der zwei Drittel des Dorfes bis gegen 1570 gehörten. Jahrhundertelang mussten die Einwohner sich gegen die Urgewalten der unregulierten Bregenzerache wehren, dem erst im Laufe des 20. Jahrhunderts durch große Dämme ein Ende gesetzt wurde.

Sehenswürdigkeiten

Nicht weit vom Dorfplatz entfernt, steht ein besonderes Wälderhaus. Mit seiner roten Fassadenfarbe, die ursprünglich aus Stierblut bestand, ist dieses historisch wertvolle Anwesen, dessen Errichtung auf das Jahr 1628 zurückgeht, nicht zu übersehen. Sein Standort inmitten eines Ensembles aus alten und modernen Häusern spiegelt die Einstellung der Schnepfauer, die mit Stolz und Feingefühl ihre Bräuche und Traditionen achten und dennoch die Gegenwart schätzen.

Die Pfarrkirche zum Hl. Wolfgang wurde urkundlich bereits 1455 erwähnt und eine Kirchenglocke stammt noch aus dieser Zeit. Im Lauf der Jahrhunderte veränderten zahlreiche Erweiterungs- und Vergrößerungsbauten den ursprünglichen Charakter des Gotteshauses. Heute sind die drei neuromanischen Altäre des Bildhauers Anton Rüscher sehenswert, die er 1874 schuf.

Auf der Schnepfegg, einer landschaftlich reizvollen Anhöhe zwischen Schnepfau und Bizau, findet man an einem Waldrand gelegen die Kapelle des Hl. Wendelin. Das unter Denkmalschutz stehende Kirchlein, dessen Ursprünge auf das 15. Jh. zurückgehen, zeigt in seinem Innenraum Altar, Bilder und Darstellungen der verschiedenen Viehpatrone. Noch heute kommen die Bauern der Region am

Wendelinskapelle

20. Oktober zum Patrozinium, um für den Schutz Ihrer Tiere zu beten. Nur wenige Schritte weiter steht eine imposante weit verästelte Rotfichte, die mit einem geschätzten Alter von 250-300 Jahren als älteste ihrer Art in der Gegend gilt.

Wie in kaum einem anderen Dorf der Region hat sich der Ortsteil Hirschau den Charakter einer typischen Bregenzerwälder Straßensiedlung bewahrt. Wie auf einer Schnur aufgefädelt reihen sich die geschindelten Wälderhäuser entlang der Dorfstraße, die sich durch das Häuserensemble windet. Die Martinskapelle aus dem 17. Jh. und die Lourdeskapelle – errichtet nach dem Vorbild der Basilika des bekannten Wallfahrtsortes - lohnen einen Besuch.

Kanisfluh

Freizeit und Sport

Die Gemeinde ist im Sommer ein Paradies für Erholungssuchende, Wanderer Radfahrer und Mountainbiker. Zahlreiche Routen von leicht bis anspruchsvoll führen hinauf in die beeindruckende Bergwelt, doch auch der Spaziergänger kommt hier auf seine Kosten, bietet doch das Tal zahlreiche gepflegte Wander- und Spazierwege. In Schnepfau befindet sich auch der erste Modellsportfliegerplatz des Bregenzerwaldes.

Schneeschuhtour auf der Schnepfegg

Skitourengeher und Langläufer kommen in Schnepfau im Winter auf ihre Kosten. Die nahe gelegenen und bei Wintersportlern sehr beliebten Skigebiete Damüls-Mellau, Diedamskopf sowie Warth-Schröcken sind sowohl mit dem PKW als auch mit öffentlichen Verkehrsmitteln schnell zu erreichen.

Eine bestens präparierte Loipe führt von Schnepfau nach Mellau und insgesamt stehen den Wintersportlern rund 23 km an klassischen Loipen und Skatingstrecken auf der weiten Talebene zur Verfügung. In den umliegenden Gemeinden ist sogar ein Loipennetz von über 140 km in nur wenigen Autominuten erreichbar, womit einem abwechslungsreichen Winterurlaub nichts im Wege steht.

Tipp: Der Schnepfauer Abschnitt der Bregenzerache wird unter Kennern als erstklassiges Fliegenfischrevier geschätzt.

Orts- und Infrastruktur

Schnepfau empfiehlt sich als lebenswerte Gemeinde inmitten des hinteren Bregenzerwaldes. Klein strukturierte Handels- und Handwerksunternehmen, Landwirtschaft und der Tourismus bilden gleichermaßen die wirtschaftliche Basis der Gemeinde und bieten Arbeits- und Ausbildungsplätze. Vor allem das holzverarbeitende Gewerbe hat einen hohen Stellenwert. In der lokalen Sennerei entsteht aus der Milch der Kühe der traditionelle Bregenzerwälder Bergkäse. Ein kleiner Dorfladen versorgt die Einwohner mit allem Nötigen. Mit dem Gasthaus Kanisfluh auf der Schnepfegg befindet sich ein beliebtes Ausflugsziel der Region im Ort.

Mehrere engagierte Vereine sorgen im Ort für ein aktives Dorfleben für Alt und Jung und halten die Traditionen und das Brauchtum wach. Im sorgfältig renovierten ehemaligen Pfarrhaus sind das Gemeindeamt samt Tourismusbüro und eine gut sortierte Bücherei untergebracht.

Bergsennerei Schnepfau

Wichtige Adressen und Telefonnummern

Gemeinde Schnepfau
Nr. 38, A-6882 Schnepfau
Tel. +43 (0)5518 2114
Fax +43 (0)5518 2114-4
gemeindeamt@schnepfau.at
www.schnepfau.at

Herbstpanorama

Natur hautnah erleben mit einem Hauch von Abenteuer

Aktiv-Zentrum Bregenzerwald

In Vorarlbergs größtem **Hochseilgarten** über Wasser der nur wenige Schritte vom Aktiv-Zentrum in Bersbuch 349 entfernt liegt, warten neben einem einzigartigen Naturschauspiel jede Menge Abenteuer. Umgeben von den in Jahrtausenden vom Wasser modellierten Felswänden fordern besonders spektakuläre Elemente die Gäste des Aktiv-Zentrums heraus: So können sie sich dort von einer 30 Meter hohen Brücke abseilen, an Kletterfelsen und -steigen ihr Können unter Beweis stellen und Seilbahnen sowie bis zu 8 Flying Fox Stationen nutzen. Neben vielfältigen Hochseilelementen ist der Flying Fox über die Bregenzerache der krönende Abschluss einer Tour durch den Aqua-Hochseilgarten in Andelsbuch.

Wildwassersport

Die Bregenzerache die durch eine abwechslungsreiche und zum Teil unberührte Landschaft im Natura 2000 Gebiet führt, verheißt Abenteuer und bietet eindrucksvolle Erlebnisse. Je nach Wasserstand mit großen Rafting Booten, Schlauch-Kanadiern oder Fun-Kajaks und bestens ausgerüstet, finden die Touren auf den jeweils idealen Streckenabschnitten zwischen Schoppernau-Bezau entlang der majestätischen Kanisfluh oder von Langenegg bis Wolfurt durch die wildromantische Waldschlucht statt.

Höhlentouren

Grenzerfahrungen in absoluter Stille und Dunkelheit – das bietet eine Höhlenwanderung durch die Schneckenlochhöhle bei Schönenbach. Mit allem ausgerüstet, was ein Höhlenforscher braucht, startet man zu einer eindrucksvollen und unvergesslichen Tour durch die Höhle. Stets begleitet von einem geprüften Höhlenführer, der beim Erforschen der Tiefen für die Sicherheit sorgt.

Der Bogensport

Das Erlebnis mit Pfeil und Bogen ins Schwarze zu treffen, ist ein Highlight in der heutigen Zeit, erfordert es doch Ruhe, und Konzentration, um den Pfeil ins Ziel zu lenken. Dabei stehen Ihnen die Trainer zur Seite, die Ihnen neben Geschichte und Materialkunde des Bogensports auch die richtige Technik vermitteln. Nach der Einführung geht es hinaus in den Wald, wo die erlernten Fähigkeiten auf einem Parcours mit

3D-Zielen in einem Turnier umgesetzt werden können.

Schneeschuhwanderung

Mit der Natur eins werden – im Winter, ist die beste Gelegenheit dazu. Die greifbare Stille erfährt derjenige, der in Begleitung einer Winterwanderführerin mit Schneeschuhen durch die verschneite Landschaft wandert. Unvergessliche Eindrücke von den schönsten Strecken in der winterlichen Bergwelt des Bregenzerwaldes sind der Lohn für die Mühe.

Outdoortraining

Viele Unternehmen bringen Schwung in die Teamentwicklung. Das Aktiv-Zentrum plant in Absprache und abgestimmt auf die individuellen Bedürfnisse, die unterschiedlichsten Events, die ein Gelingen garantieren.

Aktiv-Zentrum Bregenzerwald
Neugut 43, A-6882 Schnepfau
Tel. +43 (0)676 78 37 878
info@aktiv-zentrum.at
www.aktiv-zentrum.at

Canyoning

Beim Naturabenteuer der besonderen Art, seilen wir uns über Wasserfälle ab, Rutschen und Springen, Klettern und Schwimmen. Wir führen Canyoning-Touren durch die schönsten Schluchten Vorarlbergs. „Du darfst allem widerstehen, nur nicht der Versuchung".

Alpine-Passion
Partner für Canyoning Touren
Gehren 3, A-6767 Warth
Tel. +43 (0)664 94 00 515
info@alpine-passion.at
www.alpine-passion.at

Berühmt für ausgezeichneten Käse

Alma Bergsennerei Schnepfau

Auf das Jahr 1949 geht die Käseproduktion in der Alma Bergsennerei Schnepfau zurück, die eingebettet in die wild-romantische Bergwelt des Hinteren Bregenzerwaldes liegt, und mehrfach ausgezeichneten Vorarlberger Bergkäse produziert. Hier kennt man noch die Namen der Bauern und der Kühe und verarbeitet die frische Heumilch zu köstlichen Käselaiben.
Viel Erfahrung hat Senner Ademar Nagel, dessen Frau Yvonne sich über einen Besuch im kleinen aber feinen Sennereiladen freut und den Kunden mit Rat und Tat zur Seite steht.
Und wenn der Besucher einmal vor verschlossenen Türen stehen sollte, kann er sich am Selbstbedienungsautomaten rund um die Uhr mit feinen Käseköstlichkeiten versorgen.

Alma Bergsennerei Schnepfau
Kirchdorf 123, A-6882 Schnepfau
Tel. +43 (0)55 18-28 20
kundenservice@alma.at
www.alma.at

Siehe auch Käsestraße Bregenzerwald Seite 326

Schoppernau

Naturvergnügen zu jeder Jahreszeit

Die kleine Gemeinde mit ihren etwa 950 Einwohnern liegt auf einer Höhe von etwa 852 m ü. M. Durch seine Lage inmitten des Tales ist Schoppernau ein ideales Langlaufparadies, wenn im Winter der Schnee die Landschaft umhüllt. Doch auch für Alpinsportler ist Schoppernau eine passende Adresse zu jeder Jahreszeit, reckt sich doch der Diedamskopf über 2.000 m ü. M. bei Schoppernau in die Höhe und präsentiert sich als familienfreundlicher Wander- und Skiberg.

Kurzer Blick ins Geschichtsbuch

Schoppernau wird zwischen dem 15. und 17. Jh. urkundlich erwähnt und kam 1390 durch die Herrschaft von Feldkirch nach Österreich. Die Habsburger regierten in der Region abwechselnd von Tirol und von Freiburg im Breisgau, dem damaligen Vorderösterreich, aus. Seit der Gründung Vorarlbergs im Jahr 1861 gehört der Ort zu diesem Bundesland.

Sehenswürdigkeiten

Neben den Kirchen und Kapellen in Schoppernau sollte der Besucher einen Blick auf die Villa Maund werfen, die als Jagdvilla des englischen Bankiers und Alpinisten Sir John Oakley diente. Außerdem präsentiert das Felder Museum zeitgemüß den aus Schoppernau stammenden Schriftsteller, Volksbildner und Sozialreformer Franz Michael Felder (1839-69).

Wichtige Adressen und Telefonnummern

Gemeinde Schoppernau
Unterdorf 2A
A-6886 Schoppernau
Tel. +43 (0)5515 21 130
Fax +43 (0)5515 21 13 16
gemeindeamt@schoppernau.at
www.schoppernau.at

Schoppernau
(Bild Wikipedia CCBY2.5, Böhringer Friedrich)

Das Echo unserer Berge

Bergkäserei Schoppernau

Bereits im 14. Jh. wurde der Talkessel von Au-Schoppernau besiedelt. Milchwirtschaft und Ackerbau prägten schon damals den harten Überlebenskampf der Menschen, die sich selbst versorgen mussten. Im Lauf der Jahrhunderte entstanden immer mehr Sennereien, die Milchprodukte erzeugten und über die Wochenmärkte der umliegenen Städte vertrieben. Die Bergkäserei Schoppernau geht auf das Jahr 1868 zurück, als es in Au und Schoppernau bereits acht Vereinssennereien gab. Seit 2002, mit dem Bau der neuen Sennerei, produziert nun die Bergkäserei Schoppernau feinen Berg- und Reibekäse aus reiner Heumilch sowie Sennereibutter, Butterschmalz und Topfen. Mit der Spezialität des F.M. Felder Bergkäse ehrt man heute den Schoppernauer Bauern, Schriftsteller und Sozialreformer, der im 19. Jh. die Sennereien durch die Gründung von Käsereigenossenschaften aus der Abhängigkeit eines großen Käsehändlers befreite. 10 Monate lagert dieser Bergkäse in dem exakt temperierten Käsekeller, den die Bergkäserei 2009 mit dem Pflege-Roboter „Franz Michl" ausstattete.

Siehe auch Käsestraße Bregenzerwald Seite 326

Zu den Milchlieferanten der Bergkäserei Schoppernau zählen nur Milchbauern, die ihre Kühe mit frischem Gras und Heu füttern. Weder Silofutter, noch Gentechnik haben in den Ställen dieser Bauern etwas zu suchen. Nur so lässt sich die hochwertige Heumilch gewinnen, die den Sennereiprodukten ihren unvergleichlichen Geschmack verleihen.

Von der Milch zum Käse

Sehenswert ist ein Besuch der Schau- und Erlebnissennerei in der Bergkäserei, in dem man den Weg der Milch von der Milchkanne bis zum Bergkäse verfolgen kann. Besonders für Besuchsgruppen ist dies ein interessantes Event, folgt doch der Führung eine Käseverköstigung mit Käseplatte und -jause in der gemütlichen „Weißtannenstube" direkt in der Bergkäserei Schoppernau. Neben dem Verkaufsladen stehen den Kunden in der Bergkäserei Schoppernau ein Käseautomat sowie ein wohl sortierter Onlineshop zur Verfügung.

Bergkäserei Schoppernau
Unterdorf 248
A-6886 Schoppernau
Tel. +43 (0)5515 30151
info@bergkaeserei.at
www.bergkaeserei.at

Erholung für Aktive

Hotel Elisabeth

Einige Meter von der Bergbahn Diedamskopf und dem Landeplatz der Paragleiter entfernt, liegt das Hotel Elisabeth der Familie Zündel als Dependance für Aktivurlauber.
Ob Skivergnügen im Winter oder Wander- und Radfreuden während des Sommers, bietet das *** Hotel gemütlich eingerichtete Zimmer, die komfortabel ausgestattet sind. Der Blick vom Balkon lässt den Gast die herrliche Bergwelt um Schoppernau genießen.
Abgerundet wird der erholsame Urlaubsaufenthalt von einer Wellness-Oase mit Whirlpool, Sauna und Infrarotkabine, wo der Gast seine Seele baumeln und Körper und Geist in Einklang bringen kann.
Zum gemütlichen Beisammensein lädt das Café des Hauses die Alleinreisenden ebenso ein wie Familien und Gruppenreisende. Stilvoll und gemütlich eingerichtet präsentieren sich die Räume, die den rechten Ort für Gespräche und Zusammentreffen bieten.

Hotel Elisabeth***

Familie Zündel
Niederau 293
A-6886 Schoppernau
Tel. +43 (0)5515 2370
info@elisabeth-hotel.at
www.elisabeth-hotel.at

Siehe auch Käsestraße Bregenzerwald Seite 326

Herzliche Gastfreundschaft inklusive

Gasthaus-Pension-Café Schrannenhof

Die Einrichtung mit viel Holz lässt im Schrannenhof eine Gemütlichkeit aufkommen, die es in dieser Form heute nicht mehr so oft gibt. In diesem Ambiente schmeckt die Brotzeit ebenso wie der hausgemachte Kuchen am Nachmittag zum Kaffee am besten. Für die Hauptmahlzeiten, die von der Chefin persönlich am Mittag und am Abend frisch zubereitet werden, verwendet man Produkte wie Eier, Fleisch, Milch, Butter und Käse aus der eigenen Landwirtschaft. Bei allen anderen Zutaten wird auf den regionalen Bezug geachtet.
Dort, auf dem Erlebnis-Bauernhof, finden große und kleine Tierfreunde Kühe, Pferde, Ponys, Hasen, Ziegen und Hühner. Und wer noch nie gemolken hat, dem verspricht der Bauer höchstpersönlich ein Lehrstunde. Und all jene, die auf dem Rücken eines Pferdes ihr Glück finden, kommen in Ihrem Urlaub auf dem Bauernhof ebenso auf ihre Kosten. Auch die Übernachtung inmitten der Natur ist im landwirtschaftlichen Betrieb sowie einem der beiden Ferienhäusern möglich. Hier sind gemütlich eingerichtete Appartements und Zimmer, die mit allem ausgestattet sind, was den Urlaubsaufenthalt angenehm macht und einen die schönste Zeit des Jahres genießen lässt.

Gasthaus-Pension-Café Schrannenhof

Familie Zündel, Niederau 343
A-6886 Schoppernau
Tel. +43 (0)5515 2162
Fax. +43 (0) 5515 21 62-4
info@schrannenhof.cc
www.schrannenhof.cc

Bei Schwarzenberg
(Bild Wikipedia CCBY2.5, Böhringer Friedrich)

Schwarzenberg

An den Ufern der Bregenzer Ach

Eingebettet in die waldreiche Hügellandschaft liegt die ursprüngliche Gemeinde, die von grünen Bergkuppen umsäumt wird. Schwarzenberg liegt auf einer Höhe von 1467 m ü. M. 1.900 Bewohner leben hier Tradition und Moderne in harmonischem Miteinander.

Kurzer Blick ins Geschichtsbuch

Eine erste urkundliche Erwähnung zeigt sich im Jahr 1270. Die Habsburger regierten die Region wechselnd von Tirol und von Vorderösterreich, dem damaligen Freiburg im Breisgau aus. Seit 1861 ist Schwarzenberg eine Gemeinde von Vorarlberg.

Sehenswürdigkeiten

Als einer der schönsten Dorfplätze das Landes, gilt der in Schwarzenberg. Rund um den Brunnen bei der Kirche ist der Platz von behäbigen Häusern umsäumt, denen man den Wohlstand vergangener Jahrhunderte ansieht.

Tipp: Bei einem „Umgang Schwarzenberg", einem Spaziergang durch das Dorf, erleben die Teilnehmer Architektur und Wandern in Schwarzenberg.

Wichtige Adressen und Telefonnummern

Gemeinde Schwarzenberg
Hof 454
A-6867 Schwarzenberg
Tel. +43 (0)5512 3570
info@schwarzenberg.at
www.Schwarzenberg.at

Schwarzenberg
(Bild Wikipedia CCBY2.5, Böhringer Friedrich)

Genuss mit paradiesischem Blick

Hotel Berghof Fetz

Dieser Aussichtspunkt zählt zwischen Dornbirn und Bregenzerwald wohl zu einem der schönsten Vorarlbergs: Die Passhöhe Bödele bietet einen atemberaubenden Panoramablick auf den Bregenzerwald.

Und genau hier lädt das Hotel Berghof Fetz zu einer Übernachtung ein, die ihresgleichen sucht und die Gäste mit dem Feinsten aus Küche und Keller verwöhnt.

Die intakte Natur mit ihren Wäldern und Weiden bietet dem Übernachtungsgast einen wohltuenden und entspannten Aufenthalt. Die Gästezimmer des Hotels sind in hellem Holz und in gefälligen Formen komfortabel ausgestattet, sodass es dem erholungssuchenden Gästen ein Leichtes ist, den Alltag hinter sich zu lassen. Vor allem dann, wenn sie aus den Fenstern oder von den Balkonen in die Bergwelt blicken.

Verwöhnt wird man im Hotel Berghof Fetz mit feinen Köstlichkeiten für den Gaumen. Ob eine stärkende Vesper, ein köstliches Menü am Mittag oder Abend oder ein hausgemachter Kuchen mit einem Kaffee – garniert werden die Speisen und Getränke mit diesem einmaligen Ausblick, während man sich von dem zuvorkommenden Service des Hauses bedienen lässt.

Dass die Lage des Hotel Berghof Fetz auch eine exzellente Location für eine Veranstaltung ist, versteht sich von selbst. Hier wird die Familienfeier im privaten Kreis ebenso zu einem un-

Siehe auch Käsestraße Bregenzerwald Seite 326

vergesslichen Erlebnis wie das Event einer Firma, die feiern oder eine Tagung abhalten möchte. Das Ambiente des Hauses in der landschaftlich reizvollen Lage und mit dem Besten aus Küche und Keller bilden eine Atmosphäre, die jede Veranstaltung zu einem unvergesslichen Erlebnis für den Veranstalter und seine Gäste werden lässt.

Und als Krönung jeder Feierlichkeit sei ein Besuch des „Felsenkellers" empfohlen, dessen urige Atmosphäre mit offenem Kamin, Nagelbock und einer gut sortierten Bar das Herz eines jeden Barbesuchers höher schlagen lassen wird.

Hotel Berghof Fetz
Bödele 574
A-6850 Schwarzenberg
Tel. +43 (0)5572 77 400
info@berghoffetz.at
www.berghoffetz.at

Idyllisch gelegen im Bregenzerwald

Gasthaus Alte Mühle

„Schon der Anblick der malerischen Wassermühle lässt Großes erahnen: Marietta Wild und ihr Team begeistern in ihrem Landgasthaus mit einer wohltuenden, traditionellen Frischeküche." Wenn ein Gourmetguide wie der Fallstaff Gourmet Club schon solche Bemerkungen über ein Restaurant fallen lässt, dann sollte für den Feinschmecker der Besuch dieses Hauses obligatorisch sein.

Das idyllisch gelegene Gasthaus geht auf das Jahr 1746 zurück. Damals in Stein und Holz erbaut, erlebte es über die Jahrhunderte eine wechselvolle Geschichte und wurde als Nagelschmiede, Holzsäge, Bäckerei und mechanische Stickerei genutzt.

Nach 1945 bot es den ersten Sommerfrischlern, die im Bregenzerwald Erholung suchten, Matratzenlager an. 1989 erwarb die Mutter der heutigen Chefin das Anwesen und restaurierte es liebevoll und behutsam. Die begeisterte Köchin entwickelte in dem neu geschaffenen Landgasthaus ihren eigenen Kochstil. Und da Qualität sich bekanntlich herumspricht, erkochte sie sich schon bald einen Namen über die Region hinaus.

Marietta Wild, die den Betrieb 2003 übernahm, kocht mit einer Leidenschaft, die heute nicht nur die Gäste, sondern auch Gastronomieführer und Gourmetguides überzeugt. Für sie, die hohe Qualitätsansprüche erfüllen möchte, kommen nur frische Zutaten und Rohstoffe in die Küche, die kreativ und innovativ interpretiert auf den Tellern der Gäste landen. Heimische Zutaten werden saisonal zusammengestellt, um den Feinschmeckern den Bregenzerwald kulinarisch näher zu bringen.

Gespeist wird in den gemütlich eingerichteten Gaststuben, die ein uriges Ambiente bieten und in denen man unvergessliche Stunden erlebt, während man sich von einem zuvorkommenden Service verwöhnen lässt. Ein ganz besonderes Kleinod bietet der romantische, traumhafte Gastgarten, in dem man sich ein wenig wie im Paradies fühlt.

Gasthaus Alte Mühle
Dorn 138
A-6867 Schwarzenberg
Tel. +43 (0)5512 3780
Fax +43 (0)5512 2511
office@alte-muehle.cc
www.alte-muehle.cc

Schettereggalpe Sibratsgfäll
(Bild Wikipedia CCBY2.5, Böhringer Friedrich)

Sibratsgfäll

Im Naturpark Nagelfluhkette

Sibratsgfäll (Bild Wikipedia CCBY2.5, Prankster)

Das kleine, vom Tourismus geprägte Bergdorf mit seinen knapp 400 Einwohnern liegt direkt an der deutschen Landesgrenze auf einer Höhe von 929 m ü. M.

Kurzer Blick ins Geschichtsbuch

Die Region wurde von den Habsburgern regiert, die abwechselnd von Tirol und vom damaligen Vorderösterreich, der Stadt Freiburg im Breisgau, die Geschäfte lenkten. Dem Bundesland Vorarlberg gehört Sibratsgfäll seit dessen Gründung im Jahr 1861 an.

Sehenswürdigkeiten

Einen Besuch ist die Pfarrkirche von Sibratsgfäll wert. Sie ist dem Erzengel Michael geweiht und zeigt interessante Altäre aus dem 19. Jh.

Interessant ist auch die Georunde Rindberg. Eindrucksvoll wird dort demonstriert, wie sich im Mai 1999 die Berghänge in der Parzelle Rindberg in Bewegung setzten und tiefe Spuren in der Landschaft und in der Seele der Dorfbewohner hinterließen.

Wichtige Adressen und Telefonnummern

Gemeinde Sibratsgfäll
Dorf 18
A-6952 Sibratsgfäll
Tel. +43 (0)5513 2112
Fax +43 (0)5512 21 12 10
sibra@sibra.cnv.at
www.sibra.at

Siehe auch Naturpark Nagelfluhkette Seite 464

Hier trifft sich Tradition und Moderne

Dorfsennerei Sibratsgfäll – eine klassische Kleinsennerei

In dem weiten Talkessel von Sibratsgfäll wird noch die traditionelle Dreistufen-Landwirtschaft mit Heimanwesen, Vorsäßen und Alpen betrieben. Hier liefern die Bauern selbst zwei Mal täglich die frische Milch in der Sennerei an. Während des Sommers kommt die Milch auch von den Alpen ins Tal. Dass von den Landwirten nur qualitativ hochwertige Milch erzeugt wird, versteht sich von selbst. Denn nur aus der reinen Heumilch können die herausragenden Produkte der Sennerei hergestellt werden. Heumilch bedeutet, dass die Kühe nur frisches Berggras im Sommer und reines Heu im Winter aufgetischt bekommen. Und das schmeckt der Genießer der feinen Milchprodukte, die in der Sennerei angeboten werden.

Begleitet wird die Herstellung von einer Kontrolle der Inhaltsstoffe und Qualitätsbeurteilung des Rohstoffes. Nachdem die Milch schonend erwärmt und Säuerungskulturen zugesetzt wurden, folgt die Wandlung von der Milch zum Käsebruch durch die Beigabe eines Gerinnungsenzyms, dem Lab. Den daraus entstehenden Käsebruch füllen die Käser in Formen ab und pressen ihn, bis ein Käseteig entsteht. Im eigenen Reifekeller wird der Käse bis zu 12 Monaten gepflegt und entwickelt somit seinen unnachahmlichen Geschmack.

So gibt es heute in der Dorfsennerei Sibratsgfäll den cremig würzigen Weichkäse wie den Sibratsgfäller Bachensteiner, den Bergkäse mit seinem mild-feinen Geschmack von drei bis 12 Monate Reifung, den Kümmelkäse und den Bergtilsiter als Schnittkäse. Vielfach ausgezeichnet sind die Käsesorten aus der Dorfsennerei, sogar mit dem Kasermandl in Gold, wie auch die mit einer Silbermedaille ho-

Siehe auch Käsestraße Bregenzerwald Seite 326

norierte Sennereibutter, ein Süßrahmprodukt sowie Butterschmalz, das durch schonende Erhitzung der Butter gewonnen und in Premiumqualität zum Backen, Braten und Kochen verwendet werden kann.
Weit über die Region hinaus bekannt ist die Dorfsennerei Sibratsgfäll wegen der hochwertigen Molkereiprodukte, die in dem „Lädele" angeboten werden.

Öffnungszeiten:

Für Feinschmecker hat das „Lädele" im Sommer täglich von 9 bis 11 Uhr und von 18.30 bis 19.30 Uhr geöffnet. Im Winter ist von 9 bis 11 Uhr und 18 bis 19 Uhr geöffnet.
Samstags ist von 8 bis 11 Uhr und zu den jeweiligen Abendverkaufszeiten geöffnet. Ab 5 kg versendet man auch nach Deutschland und Österreich.

Dorfsennerei Sibratsgfäll
Dorf 132, A-6952 Sibratsgfäll
Tel +43 (0)5513 2442
Fax +43 (0)5513 20650
info@sennerei-sibra.at
www.sennerei-sibra.at

Sulzberg

Im Naturpark Nagelfluhkette

Im äußersten Norden des Bregenzerwaldes liegt das beschauliche Sulzberg auf dem Rücken des 1.041 m hohen gleichnamigen Berges. Zu der Gemeinde zählt der Ort Thal, der direkt an das Westallgäu grenzt.

Der Ort ist durch die Weitsicht, die man an klaren Tagen genießt, ein beliebter Ausflugspunkt, überblickt man doch von dort den gesamten Bregenzerwald bis in die Bergwelt Vorarlbergs. Etwas über 1.800 Einwohner zählt die Gemeinde.

Kurzer Blick ins Geschichtsbuch

Auf 1249 ist die erste Erwähnung beurkundet. Die ausgeweitete Streubesiedelung in Sulzberg resultiert aus einer 1772 durchgeführten Vereinödungsaktion, mit der die bäuerlichen Besitz- und Bewirtschaftungsverhältnisse verbessert wurden. Die Habsburger regierten den Ort teils aus dem früheren Vorderösterreich in Freiburg im Breisgau und aus Tirol, bevor Sulzberg seit 1861 dem Bundesland Vorarlberg angehörte.

Sehenswürdigkeiten

Neben der Pfarrkirche hl. Laurentius und der Kapelle St. Leonhard, die lange Jahre ein beliebter Wallfahrtsort war, sind zwei Rundwege eine Erkundung wert, die auf die Spuren der Baukultur in Sulzberg und Thal führen. Ausgewählte Häuser erzählen interessante Geschichten aus der Zeit, in der sie entstanden sind.

Gemeindehaus
(Bild Gemeinde Sulzberg)

Dorfplatz
(Bild Thomas Gretler)

Freizeit und Sport

Während des Sommers lockt ein bestens beschildertes Rad- und Wanderwegenetz Freizeitsportler zu Aktivitäten. Auf der Wanderung oder der Radeltour an artenreichen Blumenwiesen vorbei, durch idyllische Moorgebiete und stattliche Tannenwälder hindurch, laden eine Vielzahl von Plätzen zum Verweilen ein, genießt man doch von dort das eindrucksvolle Bergpanorama, das sich dem Wanderer und Fahrradfahrer erschließt.

In den Wintermonaten stehen den Wintersportlern attraktive und bestens präparierte Langlaufloipen ebenso zur Verfügung wie die Hagenberglifte Sulzberg-Thal, die familienfreundliche Abfahrten in schneesicherer Lage bieten.

Wichtige Adressen und Telefonnummern

Gemeinde Sulzberg
Dorf 1
A-6934 Sulzberg
Tel. +43 (0)5516 22 130
tourismus@sulzberg.at
www.sulzberg.at

Siehe auch Naturpark Nagelfluhkette Seite 464

Sulzberg
(Bild Wikipedia CCBY3.0 Richard Mayer)

Panoramablick und Wohlgefühl

Wellnesshotel Linde

Mit einer Traumaussicht die alle verzaubert, präsentiert sich das Wellnesshotel Linde. Seine Höhenlage inmitten der Natur des vorderen Bregenzerwaldes verspricht Panoramablicke, die die Gäste auch aus den Zimmern genießen können, die großzügig, komfortabel und gemütlich ausgestattet sind. Ein besonderes Highlight des Hauses ist das elegante Sunset-SPA mit Wellnessbad, Saunenwelt und beheiztem Whirlpool im Garten. Wohltuende Massagen und pflegende Wohlfühlbehandlungen sorgen für entspannende Stunden. Und überall begleitet den Gast die Rundumsicht auf die Bergwelt bis hin zum Bodensee. Zu wahren Gaumenfreuden lädt die Küche des Hauses ein, denn hier wird auf gesunde und natürliche Produkte aus der Region geachtet. Schon am Morgen verwöhnt ein reichhaltiges Frühstücksbuffet die Gäste, die sich am Mittag und Nachmittag an einem kleinen Buffet mit verschiedenen Snacks stärken können, bevor am Abend das feine Genießermenü serviert wird.

Wellnesshotel Linde****

Familie Frick, A-6934 Sulzberg
Tel. +43 (0)5516 20 250
linde@bregenzerwaldhotels.at
www.bregenzerwaldhotels.at

Auf der Sonnenseite des Lebens

Terrassen-Restaurant Alpenblick

Die Höhenlage von über 1000 Metern und der grandiose Ausblick in den Bregenzerwald, die Allgäuer und Schweizer Bergwelt machen das Terrassen-Restaurant Alpenblick zu einem der schönsten Aussichtspunkte Vorarlbergs.

Weit über die Region hinaus bekannt ist die österreichische Küche, die das Team des Hauses kreativ in Szene setzt. Hier finden sie sich, die Leckereien, wegen der die österreichische Küche so beliebt ist: Der Zwiebelrostbraten steht auf der Speisekarte ebenso wie Tafelspitz und Backhendel, das Wiener Schnitzel und die Käsknöpfle und der Kaiserschmarren. Gegessen und getrunken wird auf der Terrasse, wenn es das Wetter zulässt. Dann begleitet den Genießer, der sich mit den Köstlichkeiten aus der Küche verwöhnen lässt, einer der wohl schönsten Ausblicke, die Vorarlberg zu bieten hat. Bis zu 180 Personen finden hier auf stilvollen Gartenmöbeln mit eleganten Tischdecken und unter weißen Sonnenschirmen Platz, um diese unvergesslichen Eindrücke zu sammeln.

Sollte das Wetter einmal nicht so schön sein, bietet die mit viel heimischem Holz ausgestattete Panoramastube denselben Weitblick wie die Terrasse. Viel Glas und die moderne und zeitgenössische Architektur tragen zu dem angenehmen Ambiente

bei. In den weiteren Räumlichkeiten, die geschmackvoll eingerichtet sind wie die Bauern- oder Bärenstube, bilden Besonderheiten wie massive Montafoner Tische in der einen und gemütliche Bregenzerwälder Sofas in der anderen, einen Rahmen, der besondere Atmosphäre verleiht.

So lädt die Sofastube geradezu ein, im Flair eines heimeligen Kaffeehauses zu einem frisch aufgebrühten Kaffee einen hausgemachten Kuchen zu essen, von der selber gemachten Torte zu naschen oder sich mit einer der feinen Strudelspezialitäten zu verwöhnen.

Terrassen-Restaurant Alpenblick

Dorf 12, A-6934 Sulzberg
Tel. +43 (0)5516 2217
gasthof@alpenblick.co.at
www.alpenblick.co.at

Siehe auch Käsestraße Bregenzerwald Seite 326

Warth-Schröcken

Alpine Wanderregion und 11 Meter Schnee am Arlberg

Die Bergwelt Vorarlbergs bietet vielfältige Naturerlebnisse und ist zu jeder Jahreszeit eine Reise oder einen Ausflug wert. Die beiden Orte Warth und Schröcken liegen eingebettet zwischen Arlberg, Lechtal und Bregenzerwald. Auf einer Höhe zwischen 1.200 und 1.500 m ü. M. spult die Natur ein wahres Abenteuerprogramm ab, die ihresgleichen sucht. Während der Sommermonate im Wasser, am Felsen und in der Luft sowie auf den zahlreichen Wanderwegen; im Winter auf den Pisten und dem freien Skigelände sowie den Loipen und Winterwanderwegen.

Schröcken
(Bilder Warth-Schröcken Tourismus)

Der Sommer mit erstklassigem, alpinem Bergsport-Angebot

Ursprünglich, traditionsbewusst und geprägt von der Besiedelung der Walser präsentieren sich Warth und Schröcken. Im Sommer erkundet man hier nicht nur die einzigartige Berglandschaft, sondern begibt sich auch gleichzeitig auf eine geschichtliche Entdeckungsreise. Über uralte Handelspfade und hochalpine Steige führt einer der vielen Themenwege in einer zweitägigen Tour, auf der der Wanderer in eine Kulturlandschaft mit historischen Baudenkmälern und Brauchtum eintaucht.

Doch das Bergparadies hat noch viel mehr zu bieten, denn den Aktivsportlern, Genusswanderern und Erholungssuchenden liegt eine intakte Natur zu Füssen, die mit atemberaubenden Panoramen aufwarten, macht man sich auf den Weg in die Berge zu einer der zahlreichen Berghütten. Mit dem Lech und damit einem der letzten Wildflüsse Europas tut sich ein Paradies auf: Eine Wanderung am Fluss entlang, Canyoning oder Wildwasserschwimmen für den, der das Abenteuer sucht.

Der Winter am Arlberg mit Naturschneekulisse

Sage und schreibe 305 Kilometer Pisten und Skirouten finden sich hier am Arlberg, der zu einem der schneereichsten und sonnigsten Wintersportgebiete Europas zählt. Die bestens gepflegten und präparierten Pisten sind über 87 Lifte und Bahnen zu erreichen und gelten als schneesicher bis in das tiefe Frühjahr hinein. Durch die Skigebietsverbindungen Warth-Schröcken mit Lech/Zürs sowie mit Stuben/Rauz wird die Region am Arlberg zum größten zusammenhängenden Skigebiet Österreichs.

Warth-Schröcken ist durch seine schneesichere Lage mit zahlreichen

Warth

Nordhängen ein wahres Freeride-Eldorado, in dem Telemarker und Freerider in Pulverschnee eintauchen, unbefahrene Hänge hinabgleiten und die totale Freiheit genießen können.

Wichtige Adressen und Telefonnummern

Warth-Schröcken Tourismus
Nr. 32, A-6767 Warth
Tel. +43 (0)5583 35 150
Fax +43 (0)5583 35 156
info@warth-schroecken.com
www.warth-schroecken.com

Bild Tourismus Lechtal

Ausflugsziele

Naturparkregion Lechtal

Der Lech, die letzte Wildflusslandschaft im nördlichen Alpenraum, bahnt sich seinen Weg von Vorarlberg durch Tirol bis über die deutsche Grenze nach Füssen. Gänzlich unberührt sucht er sich seinen Weg und prägt Land und Leute – auf dem Lechweg ist es möglich den Fluss auf seiner Reise von der Quelle bis zum Lechfall in Füssen zu begleiten. Einem ganzen Tal hat der junge Wildfluss Lech seinen Namen gegeben und für eben dieses Tal ist der Fluss nicht nur Markenzeichen, sondern auch Lebensgrundlage. Doch in der langen Geschichte des Tales war es nicht immer leicht an den Ufern eines Wildflusses zu leben. Nicht selten waren Hab und Gut der Lechtaler Bevölkerung durch die Tücken des Flusses bedroht. Die Ernte der Bergbauern, aber auch das Überleben des Viehs stand auf dem Spiel. Immer wieder hatte man mit Hochwasser, Muren und Lawinen zu kämpfen.

Verträumte Bergdörfer
Bilder: Tourismus Lechtal

Eine mythische Gestalt steht sinnbildlich für den Lech und auch für die Gefahren, die er in der Vergangenheit bereithielt – der Bluatschink. Er ist ein blutrünstiger Wassergeist, der nach Belieben Menschen frisst, die es wagen sich dem Fluss, seiner Heimstatt, zu nähern. Zu befürchten hat man nichts vom Lech, den Bluatschink kennt dennoch jedes Kind und jeder Erwachsene in der Umgebung.

Durch die gleichnamige Band um den Liedermacher Toni Knittel hat der Bluatschink noch dazu an Bedeutung gewonnen. Durch seine Lieder wird erkenntlich, dass man nicht nur die Menschen vor dem Fluss, sondern auch den Fluss vor den Menschen schützen muss. Ungestüm, wild und einzigartig kann der Lech nämlich nur dann bleiben, wenn man auf Verbauungen und Wasserkraftwerke weiterhin verzichtet.

Die Botschaft der Lieder ist auf jeden Fall angekommen. Das Lechtal nennt sich nun seit dem Jahr 2000 NATURA 2000 und seit 2004 Naturparkregion Tiroler Lech.

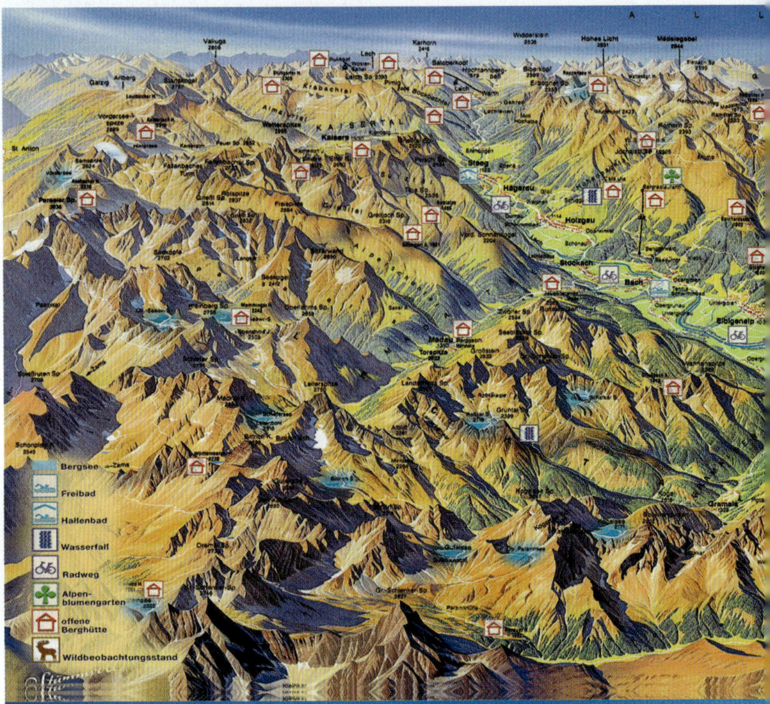
Valluga
Karhorn
Widderstein
Hohes Licht
Mädelegabel
Lech
Arlberg
St. Anton
Kaisers
Steeg
Hägerau
Holzgau
Stockach
Bach
Elbigenalp
Madau
Gramais
Bergsee
Freibad
Hallenbad
Wasserfall
Radweg
Alpen-
blumengarten
offene
Berghütte
Wildbeobachtungsstand

A L L G Ä U E R A L P E
Warth 1494 m
Steeg
Hägerau
Holzgau 1103 m
Stockach
Bach
OBERGIBLEN
UNTERGIBLEN
Beschneiung
Ski/Rodel
Nachtbeleuchtung
Eislaufplatz
Eisstockplatz
offene
Berghütte
Rodelbahn
Langlaufloipe
Skischule/
Skiverleih

G Ä U E R A L P E N
Tannheimer Gruppe
Hochvogel
Forchach
Vorder-hornbach
Stanzach
Elmen
Häselgehr
Namlos

FÜSSEN-ULM
REUTTE
Forchach
Stanzach
Namlos
Elmen
Bschlabs
Boden
Heuberg
Häselgehr
Gramais

Die Naturparkregion in ihrer ganzen Artenvielfalt

Die weiten und ungestörten Schotterbänke des Lechs, aber auch die lehmigen Stillgewässer und Tümpel, die von Totholz und Gestrüpp umgeben sind, bilden den idealen Lebensraum für zahlreiche Vogel- und Pflanzenarten. Seltene Sumpf- und Wasservögel nisten hier ungestört neben heimischen Singvögeln.

Die inneralpine Flusslandschaft des Lechs ist so vielfältig, dass durch die enge Verzahnung von unterschiedlichen Biotopen und Lebensräumen eine erstaunliche Artenfülle und Naturvielfalt möglich ist.

Doch nicht nur die Fauna ist einzigartig, sondern auch die Flora ist mit mindestens 1116 nachgewiesenen Blütenpflanzen unvergleichbar. An Einzigartigkeit und Schönheit jedoch kaum zu übertreffen ist ein Blumenwunder, das sich jedes Jahr von Mitte Mai bis Mitte Juni im Kiefernwald von Martinau ereignet. Der gelbe Frauenschuh öffnet zu dieser Zeit seine Blüten. Rund 2000 bis 3000 Orchideen-Pflanzen bedecken dann den Waldboden und verwandeln diesen in ein rötlich-gelbes Blumenmeer. Möglich macht dieses einzigartige Schauspiel die Symbiose der Orchidee mit einem speziellen Wurzelpilz, ohne den der Frauenschuh nicht überleben könnte.

Doch im Lechtal wachsen die Pflanzen nicht nur um bewundert und bestaunt zu werden. Alles was die Natur in diesem Gebiet zu verschenken hat, wird weiterverarbeitet: das Gras zu Heu und Futter für das Vieh, die Milch zu Käse und die Kräuter zu Schnäpsen, Salben und Heiltoniken. Zeugnis davon liefern die Kräuterhexen, sie stellen Salben sowie Tees her und bieten Kräuterwanderungan an. Die Lebensgeister, die den Kräutern und Pflanzen innewohnen, werden destilliert und in Flaschen und Tuben umgefüllt, so dass auch zu Hause noch die Kraft der Natur für sich genutzt werden kann.

Herrliches Bergwandergebiet

Seit 2014 thront das Naturparkhaus hoch über dem Lech auf der Klimmbrücke in Elmen. Die Verwaltung des Naturpark Tiroler Lech besticht durch seine einmalige Bauweise und Architektur. Das Naturparkhaus ist ein wahrer Blickfang und lohnt einen Besuch. Hier wurde auch an die kleinen Gäste gedacht, für die ein schöner Spielplatz am Areal des Naturparkhauses, direkt neben dem Lech, eingerichtet wurde.

Kunstschatzfundus Lechtal

Die Kraft und das Ungestüm des Lechs kann man sich aber auch auf ganz andere Art und Weise zu Nutze machen, indem man all die Energie kanalisiert und sie in etwas verwandelt, das der Nachwelt erhalten bleibt – in wertvolle Kunstschätze. Die Schnitzschule Elbigenalp versteht sich seit 1983 als Lehranstalt für junge Künstler und Künstlerinnen, die das Material, das ihnen das Tal, der Fluss und die Berge zur Verfügung stellt, formen und bearbeiten. Gegründet wurde sie von Johann Anton Falger im Jahre 1835. 1951 gründete Rudolf Geisler Moroder sen. im Auftrag des Landes Tirol die Schnitzschule Elbigenalp. 1983 bekam diese das Öffentlichkeitsrecht verliehen und wurde damit den Bundesschulen gleichgestellt.

Auch die bekannteste und schillerndste Frauenfigur aus dem Tiroler Lechtal, bekannt durch einen Roman aus der Feder der Autorin Wilhelmine von Hillern, war Malerin: Anna Stainer Knittel, besser bekannt unter dem Namen Geierwally. Anna Stainer Knittel hat mit der Kunstfigur „Geierwally" kaum etwas gemein.

Dennoch, auch der Tiroler Dramenautor Felix Mitterer hat sich der Geschichte der Geierwally angenommen und eigens für die Bühne in der Bernhardstalschlucht in Elbigenalp ein Theaterstück geschrieben, das 1993 in der Schlucht uraufgeführt wurde. Seither werden auf der Geierwally Freilichtbühne jeden Sommer neue Stücke inszeniert, die zumeist einen unmittelbaren Bezug zu regionalen Begebenheiten und Schicksalen haben.

Neues Museum in Elbigenalp

Bei einem Besuch der Elbigenalper Wunderkammer betrachtet man die Kultur und die Geschichte der Lechtaler Bevölkerung aus den Augen des Sammlers und Lithographen Johann Anton Falger. Hier taucht man in seine Raritätensammlung mit dem Wissen um typische Lechtaler Bräuche und Sitten ein.

Land und Leute

Eben diese Geierwally Freilichtbühne ist ein Stück Kultur, auf das die Lechtaler besonders stolz sind – die Schauspieler sind allesamt Laiendarsteller, richtige Lechtaler, die sich mit den Geschichten identifizieren können und ihre Identität leben.

So ungestüm und eigenwillig wie der Fluss, so sind auch die Bewohner des Tales – und tatsächlich haben die Lechtaler erst lernen müssen im

Einklang mit dem jungen Wilden zu leben, an dessen Ufern sie sich ihr Leben eingerichtet haben. Neben Schauspielern, Kräuterhexen, Bergbauern, Liedermachern, Malern, Stuckateuren, Blumenliebhabern, Lehrern und vielem anderen sind sie auch immer Lechtaler.

Wenn einem also der Sinn danach steht sowohl Land als auch Leute kennen zu lernen und alle Besonderheiten dieses Tales zu erleben, so sollte man am besten an der Quelle seine Reise beginnen und sich wandernd bis an den Lechfall in Füssen begeben.

Der Lechweg – Stationen einer Sinnes-Wanderung

Elf Stationen machen den Lechweg zu einer eindrucksvollen Sinneswanderung, die Tradition, Land, Leute, Natur und Flusslandschaft zu einem Ganzen verbindet.

Das Lechquellgebiet nahe Zug in Vorarlberg, in unmittelbarer Nähe zum auf 1.789 Meter Seehöhe gelegenen Formarinsee, ist jener Ort, an dem der Lech erstmals entdeckt werden kann. Er hat längst noch nicht die Kraft, die er weiter unten im Tal erreichen wird. Zaghaft scheint der junge Lech hier noch, ruhig tastet er sich bis nach Lech am Arlberg und Warth vor. Hier beginnt jedoch sein Weg ungestümer zu werden und in Steeg ist er schon so, wie ihn die Lechtaler kennen – ein Wildfluss.

Und hier in Steeg wartet nach dem Formarin- und dem Spulersee auch schon die zweite Station – die Naturkäserei der Familie Sojer. Nur frische und gute Bergmilch wird hier verwendet, um den preisgekrönten Käse der Region herzustellen und das schmeckt man sowohl in der Milch als auch im Käse und dem Joghurt der Käserei.

Weiter führt die Wanderung am Ufer des Lechs, vorbei an Holzgau und Bach, nach Elbigenalp, um hier sowohl der Geierwally Freilichtbühne als auch der Schnitzschule Elbigenalp einen Besuch abzustatten. Die nächste Station ist ein kurioses Naturphänomen im Weiler von Luxnach, der Doser Wasserfall. Wild schäumend

Am Lech

Geierwally-Freilichtbühne

tritt hier der „Doserbach" aus einer Felsgrotte und wälzt sich in die Tiefe, wo er früher eine Mühle antrieb. Merkwürdigerweise versiegt das Wasser einmal im Jahr am 11. November zu Martini und tritt erst wieder zu Georgi (23. April) aus dem Berg. Den Lechauen in Martinau sollte man aber am besten zwischen Mitte Mai und Mitte Juni einen Besuch abstatten, denn dann kann der gelb-rötliche Frauenschuh in seiner Blüte bewundert werden.

Einen einmaligen Aussichtspunkt stellt in Forchach die Lech-Hängebrücke dar, auf der der Wildfluss aus vollkommen anderer Perspektive betrachtet werden kann. Da das turbulente Leben an den Wildbächen und Wildflüssen Europas der bevorzugte Lebensraum allerlei seltener Vogelarten ist, ist der Vogelbeobachtungsturm und Lehrpfad in Pflach nicht nur für Ornithologen ein Muss.

Ein Schritt nach dem anderen führt den Wanderer im Lechtal von einer Naturschönheit zur nächsten. Es ist kaum möglich all das aufzuzählen, was einen in diesem Tal erwartet. Der Lechwanderweg ist jedoch nur eine von vielen Möglichkeiten das Land und seine Menschen kennen zu lernen.

Eine Welt zum Wandern und Wohlfühlen

Gipfelwanderungen, Almwanderungen und Kletterpartien – auch aus der Vogelperspektive ist das Lechtal unvergleichlich schön.

Hohes Licht (2651 m), Faulewandspitze (2480 m), Drei Jungfrauenspitze (2452 m), Ochsenkopf (2405 m), Sonnenkogel (2204 m) – die kreativen Namen lassen erahnen, wie eindrucksvoll die Aussicht auf diesen Gipfeln sein muss. Murmeltiere, Steinbock- und Gämsen- Kolonien sowie seltene Greifvögel begleiten die Wanderer bei ihren Streifzügen durch die Hochgebirgslandschaft.

Doch das Lechtal ist auch bekannt für seine zahlreichen bewirtschafteten Almen. Nach ausgedehnten Wanderungen sollte der Wanderer sich hier bei einer zünftigen Jause wieder für den Abstieg wappnen. Die Almwanderungen eignen sich besonders gut für Familienausflüge. Sie dienen darüber hinaus aber auch als Ausgangs- und Rastpunkt für ausgedehnte Gipfelwanderungen.

Klettersteige und Sportklettergärten

Die neuen Trendsportarten Sport-Klettern, Alpin-Klettern und Klettersteigwanderungen haben im Lechtal Einzug gehalten. Der Klettergarten in Kraichen ist ein Beispiel für die modernen sportlichen Aktivitäten, denen sowohl Anfänger als auch Fortgeschrittene nachgehen können.

Erlebnisklettersteig Simmswasserfall in Holzgau

Mit dem neuen Erlebnisklettersteig im Höhenbachtal verfügt das Lechtal nun über einen Klettersteig, der in nur 20 Minuten von Holzgau aus auf dem bestehenden Wanderweg im Höhenbachtal bequem erreichbar ist und für die Rückkehr eine Variante über eine 200 m lange Hängebrücke anbietet. Die Kletterroute verläuft direkt an den Felsen rund um den Simmswasserfall.

Rad fahren und Mountainbike fahren in der Naturparkregion Lechtal

Auch an die zahlreichen Radfahrer und Mountainbiker wurde in der Naturparkregion Lechtal gedacht. Zwischen Steeg und Forchach führt der Lechtaler Radwanderweg am Lech entlang. Schotter- und Asphaltwege bilden einfach zu befahrende Strecken, auf denen man fast immer in direkter Nähe zum Lech fährt. Trotz der großen Distanz legt man auf dieser Strecke keine 300 Höhenmeter zurück, daher ist sie besonders für Familien sehr geeignet.

Damit man auch wirklich nicht vom Weg abkommt, gibt es die Lechtal Radkarte, auf der natürlich auch die schnellsten und einfachsten Wege zur nächsten bewirtschafteten Alm verzeichnet sind.

Diese enthält noch dazu einen überschaubaren Plan mit allen im Lechtal befahrbaren Strecken inklusive zahlreicher Hinweise zum „Fair-Biking".

Mountainbiken im Lechtal

Eine Vielzahl bestens markierter MTB-Routen führen die Radler über abwechslungsreiche Trails, bei denen Natur und Panorama inklusive ist. Alle Wege führen zu stillen Bergseen, wilden Wasserfällen und grünen Almen und ein besonderes Highlight sind die sensationellen Panoramablicke auf unzählige Alpengipfel.

Fun-Sportarten für Jung und Alt

Ein spektakulärer Wildfluss und mächtige Berge – natürlich geht man im Lechtal auch zahlreichen Fun-Sportarten nach, bei denen das Adrenalin fließt.

Die beliebtesten Fun-Sportarten im Lechtal heißen Rafting, Canyoning und Paragliding.

Die Canyoning- und Raftingschule findet man in Häselgehr – eine Paragliding-Schule ist in Bach ansässig. Rafting und Canyoning sind ein Spaß für die ganze Familie.

Beim Rafting im Lechtal amüsiert man sich entweder auf leichteren Strecken an ruhigeren und weitläufigeren Stellen des Lechs – doch auch anspruchsvolle Touren werden hier immer wieder befahren. Natürlich immer in der Begleitung eines erfahrenen Bootführers.

Doch auch die beliebten Canyoning Touren fordern das Können und den Mut der Besucher, denn hier geht es kletternd und schwimmend durch schroffe Flusslandschaften an Seitenarmen des Lechs.

Paraglide-Flüge werden im Lechtal auch dann angeboten, wenn man noch keine Flugerfahrung hat –selbstverständlich nur Tandemflüge (zusammen mit einem erfahrenen Paraglide-Lehrer). Sollte man allein einen Flug wagen wollen, kann man sich erst die Fähigkeiten in der Paraglide Schule in Bach aneignen. Kurse werden hier mit Fluglizenzprüfung angeboten.

Die Skisaison am Arlberg

Unbegrenzten Schneespaß bietet die Arlbergregion. Das ist Skivergnügen auf höchstem Niveau in Österreichs größtem Skigebiet, denn 305 km Skiabfahrten aller Schwierigkeitsgrade und 87 Lifte und Bahnen stehen den Skifahrern, Snowboardern und Freeridern für traumhafte Abfahrten auf sonnigen Hängen zur Verfügung. Mit dem Skigebietszusammenschluss von Lech/Zürs mit Warth/Schröcken ist das Lechtal der ideale Ausgangspunkt für unvergessliche Skitage.

Winterwandern im Lechtal

Beschauliche Wanderungen zu Fuß oder auf Schneeschuhen sind im Lechtal auf 34 Winterwanderrouten mit rund 132 km möglich. Fernab des hektischen Skitourismus sorgt die märchenhafte Winterlandschaft für erholsame Wintertage.

Vierzehn Gemeinden, die allesamt einen ganz besonderen Charme versprühen

Nicht allein die spektakuläre Umgebung und die zahlreichen Aktivitäten, denen man im Lechtal nachgehen kann, locken immer wieder Gäste in die Gemeinden, auch ein vielfältiges kulturelles Angebot lädt dazu ein, in der Region zu verweilen. Tradition und Brauchtum sind den Bewohnern der Gemeinden ein Herzensanliegen. Einmalige Attraktionen wie das Bergheumuseum bei der Jöchelspitze, traditionelle Heimatabende, die Lechtaler Trachtenvereine oder die Musikkapellen sind feste kulturelle Bestandteile.

Rad- und Wanderbus

Kreuz und Quer durch das Lechtal. Auf den öffentlichen Nahverkehr wird

Winterwandern im Lechtal

in der Naturparkregion Lechtal großen Wert gelegt! Der Rad- und Wanderbus kann mit der Lechtal Aktiv Card im ganzen Lechtal kostenlos genutzt werden. Er befördert die Gäste zu den schönsten Wanderzielen zwischen Steeg und Reutte, fährt sogar bis nach Lech a. Arlberg und in die Seitentäler Kaisers, Gramais, Hinterhornbach und Namlos. Seine Route führt außerdem nach Bschlabs-Boden sowie über das Hahntennjoch bis nach Imst.

Bergbahnen

Hoch hinaus und mitten hinein in die großartige Bergwelt geht es mit der Lechtal Aktiv Card auch kostenlos, bzw. zu stark ermäßigten Preisen, auf schnellen Wegen mitten hinein in die imposante Bergwelt der Allgäuer und Lechtaler Alpen. Card-Inhaber fahren pro Tag und Bahn einmal kostenlos bzw. ermäßigt mit den geöffneten Sommerbahnen in Bach, Reutte, Warth sowie in Lech am Arlberg.

Baden

Noch dazu können zahlreiche Bäder im Lechtal mit der Lechtal Aktiv Card günstiger besucht werden. Besuchen Sie die Freibäder in Bach/Elbigenalp und Häselgehr oder das Naturerlebnisbad in Vorderhornbach um nur einen Euro. Im Hallenbad Aqua Nova Steeg erhalten Sie mit der Lechtal Aktiv Card sogar 25% Ermäßigung auf den Eintrittspreis.

Die attraktive Lechtal Aktiv Card erhalten Sie bei Ihrem Vermieter oder in allen Tourismusbüros.

Wichtige Adressen und Telefonnummern

Lechtal Tourismus
Untergiblen 23
A-6652 Elbigenalp
Tel. +43 (0)5634 5315
Fax +43 (0)5634 5316
info@lechtal.at, www.lechtal.at

Balderschwang

Willkommen im Sonnenschein

Balderschwang (Bilder Gemeinde Balderschwang)

Sie ist zwar die kleinste Gemeinde Bayerns, liegt aber dafür auch am höchsten: Balderschwang. Als Teil der Hörnerdörfer zu denen neben Balderschwang auch die Ortschaften Fischen, Bolsterlang, Obermaiselstein und Ofterschwang gehören, liegt sie im Naturpark Nagelfluhkette. Hier, auf einer Höhe von 1.044 m ü.M. leben etwa 320 Menschen. Das Hochtal, das nahezu nebelfrei ist, konnte seine Ursprünglichkeit und intakte Natur bewahren. Nur wenige Kilometer trennen den Ort vom Bregenzerwald in Vorarlberg zu dem es geografisch gehört.

Kurzer Blick ins Geschichtsbuch

Der Ortsname lässt auf einen Bauern namens Balder schließen, der im 14. Jh. das Tal gerodet haben soll. Im 15. Jh. gehörte die Gegend zur Grafschaft Bregenz. Die dauerhafte Besiedlung geht auf das 16. Jh. zurück, als Balderschwang als Almdorf genutzt wurde. Um 1800 lebten 16 Familien in dem Tal und produzierten 1.400 Tonnen Käse.

Sehenswürdigkeiten

Neben der Pfarrkirche St. Antonius, deren Bau auf das 19. Jh. zurück geht und die interessante Details wie Decken- und Wandfresken sowie ein großes Chorkreuz enthält, entdeckt man viele alte Bauern- und Alphöfe in und um Balderschwang.

Doch ganz besonders sehenswert ist die alte Eibe, die nordöstlich vom Ortskern zu finden ist. Das Alter des

Siehe auch Naturpark Nagelfluhkette Seite 464

mächtigen Baumes wird auf etwa 2000 Jahre geschätzt.

Seit 1996 ist Radio Horeb, der weltweit empfangbare katholische Radiosender, in Balderschwang ansässig.

Freizeit und Sport

Während der Sommermonate locken mehr als 60 km bestens gepflegte und markierte Wanderwege, den Naturpark Nagelfluhkette zu Fuß zu entdecken. Intakte Natur, verbunden mit nachhaltiger Landwirtschaft, die hier betrieben wird, lassen den Menschen zur Ruhe kommen und – begleitet von einem einzigartigen Bergpanorama – Naturgenuss erleben. Wandern, Bergsteigen oder gemütliche Spaziergänge sind hier möglich ebenso wie Nordic Walking oder Mountainbiken.

Wandertipp: Der Balderschwanger Zeitweg „Sich Zit long" ist eine familiengerechte Wanderung auf der man auf 16 Stationen das Leben der Menschen in den Bergen, den Naturpark Nagelfluhkette und seine darin lebenden Tiere und Pflanzen kennenlernen kann.

Im Winter, wenn sich Berge und Tal in eine prächtige Schneelandschaft verwandelt haben, ist für jede Menge Wintersportvergnügen gesorgt. Balderschwang gilt als besonders schneereich und -sicher bis weit in den Frühling hinein. In diesem Hochtal bieten 11 Liftanlagen den bequemen Transport hinauf, um auf 30 km gepflegten Pisten zu wedeln, zu carven oder sich vom Snowboarden faszinieren zu lassen. Die unterschiedlichen Schwierigkeitsgrade der Pisten bieten jedem das für ihn Richtige. Besonders Familien fühlen sich in Balderschwang gut aufgehoben, hat man doch die Möglichkeit, mit den Ski an den Füssen, von Lift zu Lift zu kommen.

Balderschwang begeistert aber auch Langläufer, die ein bestens präpariertes Loipennetz antreffen. Nicht umsonst wurde die Region 2011 vom Deutschen Skiverband (DSV) klassifiziert und gilt als erstes deutsch-österreichisches Langlaufzentrum.

Für alpine wie auch nordische Skisportler und solche, die es werden wollen, hat Balderschwang Ski-, Snowboard- und Langlaufschulen. Hier erlernen Groß und Klein die Technik, um mit Spaß und Sicherheit ihrem Wintersport nachgehen zu können.

Doch auch der, der nur die Natur im Winter genießen und etwas für seine Gesundheit an der frischen Bergluft tun möchte, wird sich in Balderschwang wohlfühlen.

Auf geräumten Winterwanderwegen entdeckt man die faszinierende Bergwelt rund um Balderschwang und lässt sich – ebenso wie beim Schneeschuhlaufen – von der Stille verwöhnen, die das Hochtal zu bieten hat.

Verkehrswege

Die Gemeinde Balderschwang ist über den Riedbergpass von Fischen im Allgäu kommend auf der Staatsstraße OA9 oder von Hittisau im Bregenzerwald auf der L5 erreichbar.

Wichtige Adressen und Telefonnummern

Gemeinde Balderschwang
Dorf 16
D-87538 Balderschwang
Tel. +49(0) 8328 1056
Fax +49(0) 8328 265
info@balderschwang.de
www.balderschwang.de

Willkommen im Schnee

Skigebiet Balderschwang

Jedes Jahr um die Mitte Dezember herum lässt die zauberhafte Landschaft rund um Balderschwang die Herzen von Wintersportfreunden höher schlagen. Dann nämlich wurden hier die Abfahrten für ein Ski- und Snowboardvergnügen par excellence mit weitläufigen Beschneiungsanlagen und professioneller Pistenpflege bereits hergerichtet. Die Lifte laufen an und aus den Berghütten duftet es nach Glühwein und Jägertee.

Auf die Eröffnung der Skisaison in Balderschwang kann sich der Wintersportler verlassen, zählt doch die Region zu den schneesichersten Skigebieten. Doch neben der Schneegarantie wartet das Oberallgäuer Winterparadies auch mit einem gemütlichen bis anspruchsvollen Skivergnügen auf.

Direkt am Skigebiet stehen den Freizeitsportlern über 1000 Parkplätze zur Verfügung. Von dort bringen 11 Liftanlagen, darunter eine 6er-, 4er- und eine 2er-Sesselbahn mit Förderband und zwei Großschlepplifte die Skifahrer hinauf, von wo sich ihnen 30 km bestens gepflegte und präparierte Ab fahrtspisten erschließen. Den kleinen Gästen und Anfängern stehen in Balderschwang fünf Übungslifte zur Verfügung. Daneben sorgt ein Skikindergarten mit buntem Spielplatz auf dem Karussell, Zauberteppich und viele weitere Geräte zu finden sind, für abwechslungsreiche und spannende Stunden für die

Kleinen. Und dass das Lernen nicht zu kurz kommt, das stellen erfahrene und freundliche Skilehrer und Skilehrerinnen sicher.
Doch das familienfreundliche Wintersportgebiet bei Balderschwang hat auch den Wander- und Erholungssuchenden eine Menge zu bieten, denn in dem atemberaubendem Wandergebiet ist Schneeschuhwandern ein Genuss, bei dem man von einer einmaligen Alpenaussicht begleitet wird.
Für das leibliche Wohl bietet die Schelpenalp mit ihrer Sonnenterrasse sowie die Bodenseehütte und die Höfle-Alp mit einer hauseigenen Käsemanufaktur abwechslungsreiche und vielfältige kulinarische Angebote, die von der Käshütte, der Fuchsalm und dem Pass-Stüble ergänzt werden.

Bergbahn- und Skilift Balderschwang Betriebs-GmbH & Co.KG
Haus Nr. 84
D-87538 Balderschwang
Tel. +49 (0)8328 1001
Fax +49 (0)8328 1058
info@skigebiet-balderschwang.de
www.skigebiet-balderschwang.de

Naturpark Nagelfluhkette

Kaum ein Wanderer kann sich der atemberaubenden Landschaft des Naturparks Nagelfluhkette entziehen.
Nagelfluh – dieses betonartig feste Gestein, auch „Herrgottsbeton" genannt, besteht aus größeren und kleineren rundlichen Flusskieseln, die auf natürliche Weise verkittet worden sind. Damit hat sich ein poriger, aber recht fester Stein bilden können, der im Naturpark sogar ein Gebirge formt. Die Nagelfluhkette zieht sich als verbindendes Element vom Allgäu bis in den Vorderen Bregenzerwald.
Seit 2008 besteht der grenzüberschreitende Naturpark zwischen Deutschland und Österreich, der 15 Gemeinden aus dem Vorderen Bregenzerwald und dem südlichen Allgäu vereint. Die „Nagelfluhkette" stellt mit einer Länge von 24 Kilometern eine gewaltige Naturerscheinung dar. Höhenunterschiede von fast 1.400 Metern auf engstem Raum und die damit verbundene hohe Lebensvielfalt unterstreichen den Wert dieser schützenswerten Region.
Im Naturpark, in dem neuerdings auch Ranger die Gäste gerne beraten und sich für ein gutes Miteinander von Mensch und Natur einsetzen, geht es in erster Linie um den Schutz, die Pflege und die Entwicklung von Natur und Landschaft, um nachhaltige Land-, Alp- und Forstwirtschaft sowie um einen schonenden und hochwertigen Tourismus.

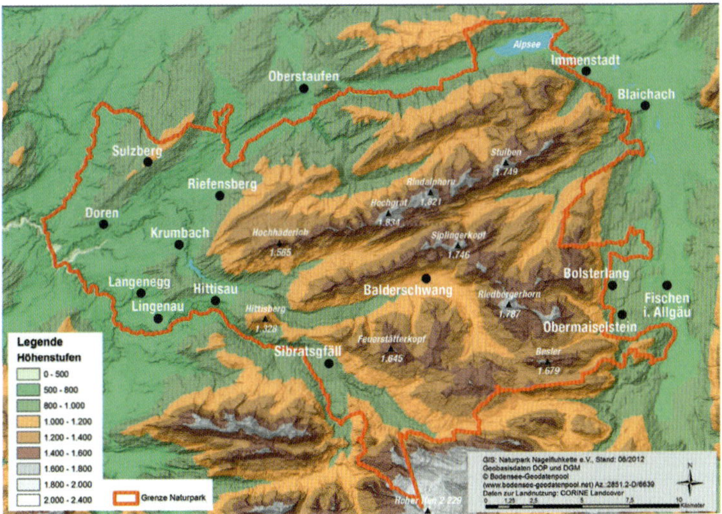

Naturpark Nagelfluhkette

Seestr. 10, D-87509 Immenstadt
bzw. Platz 370, A-6952 Hittisau
info@naturpark-nagelfluhkette.eu
www.nagelfluhkette.info

EUROPÄISCHE UNION
Europäischer Fonds für Regionale Entwicklung

interreg
Alpenrhein | Bodensee | Hochrhein

Im Sommer und Winter ein Genuss

Mittagbahn

Der Immenstädter Hausberg ist der östlichste Ausgangspunkt in den Naturpark Nagelfluhkette. Seinen Namen hat er, weil um die Mittagszeit die Sonne genau über dem Gipfel steht.
Am bequemsten ist der Gipfel mit der Mittagbahn erreichbar. Die moderne Doppelsesselbahn bringt die Fahrgäste in kurzer Zeit auf eine Höhe von 1452 m ü. M. Während der Fahrt genießt man die herrlichen Ausblicke auf die Bergwelt und das Allgäuer Alpenvorland. Oben angekommen, erschließen sich dem Naturfreund während des Sommers herrliche Grat- und Höhenwanderungen zu den Blumenbergen der Nagelfluhkette. Während der Wintermonate bieten bestens präparierte Pisten, Tiefschnee und Rodelbahnen ein Wintersportvergnügen der besonderen Art. Auch Snowboarder und Freerider kommen in den Genuss eines eigens für sie präparierten Geländes. Abgerundet wird der Service durch einen Winterwanderweg zum Bärenköpfle.
Während allen Jahreszeiten begleiten die Gäste des Mittags die Gleitschirm-

und Drachenflieger, für die der Berg ein ideales Fluggebiet darstellt. Und für Kinder ist die Mittelstation ein wahres Paradies, wurde doch für die kleinen Gäste ein großer Kinderspielplatz mit Schaukel, Rutsche und Seilbahn sowie Schiffsschaukel und Sandkasten eingerichtet.

Kulinarische Genüsse am Berg

An der Bergstation lädt das „Gasthaus Gipfelwirt" zu gemütlicher Einkehr. Während der zünftigen Brotzeit, Kaffee und Kuchen oder einem leckeren Eis genießen die Gäste den prächtigen Panoramablick in die Allgäuer Alpen. Im Sommer stehen 160 Kühe und Kälber auf den Bergwiesen am Mittag. In der „Sennalpe Oberberg" kann man köstlichen, handgemachten Käse bei einer Hüttenbrotzeit kosten. Eine Führung der Sennen bringt den Interessierten die Herstellung des Käses näher, von dessen Qualität man sich nach der Führung bei einer Käseprobe überzeugen kann.

Das an der Mittelstation gelegene „Rasthaus am Mittag" ist der ideale Treffpunkt für Wanderer und Biker, die sich ausruhen und mit einem kühlen Getränk erfrischen möchten. Zum Kaffee wird hausgemachter Kuchen gereicht.

Mittagbahn

Mittagstr. 30
D-87509 Immenstadt
Tel. +49 (0)8323 6149
info@mittagbahn.de
www.mittagbahn.de

Hochgratbahn

Hinauf ins Wanderparadies

Der neue, grenzüberschreitende Naturpark Nagelfluhkette am Nordrand der Allgäuer Alpen erstreckt sich über 20 km vom Mittagberg bei Immenstadt bis zum Hochhäderich an der österreichischen Grenze in der Nähe von Hittisau. Die Bergkette hat ihren Namen vom Nagelfluhgestein, das an Beton erinnert. In einer verbackenen Masse sind Gesteinsbrocken eingeschlossen, die durch Verwitterung abbröckeln.

Der 1834 Meter hohe Hausberg der Westallgäuer hat als höchste Erhebung der Nagelfluhkette und des gesamten Allgäuer Voralpenlandes eine große touristische und geographische Bedeutung. In westlicher und nördlicher Richtung befindet sich keine größere Erhebung und auch im Süden und Osten sind die nächsten höheren Gipfel der Winterstaude und des Hohen Ifen 13 km entfernt. Durch diese exponierte Lage gewährt der Aufenthalt auf dem Gipfel eine überwältigende Fernsicht. So überblickt man den ganzen Bodensee und große Teile Oberschwabens. An klaren Tagen ist sogar das Ulmer Münster zu sehen. Der Blick Richtung Alpen reicht von der Zugspitze über den Hauptkamm der Allgäuer Alpen bis zum Schweizer Säntis. Der dominante Berg ist auch aus großer Entfernung im Westallgäu, in Oberschwaben und auch in Kempten zu sehen. Er ist oft das erste Hindernis für Wolkenbänder aus dem Nordwesten. Steibis am Fuß des Berges gilt als einer der niederschlagsreichsten Orte Deutschlands. Bereits 1972 wurde eine Kabinenumlaufbahn auf diesen attraktiven Berg eröffnet. Allein schon die Auffahrt in den nostalgischen gelben 4-Personen Kabinen mit ihren herrlichen Ausblicken machen die Berg- oder Talfahrt zum großen Erlebnis. In der Bergstation angekommen, erwartet die Besucher das

neu renovierte Bergrestaurant mit großer Sonnenterrasse und dem einzigartigen Alpenpanorama. Für unsere kleinen Gäste gibt es einen Kinderspielplatz im Freien und einen kleinen Indoorspielplatz in unserer großen Halle.Von der Bergstation aus ist der Gipfel in einer halben Stunde erreichbar. Die Nagelfluhkette ist ein Wandergebiet erster Güte. Geübte und trittsichere Alpinisten freuen sich auf die aussichtsreiche Gratwanderung nach Osten Richtung Mittagberg. Über die Bergkette führen die Europäischen Fernwanderwege 4 und 5. Weniger geübte Wanderer wählen den Premiumwanderweg „Luftiger Grat", die wunderschöne, meist weniger schwierige Gratwanderung Richtung Westen oder benutzen den gut ausgebauten Abstiegsweg zur Talstation. Naturliebhaber erfreuen sich auf allen Wegen an der Vielfalt der Bergpflanzen.

Im Winter stehen alpinen Skiläufern mehrere attraktive Abfahrten zur Verfügung. Besonders Freerider kommen auf unseren Tiefschneepisten voll auf ihre Kosten. Auf der 2017 neu gebauten Winter-Naturrodelpiste mit über 5 km Länge, geht es auf flotten Kufen talwärts. Eine Riesengaudi für jedermann. Wer einmal das immer beliebter werdende Schneeschuhwandern ausprobieren möchte, kann sich bei der Berg- oder Talstation Schneeschuhe ausleihen.
Besonders schön ist der präparierte Winterwanderweg mit prächtigen Panoramablicken von der Bergstation aus.

Öffnungszeiten:

Die Bahn ist im Sommer tägl. von 8.45 bis 17 Uhr in Betrieb. Ab Juni werden jeden Dienstag bei trockener Witterung Sonnenuntergangsfahrten bis 22 Uhr angeboten, ein ganz besonderes Erlebnis. Über weitere Sonderfahrten und Events informiert die Homepage www.hochgrat.de und die Tagespresse.

Hochgratbahn
D-87534 Oberstaufen-Steibis
Tel. +49 (0)8386 82 22
Fax +49 (0)8386 85 54
info@hochgratbahn.de
www.hochgratbahn.de

Ein Paradies für zwischendurch

Erlebnisbad Aquaria

Gleich hinter dem Bregenzerwald, nur wenige Fahrminuten von Hittisau entfernt, liegt das Erlebnisbad Aquaria in Oberstaufen. Es zählt zu einem der schönsten Bäder im süddeutschen Raum und lädt zum Abstecher ein, um sich sportlich zu betätigen oder einfach nur zur Entspannung. Ein breit gefächertes Repertoire steht dem „Aktiven" wie auch dem „Ruhebedürftigen" zur Verfügung, aus dem nach Lust und Laune geschöpft werden kann.

Eine Wasserlandschaft mit 1000 m² bietet für alle Altersgruppen viel Abwechslung.

Das 25-m-Sportbecken lädt zu sportlicher Betätigung ein und zwei Außenbecken, davon ein Solebecken, die beide auf einer konstanten Temperatur von 33° Grad gehalten werden, ist im Sommer ebenso ein Genuss wie im Winter, wenn der Kontrast von kühler Luft und warmem Wasser besonders angenehm ist. Der 5- und 3-Meter-Sprungturm rundet das Freizeitangebot ebenso ab wie die 100-m-Rutsche. Luftsprudler, Wildwasserkanal, Geysire, Massagedüsen und Gymnastikstangen sorgen im 28 bis 33° warmen Wasser für wohltuende Entspannung.

Saunaangebot der Extraklasse

Als einziges Bad in der Region bietet das Aquaria eine eigene Damen-Sauna-Abteilung mit Trocken- und Biosauna, mit Dampfbad und Infrarotkabine, während man in der gemischten Sauna zwischen Trockensaunen mit einer Temperatur bis zu 100° Grad Biosauna und Dampfsauna sowie Infrarotkabine wählen kann. Zwei Saunen im Außenbereich verwöhnen den Badegast zusätzlich mit einer grandiosen Aussicht auf den Hochgrat. Nach einer gelungenen Berg- oder Skitour kann man den Tag hier ganz relaxt ausklingen und Revue passieren lassen. Auch das Animationsprogramm des Aquaria kann sich sehen lassen, findet doch jeden Mittwoch- und Freitagvormittag Wassergymnastik, jeweils am Montagabend und Dienstagvormittag Aqua-Nordic-Walking sowie am Donnerstagabend die sehr effektive Tiefengymnastik statt.

Öffnungszeiten:

Tägl. 9 bis 22 Uhr und von November bis einschließlich März jeden Freitag und Samstag bis 23 Uhr geöffnet.

Erlebnisbad Aquaria Betriebs GmbH

Alpenstr. 5, D-87534 Oberstaufen
Tel. +49 (0)8386 93130
Fax +49 (0)8386 931340
info@aquaria.de
www.aquaria.de

Fürstentum Liechtenstein

Erleben – Entdecken – Genießen

Den viertkleinsten Staat Europas repräsentiert das Fürstentum mit einer Fläche von 160 km^2 und seinen etwa 38.000 Einwohnern. Etwa die Hälfte des Staatsgebietes nimmt die Gebirgskette des Rätikon ein und der tiefste Punkt des Landes ist das Ruggeller Riet auf etwa 430 m ü. M. Die höchste Erhebung ist mit 2.599 m ü. M. der Grauspitz.

Schloss Vaduz, der Sitz der Fürstenfamilie, thront weithin sichtbar über der Hauptstadt und ist das Wahrzeichen des Landes.

Das Fürstenhaus

Das Liechtensteinische Fürstenhaus gehört zu den ältesten Adelsfamilien Europas, deren Wurzeln bis in das 13. Jh. zurückreichen. Seite 1921 ist Liechtenstein konstitutionelle Erbmonarchie auf demokratischer und parlamentarischer Grundlage. Fürst Hans-Adam II. ist das derzeitige Staatsoberhaupt und sein Sohn, Erbprinz Alois, dessen Stellvertreter. Seit 1939 hat die bei der Bevölkerung beliebte Fürstenfamilie im Schloss Vaduz ihren ständigen Wohnsitz.

Kunst und Kultur entdecken und erleben

Dass ein Jahrhunderte bestehendes Fürstentum auf einen reichen kulturellen Schatz und auf Kunstwerke vieler Epochen zurückblicken kann, liegt auf der Hand. Und so präsentiert sich im Fürstentum Liechtenstein ein reiches Portfolio, das für fast jeden Geschmack und jedes Wissensgebiet das Passende zu bieten hat.

Schloss Vaduz
(Bilder Liechtenstein Marketing)

Kunstmuseum Liechtenstein

Die Fürstenresidenz – Schloss Vaduz

Das Wahrzeichen von Vaduz thront etwa 120 Meter über der Hauptstadt Liechtensteins und wurde im 12. Jh. hoch in den Felsen auf einer Terrasse erbaut. Die Rückseite grenzt an hochragende Berghänge. Von dem Schloss bietet sich ein fantastischer Ausblick auf das Rheintal.

Seit 1712 ist das Schloss im Besitz der Fürstenfamilie und dient seit 1939 als deren offizieller Wohnsitz. Daher kann die Innenanlage auch nicht besichtigt werden, doch jedes Jahr am 15. August, wird auf der Schlosswiese der Staatsfeiertag Liechtensteins mit einem festlichen Staatsakt gefeiert.

Kunstmuseum Liechtenstein in Vaduz

Der modern gestaltete Museumsbau der Schweizer Architekten Morger, Degelo und Kerez wurde 2000 eröffnet. Die Sammlung moderner und zeitgenössischer Kunst ist gleichzeitig die staatliche Kunstsammlung des Fürstentums.

Vorwiegend Skulpturen, Objekte und Installationen sowie Werke von Künstlern der Arte Povera sind dort zu sehen. 2015 erweiterte man durch das neue Ausstellungsgebäude der Hilti Art Foundation und bietet nun eine Reise durch die Kunstgeschichte der vergangenen 130 Jahre.

Liechtensteinisches Landesmuseum

Fürstenzimmer im Landesmuseum

Auf 2000 m² Ausstellungsfläche wird hier die Geschichte des Landes und

Schatzkammer Liechtenstein

das Leben im Fürstentum nachgezeichnet und über Fauna und Flora Einblick geboten. Ärchäologische Funde, Gebrauchsgegenstände der verschiedensten Epochen, Waffen, sakrale Kunst u.v. m. lassen die Vergangenheit Liechtensteins lebendig werden.

Seit dem Jahr 2008 gehört auch die ursprüngliche Sammlung von Prinz Hans von Liechtenstein mit regionalen Schwerpunkten in Ornithologie, Botanik, Fauna, Flora und Geologie des Alpenraums zu den Exponaten des Landesmuseums.

Schatzkammer Liechtenstein

Seit 2015 zeigt das einzigartige Museum Schätze aus vorwiegend fürstlichem Besitz. Mit der über 800-jährigen Tradition des Fürstenhauses konnte auch die Sammlung repräsentativer Kostbarkeiten kontinuierlich erweitert werden. Die Gemälde alter Meister und die Waffensammlung sind weltberühmt.

Fabergé Apfelblütenei

Daneben präsentieren sich die Schätze des Liechtensteiner Adulf Goop, der seine bedeutende Sammlung dem Land schenkte: So finden sich die international umfangreichste Ostereiersammlung mit dem berühmten Apfelblütenei von Karl Fabergé ebenso wie die Mondgesteine, die die Apollo-11 und Apollo-17-Missionen auf die Erde gebracht haben.

Walsermuseum Triesenberg

Walsermuseum (Bild Gemeinde Triesenberg)

Als Juwel im Kulturangebot Liechtensteins gilt diese heimatkundliche Sammlung zur Kulturgeschichte der im 13. Jh. am Triesenberg angesiedelten Walser. Informationen über Topografie, die Walser- und Pfarreigeschichte sowie das Brauchtum bieten Einblicke, die durch eine Multivisionsschau abgerundet wird.

Postmuseum

1930 gegründet, bietet das Postmuseum einen repräsentativen Querschnitt durch die gesamte Liechtenstein-Philatelie, deren Ausstellung durch Original-Briefmarkenentwürfe und Material aus der Druckvorstufe bereichert wird.
Postgeschichtliche Dokumente, Gerätschaften und Einrichtungen runden das Bild um die Philatelie ab.

Erleben – Entdecken – Genießen

Das relativ milde Klima des Fürstentums resultiert aus den häufig auftretenden südlichen Föhnwinden im Alpenrheintal. Und neben dem milden Klima erwartet die Besucher eine abwechslungsreiche Naturlandschaft, ein breites kulturelles Angebot sowie zahlreiche Sehenswürdigkeiten.

Den gemütlichen Spazierweg in der Rheintalebene und auch die anspruchsvolle Bergtour finden die erholungssuchenden Gäste im Fürstentum. Ein über 400 km ausgebautes und bestens beschildertes Wanderwegenetz führt durch Naturschutzgebiete, idyllische Hügellandschaft und stille Wälder. Attraktive Bergwanderwege über blühende Bergwiesen beeindrucken mit faszinierenden Ausblicken auf den Bodensee. Mit etwas Glück kann der Wanderer hier auch noch Gämsen, Steinböcke und Adler entdecken.

Ein Klassiker unter den mehrtägigen Wanderungen ist der über 48 km laufende Liechtensteiner Panoramaweg. Von Malbun erreicht man durch teilweise wilde und unberührte Landschaft über den Augustenberg die Pfälzerhütte. Über Steg verläuft die Strecke weiter über Sücka auf den Grasrücken. Den Weg entlang auf

Fürstensteig

dem Fürstensteig erreicht der ausdauernde Wanderer den Kamm der Drei Schwestern, von wo aus er die Gafadurahütte bereits in Reichweite sieht. Beim Abstieg nach Ruggell wird er mit herrlichen Ausblicken auf das Rheintal belohnt.

Eine einzigartige Tier- und Pflanzenwelt entdecken interessierte Besucher bei exklusiven Naturexkursionen mit ortskundigen Führern. Die Adlerwanderung ist ein fesselndes, weltweit einzigartiges Angebot, das Informationen und Einblicke ins Leben und Jagdverhalten des Steinadlers in seinem natürlichen Lebensraum bereithält.

Malbun ist Schauplatz für „Pfeil und Falke". Der Besuch des beliebten 3-D-Bogenparcours kann mit einer Besichtigung der Greifvogelflugschau verbunden werden und man erhält hierbei einen eindrucksvollen Blick in die verschiedenen Jagdtechniken der Bergwelt.

Für Fahrradfahrer erschließt sich im Fürstentum Liechtenstein ein kleines Paradies. Während die gemütlichen

Radler die flachen Panoramarouten entlang des Rheins genießen, bevorzugen die sportlicheren Mountainbiker die Strecken jeden Schwierigkeitsgrades in der faszinierenden Bergwelt.

Kulinarische Erlebnisse

Weltweit weist das Fürstentum eine hohe Dichte an Gourmetrestaurants auf. Drei – bei dem Gourmet-Reiseführer GaultMillau hoch eingestuften – Restaurants versprechen erlesene Gaumenfreuden, doch viele nostalgische und gemütliche Wirtshäuser und urige Beizen bieten auch herzhafte, bodenständige Kost. So sollten sich kulinarische Genießer die Liechtensteiner Spezialitäten wie Käsknöpfle mit Apfelmus oder die Nationalspeise Ribel aus Mais oder Weizengrieß auf keinen Fall entgehen lassen.

Den günstigen klimatischen Verhältnissen im Rheintal ist es zu verdanken, dass im Fürstentum ausgezeichnete Weine ausgebaut werden. Rund 100 Winzer bieten ihre edlen Tropfen an, die in der Fürstlichen Hofkellerei oder direkt in einem Weingut degustiert werden können.

Wichtige Adressen und Telefonnummern

Liechtenstein Marketing
Äulestr. 30, FL-9490 Vaduz
Tel. +423 239 63 63
Fax +423 239 63 01
info@liechtenstein.li
www.tourismus.li

Blick auf Malbun

Der Säntis

Grenzenlose Freiheit auf 2.502 Meter

Hier scheint die Freiheit wohl grenzenlos zu sein, wenn im Tal die Nebelschwaden ziehen, während man inmitten der mythischen Bergwelt des Säntis eines der schönsten Naturgebiete Europas genießen darf.

Mit der so typischen Appenzeller Gastfreundschaft erwartet man den Besucher am Fuss des Säntis, bevor er die unvergessliche Fahrt mit der Schwebebahn auf den Gipfel antritt. Während des ganzen Jahres steht sie Menschen aus aller Welt zur Verfügung, die den stolz über der Bodenseeregion thronenden Säntis besuchen möchten. Wettergeschützte Aussichtshallen, grosse Sonnenterrassen und bequeme Gipfelwege laden zum Genuss dieser faszinierenden Erfahrung ein. Eindrucksvolle Sonnenaufgangsfahrten, romantische Vollmondfahrten und zwei grosse Panorama-Restaurants, in denen nicht nur die Augen mit herrlichem Ausblick, sondern auch die Gaumen der Gäste mit kulinarischen Köstlichkeiten verwöhnt werden, krönen den Besuch des Säntis mit der Schwebebahn.

Wandern im NaturErlebnispark

Abschalten, geniessen und zur Ruhe kommen – bei einem Spaziergang oder einer Wanderung auf einem der Wanderwege auf der Schwägalp inmitten urtümlicher Bergwelt vergisst man den Alltag. Und was im Sommer möglich ist, das lässt einen auch im Winter nicht kalt, denn das Wanderwegenetz auf der Schwägalp wird während der kalten Jahreszeit gepflegt und lädt zu einem persönlichen Wintermärchen ein. Fünf spannende Themenwege führen zu Sehenswürdigkeiten, über die der Besucher interessante Informationen erfährt. Und direkt beim Hotel auf der Schwägalp lädt der Geologie-Steinpark zur spannenden Entdeckung der Erdgeschichte ein.

Kulinarische Kostbarkeiten und komfortabel übernachten

Neben dem idyllischen Gasthaus Passhöhe im Appenzeller Stil lädt auch das neue „Säntis – Das Hotel" auf der Schwägalp mit einer Sonnenterrasse und einem wunderbaren Blick

auf das imposante Säntismassiv ein, um sich von der Küche des Hauses mit traditioneller, aber modern interpretierter, Kochkunst verwöhnen zu lassen. Für Übernachtungsgäste stehen in der Schwägalp 68 Zimmer und Junior-Suiten zur Verfügung.

Der besondere Rahmen für einen Event

Für private wie auch geschäftliche Anlässe bieten die Räumlichkeiten mit ihrer modernen Infrastruktur auf dem Säntis und der Schwägalp einen Rahmen, der für die Veranstalter wie auch deren Gäste zu einem unvergesslichen Erlebnis wird.

Säntis-Schwebebahn
CH-9107 Schwägalp/Säntis
Tel. +41 (0)71 36 56 565
kontakt@saentisbahn.ch
www.saentisbahn.ch
www.naturerlebnispfad.ch

Auswahl aus dem Verlagsprogramm

Reise Idee Verlag

- Panoramakarten
- Die schönsten Ausflugsziele
- Beschreibung der Gesamtregion
- Komplett farbig bebildert
- Übersichtskarten

Das Beste auf einen Blick